2007

山东卫生统计年鉴

SHANDONG WEISHENG TONGJI NIANJIAN

山东省卫生厅 编

山东科学技术出版社

《山东卫生统计年鉴》编辑委员会

主　任　王天瑞

副主任　包文辉　刘玉芹　王天胜

委　员　李仲军　曹怀杰　王　辉　韩增师　张爱国　万书臻
王元宁　丁凤深　于淑芳　王爱杰

《山东卫生统计年鉴》编写人员

主　编　王　辉　王爱杰

副主编　韩祥金　冀春亮　董　慧

编　者　（按姓氏笔画排列）

于晨光　王　俊　王海丽　王洪明　王黎勇
井文喜　孔令谱　白同禹　江有海　刘爱琳
刘瑞云　刘志刚　吕坤政　孙经杰　李坚实
苏亚南　何桂芬　宋志伟　张伟燕　陈　鹏
陈树民　周凤荣　周瑞平　居　兵　段延安
费瑞金　袁振山　郭际平　郭世辉　陶瑞波
曹　杰　程　俊　鲍玉现

编 写 说 明

一、《山东卫生统计年鉴》是一部反映山东省卫生事业发展情况和居民健康状况的资料性年鉴。全书收录了山东省卫生事业发展情况和居民健康水平的统计数据。本书为《山东卫生统计年鉴》2007卷,收编的内容截至2006年底。

二、全书分为三个部分,第一部分为2006年山东省卫生事业发展情况统计公报。第二部分为山东省2006年度卫生统计数据,其中包括:①卫生机构;②卫生人员;③卫生设施;④卫生经费;⑤医疗服务;⑥农村与社区卫生;⑦妇幼保健;⑧疾病控制与爱国卫生;⑨卫生监督;⑩医学教育与科研。其中疾病控制部分今年新增加了健康教育、寄生虫病、结核病、性病、精神卫生等内容。第三部分为各市卫生事业发展概况,同时,本书还收录了山东省部分医疗卫生机构基本情况介绍。在第二部分各篇前设"简要说明"及"主要统计指标解释","简要说明"简要概述了本篇的主要内容、资料来源、统计范围、统计方法等情况。

三、本书所涉及的统计资料主要来自年度统计报表,一部分来自抽样调查。

四、符号使用说明:空格表示无数字,"…"表示数字不详。

五、附录部分的社会和经济指标来自《山东统计年鉴》(2007),全国各省市卫生状况指标来自《中国卫生统计年鉴》(2007)。

六、本年鉴数据合计数或相对数由于单位取舍不同而产生的计算误差均未做调整。

编委会

青岛大学医学院附属医院

门诊楼

青岛大学医学院附属医院始建于1898年，是山东省东部地区唯一的一所省属综合性教学医院。目前，医院江苏路总部占地6.8万m^2，开放床位1 400余张，总建筑面积16万m^2，职工1 940人，其中高级专业技术人员近500名，博士200余名，硕士500余名，归国留学人员近百名，获省市专业技术拔尖人才及各种科技人才称号60余名，中华级杂志常务编委17人，280人在各级医学会及专业分会中任职。医院资产总额达14亿元，万元以上医疗设备1 376台件，年门诊量130万人次，出院3.5万人次，手术1.8万例，是科室齐全、设备先进、技术雄厚、环境优雅、建筑布局合理，集医疗、教学、科研、预防保健和康复为一体的区域龙头医院，是山东省东部地区医疗、教学、科研和人才培训中心。

位于海尔路的东院区

医院秉承一百多年来的优良传统和严谨作风，全面树立和落实以人为本的科学发展观，以病人为中心，以质量为核心，博学慎思，笃行亲民，以精湛的医疗技术和高尚的医德医风为患者解除病痛，为千千万万个家庭造福。医院现拥有造型别致、功能齐全、国内一流的门诊大楼和外科病房大楼、内科病房大楼、特需保健病房，拥有美国1.5T核磁共振、ECT、DSA、64层、16层、8层及双层螺旋CT，高能直线加速器、各种型号彩色超声诊断仪、^{60}钴治疗机、血液透析机、眼科准分子激光治疗仪、各种数字化X光机、各种现代化检验设备等国际一流的高精尖设备，为临床诊断和治疗的高效、准确提供了有力保证。医院设有专业学科42个，医技科室19个，研究室（所）和研究中心22个，现有眼科、小儿科等博士、硕士学位授予点40个。医院三分之二以上学科达国内先进水平。急危重症抢救、腔镜微创技术、介入诊断和治疗、器官移植、干细胞诊断和治疗、基因诊断和治疗等高新技术大量开展，很好地实现了医疗技术与世界前沿的接轨，为人民群众提供了很好的医疗服务条件。目前，附属医院正向着“数字化医院管理，人性化医疗流程，高水平科技创新，低成本高效经营”一流现代化医院的宏伟建设目标大步前进。

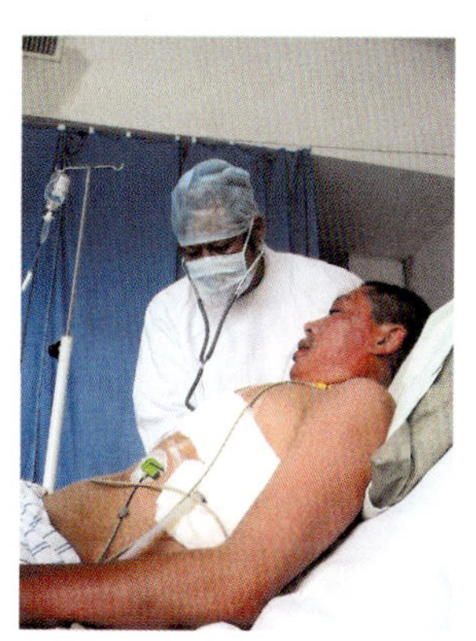
成功开展首例肺移植手术

青医附院院长　苗志敏

近年来，附属医院作为青岛大学医疗集团的核心医院，根据大学关于集团发展的总体思路，制定了医疗集团的发展战略。医疗集团下辖海阳市人民医院、莒县人民医院、脑科医院、心血管医院、口腔医院、上苑医院、商业局医院等县级医院、专科医院，分病区和社区门诊。为充分满足市区东北部及周边地区人民群众日益增长的医疗保健需求，有效解决周边群众看病难等热点问题，2007年1月，医院又设立了占地面积105亩，建筑面积50 000余m^2、床位515张的青医附院东区。这一符合中国国情的纵向医疗网络的建立和不断完善，因其独有的优势，已产生巨大的社会效益，在为百姓造福的同时，赢得了卫生同行及卫生部、省卫生厅和各级政府的高度认可与赞誉。这一长效机制的建立，有效解决了“看病难、看病贵”的问题，实现了“小病不出村、大病不出县；小病进社区，大病进医院”的卫生改革目标。目前，医疗集团正在大学的大力支持下，积极整合校内外各项医学教育、医疗卫生和社会各界资源，走上健康、快速、持续发展的道路。

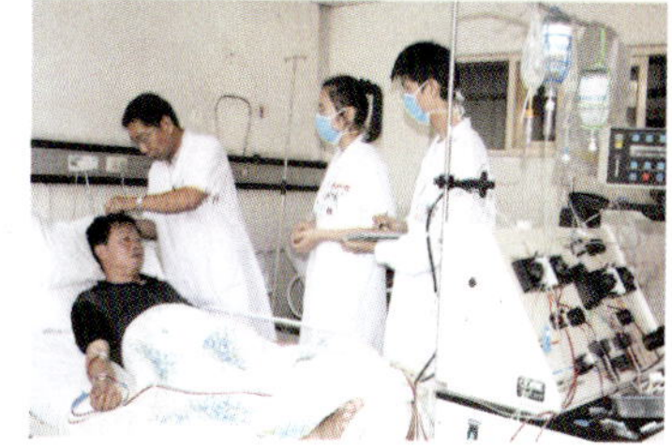
独具特色的急救医学

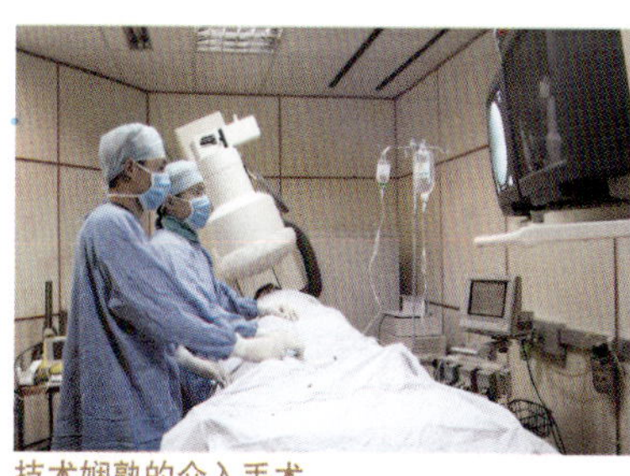
技术娴熟的介入手术

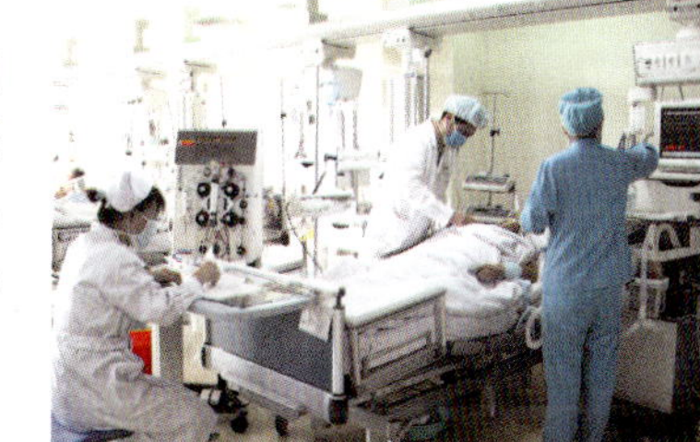
国内一流的综合 ICU

山东省立医院

山东省立医院集团总部——山东省立医院

山东省立医院始建于1897年，拥有110年悠久历史，是集医疗、教学、科研、预防、保健、指导基层等多项任务为一体的三级甲等综合性医院。是山东大学临床医学院和山东省红十字会医院。医院总建筑面积14万余m^2，开放床位1 750张，总资产达16.3亿元，年门诊量140万人次以上，年出院病人近4万人次，年手术2万余台次。

医院专业人员学历层次高，技术力量雄厚。现有在职职工2 200余人，其中具有高级职称的卫生技术人员579名，具有博士学位人员280人，博士后21人。医院加快品牌学科建设，形成一批优势学科群，设立临床和医技科室74个，泌尿外科、妇产科、儿内科、心血管研究治疗中心、消化内科、呼吸内科、内分泌科、儿外科、神经外科9个科室是山东省医药卫生重点学科，其中内分泌科、儿科、神经外科被评为山东省政府"泰山学者岗位"。山东省临床医学研究院、山东省继续医学教育中心、山东省护理质控中心、山东省临床检验中心、山东省院内感染质控中心等挂靠本院。

医院医疗设备先进，辅助功能完善。拥有PET-CT、16层螺旋CT、磁共振、直线加速器、钬激光、神经手术导航系统等价值超过10 000美元的先进医疗仪器设备600余件套。

医院是全省重要医学科研教育基地。医院注重科研平台建设，设立科研中心、心血管病研究中心、生殖医学中心、山东省疼痛临床研究中心、远程医学会诊中心、PET－CT诊疗中心、介入诊疗中心、超声诊疗中心等近20个科研诊疗中心。科研水平和成果不断提高，三年来获得省部级等各类科研成果奖70余项，论文发表数量列国内同类医院首位。承担山东大学等10所高等院校的临床教学任务，博（硕）士点34个，覆盖山东大学临床医学等硕士、博士授权点，并设有博士后流动站，拥有博士生导师45名，硕士生导师186名。

建于1917年的山东省立医院原址（现办公楼）

医院组建了临床技能培训中心，投入300万元经费购置了仪器设备。27个专业科室一次顺利通过卫生部专科医师培训基地验收。有4名专家被遴选为山东大学博士生导师，10名专家被遴选为硕士生导师。1人获得山东大学十大名师奖。编写出版了山东大学药学院临床药学专业7部教材。举办国家级、省级继续医学教育学习班48个。

医院开展“解决群众看病难、看病贵问题”系列活动，制定实施了解决群众看病难、看病贵二十项措施。积极开展惠民医疗活动，成立了“惠民医疗服务处”，为特困职工、残疾人等特殊困难人群提供服务。专门设立了急救绿色通道及制度，对于无钱患者及“三无”患者必须先进行抢救治疗。在惠民门诊和病房分别实行了“四免、五减”和“三免十减”等优惠政策。

山东省立医院西院

山东省立医院东院

在全国率先降低了PET-CT等大型医疗设备的检查费用，最高降幅达30%；在全省率先大幅度降低了心血管等高值耗材价格；在推行单病种质量控制的基础上，对部分病种试行最高限价服务。

据统计，仅2006年就惠及病人464人次，直接减免费用345万元；医院门诊人均费用控制在卫生厅要求的门诊人均费用180元额度内。

医院先后获得了“全国文明服务示范医院”、“全国百佳医院”、“全国卫生系统先进集体”、“全国首批管理创新示范单位”等荣誉称号。

2004年，以山东省立医院为核心组建山东省立医院医院集团，除正在建设中的东院区外，成员单位还有医院集团妇产医院、眼耳鼻喉科医院、医学影像学研究所和山东省儿童医院。

山东省立医院东区新院

济南军区总医院

病房大楼

中国人民解放军济南军区总医院是一所现代化大型综合性"三级甲等医院"、"第二军医大学临床医学院"、全国首批"百姓放心示范医院"，被联合国儿童基金会评为"爱婴医院"，被山东省评为"爱民医院"、"省百佳医院"和"物价信得过单位"，山东省和济南市医疗保险定点医院。医院占地面积25万m^2，建筑面积24万m^2。医院设备总值近2亿元，开设床位1 200余张，设置52个专业科室，拥有高职专家372人，博士、硕士生导师近43名，享受国家特殊津贴专家30余名。

泉城广场义诊

医院拥有全军、军区重点学科中心16个，在手创伤显微修复与足创伤缺损重建，急性脑血管病、脑损伤早期亚低温脑保护及康复，食管静脉曲张破裂出血，抗肝脏纤维化，颌面外科和牵引成骨手术，纤维支气管镜介入治疗中心性肝癌，超级准分子激光治疗近视，角膜移植和白内障手术复明，PTCA+支架植入治疗冠心病，射频消融治疗室上性心动过速，射频热凝固微创技术治疗子宫肌瘤、腺肌病、宫颈糜烂，腹腔镜及宫腔镜治疗不孕症、卵巢肿瘤，无痛流产与分娩，骨髓移植治疗白血病，细胞移植治疗Ⅰ型糖尿病，微创技术治疗脑脊髓肿瘤，胸腔镜辅助小切口食管癌切除，食管胃胸内吻合术，肾功能衰竭的血液净化治疗，甲状腺癌的手术治疗，血管外科微创治疗，经皮椎体成形术治疗椎体骨质疏松性压缩骨折，胆道内支架置放术治疗胆道狭窄，顽固性高脂血症血脂清除，肾脏移植，活体肝移植治疗肝衰竭，保肢治疗骨肿瘤，人工关节，关节镜检查与治疗，介入治疗先天性心脏病，低温双极射频减融术治疗鼾症，介导下促神经再生药物局部注射治疗脊髓损伤等方面是医院的专科特色医疗项目。"十五"期间及"十一五"以来，全院共获各类成果奖72项。

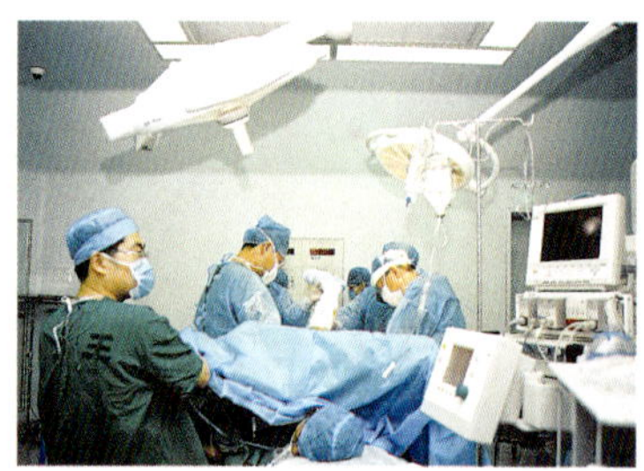
骨病科在手术中

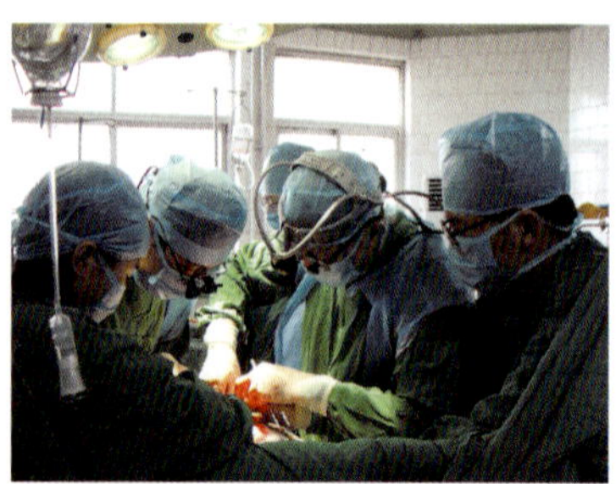
济南军区心脏外科中心

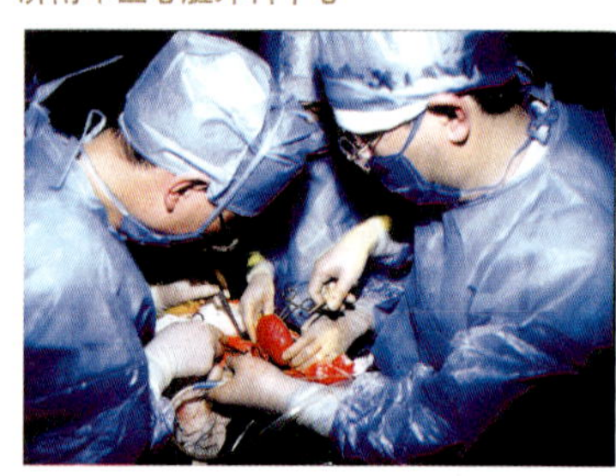
泌尿外科手术

济南军区总医院将以一流的技术、一流的设备、一流的环境，为广大患者提供一流的医疗服务。

荣誉证书

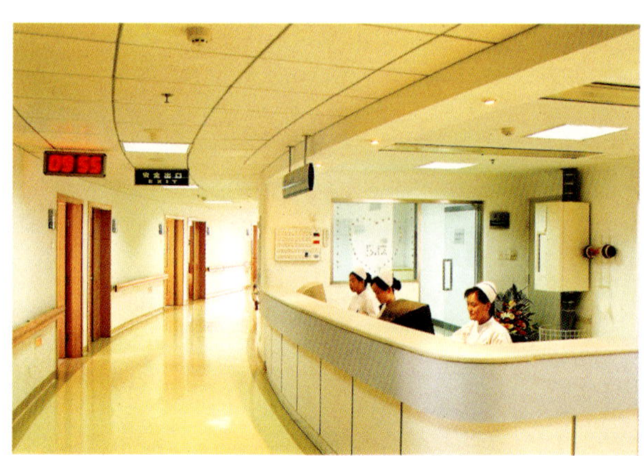
舒适整洁的病房环境

山东省血液中心

中心党委书记李信业陪同黄胜副省长视察街头无偿献血情况

山东省血液中心成立于1963年，是全国十大血站之一，经过40多年的辛勤耕耘，中心现发展成为占地面积39.3亩，建筑面积10 000余m^2，固定资产6 700万元，集无偿献血、采供血管理、输血科研、治疗、教学、业务指导、质量控制为一身的现代化的血液中心。

中心现有在职职工165人，其中卫生技术专业人员117人，中高级职称77人，博士、硕士15人，下设8个业务科室、3个科研科室和6个职能科室；大型仪器设备300余台（套）；图书6 000余册。雄厚的人才、设备、技术力量，为省会济南近30余家省（部）属医疗机构及行业医院的临床用血需要与安全提供了有力保障。

聘任山东卫视主播刘文蓉和曹广随为山东省无偿献血宣传大使

中心始终将无偿献血的宣传、发动、组织、采集、管理工作放在重要位置，通过加强与新闻媒体的合作、组建各种志愿者服务队和应急血库等多种渠道，采取聘任无偿献血形象大使、宣传大使及表彰鼓励无偿献血先进单位与个人等系列措施，在社会上营造了“献血无损健康、献血无尚光荣”的良好氛围，无偿献血工作始终走在全国前列。中心为各用血医院提供24小时免费送血服务，在第一时间内为医院排忧解难。血液成分分离率和临床成分用血率均超过99%，达到国际先进水平。

山东省无偿献血形象大使、齐鲁电视台主播翟树辉、王蓄采访中心党委书记李信业

为了促进输血科研工作的发展，中心先后成立了山东骨髓库、山东省血友病诊疗中心和山东省血液中心输血研究所，承担了人事部、省科技厅、省卫生厅等各级各类科研课题数十项，其中2项获省科技进步二等奖，1项获三等奖，在省级以上（包括省级）期刊发表论文300余篇。同时，中心还开展了疑难血型鉴定及配血、孕产妇血型抗体检测、新生儿溶血病的检查、输血反应鉴定、强直性脊椎炎的诊断、组织配型等输血相关服务项目，并不断加强与国际输血界的交流与合作。2006年，中心从日本引入血液成功救治了东营稀有血型患者，圆满完成了“造福华人同胞，紧急扩容造血干细胞捐献者资料库”，获得了社会的极高赞誉。

卫生厅王天瑞厅长慰问无偿献血明星

中心出色的工作业绩获得了包括全国人大副委员长彭珮云同志在内的各级领导和社会各界的高度评价，中心被省卫生厅授予综合目标管理一等奖，先后荣获“省直文明单位”、“全省卫生系统诚信建设先进单位”、“全省卫生行业文明创建活动先进单位”等荣誉称号，2007年被批准为“学习三个代表和科学发展观宣教基地”。中心流动采血车被授予国家级青年文明号。

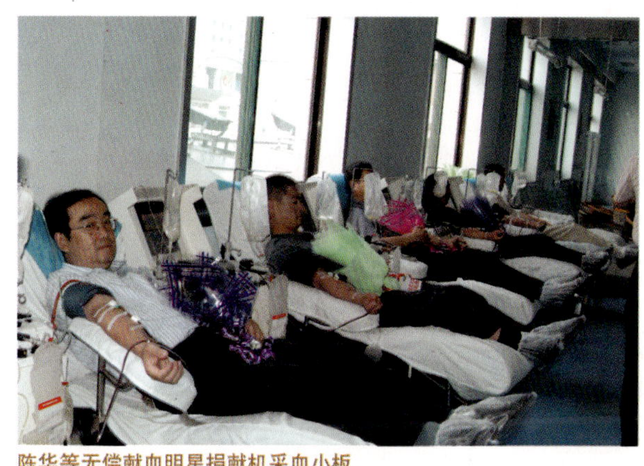
陈华等无偿献血明星捐献机采血小板

山东省医学影像学研究所

新影像大楼阳光大厅

在山东省立医院放射科基础上，1975年3月19日山东省医学影像学研究所成立，现已成为目前国内规模最大的医学影像学诊断、介入治疗、科研、教学和培训基地。

本所现有在职人员259人，其中高级职称89人，中级职称79人，有山东大学博士生导师3名、硕士生导师35名，省级拔尖人才5人，享受国务院政府津贴4人，山东省有突出贡献中青年专家1人，在省级专业学会担任副主任委员以上职务的有12人，有1人当选为中华医学会影像技术分会主任委员，是建国以来全省首位中华医学会临床学会主任委员，1人当选为中国放射医师协会副主任委员，2人当选为中华医学会放射分会委员，1人任中华放射学会腹部学组副组长，1人任中华放射学会磁共振学组组长，1人任中华放射学会神经学组委员，1人任中华放射学会介入学组委员，1人任中华医学会影像技术分会委员兼秘书，实现了整体的大突破。所长武乐斌教授由于在影像学领域的推动作用明显，还荣获卫生部“全国卫生系统先进个人”与省政府“山东省有突出贡献的中青年专家”称号。

全所现有博士15名，在读13名；硕士33名，在读36名。下设15个业务科室和10个职能科室。其中，“神经影像学”和“医学影像技术”为山东省医药卫生行业重点学科。2007年年初成立的“CT介入诊疗中心、MR介入诊疗中心、超声介入诊疗中心和乳腺诊疗中心”为广大患者提供了一个极好的微创治疗平台，有20张床位的介入病房为患者提供优质服务和后续治疗保障。2006年，全所共诊治患者 261 645人次，在查阅的13 815份病例和随访19 554病人中，诊断符合率99.6%，诊断正确率98.9%。建所以来，在省级以上刊物发表学术论文1 000余篇，出版专著47部，鉴定科研成果69项，获省部级以上科技进步奖26项，获国家级专利24项，承担了“九五”攻关项目5项，“十五”攻关项目1项，国家“863”计划项目1项；2004～2006年，本所共有10篇文章被医学影像专业的世界顶级会议——北美放射学大会（RSNA）收录并做大会发言；每年该所担负着山东大学医学院等十余所医学院校的教学任务，每年授课达1 000余学时；山东省医学影像学会挂靠本所，并共同主办核心期刊《医学影像学杂志》；以我所专家为中坚力量设立的山东省医学影像学远程会诊中心，现逐渐覆盖全省，将形成省、市、县三级医院医学影像学会诊网络。

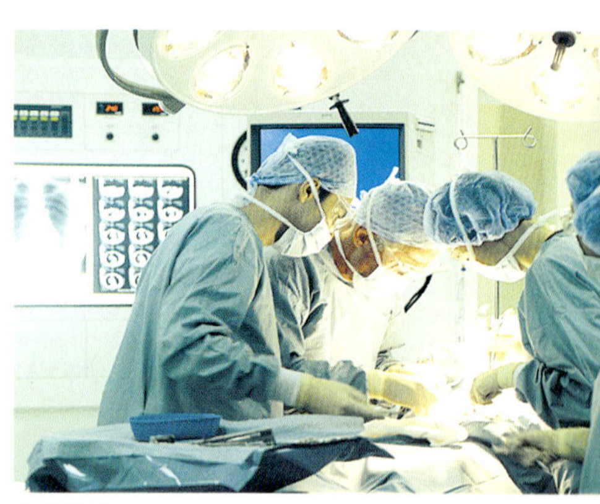
诊疗并重

本所现已拥有百万元以上大型医疗设备50余台（套），千万元以上设备10台（套），固定资产逾3亿元，始终保持着拥有世界最先进水平的仪器设备，在国内率先引进的设备有：数字摄影系统（包括CR、DR及双板DR），磁共振有1.5T、3.0T超导磁共振及磁共振介入系统等4台，CT有双源CT和64层、16层高速CT及4层多螺旋CT等5台，数字胃肠机、数字乳腺机、大型C臂DSA诊疗系统，大型多功能彩超及超声微波治疗仪，激光椎间盘治疗仪，远、近红外线热像仪，药物离子透入乳腺治疗仪，血管内超声溶栓仪，体内γ刀治疗系统、氩氦刀治疗系统及肿瘤介入热疗机，双能X线骨密度测量仪，乳腺导管镜等，还率先自行研制成功PACS系统，形成所内会诊网络和图像资料存储系统。

自2001年起，每年卫生部委托本所负责全国临床医师专业职称晋升“影像医学”专业考试委员会的考试大纲、考试指南和出题工作；每年接收省内外近200名医学影像学医师的培训工作，是全国医学影像学人才的主要培训基地之一，是中华医学会仅有的两个“全国实用介入技术推广培训中心”之一。

几年来，本所两个效益同步增长，文化建设特色鲜明，社会影响力不断提升，先后被授予：“省直文明单位”、省级“巾帼文明示范岗”、省卫生厅“优质服务先进单位”、“卫生科技管理先进集体”、“医疗质量管理效益年活动先进集体”、“诚信建设先进单位”、省总工会“优质服务先进单位”、全国妇联“全国巾帼文明示范岗”、省妇联“三八红旗集体”等荣誉称号。

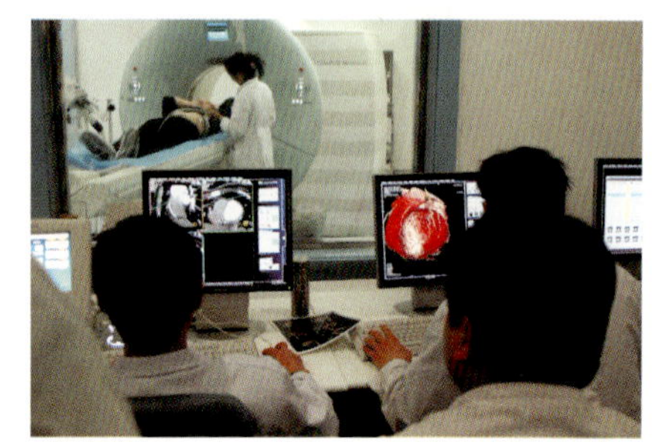
双源CT

青岛市市立医疗集团

门诊病房楼

青岛市市立医疗集团是由市立医院、市立医院东院、市人民医院、市皮肤病防治院和市北九水疗养院5个单位组成的集医疗、教学、科研、保健疗养于一体的覆盖胶东半岛的大型医疗集团。集团的主体——青岛市市立医院始建于1916年，系市属规模最大的综合性三级甲等医院，是青岛大学医学院附属医院之一，青岛市红十字医院，青岛市临床医学研究所。

集团占地面积29.2万m²，建筑面积22.3万m²，开放医疗床位1 860张，疗养床位100张。在职职工3 147人，其中高级职称585人、中级职称963人，博士生导师1人、硕士生导师86人，博士39人、硕士298人，在读研究生97人。现有省、市重点学科、特色专科16个。拥有3.0T核磁共振(MR)、直线加速器、64层螺旋CT、超声聚焦消融机、计算机X线摄影（CR）、血管造影系统(DSA)及立体救护楼顶飞机平台等现代化的医疗设施。开展的先心病、脑血管病介入手术、心脏瓣膜置换、冠状动脉搭桥、高位胆管癌和超声刀肿瘤消融术、各种腔镜等微创手术、显微神经外科手术，肝、肾移植，干细胞移植及准分子激光手术等，各种高难技术项目均达到国内先进水平。

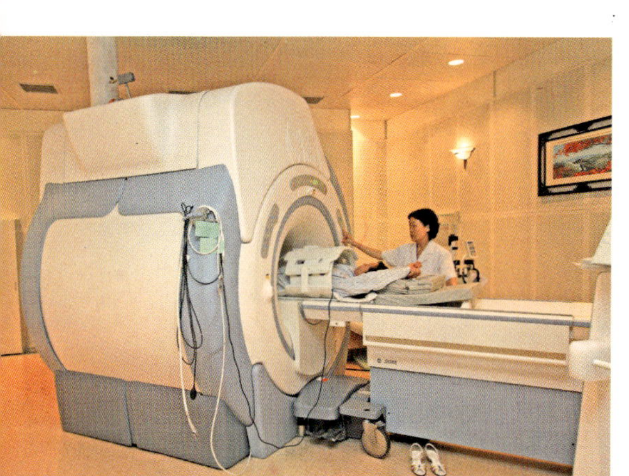

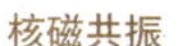

核磁共振

集团凭借优美舒适的就医环境、先进的技术设施、雄厚的技术力量赢得患者的信赖，年门、急诊量达100余万人次，年出院病人达4万余人次，逐步形成了规范化医院管理、人性化医疗服务、特色化学科建设的国际化发展的大框架。先后荣获全国卫生系统先进集体、全国创建文明行业工作先进单位、全国百佳医院、首批全国百姓放心医院、全国模范职工之家、全国医院文化先进集体等荣誉称号，通过了ISO9001：2000国际质量管理体系认证。并成为2008年北京国际奥帆赛医疗保障定点医院及山东省台湾同胞定点医院。

集团领导班子合影

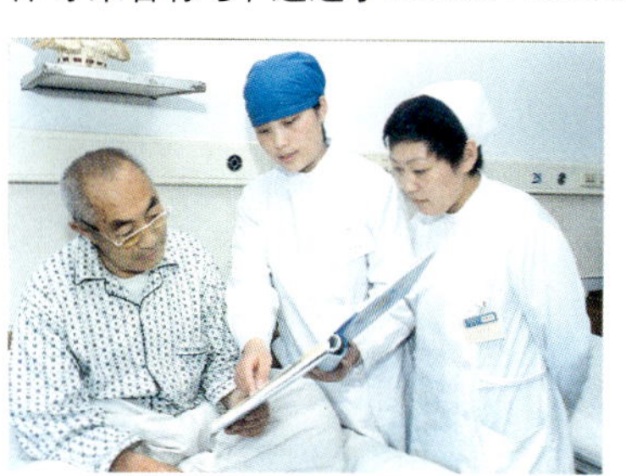

无缝隙护理服务

山东省千佛山医院

山东省千佛山医院是省卫生厅直属的省级综合性三级甲等医院。医院占地近10万m^2，编制病床800张，固定资产3.7亿元，拥有磁共振、螺旋CT、准分子激光仪、全自动生化分析仪、海扶刀、氩氦刀等万元以上仪器500余台（件）。全院现有职工1 300余人，其中副高级以上职称专业技术人员300余人，博士、硕士研究生导师70多名，山东大学兼职教授、副教授百余人。通过全院职工的辛勤工作，医院获得了丰硕的成果，连续多年获得全省卫生系统"先进集体"、行业作风"先进单位"等荣誉称号，并成为"国际爱婴医院"、"国际紧急救援中心网络医院"、"全国百姓放心示范医院"、"省级文明单位"、"全省医德医风示范医院"、"山东省思想政治工作先进单位"、"山东省百佳医院"、"山东省慈善医院"、"中华慈善总会威高爱心工程骨科项目定点医院"。

医院新建门诊医技综合楼外观图

医院现为山东大学临床医学院，并承担着山东中医药大学、潍坊医学院、泰山医学院、滨州医学院、省医学高等专科学校等多所高中等院校的临床实习教学任务。同时，山东省肝病会诊咨询中心、山东省病理质量控制中心、山东省牙病防治指导中心、山东省口腔保健中心也附设在该院。

该院普外、心血管是全省的重点学科，器官移植、微创技术和介入治疗业已发展成为医院三大技术品牌。目前，医院已成功完成肝脏移植66例，心脏移植13例，肺移植3例，完成各类肾移植手术400余例，并成功开展了儿童肾移植、老年肾移植、亲属肾移植、高抗体尿毒症患者肾移植等多种高难度的移植手术。同时，利用各种内镜技术开展的微创手术在院内已经广泛开展，并成为部分科室的常规手术，各类介入手术已累计完成3 000余例。另外，医院在骨关节疾病、神经外科疾病、病理诊断、白内障治疗等多方面都确立了自己的优势和特色。新技术、新项目的不断开展，为医院发展提供了强有力的支撑，促进了医院全面、协调、快速发展。

曾庆红同志来医院看望庆芝，张高丽、韩寓群陪同

神经外科中心成功为患者切除延髓海绵状血管瘤

目 录

五、医疗服务 …………………………………………………… 74

六、农村与社区卫生 …………………………………………………… 95

七、妇幼保健 …… 101

八、疾病控制与公共卫生 …… 106

九、卫生监督 ………………………………………………………………………………………… 173

十、医学教育与科研 ……………………………………………………………………………… 206

附录一　山东省社会与经济状况 ……………………………………………………………… 210

2006 年山东省卫生事业发展情况统计公报

2006 年，在山东省委、省政府的正确领导下，全省各级卫生行政部门和广大卫生工作者坚持科学发展观，努力工作，各项卫生工作取得了显著成效，全省卫生事业全面、协调、可持续发展，圆满实现了预定主要目标。

一、疾病控制与爱国卫生

1. 传染病报告发病率、死亡率及病死率

2006 年全省报告甲、乙类传染病发病率 129.56/10 万，死亡率 0.39/10 万，病死率 0.30%。与上年比较，传染病报告发病率、死亡率、病死率均有下降，其中，发病率下降 9.53/10 万、死亡率下降 0.07/10 万、病死率下降 0.03%。报告发病率较高的依次为病毒性肝炎、肺结核、痢疾、淋病和麻疹；病死率较高的依次为狂犬病、艾滋病、新生儿破伤风、流脑和乙脑（表 1）。

表 1　2006 年全省甲、乙类法定报告传染病发病率、死亡率及病死率

疾病名称	发病率 (1/10 万)	死亡率 (1/10 万)	病死率 (%)	疾病名称	发病率 (1/10)	死亡率 (1/10)	病死率 (%)
鼠疫				猩红热	1.43		
霍乱				出血热	1.53	0.01	0.78
病毒性肝炎	52.07	0.06	0.11	狂犬病	0.14	0.14	100.00
痢疾	20.02	0.00	0.01	布氏杆菌病	0.12		
伤寒、副伤寒	0.38	0.00	0.28	炭疽			
艾滋病	0.04	0.03	60.98	乙脑	0.27	0.02	5.62
淋病	4.92			血吸虫病	0.00		
梅毒	2.54	0.00	0.04	疟疾	0.15		
脊髓灰质炎				登革热			
麻疹	3.50	0.00	0.06	新生儿破伤风	0.02	0.00	14.81
百日咳	0.10			肺结核	42.24	0.12	0.27
白喉				传染性非典型肺炎			
流脑	0.05	0.01	10.20	人禽流感			

2. 计划免疫　2006 年常规计划免疫（四联/全程）接种率 99.5%，保持较高水平。1 岁儿童卡介苗接种率 99.59%，脊髓灰质炎疫苗接种率 99.51%，麻疹疫苗免疫接种率 99.35%，白百破三联制剂接种率 99.57%，乙型肝炎疫苗接种率 99.73%。

3. 健康教育　2006 年全省累计创建无烟单位 10 074 个；全年开展相约健康社区行 1 439 次，参与人数 48 万；开展健康教育培训 3 353 次，参加人数 39 万。

4. 地方病防治　2006 年全省居民合格碘盐食

用率达91%；地方性氟中毒病区县113个，氟骨症人数33.15万人；大骨节病区县1个，现症病人856人；克山病病区县19个，现症病人812个；碘缺乏病检测县140个，克汀病病人637人。

5.农村改水和改厕工作　截止2006年底，全省累计农村改水受益人口6 953.36万人，改水受益人口占农村总人口99.30%，农村自来水普及率为76.32%。农村改厕累计总户数2 037.88万户，农村卫生厕所普及率为71.09%，无害化卫生厕所普及率为32.87%。

二、卫生监督

1.食品卫生　2006年全省食品卫生监督户次数91.11万，监督合格户次数74.75万，卫生监督覆盖率99.2%，合格率为82.05%；21类食品共抽查检测9.03万件，平均合格率93.44%。

2.环境卫生　2006年全省公共场所卫生监督44 125所，监督率100%，检测合格率95.7%；监督生活饮用水点1.3万个，监督覆盖率为86.8%。

3.职业卫生　2006年全省生产环境中有害因素测定点7.25万个，实测率达84.72%。全省共报告各类职业病新发病例595人，其中，尘肺病449人，慢性职业中毒77人，急性职业中毒30人，职业性眼耳鼻喉疾病26人，其他职业病13人。

4.学校卫生　全省接受卫生监督的学校10 169所，卫生监督覆盖率68.85%，合格率78.62%。全省进行体检的学校数6 916所，参加体检的学生561.11万人，学生体检率85.07%。

三、农村卫生与社区卫生

1.新型农村合作医疗　2006年全省新增省级新型农村合作医疗试点县42个，全省共有88个县(市、区)纳入省级新型农村合作医疗试点单位，参合人员4 067.71万人，居全国第一位，占全省农业人口的67.05%，筹集基金17.81亿，为3 353.68万参合农民报销医药费11.92亿元。

2.乡镇卫生院　2006年全省乡镇卫生院1 667个，比上年减少21个；床位5.49万张，比上年增加2 003张；卫生人员7.97万人，比上年增加761人。卫生人员中，卫生技术人员7.11万人，比上年增加1 095人。执业医师及执业助理医师3.11万人，注册护士1.14万人。每千农业人口乡镇卫生院床位数0.88张、人员数1.23人。卫生院诊疗人次为4 145.72万人次，比上年增加54.66万人次；入院人数133.35万，比上年增加16.48万；病床使用率42.82%，比上年增加9.38个百分点；出院者平均住院日4.91天，比上年增加0.68天。

3.村卫生室　2006年全省共设置村卫生室5.68万个，占行政村总数的65%。其中，村办3.57万个，个体办0.53万个，联合办0.51万个，乡镇卫生院设点0.98万个。乡村医生和卫生员共10.18万人，平均每卫生室拥有乡村医生和卫生员1.79人，每村拥有乡村医生和卫生员1.17人，每千农业人口拥有乡村医生和卫生员1.62人。全省村卫生室共有执业医师和执业助理医师0.97万人。村卫生室全年诊疗人次1.79亿人次，是乡镇卫生院总诊疗人次的4.31倍，乡村医生和卫生员年人均诊疗人次1 766人次，村卫生室承担了农村居民大部分的基本医疗任务。

4.社区卫生服务　2006年全省有社区卫生服务机构2 135个，人员6 883人，其中执业医师和执业助理医师共有1 971人。全年诊疗人次为15.67万人次，比上年增加了3倍。

四、妇幼卫生保健

2006年全省孕产妇死亡率21.16/10万，孕产妇系统管理率94.08%。孕妇产前医学检查率97.57%，住院分娩率99.04%，其中农村孕产妇住院分娩率为98.93%。婴儿死亡率11.32‰，新生儿疾病筛查率98.12%，新生儿听力筛查率78.46%，5岁以下儿童死亡率13.13‰，5岁以下儿童中、重度营养不良患病率1.07%；7岁以下儿童保健管理率90.66%。

五、医疗服务

1.医疗机构门诊服务　2006年全省医疗机构总诊疗人次为14 271.41万人次，比上年增加558.72万人次。其中，非营利性医疗机构诊疗人次13 828.48万人次，占96.90%；营利性医疗机构442.93万人次，占总诊疗人次的3.10%。按医疗机构类型划分，医院8 570.25万人次，占60.05%；卫生院(包括街道卫生院和乡镇卫生院)4 377.75万人次，占

30.67%；其他医疗机构 1 143.41 万人次，占 9.28%。综合医院分科门诊构成：内科占 28.35%，外科占 15.60%，妇产科占 11.12%，儿科占 9.48%，中医科占3.54%，其他科占 31.91%。

2.医疗机构住院服务　2006 年全省医疗机构入院人数 635.57 万人，比上年增加 62.12 万人。其中，非营利性医疗机构 619.51 万人，占 97.47%；营利性医疗机构 16.06 万人，占 2.53%。按医疗机构类型划分，医院入院人数 458.41 万人，占 72.12%；卫生院入院人数 137.33 万人，占 21.61%；妇幼保健院(所、站) 入院人数 33.76 万人，占 5.31%；其他医疗机构入院人数 6.07 万人，占 0.96%。医院每百门、急诊人次的入院人数为 5.35 人，比上年增加 0.11 人；卫生院每百门、急诊人次的入院人数为 3.13人，比上年增加了 0.09 人。

3.医疗机构病床使用率　2006 年全省医疗机构病床使用率 67.71%，其中，医院病床使用率 75.65%，卫生院病床使用率 42.48%。与上年相比，医院病床使用率提高 2.82 个百分点，卫生院提高 8.49 个百分点。从不同级别医院病床使用率来看，卫生部属医院为 94.01%，省属医院为 86.00%，省辖市属医院为 88.91%，地辖市属医院为 81.33%，县属医院为 75.51%。

4.出院者平均住院日　2006 年全省医疗卫生机构出院者平均住院日 8.43 天，与上年相比，增加了 0.11 天。医院出院者平均住院日为 9.63 天，其中，卫生部属医院为 13.94 天，省属医院为 12.02 天，省辖市属医院为 10.84 天，地辖市属医院为8.88 天，县属医院为 6.80 天。

5.医生人均工作量　2006 年卫生部门综合医院平均每个医生每天担负的诊疗人次为 3.62 人次；每个医生每天担负的住院床日为 1.42 床日。各级卫生部门综合医院医生人均工作量情况如下：卫生部属医院医生每天担负诊疗人次 8.10 人次、每天担负住院床日 2.30 床日；省属医院医生每天担负诊疗人次 6.37 人次、每天担负住院床日 2.15 床日；省辖市属医院医生每天担负诊疗人次 4.74 人次、每天担负住院床日 1.85 床日；县属医院医生每天担负诊疗人次 3.41 人次、每天担负住院床日 1.85 床日。与上年相比，全省卫生部门综合医院医生每天担负诊疗人次减少了 0.67 人次，医生每天负担的住院床日减少了 0.21 床日(表 2)。

表 2　全省卫生部门综合医院医生人均日工作量

综合医院	医生人均每天担负诊疗人次		医生人均每天担负住院床日	
	2005 年	2006 年	2005 年	2006 年
合计	**4.29**	**3.62**	**1.63**	**1.42**
卫生部属	7.81	8.1	2.38	2.3
省属	8.63	6.37	2.11	2.15
省辖市属	5.18	4.74	1.97	1.85
地辖市属	3.83	2.6	1.51	1.04
县属	3.39	3.41	1.33	1.42

六、资产与费用状况

1.资产总额　2006 年卫生系统内部卫生机构资产达 591.2 亿元，比上年增加 58.25 亿元，其中医疗机构资产 538.52 亿元。

2.医疗费用及增长幅度　2006 年卫生系统内部医疗机构平均每门诊人次医疗费用 100.17 元，比上年增加 4.26 元，增长 4.4%(2005 年比 2004 年增长 5.73%)；住院病人每床日费用 347.51 元，比上年增加 4.11 元，增长 1.2%(2005 年比 2004 年增长 8.42%)；出院者平均医疗费用 3 056.94 元，比上年增加 122.06 元，增长 4.16%(2005 年比 2004 年增长 9.58%)。其中，城市医院门诊人次收费水平 147.20 元，每床日收费水平 448.34 元，出院者平均医疗费用 5 287.61 元；县医院门诊人次收费水平 119.32 元，每床日收费水平 325.99 元，出院者平均医疗费用 2 632.77 元；卫生院门诊人次收费水平

48.76元，每床日收费水平116.50元，出院者平均医疗费用622.42元。

3.医药费用构成　2006年全省门诊病人人均医疗费中，药费51.51元，占门诊病人医药费的51.42%。其中，城市医院门诊病人人均医疗费中，药费71.15元，占门诊病人医药费的48.34%；县医院门诊病人人均医疗费中，药费52.74元，占门诊病人医药费的44.20%。全省每床日收费中，药费160.12元，占住院病人每床日费用的46.08%；城市医院每床日收费中，药费203.65元，占住院病人每床日费用的45.42%；县医院每床日收费中，药费149.84元，占住院病人每床日费用的45.96%。

七、卫生资源

1.卫生机构总数　2006年全省各类卫生机构总数17 016个，比上年增加228个，其中，医院1 170个，比上年增加33个；卫生院1 772个，比上年减少13个；社区卫生服务机构2 135个，比上年增加599个；诊所、卫生所、医务室和护理站11 123个，减少317个(表3)。

2.卫生人员总数。2006年全省卫生人员总数39.59万人，比上年增加12 609人，其中，卫生技术人员33.67万人，比上年增加11 551人。卫生技术人员中，执业(助理)医师14.64万人，比上年增加5 194人；注册护士10.38万人，比上年增加5 460人。全省每千人口卫生技术人员、医生、注册护士数分别为3.62人、1.57人、1.12人。(见表3)。

3.医疗机构床位数　2006年全省卫生机构床位总数25.95万张，其中，医院18.50万张，占71.29%；卫生院5.80万张，占25.10%；疗养院4 452张，占1.7%；妇幼保健院8 642张，占3.3%。与上年比较，全省卫生机构床位总数增加8 552张，增长率为3.4%，其中，医院床位增加5 464张，卫生院床位增加2 622张，其他卫生机构增加466张。每千人口医院和卫生院床位2.63张，每千农业人口乡镇卫生院床位数0.88张。(见表3)。

表3　2006年全省各类医疗卫生机构、人员和床位数

机构类型	机构数(个)	人员数(人)	卫生技术人员(数)	床位数(张)
各类卫生机构合计	**17 016**	**395 897**	**336 669**	**259 467**
医院	1 170	233 782	193 179	184 960
综合医院	805	179 008	148 957	137 809
中医医院	141	32 163	26 933	24 124
专科医院	217	22 365	17 085	22 827
卫生院	1 772	84 835	75 703	57 996
街道卫生院	105	5 120	4 557	3 073
乡镇卫生院	1 667	79 715	71 146	54 923
门诊部	131	1 153	981	491
妇幼保健院(所、站)	150	12 935	10 671	8 642
专科疾病防治院(所、站)	132	4 511	3 595	2 328
疾病预防控制中心(防疫站)	178	14 060	11 262	
卫生监督所	46	2 007	1 519	

4.房屋及设备配置　2006年，全省卫生机构房屋建筑面积共4 539.53万平方米，比上年增加1 197.53万平方米，其中，医院3 562.69万平方米，增加1 158.58万平方米；妇幼保健院(所、站)144.97万平方米，增加76.75万平方米；疾病预防控制中心88.40万平方米，增加6.24万平方米。全省卫生机构万元以上设备的数量为12.32万台，其中，医院9.62万台(综合医院7.40万台，中医院1.28万台)，卫生院1.37万台，妇幼保健院(所、站)0.56万台，疾病预防控制机构0.42万台，其他卫生机构0.35万台。

2006年山东省卫生统计

一、卫生机构

【简要说明】

1. 本章主要介绍全省卫生机构数，主要包括各级各类医疗机构、疾病控制机构和卫生监督机构数，医院等级情况，按床位数分组的医院数等。

2. 所有指标系全数调查，数据来源于卫生综合统计年报。

3. 本资料卫生机构总数和医疗机构数均不包括村卫生室数字，村卫生室单独统计。

4. 大的分类：卫生机构按经济类型分为国有、集体、联营、私营等；按设置/主办单位分为政府办、企业办等。城镇医疗机构按分类管理原则分为非营利性和营利性医疗机构，划分的主要依据是经营目的和服务任务，两者执行不同的财政、税收、价格政策和财务会计制度。

【主要统计指标解释】

卫生机构 指从卫生行政部门取得《医疗机构执业许可证》，或从民政、工商行政、机构编制管理部门取得法人单位登记证书，为社会提供医疗保健、疾病控制、卫生监督服务或从事医学科研和教育等工作的单位。卫生机构包括医院、疗养院、社区卫生服务中心（站）、卫生院、门诊部、诊所（卫生所、医务室）、急救中心（站）、采供血机构、妇幼保健院（所、站）、专科疾病防治院（所、站）、疾病预防控制中心（防疫站）、卫生监督所、卫生监督检验（监测、检测）机构、医学科研机构、医学在职培训机构、健康教育所（站）等其他卫生机构。本资料不包括村卫生室（单独统计）。

医疗机构 指从卫生行政部门取得《医疗机构执业许可证》的机构，包括医院、疗养院、社区卫生服务中心（站）、卫生院、门诊部、诊所（卫生所、医务室）、急救中心（站）、妇幼保健院（所、站）、专科疾病防治院（所、站）和临床检验中心。本资料不包括村卫生室（单独统计）。

非营利性医疗机构 指为社会公众利益服务而设立运营的医疗机构，不以营利为目的，其收入用于弥补医疗服务成本。

营利性医疗机构数 指医疗服务所得的收益可用于投资者经济回报的医疗机构。政府不举办营利性医疗机构。

医院 包括综合医院、中医医院、中西医结合医院、民族医院、各类专科医院和护理院，不包括专科疾病防治院、妇幼保健院和疗养院。

中医医院 指中医（综合）医院和中医专科医院，不包括中西医结合医院和民族医院。

专科医院 包括口腔医院、眼科医院、耳鼻咽喉科医院、肿瘤医院、心血管病医院、胸科医院、血液病医院、妇产（科）医院、儿童医院、精神病医院、传染病医院、皮肤病医院、结核病医院、麻风病医院、职业病医院、骨科医院、康复医院、整形外科医院、美容医院等其他专科医院，不包括中医专科医院、各类专科疾病防治院和妇幼保健院。

社区卫生服务中心（站） 指为本社区居民提供预防、医疗、保健、康复、健康教育、计划生育技术服务等的基层卫生机构。

医院等级 指由卫生行政部门根据设置规划确定的级别（一、二、三级）和由医疗机构评审委员会评定的等次（特、甲、乙、丙等），是由卫生行政部门评定的反映医院规模和医疗水平的综合指标。

联合办村卫生室 指村卫生室由两个或多个乡村医生联合办、乡村医生与卫生员联合办、执业（助理）医师与乡村医生或卫生员联合办等。

2006年山东省各类卫生机构数

卫生机构	合计	按经济类型分					合计中：		
		国有	集体	联营	私营	其他	政府办	卫生部门	企业办
总　计	**17 016**	**4 725**	**5 264**	**81**	**5 785**	**1 160**	**3 139**	**2 941**	**3 233**
市	13 126	5 210	1 168	3 752	993	1 746	379	1 711	341
县	3 890	957	358	1	22	12	1 230	1 230	21
一、医院	1 170	786	151	7	137	88	551	536	313
市	953	625	128	6	116	77	393	378	293
县	217	161	23	1	21	11	158	158	20
综合医院	805	565	124	6	70	39	328	319	300
县医院	83	80	3				83	83	
其他	722	485	121	6	70	39	245	236	300
中医医院	141	118	4		14	5	119	119	2
中西医结合医院	5				3	2			
民族医院	1	1					1	1	
专科医院	217	102	22	1	50	42	103	97	11
口腔医院	21	12	4		4	1	13	13	
眼科医院	12	2	3		3	4	2	2	2
耳鼻喉科医院	4	1			1	2	1	1	
肿瘤医院	9	4			2	3	4	4	1
心血管病医院	5	2			1	2	1	1	1
胸科医院	4	3				1	3	3	
血液病医院									
妇产(科)医院	10	1			1	8	1	1	1
儿童医院	3	2			1		2	2	
精神病医院	43	37	4		2		39	37	
传染病医院	11	9	1			1	10	10	
皮肤病医院	11	4			6	1	3	3	
结核病医院	2	2					2	2	
麻风病医院									
职业病医院	4	4					3	3	1
骨科医院	27	5	2		10	10	4	4	2
康复医院	16	9	2		5		8	5	
整形外科医院									
美容医院									
其他专科医院	35	5	6	1	14	9	7	6	3
护理院	1		1						
二、疗养院	20	18			1	1	14	11	5

2006年山东省各类卫生机构数　　（续表）

卫生机构	合计	按经济类型分					合计中：		
		国有	集体	联营	私营	其他	政府办	卫生部门	企业办
三、社区卫生服务中心（站）	2 135	292	1 360	7	147	329	3	3	2
社区卫生服务中心	10	4	4		2		3	3	2
社区卫生服务站	2 125	288	1 356	7	145	329			
四、卫生院	1 772	1 180	582		6	4	1 741	1 741	16
街道卫生院	105	56	42		6	1	93	93	5
乡镇卫生院	1 667	1 124	540			3	1 648	1 648	11
中心卫生院	615	517	97			1	600	600	11
乡卫生院	1 052	607	443			2	1 048	1 048	
五、门诊部	131	63	38		27	3	14	13	16
综合门诊部	108	57	32		16	3	12	11	16
中医门诊部	4	1	1		2				
中西医结合门诊部	2	2					1	1	
民族医院门诊部									
专科门诊部	17	3	5		9		1	1	
六、诊所、卫生所、医务室、护理站	11 123	1 732	3 124	67	5 466	734	173		2 871
诊所	6 378	241	551	41	5 147	398	78		274
卫生所、医务室	4 745	1 491	2 573	26	319	336	95		2 597
护理站									
七、急救中心（站）	8	6	2				7	7	1
八、采供血机构	25	25					24	24	
九、妇幼保健院（所、站）	150	148	2				146	145	2
省属	1	1					1	1	
省辖市（地区）属	16	16					16	16	
地辖市属	60	60					60	60	
县属	68	66	2				68	68	
其他	5	5					1		2
妇幼保健院	91	90	1				89	88	1
妇幼保健所	14	14					13	13	1
妇幼保健站	45	44	1				44	44	
生殖保健中心									
十、专科疾病防治院（所、站）	132	131	1				126	126	3
专科疾病防治院	15	15					13	13	1
传染病防治院	2	2					2	2	
结核病防治院	2	2					2	2	

2006年山东省各类卫生机构数　　（续表）

卫生机构	合计	按经济类型分					合计中：		
		国有	集体	联营	私营	其他	政府办	卫生部门	企业办
职业病防治院	2	2					1	1	
其他	9	9					8	8	1
专科疾病防治所（站、中心）	117	116	1				113	113	2
口腔病防治所（站、中心）									
精神病防治所（站、中心）	3	3					3	3	
皮肤病与性病防治所（中心）	49	48	1				49	49	
结核病防治所（站、中心）	59	59					57	57	1
麻风病防治所（站、中心）									
职业病防治所（站、中心）	1	1							1
地方病防治所（站、中心）	3	3					3	3	
寄生虫病防治所（站、中心）									
血吸虫病防治所（站、中心）									
药物戒毒所（中心）									
其他	2	2					1	1	
十一、疾病预防控制中心（防疫站）	178	177	1				171	171	4
疾病预防控制中心/防疫站/防病中心	172	172					165	165	4
省属	1	1					1	1	
省辖市（地区）属	17	17					17	17	
地辖市属	66	66					66	66	
县属	77	77					77	77	
其他	11	11					4	4	4
其中：疾病预防控制中心	57	57					56	56	1
卫生防疫站	112	112					106	106	3
卫生防病中心	3	3					3	3	
预防保健中心	6	5	1				6	6	
十二、卫生监督所	46	46					46	46	
省属	1	1					1	1	
省辖市（地区）属	14	14					14	14	
地辖市属	16	16					16	16	

2006 年山东省各类卫生机构数　　　（续表）

卫生机构	合计	按经济类型分					合计中：		
		国有	集体	联营	私营	其他	政府办	卫生部门	企业办
县属	14	14					14	14	
其他	1	1					1	1	
十三、卫生监督检验（监测）机构	10	10					10	10	
卫生（综合）监督检验机构	2	2					2	2	
环境卫生监督检验机构									
劳动卫生监督检验机构	5	5					5	5	
食品卫生监督检验机构									
学校卫生监督检验机构									
其他	3	3					3	3	
十四、医学科学研究机构	6	5			1		5	5	
医学科学（研究）院（所）	4	3			1		3	3	
预防医学研究院（所）									
中医（药）研究院（所）	1	1					1	1	
中西医结合研究所									
民族医（药）学研究所									
医学专科研究所	1	1					1	1	
药学研究所									
十五、医学在职培训机构	21	21					21	21	
十六、健康教育所（站、中心）	3	3					3	3	
十七、其他卫生机构	86	82	3			1	84	79	
临床检验中心（所、站）	1					1			
精神病收容所									
麻风村	5	3	2				5	3	
卫生消毒站	1	1					1	1	
乡防保组	12	12					12	12	
农村改水中心									
其他	67	66	1				66	63	

2006 年山东省各

地区	总计	医院						疗养院	卫生院			社区卫生服务中心（站）	门诊部	诊所、卫生所、医务室、护理站
		合计	综合医院	中医医院	中西医结合医院	民族医院	专科医院		小计	街道卫生院	乡镇卫生院			
山东省	**17 016**	**1 170**	**805**	**141**	**5**	**1**	**217**	**20**	**1 772**	**105**	**1 667**	**2 135**	**131**	**11 123**
济南市	1 379	162	129	14	1	1	17	1	78	4	74	3	47	1 043
青岛市	2 835	140	100	10	1		29	9	92	13	79	891	11	1 621
淄博市	1 278	72	48	10			14		94		94	88	2	989
枣庄市	639	70	46	7	1		16		55	8	47	42		438
东营市	789	38	29	4	1		4	1	54	11	43	326	1	350
烟台市	1 590	106	74	12			20	1	132	10	122	264	3	1 029
潍坊市	1 738	85	60	9			16	2	180	11	169	44		1 377
济宁市	1 181	107	79	14			14		149	7	142	43	1	818
泰安市	764	75	52	6			16	2	85	9	76	11	1	554
威海市	771	28	11	4			13		65		65	22	7	622
日照市	356	25	12	5			8	2	53	2	51	7	12	235
莱芜市	327	19	14	1			4		23	4	19	2		265
临沂市	1 241	78	58	9			11	2	184	7	177	256	41	626
德州市	648	27	17	10					128	8	120	44		419
聊城市	344	49	28	9			12		141	9	132		3	118
滨州市	691	28	20	6			2		74		74	92	1	455
菏泽市	445	61	28	11	1		21		185	2	183		1	164

市卫生机构数

其中：诊所	其中：卫生所、医务室	急救中心(站)	采供血机构	妇幼保健院(所、站)	妇幼保健所(站)	专科疾病防治院(所、站)	专科疾病防治所、站	疾病预防控制中心(防疫站)	卫生监督所	卫生监督检验/监测/检测所(站)	医学科研机构	医学在职培训机构	健康教育所、站	其他
6 378	**4 745**	**8**	**25**	**150**	**59**	**132**	**117**	**178**	**46**	**10**	**6**	**21**	**3**	**86**
768	275	1	2	12	10	9	7	13	4		1			3
1 184	437	2	6	10	6	6	5	20	13			1		13
562	427	1	1	9	2	5	4	11	2					4
325	113	1	1	7	3	6	4	7	6		1	1		4
234	116		1	6	2	3	2	7	1					1
371	658		1	13	4	17	15	14	1	2	1			6
787	590		1	14	6	15	15	15						5
458	360		2	13	1	17	14	15	1	2	2	6		5
117	437		2	7	3	8	7	10	1					8
413	209		1	4	2	5	5	6	1			1	1	8
106	129		1	5	3	6	6	5	1				1	3
118	147		1	3	2	1	1	3	4				1	5
123	503	1	1	13		16	16	13	1					9
320	99	1	1	8	4	2	1	12				5		1
33	85	1	1	9	3	3	3	9			1	7		2
371	84		1	7	6	7	6	8	5	5				8
88	76		1	10	2	6	6	10	5	1				1

2006年山东省各市医疗机构数(非营利性)

地区	总计	医院				疗养院	卫生院		社区卫生服务中心(站)	门诊部	诊所、卫生所、医务室、护理站	急救中心(站)	妇幼保健院(所、站)	专科疾病防治院(所、站)	临床检验中心
		合计	综合医院	中医医院	专科医院		合计	乡镇卫生院							
山东省	**9 189**	**937**	**680**	**124**	**131**	**19**	**1 765**	**1 665**	**1 849**	**94**	**4 249**	**7**	**146**	**123**	
济南市	589	124	101	10	12	1	78	74	3	23	338	1	12	9	
青岛市	1 423	105	79	7	19	9	92	79	872	6	322	2	9	6	
淄博市	625	60	42	8	10		93	93	85	2	370	1	9	5	
枣庄市	308	55	43	6	6		55	47	41		145		7	5	
东营市	422	32	25	3	4	1	54	43	207	1	120		4	3	
烟台市	1 140	87	63	11	13	1	132	122	245	1	649		12	13	
潍坊市	954	72	50	9	13	2	180	169	44		627	14	15		
济宁市	782	91	71	12	8		149	142	42	1	469		13	17	
泰安市	483	67	52	6	8	2	85	76		1	313		7	8	
威海市	335	26	11	4	11		65	65	18	4	213		4	5	
日照市	159	14	8	3	3	2	53	51	5	11	64		5	5	
莱芜市	173	16	14	1	1		23	19	2		128		3	1	
临沂市	761	58	40	9	9	1	179	177	242	39	212	1	13	16	
德州市	333	27	17	10			128	120	43		124	1	8	2	
聊城市	252	42	23	9	10		141	132		3	53	1	9	3	
滨州市	168	28	20	6	2		74	74		1	51		7	7	
菏泽市	282	33	21	10	2		184	182		1	51		10	3	

2006 年山东省各市医疗机构数(营利性)

地区	总计	医院				疗养院	卫生院		社区卫生服务中心(站)	门诊部	诊所、卫生所、医务室、护理站	急救中心(站)	妇幼保健院(所、站)	专科疾病防治院(所、站)	临床检验中心
		合计	综合医院	中医医院	专科医院		合计	乡镇卫生院							
山东省	**7 342**	**233**	**125**	**17**	**86**	**1**	**6**	**1**	**263**	**35**	**6 804**				
济南市	767	38	28	4	5					24	705				
青岛市	1 347	35	21	3	10				19	5	1 288				
淄博市	625	12	6	2	4		1	1	3		609				
枣庄市	307	15	3	1	10				1		291				
东营市	345	6	4	1					109		230				
烟台市	407	19	11	1	7				6	2	380				
潍坊市	763	13	10		3						750				
济宁市	366	16	8	2	6				1		349				
泰安市	215	8			8				11		196				
威海市	417	2			2				4	2	409				
日照市	183	11	4	2	5				2		170				
莱芜市	140	3			3						137				
临沂市	456	20	18		2	1	5		14	2	414				
德州市	296								1		295				
聊城市	72	7	5		2						65				
滨州市	496								92		404				
菏泽市	140	28	7	1	19						112				

2006年山东省医院、妇幼保健院等级情况

类别	合计	三级			二级			一级			其他
		甲等	乙等	丙等	甲等	乙等	丙等	甲等	乙等	丙等	
医院总计	**1 170**	**39**	**36**	**2**	**253**	**83**	**7**	**178**	**45**	**17**	**510**
内:综合医院	805	22	26		165	55	4	161	40	13	319
中医医院	141	8	5		65	23		2	1	2	35
中西医结合医院	5										5
民族医院	1										1
专科医院	217	9	5	2	23	5	3	15	4	2	149
妇幼保健院	91	3			14	10		32	2		30

2006年山东省各市医院等级情况

地区	合计	三级			二级			一级			其他
		甲等	乙等	丙等	甲等	乙等	丙等	甲等	乙等	丙等	
山东省	**1 170**	**39**	**36**	**2**	**253**	**83**	**7**	**178**	**45**	**17**	**510**
济南市	162	14	2		20	8	1	29	23	5	60
青岛市	140	9		2	31	8	3	32	3	7	45
淄博市	72	2	4		16	8		13		1	28
枣庄市	70	1	2		5	3		11	1	1	46
东营市	38	1	2		11	2		5	1		16
烟台市	106	1	1		23	4		10			67
潍坊市	85	2	3		26	1		1			52
济宁市	107	2	3		21	10		32	10	1	28
泰安市	75	1	4		14	3		26	2	1	24
威海市	28		4		8	5		1	1		9
日照市	25	1	1		5	1					17
莱芜市	19		1		4	2	1	1	3	1	6
临沂市	78	3	1		23	3		8	1		39
德州市	27		3		12	6	1				5
聊城市	49				9	4		2			34
滨州市	28	1	3		12	5		2			5
菏泽市	61	1	2		13	10	1	5			29

2006年山东省按床位数分组的医院、妇幼保健院（所、站）和专科疾病防治院（所、站）数

类　别	合计	50张以下	50～99张	100～199张	200～299张	300～399张	400～499张	500～799张	800张及以上
医院总计	**1 170**	**473**	**187**	**215**	**94**	**78**	**31**	**64**	**28**
综合医院	805	342	133	113	58	54	21	58	26
中医医院	141	19	16	64	22	12	3	5	
中西医结合医院	5	4	1						
民族医院	1	1							
专科医院	217	106	37	38	14	12	7	1	2
口腔医院	21	19	1	1					
眼科医院	12	6	3	2		1			
耳鼻喉科医院	4	2	1	1					
肿瘤医院	9	1	2	3		1	1		1
心血管病医院	5	1	2	1	1				
胸科医院	4			2	1	1			
血液病医院									
妇产（科）医院	10	6	1	2			1		
儿童医院	3	2				1			
精神病医院	43	6	9	11	7	3	5	1	1
传染病医院	11	3		5	1	2			
皮肤病医院	11	11							
结核病医院	2		1	1					
麻风病医院									
职业病医院	4			1	3				
骨科医院	27	12	10	5					
康复医院	16	10	3	1		2			
整形外科医院									
美容医院									
其他专科医院	35	27	4	2	1	1			
护理院	1	1							
妇幼保健院（所、站）	150	93	39	7	5	5		1	
其中：妇幼保健院	91	40	34	6	5	5		1	
妇幼保健所、站	59	53	5	1					
专科疾病防治院（所、站）	132	118	7	5	2				
专科疾病防治院	15	7	1	5	2				
专科疾病防治所、站	117	111	6						

2006 年山东省各市按床位数分组的医院数

地区	合计	50 张以下	50～99	100～199	200～299	300～399	400～499	500～799	800 张及以上
山东省	**1 170**	**473**	**187**	**215**	**94**	**78**	**31**	**64**	**28**
济南市	162	96	14	20	11	9	2	6	4
青岛市	140	48	34	23	11	9	3	8	4
淄博市	72	18	13	24	5	4	3	5	
枣庄市	70	36	12	7	8	3		3	1
东营市	38	14	7	7	6	1		1	2
烟台市	106	49	16	19	8	5	3	5	1
潍坊市	85	34	14	12	6	5	3	8	3
济宁市	107	49	18	19	6	7	1	4	3
泰安市	75	32	16	12	2	5	2	5	1
威海市	28	6	3	5	3	3	2	3	3
日照市	25	8	6	5		3		2	1
莱芜市	19	10	2	3		1		3	
临沂市	78	29	11	17	4	6	4	5	2
德州市	27	2	2	7	8	4	2	2	
聊城市	49	17	4	13	6	5	2	1	1
滨州市	28	2	7	9	4	2	1	1	2
菏泽市	61	23	8	13	6	6	3	2	

2006 年山东省按床位数分组的社区卫生服务中心和卫生院数

类　别	合计	无床	1～9 张	10～19 张	20～49 张	50～99 张	100 张以上
社区卫生服务中心	**10**	**2**	**1**	**5**	**2**		
卫生院	1 772	27	103	771	554	260	57
街道卫生院	105	9	18	44	20	9	5
乡镇卫生院	1 667	18	85	727	534	251	52
中心卫生院	615	3	7	127	271	178	29
乡镇卫生院	1 052	15	78	600	263	73	23

2006 年山东省各市按床位数分组的乡镇卫生院数

地区	合计	无床	1～9 张	10～19 张	20～49 张	50～99 张	100 张及以上	合计中：中心卫生院
山东省	**1 667**	**18**	**85**	**727**	**534**	**251**	**52**	**615**
济南市	74	1	5	19	21	13	15	28
青岛市	79			27	29	18	5	31
淄博市	94		7	40	30	15	2	37
枣庄市	47			16	22	8	1	26
东营市	43	2		14	17	9	1	23
烟台市	122	4	5	60	36	16	1	54
潍坊市	169		3	62	70	32	2	61
济宁市	142	2	5	65	48	21	1	53
泰安市	76			27	30	16	3	31
威海市	65	1		23	16	12	13	21
日照市	51		1	25	19	6		16
莱芜市	19		2	7	7	3		9
临沂市	177		10	87	50	25	5	60
德州市	120		23	57	27	13		37
聊城市	132		8	75	31	18		36
滨州市	74	8	5	36	20	5		30
菏泽市	183		11	87	61	21	3	62

2006 年山东省各市村卫生室数

年份 地区	村卫生室(个)					
	合计	村办	乡卫生院设点	联合办	私人办	其他
山东省	**56 779**	**35 707**	**9 835**	**5 111**	**5 311**	**815**
济南市	2 368	1 092	286	686	304	
青岛市	4 308	2 921	476	54	797	60
淄博市	2 725	1 939	366	262	144	14
枣庄市	1 954	1 319	610	3	20	2
东营市	846	419	27	123	276	1
烟台市	3 246	2 612	419	10	68	137
潍坊市	6 160	2 803	1 004	1 824	401	128
济宁市	5 756	4 214	1 222	247	68	5
泰安市	2 758	2 484	188	24	50	12
威海市	1 157	691	379	35	51	1
日照市	1 792	1 072	720			
莱芜市	611	388	61	152		10
临沂市	5 476	659	3 499	558	681	79
德州市	3 577	1 996	446	331	574	230
聊城市	4 630	3 103	72	80	1 348	27
滨州市	3 567	3 118	5	122	243	79
菏泽市	5 848	4 877	55	600	286	30

二、卫生人员

【简要说明】

1.本章主要介绍全省卫生人员数，主要包括各类卫生人员，按性别、年龄、学历、职称、科室分专业卫生人员数，执业（助理）医师执业类别及职业范围等。

2.所有指标系全数调查，数据来源于卫生综合统计年报。

3.卫生人员总数不包括乡村医生和卫生员数字，乡村医生和卫生员单独统计。

4.2002年起，卫生人员数不再包括国境卫生检疫所、高中等医学院校、药品检验所（室）和由各级计生委批准设立的计划生育指导站（中心）四类机构人员数。

5.分科执业（助理）医师的科室分类主要依据《诊疗科目》。中医医院和专科医院人员的科室归类原则如下：中医医院全部计入中医科，中西医结合医院全部计入中西医结合科，民族医院全部计入民族医学科，妇幼保健院分别计入妇产科、儿科，儿童医院计入儿科，传染病院、麻风病医院全部计入传染科，疗养院、康复医院全部计入康复医学科，肿瘤医院全部计入肿瘤科，其他专科医院计入相关科室。

【主要统计指标解释】

卫生人员 指在医疗、预防保健、医学科研和在职教育等卫生机构工作的职工，包括卫生技术人员、其他技术人员、管理人员和工勤人员。一律按支付年底工资的在岗职工统计，包括招聘人员，不包括临时工、离退休人员、离开本单位仍保留劳动关系人员和返聘人员。

卫生技术人员 包括执业（助理）医师、注册护士、药剂人员、检验和影像人员等卫生专业人员。不包括从事管理工作的卫生技术人员（一律记入管理人员）。

执业医师 指具有《医师执业证》及其“级别”为“执业医师”且实际从事医疗、预防保健工作的人员，不包括实际从事管理工作的执业医师。执业医师类别分为临床、中医、口腔和公共卫生。

执业助理医师 指具有《医师执业证》及其“级别”为“执业助理医师”且实际从事医疗、预防保健工作的人员，不包括实际从事管理工作的执业助理医师。执业助理医师类别同样分别为临床、中医、口腔和公共卫生四类。

注册护士 指具有注册护士证书且实际从事护理工作的人员，不包括从事管理工作的护士。

药剂人员 包括主任药师、副主任药师、主管药师、药师、药士和药剂员。

检验人员 包括主任检验技师、副主任检验技师、主管检验技师、检验技师和检验员。

其他卫生技术人员 指毕业于高中等院校化学、数学等非卫生专业，现从事卫生宣传、科研、教学等技术工作的人员。

管理人员 包括单位负责人，主要从事医疗保健、疾病控制、卫生监督、医学科研与教学等业务管理工作的人员，或主要从事党政、人事、财务、信息、安全保卫等行政管理工作的人员。

每千人口卫生技术人员 即卫生技术人员数/人口数×1 000。人口数系公安部门户籍人口。

卫生监督员 指具有《卫生监督员证》且在卫生监督所（站）、卫生监督检验（监测、检测）机构和疾病控制中心（防疫站）从事各类卫生监督执法、卫生监督检验（监测、检测）工作的人员。不包括具有《卫生监督员证》但在政府机关从事卫生监督执法工作的人员。

乡村医生 指村卫生室中从当地卫生行政部门获得“乡村医生”证书的人员。

卫生员 指在村卫生室中未获得乡村医生执业“证书的人员”。

2006年山东省卫生人员数(按经济类型/主办单位分)

类别	合计	卫生技术人员					其他技术人员	管理人员	工勤人员
		小计	执业医师	执业助理医师	注册护士	其他			
总　计	**395 897**	**336 669**	**119 479**	**26 912**	**103 843**	**86 435**	**18 629**	**17 367**	**23 232**
按经济类型分									
国有	315 172	263 849	95 809	19 150	85 722	63 168	16 573	14 702	20 048
集体	51 843	46 520	13 558	5 631	10 510	16 821	1 465	1 698	2 160
联营	544	433	161	53	105	114	11	31	69
私营	18 681	17 652	7 632	1 440	4 843	3 737	263	396	370
其他	9 416	8 012	2 249	638	2 560	2 565	316	532	556
按设置/主办单位分									
政府	310 330	260 464	92 936	20 748	80 609	66 171	16 647	14 254	18 965
其中:卫生部门	306 365	257 462	91 842	20 564	79 466	65 590	16 402	13 940	18 561
企业	41 960	36 046	12 231	2 849	12 930	8 036	1 041	1 989	2 884
其他	43 607	40 159	14 312	3 315	10 304	12 228	941	1 124	1 383

2006年山东省各类卫生机构人员数

卫生机构	总计	卫生技术人员						其他技术人员	管理人员	工勤人员
		合计	执业医师	执业助理医师	注册护士	药剂人员	检验人员			
总　计	**395 897**	**336 669**	**119 479**	**26 912**	**103 843**	**27 527**	**15 959**	**18 629**	**17 367**	**23 232**
市	287 879	242 805	89 252	16 760	79 685	18 590	11 306	13 816	12 903	18 355
县	108 018	93 864	30 227	10 152	24 158	8 937	4 653	4 813	4 464	4 877
一、医 院	233 782	193 179	71 028	8 833	74 082	15 103	8 653	12 029	11 371	17 203
市	183 752	150 822	55 782	6 341	59 306	11 490	6 650	9 460	9 030	14 440
县	50 030	42 357	15 246	2 492	14 776	3 613	2 003	2 569	2 341	2 763
综合医院	179 008	148 957	54 559	6 476	58 300	11 055	6 649	8 997	8 062	12 992
县医院	31 978	27 119	9 584	1 458	9 889	2 174	1 276	1 623	1 447	1 789
其他医院	147 030	121 838	44 975	5 018	48 411	8 881	5 373	7 374	6 615	11 203
中医医院	32 163	26 933	11 079	1 435	8 448	2 782	1 174	1 421	1 780	2 029
中西医结合医院	135	113	33	9	36	12	11	8	9	5
民族医院	88	70	19	2	22	10	3	11	6	1
专科医院	22 365	17 085	5 334	909	7 273	1 239	811	1 590	1 514	2 176
口腔医院	1420	1 164	574	116	216	53	22	82	73	101
眼科医院	752	567	170	36	250	38	24	83	51	51

2006年山东省各类卫生机构人员数（续表）

卫生机构	总计	卫生技术人员						其他技术人员	管理人员	工勤人员
		合计	执业医师	执业助理医师	注册护士	药剂人员	检验人员			
耳鼻喉科医院	476	375	119	14	149	27	17	36	34	31
肿瘤医院	2 355	1 819	589	70	820	105	81	231	88	217
心血管病医院	888	670	202	70	261	37	32	32	43	143
胸科医院	994	742	227	27	365	51	45	75	101	76
血液病医院										
妇产(科)医院	1 070	842	318	22	318	51	45	59	67	102
儿童医院	559	442	118	5	178	48	18	52	12	53
精神病医院	6 040	4 618	1 234	202	2 353	303	151	349	424	649
传染病医院	2 218	1 659	490	38	765	156	136	161	171	227
皮肤病医院	385	267	92	24	71	31	26	39	18	61
结核病医院	181	154	36	17	68	13	7	14	12	1
麻风病医院										
职业病医院	861	631	223	15	279	47	31	62	76	92
骨科医院	1219	940	289	102	303	78	50	91	115	73
康复医院	1 009	691	207	37	303	52	31	77	107	134
整形外科医院										
美容医院										
其他专科医院	1 938	1 504	446	114	574	149	95	147	122	165
护理院	23	21	4	2	3	5	5	2		
二、疗养院	2 517	1 577	544	70	635	95	64	289	243	408
三、社区卫生服务中心(站)	6 883	6 843	1 415	556	1 009	410	123	12	12	16
社区卫生服务中心	422	382	180	18	83	58	16	12	12	16
社区卫生服务站	6 461	6 461	1 235	538	926	352	107			
四、卫生院	84 835	75 703	21 194	12 100	16 027	8 658	3 718	2 997	3 145	2 990
街道卫生院	5 120	4 557	1 420	735	978	521	212	222	208	133
乡镇卫生院	79 715	71 146	19 774	11 365	15 049	8 137	3 506	2 775	2 937	2 857
中心卫生院	38 102	34 136	9 900	5 363	7 651	3 863	1 695	1 154	1 235	1 577
乡卫生院	41 613	37 010	9 874	6 002	7 398	4 274	1 811	1 621	1 702	1 280
五、门诊部	1 153	981	399	47	279	114	46	35	73	64
综合门诊部	971	836	338	31	241	100	41	24	60	51
中医门诊部	30	24	14	1	3	5	1	1	4	1
中西医结合门诊部	16	7	1			5		2	2	5
民族医院门诊部										
专科门诊部	136	114	46	15	35	4	4	8	7	7

2006 年山东省各类卫生机构人员数　　（续表）

卫生机构	总计	卫生技术人员						其他技术人员	管理人员	工勤人员
		合计	执业医师	执业助理医师	注册护士	药剂人员	检验人员			
六、诊所、卫生所、医务室、护理站	29 257	29 257	12 010	2 782	7 180	1 746	331			
诊所	15 397	15 397	6 951	1 212	4 178	911	140			
卫生所、医务室	13 860	13 860	5 059	1 570	3 002	835	191			
护理站										
七、急救中心(站)	286	135	39	3	49	6	5	19	36	96
八、采供血机构	1 350	861	175	39	264	38	245	188	104	197
九、妇幼保健院(所、站)	12 935	10 671	4 492	804	2 886	630	631	737	746	781
省属	52	36	12		4	2	3	8	6	2
省辖市(地区)属	3 902	3 067	1 228	119	1 086	185	165	251	275	309
地辖市属	4 512	3 793	1 679	269	897	201	231	225	241	253
县属	4 194	3 533	1 482	374	831	227	214	244	218	199
其他	275	242	91	42	68	15	18	9	6	18
妇幼保健院	10 549	8 709	3 573	643	2 538	530	489	597	592	651
妇幼保健所	555	465	272	15	61	23	32	32	43	15
妇幼保健站	1 831	1 497	647	146	287	77	110	108	111	115
生殖保健中心										
十、专科疾病防治院(所、站)	4 511	3 595	1 409	232	796	442	307	313	311	292
专科疾病防治院	1 530	1 183	448	58	415	125	73	81	132	134
传染病防治院	92	68	38	2	12	6	5	3	10	11
结核病防治院	316	240	73	15	116	19	13	20	24	32
职业病防治院	268	197	72	13	64	13	16	5	43	23
其他	854	678	265	28	223	87	39	53	55	68
专科疾病防治所(站、中心)	2 981	2 412	961	174	381	317	234	232	179	158
口腔病防治所(站、中心)										
精神病防治所(站、中心)	41	34	9	3	8	1	3	6		1
皮肤病与性病防治所(中心)	1 533	1 213	513	99	180	189	114	115	104	101

2006 年山东省各类卫生机构人员数　　（续表）

卫生机构	总计	卫生技术人员						其他技术人员	管理人员	工勤人员
		合计	执业医师	执业助理医师	注册护士	药剂人员	检验人员			
结核病防治所（站、中心）	1 329	1 107	416	68	180	124	112	99	71	52
麻风病防治所（站、中心）										
职业病防治所（站、中心）	33	30	11		10	3	4		3	
地方病防治所（站、中心）	33	21	7	4	1		1	8	1	3
寄生虫病防治所（站、中心）										
血吸虫病防治所（站、中心）										
药物戒毒所（中心）										
其他	12	7	5		2			4		1
十一、疾病预防控制中心（防疫站）	14 060	11 262	5 549	1 207	472	169	1 738	1 071	854	873
疾病预防控制中心/防疫站/防病中心	13 940	11 155	5 477	1 203	466	155	1 735	1 066	846	873
省属	357	249	100				121	53	7	48
省辖市（地区）属	2 168	1 566	907	68	39	24	377	201	221	180
地辖市属	5 434	4277	2 190	409	185	56	600	505	290	362
县属	5 612	4 771	2 178	685	211	68	597	286	282	273
其他	369	292	102	41	31	7	40	21	46	10
其中：疾病预防控制中心	5 022	3 728	1 869	297	132	60	755	519	371	404
卫生防疫站	8 884	7 401	3 596	902	327	93	979	547	469	467
卫生防病中心	34	26	12	4	7	2	1		6	2
预防保健中心	120	107	72	4	6	14	3	5	8	
十二、卫生监督所	2 007	1 519	913	139	27	13	57	152	220	116
省属	90	74	39					9	1	6
省辖市（地区）属	826	642	440	36	6	4	10	69	74	41
地辖市属	646	465	281	45	6	6	14	33	84	64
县属	426	328	153	58	15	3	33	39	54	5
其他	19	10						2	7	
十三、卫生监督检验（监测）机构	101	84	6	10	1	45	5	6	8	3

2006 年山东省各类卫生机构人员数　　（续表）

卫生机构	总计	卫生技术人员						其他技术人员	管理人员	工勤人员
		合计	执业医师	执业助理医师	注册护士	药剂人员	检验人员			
卫生（综合）监督检验机构	17	11	5		1		3	3	2	1
环境卫生监督检验机构										
劳动卫生监督检验机构	12	9	1	6			1		3	
食品卫生监督检验机构										
学校卫生监督检验机构										
其他	72	64		4		45	1	3	3	2
十四、医学科学研究机构	214	98	44	1	25	12	6	78	23	15
医学科学（研究）院（所）	83	44	18	1	5	6	4	16	18	5
预防医学研究院（所）										
中医（药）研究院（所）	8	6	1		2	3		1	1	
中西医结合研究所										
民族医（药）学研究所										
医学专科研究所	123	48	25		18	3	2	61	4	10
药学研究所										
十五、医学在职培训机构	408	183	60	16	23	14	7	113	39	73
十六、健康教育所（站、中心）	21	16	12	1	1			1	2	2
十七、其他卫生机构	1 577	705	190	72	87	32	23	589	180	103
临床检验中心（所、站）	4	3	2		1				1	
精神病收容所										
麻风村										
卫生消毒站	12	6	1			2				6
乡防保组	129	126	16	30	15	7	3		3	
农村改水中心										
其他	1 432	570	171	42	71	23	20	589	176	97

2006年山东省各市卫生人员数

地区	总计	卫生技术人员					其他技术人员	管理人员	工勤人员
		合计	执业(助理)医师		注册护士	其他			
			小计	执业医师					
山东省	**395 897**	**336 669**	**146 391**	**119 479**	**103 843**	**86 435**	**18 629**	**17 367**	**23 232**
济南市	43 055	35 156	15 350	13 303	11 968	7 838	2 192	2 256	3 451
青岛市	41 009	34 367	15 454	13 608	10 715	8 198	2 077	1 983	2 582
淄博市	25 306	21 439	9 715	8 222	6 883	4 841	1 395	1 274	1 198
枣庄市	17 442	15 225	6 892	5 379	5 434	2 899	715	630	872
东营市	12 645	10 976	4 443	3 658	3 530	3 003	231	637	801
烟台市	29 652	25 392	11 095	9 507	7 337	6 960	1 309	984	1 967
潍坊市	33 760	29 780	13 226	10 343	9 855	6 699	1 205	1 386	1 389
济宁市	33 764	28 528	11 662	9 488	9 441	7 425	1 675	1 156	2 405
泰安市	23 968	20 299	8 945	7 119	6 510	4 844	1 110	1 408	1 151
威海市	15 052	13 422	6 254	5 131	4 100	3 068	439	468	723
日照市	8 436	7 490	3 490	2 753	2 115	1 885	455	227	264
莱芜市	6 763	5 799	2 660	2 052	1 734	1 405	315	281	368
临沂市	28 135	23 230	9 923	7 821	6 546	6 761	1 917	1 159	1 829
德州市	17 908	15 961	7 167	5 681	3 620	5 174	261	762	924
聊城市	18 467	15 688	6 322	4 917	4 523	4 843	1 035	852	892
滨州市	13 087	11 319	4 806	3 605	3 364	3 149	521	454	793
菏泽市	27 448	22 598	8 987	6 892	6 168	7 443	1 777	1 450	1 623

2006年山东省各市卫生人员数(市、区)

地区	总计	卫生技术人员					其他技术人员	管理人员	工勤人员
		合计	执业(助理)医师		注册护士	其他			
			小计	执业医师					
山东省	**287 879**	**242 805**	**106 012**	**89 252**	**79 685**	**57 108**	**13 816**	**12 903**	**18 355**
济南市	38 615	31 456	13 600	12 119	10 906	6 950	2 037	2 098	3 024
青岛市	41 009	34 367	15 454	13 608	10 715	8 198	2 077	1 983	2 582
淄博市	20 583	17 261	7 693	6 623	5 841	3 727	1 185	1 182	955
枣庄市	17 442	15 225	6 892	5 379	5 434	2 899	715	630	872
东营市	7 875	6 681	2 698	2 388	2 445	1 538	124	493	577
烟台市	29 369	25 134	10 962	9 385	7 270	6 902	1 297	978	1 960
潍坊市	28 917	25 411	11 265	8 987	8 583	5 563	1 057	1 185	1 264
济宁市	21 355	17 725	7 320	6 065	6 565	3 840	1 109	722	1 799
泰安市	19 071	15 947	6 849	5 717	5 421	3 677	958	1205	961
威海市	15 052	13 422	6 254	5 131	4 100	3 068	439	468	723
日照市	4 593	4 103	1 925	1 564	1 169	1 009	208	93	189
莱芜市	6 763	5 799	2 660	2 052	1 734	1 405	315	281	368
临沂市	11 181	8 560	3 353	2 672	2 451	2 756	901	443	1 277
德州市	7 251	6 299	2 878	2 454	1 689	1 732	158	323	471
聊城市	8 293	6 790	2 673	2 249	2 403	1 714	587	375	541
滨州市	3 985	3 207	1 314	1 046	1 150	743	254	181	343
菏泽市	6 525	5 418	2 222	1 813	1 809	1 387	395	263	449

2006年山东省各市卫生人员数(县)

地区	总计	卫生技术人员					其他技术人员	管理人员	工勤人员
		合计	执业(助理)医师		注册护士	其他			
			小计	执业医师					
山东省	**108 018**	**93 864**	**40 379**	**30 227**	**24 158**	**29 327**	**4 813**	**4 464**	**4 877**
济南市	4 440	3 700	1 750	1 184	1 062	888	155	158	427
青岛市									
淄博市	4 723	4 178	2 022	1 599	1 042	1 114	210	92	243
枣庄市									
东营市	4 770	4 295	1 745	1 270	1 085	1 465	107	144	224
烟台市	283	258	133	122	67	58	12	6	7
潍坊市	4 843	4 369	1 961	1 356	1 272	1 136	148	201	125
济宁市	12 409	10 803	4 342	3 423	2 876	3 585	566	434	606
泰安市	4 897	4 352	2 096	1 402	1 089	1 167	152	203	190
威海市									
日照市	3 843	3 387	1 565	1 189	946	876	247	134	75
莱芜市									
临沂市	16 954	14 670	6 570	5 149	4 095	4 005	1 016	716	552
德州市	10 657	9 662	4 289	3 227	1 931	3 442	103	439	453
聊城市	10 174	8 898	3 649	2 668	2 120	3 129	448	477	351
滨州市	9 102	8 112	3 492	2 559	2 214	2 406	267	273	450
菏泽市	20 923	17 180	6 765	5 079	4 359	6 056	1 382	1 187	1 174

2006年山东省各市每千人口卫生技术人员数

地区	合计			市			县		
	卫生技术人员			卫生技术人员			卫生技术人员		
	小计	执业(助理)医师	注册护士	小计	执业(助理)医师	注册护士	小计	执业(助理)医师	注册护士
山东省	**3.64**	**1.58**	**1.12**	**4.65**	**2.03**	**1.53**	**2.33**	**1.00**	**0.60**
济南市	5.47	2.39	1.86	7.19	3.11	2.49	1.80	0.85	0.52
青岛市	4.19	1.89	1.31	4.19	1.89	1.31			
淄博市	4.85	2.20	1.56	5.73	2.55	1.94	2.96	1.43	0.74
枣庄市	4.23	1.92	1.51	4.23	1.92	1.51			
东营市	5.63	2.28	1.81	6.98	2.82	2.55	4.33	1.76	1.09
烟台市	3.66	1.60	1.06	3.65	1.59	1.05	6.00	3.09	1.56
潍坊市	3.42	1.52	1.13	3.49	1.55	1.18	3.03	1.36	0.88
济宁市	3.65	1.49	1.21	5.53	2.28	2.05	2.34	0.94	0.62
泰安市	3.77	1.66	1.21	4.19	1.80	1.42	2.75	1.33	0.69
威海市	4.84	2.25	1.48	4.84	2.25	1.48			
日照市	2.78	1.29	0.78	3.78	1.78	1.08	2.10	0.97	0.59
莱芜市	4.60	2.11	1.38	4.60	2.11	1.38			
临沂市	2.39	1.02	0.67	5.79	2.27	1.66	1.78	0.80	0.50
德州市	2.97	1.33	0.67	3.93	1.80	1.05	2.56	1.14	0.51
聊城市	2.87	1.16	0.83	4.47	1.76	1.58	2.26	0.93	0.54
滨州市	3.12	1.32	0.93	5.88	2.41	2.11	2.63	1.13	0.72
菏泽市	2.79	1.11	0.76	8.46	3.47	2.82	2.30	0.91	0.58

2006 年山东省医疗机构卫生人员数(非营利性、营利性)

卫生机构	合计	卫生技术人员							其他技术人员	管理人员	工勤人员
		小计	执业医师	执业助理医师	注册护士	药剂人员	检验人员	其他			
非营利性医疗机构合计	**348 058**	**296 214**	**102 448**	**23 214**	**95 904**	**25 667**	**13 190**	**35 791**	**15 778**	**15 098**	**20 968**
医　院	223 493	185 077	68 634	8 101	71 400	14 443	8 168	14 331	11 447	10 584	16 385
综合医院	173 442	144 386	53 158	6 033	56 892	10 708	6 394	11 201	8 735	7 679	12 642
中医医院	31 446	26 369	10 899	1 386	8 278	2 717	1 135	1 954	1 377	1 728	1 972
中西医结合医院											
民族医院	88	70	19	2	22	10	3	14	11	6	1
专科医院	18 494	14 231	4 554	678	6 205	1 003	631	1 160	1 322	1 171	1 770
护理院	23	21	4	2	3	5	5	2	2		
疗养院	2510	1 572	544	70	635	94	63	166	289	241	408
社区卫生服务中心(站)	6 193	6 153	1 238	515	882	370	106	3 042	12	12	16
卫生院	84 664	75 544	21 157	12 071	16 002	8 645	3 709	13 960	2 992	3 143	2 985
街道卫生院	5 035	4 477	1 396	714	967	516	208	676	217	208	133
乡镇卫生院	79 629	71 067	19 761	11 357	15 035	8 129	3 501	13 284	2 775	2 935	2 852
门诊部	715	630	244	24	182	81	26	73	21	42	22
诊所、卫生所、医务室、护理站	13 135	13 135	4 824	1 415	3 128	972	193	2 603			
妇幼保健院(所、站)	12 753	10 528	4 422	797	2 847	622	623	1217	718	738	769
内:妇幼保健院	10 395	8 588	3 522	637	2 499	523	482	925	580	588	639
妇幼保健所(站)	2 358	1 940	900	160	348	99	141	292	138	150	130
专科疾病防治院(所、站)	4 314	3 443	1346	218	779	434	297	369	282	302	287
专科疾病防治院	1 530	1 183	448	58	415	125	73	64	81	132	134
专科疾病防治所(站)	784	2 260	898	160	364	309	224	305	201	170	153
急救中心(站)	281	132	39	3	49	6	5	30	17	36	96
临床检验中心											
营利性医疗机构合计	**27 296**	**25 016**	**9 811**	**2 134**	**6 911**	**1 478**	**657**	**4 025**	**597**	**820**	**863**
医　院	10 289	8 102	2 394	732	2 682	660	485	1 149	582	787	818
综合医院	5 566	4 571	1 401	443	1 408	347	255	717	262	383	350
中医医院	717	564	180	49	170	65	39	61	44	52	57
中西医结合医院	135	113	33	9	36	12	11	12	8	9	5
民族医院											

2006 年山东省医疗机构卫生人员数(非营利性、营利性)　(续表)

卫生机构	合计	卫生技术人员							其他技术人员	管理人员	工勤人员
		小计	执业医师	执业助理医师	注册护士	药剂人员	检验人员	其他			
专科医院	3 871	2 854	780	231	1 068	236	180	359	268	343	406
护理院											
疗养院	7	5				1	1	3		2	
社区卫生服务中心(站)	623	623	158	36	107	24	17	281			
卫生院	117	107	31	26	19	7	6	18	5		5
街道卫生院	85	80	24	21	11	5	4	15	5		
乡镇卫生院	32	27	7	5	8	2	2	3			5
门诊部	417	336	151	20	94	32	17	22	10	31	40
诊所、卫生所、医务室、护理站	15 843	15 843	7 077	1 320	4 009	754	131	2 552			
妇幼保健院(所、站)											
内:妇幼保健院											
妇幼保健所(站)											
专科疾病防治院(所、站)											
专科疾病防治院											
专科疾病防治所(站)											
急救中心(站)											
临床检验中心											

2006 年山东省医疗机构卫生人员数(政府办)

卫生机构	合计	卫生技术人员							其他技术人员	管理人员	工勤人员
		小计	执业医师	执业助理医师	注册护士	药剂人员	检验人员	其他			
政府办医疗机构合计	**292 085**	**247 155**	**86 395**	**19 397**	**80 049**	**21 898**	**11 416**	**28 000**	**14 464**	**12 870**	**17 596**
医院	186 661	154 739	58 534	6 140	59 503	11 964	6 686	11 912	10 165	8 501	13 256
综合医院	138 516	115 559	43 450	4 242	45 549	8 358	4 989	8 971	7 556	5 745	9 656
中医医院	31 156	26 114	10 853	1 364	8 194	2 692	1 121	1 890	1 360	1 715	1 967
中西医结合医院											
民族医院	88	70	19	2	22	10	3	14	11	6	1
专科医院	16 901	12 996	4 212	532	5 738	904	573	1 037	1 238	1 035	1 632
护理院											
疗养院	2 144	1 439	487	65	588	83	58	158	254	182	269
社区卫生服务中心(站)	1 340	1 332	419	105	348	158	50	252	6		2

2006 年山东省医疗机构卫生人员数(政府办)(续表)

卫生机构	合计	卫生技术人员							其他技术人员	管理人员	工勤人员
		小计	执业医师	执业助理医师	注册护士	药剂人员	检验人员	其他			
卫生院	83 789	74 801	20 861	12 001	15 768	8 561	3 677	13 933	2 977	3 097	2 914
街道卫生院	4 753	4 240	1318	678	902	487	197	658	210	188	115
乡镇卫生院	79 036	70 561	19 543	11 323	14 866	8 074	3 480	13 275	2 767	2 909	2 799
门诊部	228	190	68	9	55	35	9	14	9	16	13
诊所、卫生所、医务室、护理站	654	654	235	83	186	53	18	79			
妇幼保健院(所、站)	12 703	10 467	4 420	767	2 825	616	617	1 222	729	740	767
内:妇幼保健院	10 338	8 523	3 512	608	2 480	516	477	930	590	587	638
妇幼保健所(站)	2 365	1 944	908	159	345	100	140	292	139	153	129
专科疾病防治院(所、站)	4 284	3 402	1 333	224	729	422	296	398	305	298	279
专科疾病防治院	1 369	1 048	395	50	366	109	66	62	76	123	122
专科疾病防治所(站)	2 915	2 354	938	174	363	313	230	336	229	175	157
急救中心(站)	282	131	38	3	47	6	5	32	19	36	96
临床检验中心											
内:卫生部门医疗机构	288 871	244 883	85 555	19 304	79 111	21 748	11 317	27 848	14 227	12 563	17 198
医院	184 423	153 158	57 941	6 079	58 850	11 853	6 623	11 812	10 074	8 252	12 939
综合医院	137 048	114 458	42 992	4 205	45 155	8 271	4 939	8 896	7 516	5 604	9 470
中医医院	31 156	26 114	10 853	1 364	8 194	2 692	1 121	1 890	1 360	1 715	1 967
中西医结合医院											
民族医院	88	70	19	2	22	10	3	14	11	6	1
专科医院	16 131	12 516	4 077	508	5 479	880	560	1 012	1 187	927	1 501
护理院											
疗养院	1 219	793	263	38	313	45	26	108	109	124	193
社区卫生服务中心(站)	1 340	1 332	419	105	348	158	50	252	6		2
卫生院	83 789	74 801	20 861	12 001	15 768	8 561	3 677	13 933	2 977	3 097	2 914
街道卫生院	4 753	4 240	1 318	678	902	487	197	658	210	188	115
乡镇卫生院	79 036	70 561	19 543	11 323	14 866	8 074	3 480	13 275	2 767	2 909	2 799
门诊部	220	183	64	9	52	35	9	14	9	16	12
诊所、卫生所、医务室、护理站	654	654	235	83	186	53	18	79			

2006年山东省医疗机构卫生人员数(政府办)（续表）

卫生机构	合计	卫生技术人员							其他技术人员	管理人员	工勤人员
		小计	执业医师	执业助理医师	注册护士	药剂人员	检验人员	其他			
妇幼保健院（所、站）	12 660	10 429	4 401	762	2 818	615	613	1 220	728	740	763
内:妇幼保健院	10 295	8 485	3 493	603	2 473	515	473	928	589	587	634
妇幼保健所(站)	2 365	1 944	908	159	345	100	140	292	139	153	129
专科疾病防治院(所、站)	4 284	3 402	1 333	224	729	422	296	398	305	298	279
专科疾病防治院	1 369	1 048	395	50	366	109	66	62	76	123	122
专科疾病防治所(站)	2 915	2 354	938	174	363	313	230	336	229	175	157
急救中心(站)	282	131	38	3	47	6	5	32	19	36	96
临床检验中心											

2006年山东省各市医院人员数

地区	合计	卫生技术人员							其他技术人员	管理人员	工勤人员
		小计	执业医师	执业助理医师	注册护士	药剂人员	检验人员	其他			
山东省	**233 782**	**193 179**	**71 028**	**8 833**	**74 082**	**15 103**	**8 653**	**15 480**	**12 029**	**11 371**	**17 203**
济南市	30 768	24 524	9 179	845	9 650	2 102	1 072	1 676	1 633	1 778	2 833
青岛市	28 042	22 904	9 039	851	8 813	1 790	914	1 497	1 600	1 452	2 086
淄博市	14 229	11 810	4 296	460	4 557	881	518	1 098	741	785	893
枣庄市	10 389	8 802	3 214	478	3 563	695	363	489	454	436	697
东营市	7 012	5 806	1 995	290	2 257	477	265	522	125	472	609
烟台市	18 633	15 604	6 184	573	5 754	1 153	730	1 210	875	672	1 482
潍坊市	17 316	14 787	5 278	643	6 112	1 023	635	1 096	771	742	1 016
济宁市	19 628	16 275	5 356	865	6 579	1 165	681	1 629	920	748	1 685
泰安市	13 759	11 325	3 795	680	4 483	880	543	944	792	865	777
威海市	8 519	7 444	3 062	369	2 609	480	267	657	230	324	521
日照市	4 428	3 835	1 498	291	1 301	297	185	263	292	137	164
莱芜市	3 758	3 143	1 159	214	1 243	266	118	143	168	157	290
临沂市	15 240	11 874	4 465	569	4 299	1 092	665	784	1 258	712	1 396
德州市	9 415	8 122	3 107	331	2 857	613	443	771	233	450	610
聊城市	10 919	9 040	3 203	427	3 560	702	468	680	786	485	608
滨州市	7 900	6 675	2 257	417	2 446	514	291	750	350	277	598
菏泽市	13 827	11 209	3 941	530	3 999	973	495	1 271	801	879	938

2006年山东省各市乡镇卫生院人员数

地区	合计	卫生技术人员							其他技术人员	管理人员	工勤人员	每千农业人口乡镇卫生院人员数
		小计	执业医师	执业助理医师	注册护士	药剂人员	检验人员	其他				
山东省	**79 715**	**71 146**	**19 774**	**11 365**	**15 049**	**8 137**	**3 506**	**13 315**	**2 775**	**2 937**	**2 857**	**1.27**
济南市	4 349	3 922	1 084	703	859	460	157	659	119	155	153	1.52
青岛市	3 291	2 959	901	373	714	359	150	462	108	122	102	0.84
淄博市	4 117	3 696	1 354	556	806	376	178	426	106	189	126	1.79
枣庄市	3 583	3 277	809	765	887	286	134	396	112	104	90	1.45
东营市	2 377	2 142	669	266	522	303	150	232	46	83	106	2.47
烟台市	4 844	4 205	1 341	601	813	522	263	665	192	144	303	1.15
潍坊市	8 144	7 462	2 009	1 413	1 820	812	327	1 081	207	332	143	1.33
济宁市	6 782	5 849	1 629	783	1 298	763	269	1 107	341	213	379	1.19
泰安市	5 039	4 501	1 411	782	1 055	546	213	494	110	308	120	1.34
威海市	4 028	3 691	977	583	830	279	196	826	111	77	149	2.93
日照市	2 084	1 950	507	310	432	268	92	341	58	44	32	1.01
莱芜市	1 311	1 189	385	211	219	165	63	146	49	41	32	1.61
临沂市	6 688	5 938	1 698	868	1 398	845	293	836	310	267	173	0.87
德州市	5 029	4 647	1 321	713	409	387	202	1 615	25	191	166	1.20
聊城市	4 795	4 381	937	650	695	465	217	1 417	90	169	155	1.12
滨州市	3 109	2 842	789	547	597	292	144	473	76	72	119	1.11
菏泽市	10 145	8 495	1 953	1 241	1.695	1 009	458	2 139	715	426	509	1.40

2006年山东省各市社区卫生服务中心人员数

地区	合计	卫生技术人员							其他技术人员	管理人员	工勤人员
		小计	执业医师	执业助理医师	注册护士	药剂人员	检验人员	其他			
山东省	**422**	**382**	**180**	**18**	**83**	**58**	**16**	**27**	**12**	**12**	**16**
济南市	15	10	3		4	2	1		1	2	2
青岛市	43	40	24		12	2	2			3	
淄博市											
枣庄市											
东营市	102	89	41	2	25	12	3	6	1	4	8
烟台市											
潍坊市											
济宁市											
泰安市											
威海市											
日照市	248	229	108	11	39	40	10	21	10	3	6
莱芜市											
临沂市	14	14	4	5	3	2					
德州市											
聊城市											
滨州市											
菏泽市											

2006年山东省各市妇幼保健院(所、站)人员数

地区	合计	卫生技术人员							其他技术人员	管理人员	工勤人员
		小计	执业医师	执业助理医师	注册护士	药剂人员	检验人员	其他			
山东省	**12 935**	**10 671**	**4 492**	**804**	**2 886**	**630**	**631**	**1 228**	**737**	**746**	**781**
济南市	1 145	919	336	39	260	66	48	170	82	41	103
青岛市	598	499	291	50	52	15	40	51	39	38	22
淄博市	1 431	1 132	514	75	357	62	69	55	84	135	80
枣庄市	701	619	292	38	178	36	29	46	44	14	24
东营市	279	245	102	15	70	21	15	22	8	6	20
烟台市	815	687	319	49	156	41	56	66	51	44	33
潍坊市	1 373	1 144	466	70	344	61	64	139	43	129	57
济宁市	1 232	1 017	429	67	309	72	64	76	71	59	85
泰安市	592	469	197	23	140	26	21	62	37	50	36
威海市	254	216	128	4	46	12	6	20	19	11	8
日照市	259	218	83	27	47	10	14	37	21	12	8
莱芜市	284	238	103	11	74	22	10	18	39	7	
临沂市	1 295	1 007	437	77	274	60	66	93	90	54	144
德州市	662	551	208	64	112	28	39	100		47	64
聊城市	686	588	220	101	135	34	33	65	25	48	25
滨州市	270	233	99	11	61	18	17	27	7	12	18
菏泽市	1 059	889	268	83	271	46	40	181	77	39	54

2006年山东省各市专科疾病防治院(所、站)人员数

地区	合计	卫生技术人员							其他技术人员	管理人员	工勤人员
		小计	执业医师	执业助理医师	注册护士	药剂人员	检验人员	其他			
山东省	**4 511**	**3 595**	**1 409**	**232**	**796**	**442**	**307**	**409**	**313**	**311**	**292**
济南市	492	372	152	13	73	56	37	41	26	49	45
青岛市	184	155	65	5	29	21	14	21	6	9	14
淄博市	316	246	89	16	69	19	20	33	8	40	22
枣庄市	222	178	66	8	47	25	12	20	11	17	16
东营市	186	149	54	9	49	20	9	8	8	11	18
烟台市	371	299	145	20	38	31	30	35	33	21	18
潍坊市	433	337	133	27	50	58	35	34	30	21	45
济宁市	533	426	154	45	79	50	41	57	46	28	33
泰安市	412	325	123	21	114	32	21	14	32	26	29
威海市	61	49	19		7	9	5	9	5	6	1
日照市	163	142	66	7	25	17	14	13	8	5	8
莱芜市	30	25	14	1	3	3	2	2		2	3
临沂市	465	388	153	21	66	57	33	58	41	35	1
德州市	20	16	8	1	1			6		2	2
聊城市	87	76	35	3	14	12	5	7	1	8	2
滨州市	385	299	101	19	116	27	24	12	27	26	33
菏泽市	133	101	31	13	16	5	5	31	25	5	2

2006年山东省各市疾病预防控制中心(防疫站)人员数

地区	合计	卫生技术人员							其他技术人员	管理人员	工勤人员
		小计	执业医师	执业助理医师	注册护士	药剂人员	检验人员	其他			
山东省	**14 060**	**11 262**	**5 549**	**1 207**	**472**	**169**	**1 738**	**2 127**	**1 071**	**854**	**873**
济南市	1 439	1 018	502	61	29	12	261	153	161	95	165
青岛市	853	599	283	46	33	22	88	127	98	109	47
淄博市	771	633	357	49	22	5	116	84	55	30	53
枣庄市	470	398	241	19	35	11	89	3	38	12	22
东营市	357	285	98	38	30	7	40	72	35	20	17
烟台市	1 112	912	536	83	13	7	131	142	83	52	65
潍坊市	1 202	965	556	99	58	11	130	111	66	101	70
济宁市	1 373	1 064	524	85	69	20	140	226	137	53	119
泰安市	757	613	368	52	16	10	90	77	59	45	40
威海市	438	357	231	31	5	6	35	49	39	23	19
日照市	316	263	101	26	21	6	49	60	20	18	15
莱芜市	200	152	49	41	11	6	29	16	19	29	
临沂市	1 148	956	482	149	36	10	141	138	92	61	39
德州市	1 109	983	374	169	24	11	92	313		55	71
聊城市	925	789	318	111	12	6	152	190	26	71	39
滨州市	420	349	184	46	26	9	55	29	30	23	18
菏泽市	1 170	926	345	102	32	10	100	337	113	57	74

2006年山东省各市村卫生室人员数

地区	执业(助理)医师	乡村医生和卫生员			平均每村乡村医生和卫生员	平均每千农业人口乡村医生和卫生员
		合计	乡村医生	卫生员		
山东省	**9 730**	**101 813**	**100 704**	**1 109**	**1.24**	**1.62**
济南市	427	5 798	5 703	95	1.25	2.03
青岛市	461	5 982	5 906	76		1.53
淄博市	665	4 516	4 479	37	1.41	1.56
枣庄市	342	3 832	3 798	34		1.55
东营市	106	1 186	1 171	15	0.67	1.23
烟台市	446	4 630	4 619	11		1.10
潍坊市	851	11 303	11 208	95	1.24	1.85
济宁市	1 100	12 443	12 301	142		2.18
泰安市	597	8 194	7 918	276		2.19
威海市	184	1 358	1 355	3	0.50	0.99
日照市	221	4 282	4 255	27	1.43	2.07
莱芜市	38	1 272	1 265	7	1.24	1.56
临沂市	338	13 482	13 426	56		1.75
德州市	1 740	4 536	4 369	167	0.55	1.08
聊城市	302	6 085	6 077	8	0.94	1.42
滨州市	591	3 974	3 968	6	0.73	1.42
菏泽市	1 321	8 940	8 886	54		1.23

三、卫生设施

【简要说明】

1. 本章主要介绍全省卫生机构床位、医用设备、房屋面积情况。主要包括各级各类医疗机构床位数，医院、妇幼保健院、疾病预防控制中心主要医用设备和各类卫生机构房屋建筑面积等。

2. 所有指标系全数统计，数据来源于卫生综合统计年报。

3. 分科床位数中所列科室主要依据医疗机构《诊疗科目》。中医医院和专科医院床位的科室归类原则如下：中医医院全部计入中医科，中西医结合医院全部计入中西医结合科，民族医院全部计入民族医学科，妇幼保健院分别计入妇产科、儿科，儿童医院计入儿科，传染病院、麻风病院全部计入传染科，疗养院、康复医院全部计入康复医学科，肿瘤医院全部计入肿瘤科，其他专科医院计入相关科室。

4. 房屋面积统计口径和指标解释与《综合医院建设标准》、《妇幼保健院建设标准》、《乡镇卫生院建设标准》、《防疫站建设标准》一致。

【主要统计指标解释】

床位数　指年底固定实有床位（非编制床位），包括正规床、简易床、监护床、正在消毒和修理床位、因扩建或大修而停用的床位，不包括产科新生儿床、接产室待产床、库存床、观察床、临时加床和病人家属陪侍床。

每千人口医院、卫生院床位数　即（医院床位＋卫生院床位）/人口数×1 000。人口数系公安部门户籍人口。

设备台数　指实有设备数，即单位实际拥有的、可供调配的设备，包括安装的和未安装的设备，不包括已经批准报废的设备和已订购尚未运抵单位的设备。

购建房屋建筑面积　指单位购买和自建或主管部门划拨的产权归本单位所有的房屋建筑面积。

租房面积　指从外单位租用、主管部门划拨的但不拥有产权的房屋面积。

业务用房面积　医院包括门诊、急诊、住院、医技科室、行政管理、保障和院内生活用房面积；社区卫生服务中心和卫生院包括医疗、预防保健、辅助和行政用房面积；妇幼保健院（所站）包括医疗保健、医技、辅助和行政用房面积；妇幼保健院（所、站）包括医疗保健、医技、辅助和行政用房面积；专科疾病防治院包括医疗、医技、疾病控制、辅助和行政用房面积；疾病预防控制中心包括检验、疾病控制、辅助和行政用房面积。

每床房屋建筑面积，即业务用房面积/床位数。

2006 年山东省各市

地区	合计	医院							疗养院
		小计	综合医院	中医医院	中西医结合医院	民族医院	专科医院	护理院	
山东省	**259 467**	**184 960**	**137 809**	**24 124**	**155**	**20**	**22 827**	**25**	**4 452**
济南市	27 695	21 298	15 664	2 168	30	20	3 416		503
青岛市	28 976	22 713	17 158	1 967	60		3 528		1 905
淄博市	15 482	11 208	8 251	1 421			1 536		
枣庄市	10 529	8 053	6 313	910	20		810		
东营市	8 187	6 063	5 423	330	30		280		50
烟台市	19 513	14 588	10 781	2 059			1 748		400
潍坊市	24 176	16 019	11 465	2 581			1 973		160
济宁市	20 549	14 770	11 573	1 573			1 624		
泰安市	15 053	10 616	7 739	1 337			1 515	25	634
威海市	11 682	8 177	4 728	1 720			1 729		
日照市	6 494	4 304	2 564	1 270			470		210
莱芜市	4 047	3 085	2 663	300			122		
临沂市	21 835	14 297	10 590	2 070			1 637		590
德州市	9 872	6 622	5 293	1 329					
聊城市	12 427	8 381	5 981	949			1 451		
滨州市	8 274	6 171	5 122	820			229		
菏泽市	14 676	8 595	6 501	1 320	15		759		

卫生机构床位数

社区卫生服务中心	卫生院			门诊部	妇幼保健院(所、站)		专科疾病防治(所、站)		急救中心(站)	其他卫生机构
	小计	街道卫生院	乡镇卫生院		小计	妇幼保健所(站)	小计	专科疾病防治所(站)		
171	**57 996**	**3 073**	**54 923**	**491**	**8 642**	**1 083**	**2 328**	**1 002**	**4**	**423**
15	4 803	475	4 328	272	562	82	220	64		22
	3 940	675	3 265	11	255	19	100	75		52
	2 873		2 873	22	1 221	59	158	28		
	1 888	153	1 735		396	42	189	29		3
56	1 722	132	1 590		163	20	110			23
	3 701	169	3 532	16	569	59	239	99		
	6 363	465	5 898		1 154	141	278	278		202
	4 613	263	4 350	16	821	15	269	139		60
	2 933	155	2 778	20	535	32	300	80		15
	3 275		3 275		220	80	10	10		
92	1 636	55	1 581	1	161	84	85	85		5
	645	71	574		264	20	12	12		41
8	5 852	206	5 646	124	895		65	65	4	
	2 813	26	2 787		431	212	6	1		
	3 604	138	3 466		423	70	19	19		
	1 718		1 718	9	108	68	268	18		
	5 617	90	5 527		464	80				

2006年山东省各类

医疗机构	合计	按管理类别分			国有	集体
		非营利性	营利性	其他		
总计	**259 044**	**248 053**	**10 765**	**226**	**217 745**	**28 586**
市	193 202	183 951	9 085	166	162 999	19 595
县	65 842	64 102	1 680	60	54 746	8 991
医 院	184 960	174 673	10 287		161 829	11 085
市	147 434	138 788	8 646		127 408	9 971
县	37 526	35 885	1 641		34 421	1 114
综合医院	137 809	132 404	5 405		122 248	9 070
中医医院	24 124	23 267	857		22 644	348
中西医结合医院	155		155			
民族医院	20	20			20	
专科医院	22 827	18 957	3 870		16 917	1 642
口腔医院	381	334	47		194	101
眼科医院	1 053	685	368		245	490
耳鼻喉科医院	326	216	110		180	
肿瘤医院	2 165	1 775	390		1 775	
心血管病医院	637	96	541		305	
胸科医院	930	930			780	
血液病医院						
妇产(科)医院	903	605	298		455	
儿童医院	385	355	30		355	
精神病医院	8 583	8 500	83		7 813	712
传染病医院	1 814	1 765	49		1 745	20
皮肤病医院	238	46	192		66	
结核病医院	240	240			240	
麻风病医院						
职业病医院	748	748			748	
骨科医院	1 587	620	967		481	119
康复医院	1 190	1 070	120		1 025	65
整形外科医院						
美容医院						
其他专科医院	1 647	972	675		510	135
护理院	25	25				25
疗养院	4 452	4 362	90		4 252	
社区卫生服务中心	171	171			111	60
卫生院	57 996	57 760	186	50	40 505	17 180
街道卫生院	3 073	2 922	151		2 101	751
乡镇卫生院	54 923	54 838	35	50	38 404	16 429
中心卫生院	26 405	26 370	35		22 022	4 353
乡卫生院	28 518	28 468		50	16 382	12 076
门诊部	491	289	202		145	190
妇幼保健院(所、站)	8 642	8 488		154	8 583	59
妇幼保健院	7 559	7 405		154	7 530	29
妇幼保健所(站)	1 083	1 083			1 053	30
专科疾病防治院(所、站)	2 328	2 306		22	2 320	8
专科疾病防治院	1 326	1 326			1 326	
专科疾病防治所(站)	1 002	980		22	994	8
急救中心(站)	4	4				4

医疗机构床位数

按经济类型分			按设置/主办单位分			
			政府办		企业办	其他
联营	私营	其他	小计	卫生部门		
225	**5 847**	**6 491**	**214 910**	**210 979**	**27 725**	**16 409**
195	4 943	5 320	153 027	149 096	26 570	13 605
30	904	1 171	61 883	61 883	1 155	2 804
225	5 430	6 241	143 559	141 135	25 949	15 452
195	4 530	5 180	109 707	107 283	24 796	12 931
30	900	1 061	33 852	33 852	1 153	2 521
195	2 641	3 505	103 702	102 301	24 566	9 541
	752	380	22 936	22 936	70	1 118
	110	45				155
			20	20		
30	1 927	2 311	16 901	15 878	1 313	4 613
	47	39	235	235		146
	112	206	245	245	409	399
	30	116	180	180		146
	100	290	1 775	1 775	120	270
	99	233	46	46	259	332
		150	780	780		150
	20	428	455	455	100	348
	30		355	355		30
	58		8 200	7 717		383
		49	1 765	1 765		49
	152	20	46	46		192
			240	240		
			548	548	200	
	447	540	384	384	150	1 053
	100		1 010	490		180
30	732	240	637	617	75	935
						25
	90	110	3 450	2 013	912	90
			72	72	56	43
	171	140	57 142	57 142	534	320
	171	50	2 747	2 747	132	194
		90	54 395	54 395	402	126
		30	25 898	25 898	402	105
		60	28 497	28 497		21
	156		29	19	63	399
			8 525	8 465	37	80
			7 444	7 384	35	80
			1 081	1 081	2	
			2 133	2 133	170	25
			1 191	1 191	110	25
			942	942	60	
					4	

2006 年山东省各市医疗机构床位数(非营利性)

地区	合计	医院				卫生院		社区卫生服务中心(站)	门诊部	急救中心(站)	妇幼保健院(所、站)	专科疾病防治院(所、站)
		小计	综合医院	中医医院	专科医院	小计	乡镇卫生院					
山东省	**248 053**	**174 673**	**132 404**	**23 267**	**18 957**	**57 760**	**54 838**	**171**	**289**	**4**	**8 488**	**2 306**
济南市	26 302	20 104	14 735	2 077	3 272	4 803	4 328	15	95		562	220
青岛市	27 177	20 966	16 356	1 747	2 863	3 940	3 265		11		255	100
淄博市	14 396	10 157	7 692	1 221	1 244	2 838	2 838		22		1 221	158
枣庄市	10 139	7 668	6 238	880	550	1 888	1 735				396	187
东营市	7 924	5 883	5 303	300	280	1 722	1 590	56			103	110
烟台市	18 522	13 727	10 246	2 033	1 448	3 701	3 532				475	219
潍坊市	23 326	15 371	11 125	2 581	1 665	6 363	5 898				1 154	278
济宁市	19 794	14 075	11 347	1 443	1 285	4 613	4 350		16		821	269
泰安市	14 745	10 323	7 739	1 337	1 222	2 933	2 778		20		535	300
威海市	11 602	8 097	4 728	1 720	1 649	3 275	3 275				220	10
日照市	6 086	3 901	2 499	1 160	242	1 636	1 581	92	1		161	85
莱芜市	3 944	3 023	2 663	300	60	645	574				264	12
临沂市	20 770	13 482	9 975	2 070	1 437	5 701	5 646	8	115	4	895	65
德州市	9 872	6 622	5 293	1 329		2 813	2 787				431	6
聊城市	12 126	8 080	5 820	949	1 311	3 604	3 466				423	19
滨州市	8 274	6 171	5 122	820	229	1 718	1 718		9		108	268
菏泽市	13 054	7 023	5 523	1 300	200	5 567	5 477				464	

2006 年山东省各市医疗机构床位数(营利性)

地区	合计	医院				卫生院		社区卫生服务中心(站)	门诊部	急救中心(站)	妇幼保健院(所、站)	专科疾病防治院(所、站)
		小计	综合医院	中医医院	专科医院	小计	乡镇卫生院					
山东省	**10 765**	**10 287**	**5 405**	**857**	**3 870**	**186**	**35**		**202**			
济南市	1 371	1 194	929	91	144				177			
青岛市	1 747	1 747	802	220	665							
淄博市	1 086	1 051	559	200	292	35	35					
枣庄市	385	385	75	30	260							
东营市	180	180	120	30								
烟台市	877	861	535	26	300				16			
潍坊市	648	648	340		308							
济宁市	695	695	226	130	339							
泰安市	293	293			293							
威海市	80	80			80							
日照市	403	403	65	110	228							
莱芜市	62	62			62							
临沂市	1 065	815	615		200	151			9			
德州市												
聊城市	301	301	161		140							
滨州市												
菏泽市	1 572	1 572	978	20	559							

2006年山东省每千人口医院、卫生院床位数

地区	医院、卫生院床位(张)			每千人口医院和卫生院床位(张)			每千农业人口乡镇卫院床位数(张)
	合计	市	县	合计	市	县	
山东省	**242 956**	**180 244**	**62 712**	**2.63**	**3.45**	**1.56**	**0.88**
济南市	26 101	23 758	2 343	4.06	5.43	1.14	1.52
青岛市	26 653	26 653		3.25	3.25		0.84
淄博市	14 081	11 230	2 851	3.18	3.73	2.02	1.25
枣庄市	9 941	9 941		2.76	2.76		0.70
东营市	7 785	4 950	2 835	4.00	5.17	2.86	1.66
烟台市	18 289	18 095	194	2.64	2.63	4.51	0.84
潍坊市	22 382	19 314	3 068	2.57	2.66	2.12	0.96
济宁市	19 383	13 012	6 371	2.48	4.06	1.38	0.76
泰安市	13 549	11 012	2 537	2.52	2.89	1.60	0.74
威海市	11 452	11 452		4.13	4.13		2.38
日照市	5 940	3 398	2 542	2.20	3.13	1.58	0.76
莱芜市	3 730	3 730		2.96	2.96		0.70
临沂市	20 149	7 143	13 006	2.07	4.83	1.58	0.73
德州市	9 435	3 882	5 553	1.76	2.42	1.47	0.66
聊城市	11 985	6 217	5 768	2.19	4.09	1.46	0.81
滨州市	7 889	2 795	5 094	2.17	5.13	1.65	0.62
菏泽市	14 212	3 662	10 550	1.75	5.72	1.41	0.76

2006年山东省各市医院、妇幼保健院

地区	总计	预防保健科	全科医疗科	内科	外科	儿科	妇产科	眼科	耳鼻咽喉科	口腔科	皮肤科	医疗美容科
山东省	**194 035**	**1 104**	**5 569**	**43 521**	**43 249**	**13 016**	**20 864**	**4 033**	**3 001**	**1 702**	**986**	**204**
济南市	21 934	483	650	4 938	4 483	1 174	1 777	496	250	141	231	43
青岛市	22 974	53	1 559	5 289	5 282	843	2 279	408	252	163	63	25
淄博市	12 500	5	279	2 952	2 539	1 107	1 406	147	315	124	15	10
枣庄市	8 567	41	97	2 078	2 034	593	810	111	142	62	183	20
东营市	6 506	31	606	1 389	1 595	507	694	90	101	56	50	31
烟台市	15 238	56	261	3 647	3 596	881	1 614	351	243	145	25	8
潍坊市	17 032	140	446	3 672	3 720	1 134	1 921	403	239	154	3	4
济宁市	15 706	74	416	3 738	3 734	1 202	1 884	274	240	160	156	
泰安市	11 339	40	284	2 523	2 619	836	1 183	178	168	71	42	
威海市	8 317	94	310	1 429	1 438	459	634	136	271	146	102	26
日照市	4 381	63	50	796	983	246	397	51	54	30		
莱芜市	3 329	5	131	857	734	201	407	54	23	31	26	
临沂市	15 192	2	41	3 417	3 383	1 125	1 933	373	229	122	17	
德州市	6 846		138	1 497	1 484	605	914	86	62	33	14	17
聊城市	8 734		101	2 098	1 748	759	1 112	507	135	64	8	
滨州市	6 461	13	179	1 382	1 571	476	717	94	109	70	12	
菏泽市	8 979	4	21	1 819	2 306	868	1 182	274	168	130	39	20

和专科疾病防治院分科床位数

精神科	传染科	结核病科	地方病科	肿瘤科	康复医学科	运动医学科	职业病科	中医科	民族医学科	中西医结合科	其他
10 861	**4 739**	**1 676**	**200**	**6 671**	**1 475**	**216**	**1 467**	**25 094**	**10**	**1 097**	**3 280**
948	446	214		1 577	134	50	333	2 376		120	1 070
1 407	573	338		858	199		20	2 042		381	940
482	272	120		645	46	54	393	1 421		22	146
441	371	110		113	131		67	1 023		45	95
140	270	60	20	177	20	23	23	490	10	73	50
723	455	241		245	196	84	218	2 077		70	102
1 003	356	74		650	312		9	2 642		22	128
1 092	234	20		438	100		49	1 641		125	129
894	111	40		520	69		280	1 340		45	96
784	256			361	23		38	1 769			41
220	59			84	20			1 283		45	
362	100	30		18			37	313			
1 018	417	134		598	106			2 129		40	108
300	67	45	180	34		5		1 353			12
436	301			57	94			1 007		70	237
409	88	250		176				838		12	65
202	363			120	25			1 350		27	61

2006年山东省各类卫生机构万元以上设备台数

卫生机构	合计	50万元以下	50万～100万元	100万元以上
总计	**123 165**	**115 935**	**4 599**	**2 631**
市	99 153	93 545	3 512	2 096
县	24 012	22 390	1 087	535
一、医院	96 203	89 633	4 147	2 423
市	79 317	74 274	3 134	1 909
县	16 886	15 359	1 013	514
综合医院	73 968	68 746	3 311	1 911
县医院	11 514	10 362	793	359
其他医院	62 454	58 384	2 518	1 552
中医医院	12 823	12 024	503	296
中西医结合医院	15	15		
民族医院				
专科医院	9 395	8 846	333	216
口腔医院	1 495	1 488	7	
眼科医院	897	781	68	48
耳鼻喉科医院	198	184	8	6
肿瘤医院	782	717	35	30
心血管病医院	1 066	982	45	39
胸科医院	638	604	20	14
血液病医院				
妇产(科)医院	682	634	33	15
儿童医院	188	177	6	5
精神病医院	754	721	23	10
传染病医院	608	558	30	20
皮肤病医院	93	90	3	
结核病医院	16	16		
麻风病医院				
职业病医院	332	313	12	7
骨科医院	507	488	13	6
康复医院	289	267	16	6
整形外科医院				
美容医院				
其他专科医院	850	826	14	10
护理院	2	2		
二、疗养院	707	651	38	18
三、社区卫生服务中心	87	83	4	
四、卫生院	13 733	13 583	123	27
街道卫生院	951	936	11	4
乡镇卫生院	12 782	12 647	112	23
市	7 811	7 728	68	15
县	4 971	4 919	44	8
中心卫生院	6 676	6 573	84	19
乡卫生院	6 106	6 074	28	4
五、门诊部	315	308	7	
市	298	291	7	

2006年山东省各类卫生机构万元以上设备台数（续表）

卫生机构	合计	50万元以下	50万～100万元	100万元以上
县	17	17		
综合门诊部	270	263	7	
中医门诊部	3	3		
中西医结合门诊部				
民族医门诊部				
专科门诊部	42	42		
六、急救中心（站）	53	51	1	1
七、采供血机构	1 006	963	18	25
八、妇幼保健院（所、站）	5 611	5 362	168	81
省属	198	187	10	1
省辖市（地区）属	1 212	1 131	53	28
地辖市属	2 564	2 462	69	33
县属	1 570	1 518	34	18
其他	67	64	2	1
妇幼保健院	4 497	4 288	132	77
妇幼保健所	512	486	24	2
妇幼保健站	602	588	12	2
生殖保健中心				
九、专科疾病防治院（所、站）	729	694	26	9
专科疾病防治院	376	360	9	7
传染病防治院	15	15		
结核病防治院	42	34	4	4
职业病防治院	63	63		
其他	256	248	5	3
专科疾病防治所（站、中心）	353	334	17	2
口腔病防治所（站、中心）				
精神病防治所（站、中心）	2	2		
皮肤病与性病防治所（站、中心）	188	171	15	2
结核病防治所（站、中心）	152	151	1	
麻风病防治所（站、中心）				
职业病防治所（站、中心）	10	9	1	
地方病防治所（站、中心）	1	1		
寄生虫病防治所（站、中心）				
血吸虫病防治所（站、中心）				
药物戒毒所（中心）				
其他				
十、疾病预防控制中心（防疫站）	4 176	4 085	47	44
疾病预防控制中心/防疫站/防病中心	4 161	4 070	47	44
省属	666	655	9	2

2006年山东省各类卫生机构万元以上设备台数（续表）

卫生机构	合计	50万元以下	50万～100万元	100万元以上
省辖市（地区）属	832	761	29	42
地辖市属	1 605	1 599	6	
县属	932	932		
其他	126	123	3	
其中：疾病预防控制中心	2 561	2 476	41	44
卫生防疫站	1 598	1 592	6	
卫生防病中心	2	2		
预防保健中心	15	15		
十一、卫生监督所	253	243	10	
省属				
省辖市（地区）属	96	96		
地辖市属	132	122	10	
县属	25	25		
其他				
十二、卫生监督检验（监测、检测）所（站）	6	6		
卫生（综合）监督检验（监测、检测）所（站）	2	2		
环境卫生监督检验（监测、检测）所（站）				
放射卫生监督检验（监测、检测）所（站）				
劳动（职业、工业）卫生监督检验（监测、检测）所（站）	1	1		
食品卫生监督检验（监测、检测）所（站）				
学校卫生监督检验（监测、检测）所（站）				
其他	3	3		
十三、医学科学研究机构	118	117	1	
医学科学（研究）院（所）	8	8		
预防医学研究院（所）				
中医（药）研究院（所）				
中西医结合研究所				
民族医（药）学研究所				
医学专科研究所	110	109	1	
药学研究所				
十四、医学在职培训机构	4	4		
十五、健康教育所（站、中心）	2		1	1
十六、其他卫生机构	162	152	8	2
护理站				
临床检验中心（所、站）	6	2	4	
精神病收容所				
麻风村				
卫生消毒站				
乡防保组	5	5		
农村改水中心				
其他	151	145	4	2

2006 年山东省各类卫生机构房屋建筑面积(平方米)

卫生机构	合计	国有	集体	联营	私营	其他	政府办	
							小计	卫生部门
总　计	**45 395 326**	**41 491 490**	**2 830 389**	**21 096**	**457 185**	**586 176**	**37 197 836**	**36 718 528**
市	37 364 668	34 705 865	1 753 280	18 796	388 726	489 011	29 523 076	29 043 768
县	8 030 658	6 785 625	1 077 109	2 300	68 459	97 165	7 674 760	7 674 760
一、医院	35 626 893	33 759 443	871 282	21 096	412 743	553 339	27 748 596	27 410 018
市	31 531 371	29 909 541	779 069	18 796	344 514	470 461	23 987 138	23 648 560
县	4 095 522	3 849 902	92 213	2 300	68 229	82 878	3 761 458	3 761 458
综合医院	18 293 417	17 033 994	717 109	18 796	176 400	338 128	10 995 370	10 820 457
县医院	2 657 419	2 636 587	20 832				2 657 419	2 657 419
其他医院	15 635 998	14 397 407	696 277	18 796	176 400	338 128	8 337 951	8 163 038
中医医院	2 306 115	2 192 290	22 914		60 512	30 399	2 211 278	2 211 278
中西医结合医院	4 600				3 600	1 000		
民族医院	2 035	2 035					2 035	2 035
专科医院	15 020 138	14 531 124	130 671	2 300	172 231	183 812	14 539 913	14 376 248
口腔医院	64 890	51 747	8 258		2 785	2 100	55 965	55 965
眼科医院	82 717	22 098	37 840		6 959	15 820	22 098	22 098
耳鼻喉科医院	20 740	14 240			1 400	5 100	14 240	14 240
肿瘤医院	11 356 194	11 320 252			10 600	25 342	11 320 252	11 320 252
心血管病医院	51 960	28 500			13 000	10 460	5 500	5 500
胸科医院	60 867	53 867				7 000	53 867	53 867
血液病医院								
妇产(科)医院	73 363	34 275			3 000	36 088	34 275	34 275
儿童医院	26 657	24 057			2 600		24 057	24 057
精神病医院	596 160	563 038	29 572		3 550		575 334	542 850
传染病医院	2 085 673	2 080 873	1 800			3 000	2 082 673	2 082 673
皮肤病医院	36 112	14 842			10 230	11 040	13 892	13 892
结核病医院	10 800	10 800					10 800	10 800
麻风病医院								
职业病医院	67 089	67 089					45 489	45 489
骨科医院	141 227	20 797	16 703		54 137	49 590	27 900	27 900
康复医院	192 749	183 153	2 019		7 577		182 553	53 849
整形外科医院								
美容医院								
其他专科医院	152 940	41 496	34 479	2 300	56 393	18 272	71 018	68 541
护理院	588		588					
二、疗养院	457 976	432 397			11 292	14 287	325 271	203 659
三、社区卫生服务中心	26 117	10 805	11 712		3 600		10 478	10 478
四、卫生院	6 186 647	4 231 526	1 924 536		15 865	14 720	6 105 082	6 105 082
街道卫生院	280 742	186 376	74 001		15 865	4 500	250 125	250 125
乡镇卫生院	5 905 905	4 045 150	1 850 535			10 220	5 854 957	5 854 957
市	3 171 167	2 274 141	886 806			10 220	3 132 147	3 132 147
县	2 734 738	1 771 009	963 729				2 722 810	2 722 810
中心卫生院	2 961 951	2 479 587	477 784			4 580	2 913 712	2 913 712
乡卫生院	2 943 954	1 565 563	1 372 751			5 640	2 941 245	2 941 245
五、门诊部	48 839	20 561	10 993		13 555	3 730	8 147	7 614
市	40 546	17 681	5 810		13 325	3 730	7 504	6 971

2006年山东省各类卫生机构房屋建筑面积(平方米)　(续表)

卫生机构	合计	国有	集体	联营	私营	其他	政府办	
							小计	卫生部门
县	8 293	2 880	5 183		230		643	643
综合门诊部	44 198	19 691	9 842		10 935	3 730	7 547	7 014
中医门诊部	720	170	40		510			
中西医结合门诊部	350	350					300	300
民族医门诊部								
专科门诊部	3 571	350	1 111		2 110		300	300
六、急救中心(站)	12 496	10 322	2 174				12 096	12 096
七、采供血机构	102 289	102 289					100 277	100 277
八、妇幼保健院(所、站)	1 449 728	1 442 776	6 952				1 437 186	1 429 186
省属	10 080	10 080					10 080	10 080
省辖市(地区)属	389 698	389 698					389 698	389 698
地辖市属	224 373	224 373					224 373	224 373
县属	805 035	798 083	6 952				805 035	805 035
其他	20 542	20 542					8 000	
妇幼保健院	1 317 525	1 313 227	4 298				1 305 363	1 297 363
妇幼保健所	35 095	35 095					34 975	34 975
妇幼保健站	97 108	94 454	2 654				96 848	96 848
生殖保健中心								
九、专科疾病防治院(所、站)	330 789	329 789	1 000				323 479	323 479
专科疾病防治院	112 167	112 167					108 797	108 797
传染病防治院	8 140	8 140					8 140	8 140
结核病防治院	21 417	21 417					21 417	21 417
职业病防治院	13 302	13 302					10 782	10 782
其他	69 308	69 308					68 458	68 458
专科疾病防治所(站、中心)	218 622	217 622	1 000				214 682	214 682
口腔病防治所(站、中心)								
精神病防治所(站、中心)	3 812	3 812					3 812	3 812
皮肤病与性病防治所(站、中心)	153 991	152 991	1 000				153 991	153 991
结核病防治所(站、中心)	55 809	55 809					55 369	55 369
麻风病防治所(站、中心)								
职业病防治所(站、中心)	2 000	2 000						
地方病防治所(站、中心)	390	390					390	390
寄生虫病防治所(站、中心)								
血吸虫病防治所(站、中心)								
药物戒毒所(中心)								
其他	2 620	2 620					1 120	1 120
十、疾病预防控制中心(防疫站)	884 554	883 016	1 538				860 256	860 256
疾病预防控制中心/防疫站/防病中心	880 316	880 316					856 018	856 018
省属	65 150	65 150					65 150	65 150
省辖市(地区)属	170 721	170 721					170 721	170 721
地辖市属	262 566	262 566					262 566	262 566
县属	356 145	356 145					356 145	356 145
其他	25 734	25 734					1 436	1 436

2006 年山东省各类卫生机构房屋建筑面积(平方米)　(续表)

卫生机构	合计	国有	集体	联营	私营	其他	政府办	
							小计	卫生部门
其中:疾病预防控制中心	351 839	351 839					346 972	346 972
卫生防疫站	527 541	527 541					508 110	508 110
卫生防病中心	936	936					936	936
预防保健中心	4 238	2 700	1 538				4 238	4 238
十一、卫生监督所	57 781	57 781					57 781	57 781
省属								
省辖市(地区)属	37 611	37 611					37 611	37 611
地辖市属	11 588	11 588					11 588	11 588
县属	8 002	8 002					8 002	8 002
其他	580	580					580	580
十二、卫生监督检验(监测、检测)所(站)	8 493	8 493					8 493	8 493
卫生(综合)监督检验(监测、检测)所(站)	530	530					530	530
环境卫生监督检验(监测、检测)所(站)								
放射卫生监督检验(监测、检测)所(站)								
劳动(职业、工业)卫生监督检验(监测、检测)所(站)	180	180					180	180
食品卫生监督检验(监测、检测)所(站)								
学校卫生监督检验(监测、检测)所(站)								
其他	7 783	7 783					7 783	7 783
十三、医学科学研究机构	7 211	7 081			130		7 081	7 081
医学科学(研究)院(所)	4 943	4 813			130		4 813	4 813
预防医学研究院(所)								
中医(药)研究院(所)	468	468					468	468
中西医结合研究所								
民族医(药)学研究所								
医学专科研究所	1 800	1 800					1 800	1 800
药学研究所								
十四、医学在职培训机构	29 606	29 606					29 606	29 606
十五、健康教育所(站、中心)	1 110	1 110					1 110	1 110
十六、其他卫生机构	164 797	164 495	202			100	162 897	152 312
护理站								
临床检验中心(所、站)	100					100		
精神病收容所								
麻风村								
卫生消毒站	963	963					963	963
乡防保组	4 740	4 740					4 740	4 740
农村改水中心								
其他	158 994	158 792	202				157 194	146 609

2006年山东省各类卫生机构业务用房面积(平方米)

卫生机构	合计	国有	集体	联营	私营	其他	政府办	
							小计	卫生部门
总计	**25 212 187**	**22 626 334**	**1 804 215**	**15 696**	**350 465**	**407 473**	**22 243 791**	**22 016 608**
市	20 533 184	18 627 073	1 260 190	14 256	291 593	332 068	17 802 460	17 575 277
县	4 679 003	3 999 261	544 025	1 440	58 872	75 405	4 441 331	4 441 331
一、医院	19 366 148	17 927 523	712 853	15 696	320 782	381 290	16 604 029	16 456 812
市	16 897 025	15 644 195	648 258	14 256	262 140	320 172	14 355 321	14 208 104
县	2 469 123	2 283 328	64 595	1 440	58 642	61 118	2 248 708	2 248 708
综合医院	9 336 482	8 366 336	585 783	14 256	144 836	217 267	7 020 303	6 922 741
县医院	1 500 990	1 484 083	16 907				1 500 990	1 500 990
其他医院	7 835 492	6 882 253	568 876	14 256	144 836	217 267	5 519 313	5 421 751
中医医院	1 635 601	1 557 937	21 523		40 842	15 299	1 576 376	1 576 376
中西医结合医院	4 330				3 330	1 000		
民族医院	1 962	1 962					1 962	1 962
专科医院	8 387 185	8 001 288	104 959	1 440	131 774	147 724	8 005 388	7 955 733
口腔医院	50 595	39 365	6 674		2 535	2 021	41 999	41 999
眼科医院	72 878	19 088	33 840		4 950	15 000	19 088	19 088
耳鼻喉科医院	17 710	12 010			1 400	4 300	12 010	12 010
肿瘤医院	5 846 294	5 819 752			8 300	18 242	5 819 752	5 819 752
心血管病医院	50 646	28 500			11 686	10 460	5 500	5 500
胸科医院	55 524	49 524				6 000	49 524	49 524
血液病医院								
妇产(科)医院	62 563	33 583			2 000	26 980	33 583	33 583
儿童医院	19 890	17 690			2 200		17 690	17 690
精神病医院	324 963	302 310	19 603		3 050		309 212	289 014
传染病医院	1 513 764	1 509 164	1 800			2 800	1 510 964	1 510 964
皮肤病医院	20 157	9 020			6 137	5 000	8 260	8 260
结核病医院	10 100	10 100					10 100	10 100
麻风病医院								
职业病医院	40 720	40 720					31 315	31 315
骨科医院	105 879	16 753	9 007		39 870	40 249	18 160	18 160
康复医院	68 227	60 343	1 258		6 626		59 743	31 439

2006 年山东省各类卫生机构业务用房面积(平方米)　　(续表)

卫生机构	合计	国有	集体	联营	私营	其他	政府办	
							小计	卫生部门
整形外科医院								
美容医院								
其他专科医院	127 275	33 366	32 777	1 440	43 020	16 672	58 488	57 335
护理院	588		588					
二、疗养院	240 856	223 769			2 800	14 287	168 729	100 196
三、社区卫生服务中心	17 989	8 809	9 180				7 880	7 880
四、卫生院	3 775 800	2 689 201	1 061 768		14765	10 066	3 715 641	3 715 641
街道卫生院	199 254	128 684	52 005		14 765	3 800	172 608	172 608
乡镇卫生院	3 576 546	2 560 517	1 009 763			6 266	3 543 033	3 543 033
市	2 019 392	1 467 835	545 291			6 266	1 993 925	1 993 925
县	1 557 154	1 092 682	464 472				1 549 108	1 549 108
中心卫生院	1 841 611	1 546 317	291 954			3 340	1 809 978	1 809 978
乡卫生院	1 734 935	1 014 200	717 809			2 926	1 733 055	1 733 055
五、门诊部	40 565	17 651	9 196		11 988	1 730	6 147	5 614
市	32 967	14 771	4 708		11 758	1 730	5 504	4 971
县	7 598	2 880	4 488		230		643	643
综合门诊部	36 554	16 831	8 250		9 743	1 730	5 547	5 014
中医门诊部	460	170	40		250			
中西医结合门诊部	350	350					300	300
民族医门诊部								
专科门诊部	3 201	300	906		1 995		300	300
六、急救中心(站)	10 474	8 748	1 726				10 375	10 375
七、采供血机构	73 654	73 654					71 978	71 978
八、妇幼保健院(所、站)	811 355	804 403	6 952				801 313	796 313
省属	6 731	6 731					6 731	6 731
省辖市(地区)属	172 429	172 429					172 429	172 429
地辖市属	180 723	180 723					180 723	180 723
县属	436 430	429 478	6 952				436 430	436 430
其他	15 042	15 042					5 000	
妇幼保健院	703 680	699 382	4 298				694 018	689 018
妇幼保健所	29 264	29 264					29 144	29 144
妇幼保健站	78 411	75 757	2 654				78 151	78 151
生殖保健中心								
九、专科疾病防治院(所、站)	233 905	233 105	800				227 130	227 130
专科疾病防治院	72 405	72 405					69 215	69 215
传染病防治院	2 840	2 840					2 840	2 840

2006年山东省各类卫生机构业务用房面积(平方米)(续表)

卫生机构	合计	国有	集体	联营	私营	其他	政府办	
							小计	卫生部门
结核病防治院	14 157	14 157					14 157	14 157
职业病防治院	2 420	2 420						
其他	52 988	52 988					52 218	52 218
专科疾病防治所(站、中心)	161 500	160 700	800				157 915	157 915
口腔病防治所(站、中心)								
精神病防治所(站、中心)	2 312	2 312					2 312	2 312
皮肤病与性病防治所(站、中心)	117 169	116 369	800				117 169	117 169
结核病防治所(站、中心)	37 509	37 509					37 124	37 124
麻风病防治所(站、中心)								
职业病防治所(站、中心)	1 700	1 700						
地方病防治所(站、中心)	190	190					190	190
寄生虫病防治所(站、中心)								
血吸虫病防治所(站、中心)								
药物戒毒所(中心)								
其他	2 620	2 620					1 120	1 120
十、疾病预防控制中心(防疫站)	495 214	493 676	1 538				486 372	486 372
疾病预防控制中心/防疫站/防病中心	490 976	490 976					482 134	482 134
省属	18 822	18 822					18 822	18 822
省辖市(地区)属	94 684	94 684					94 684	94 684
地辖市属	174 000	174 000					174 000	174 000
县属	193 432	193 432					193 432	193 432
其他	10 038	10 038					1 196	1 196
其中:疾病预防控制中心	200 129	200 129					195 664	195 664
卫生防疫站	290 151	290 151					285 774	285 774
卫生防病中心	696	696					696	696
预防保健中心	4 238	2 700	1 538				4 238	4 238
十一、卫生监督所	47 549	47 549					47 549	47 549
省属								
省辖市(地区)属	31 144	31 144					31 144	31 144
地辖市属	10 444	10 444					10 444	10 444

2006年山东省各类卫生机构业务用房面积(平方米)　(续表)

卫生机构	合计	国有	集体	联营	私营	其他	政府办	
							小计	卫生部门
县属	5 711	5 711					5 711	5 711
其他	250	250					250	250
十二、卫生监督检验(监测、检测)所(站)	7 583	7 583					7 583	7583
卫生(综合)监督检验(监测、检测)所(站)	410	410					410	410
环境卫生监督检验(监测、检测)所(站)								
放射卫生监督检验(监测、检测)所(站)								
劳动(职业、工业)卫生监督检验(监测、检测)所(站)	180	180					180	180
食品卫生监督检验(监测、检测)所(站)								
学校卫生监督检验(监测、检测)所(站)								
其他	6 993	6 993					6 993	6 993
十三、医学科学研究机构	6 811	6 681			130		6 681	6 681
医学科学(研究)院(所)	4 943	4 813			130		4 813	4 813
预防医学研究院(所)								
中医(药)研究院(所)	468	468					468	468
中西医结合研究所								
民族医(药)学研究所								
医学专科研究所	1 400	1 400					1 400	1 400
药学研究所								
十四、医学在职培训机构	22 601	22 601					22 601	22 601
十五、健康教育所(站、中心)	1 074	1 074					1 074	1 074
十六、其他卫生机构	60 609	60 307	202			100	58 709	52 809
护理站								
临床检验中心(所、站)	100					100		
精神病收容所								
麻风村								
卫生消毒站	963	963					963	963
乡防保组	2 720	2 720					2 720	2 720
农村改水中心								
其他	56 826	56 624	202				55 026	49 126

2006 年山东省各类医疗机构房屋建筑面积(平方米)

医疗机构	建筑面积			其中:业务用房面积	每床房屋建筑面积
	合计	购建房屋	租房		
非营利性医疗机构合计	**43 744 042**				
医院	34 692 006	34 370 208	321 798	18 658 514	198.61
综合医院	17 764 891	1 751 4679	250 212	8 931 631	134.17
中医医院	2 240 204	2 207 002	33 202	1 599 460	96.28
中西医结合医院					
民族医院	2 035	2 035		1 962	101.75
专科医院	14 684 288	14 645 904	38 384	8 124 873	774.61
护理院	588	588		588	23.52
疗养院	446 684	411 154	35 530	238 056	102.4
社区卫生服务中心(站)	229 679				
社区卫生服务中心	26 117	22 657	3 460	17 989	152.73
社区卫生服务站	203 562				
卫生院	6 168 685	6 088 616	80 069	3 760 220	106.8
街道卫生院	266 527	255 525	11 002	185 939	91.21
乡镇卫生院	5 902 158	5 833 091	69 067	3 574 281	107.63
门诊部	29 784	18 206	11 578	23 837	103.06
诊所、卫生所、医务室、护理站	400 528				
诊所	88 407				
卫生所、医务室	312 121				
护理站					
妇幼保健院(所、站)	1 437 459	1 411 062	26 397	802 465	169.35
专科疾病防治院(所、站)	326 771	311 548	15 223	231 286	141.7
专科疾病防治院	112 167	112 095	72	72 405	84.59
专科疾病防治所(站、中心)	214 604	199 453	15 151	158 881	218.98
急救中心(站)	12 446	11 437	1 009	10 424	3 111.5
临床检验中心(所、站)					
营利性医疗机构合计	10 109 681				
医院	934 887	755 650	179 237	707 634	90.88
综合医院	528 526	449 064	79 462	404 851	97.78
中医医院	65 911	59 589	6 322	36 141	76.91
中西医结合医院	4 600	3 600	1 000	4 330	29.68
民族医院					
专科医院	335 850	243 397	92 453	262 312	86.78
护理院					
疗养院	11 292	11 292		2 800	125.47
社区卫生服务中心(站)	21 959				
社区卫生服务中心					
社区卫生服务站	21 959				
卫生院	16 218	16 218		14 615	87.19
街道卫生院	14 215	14 215		13 315	94.14
乡镇卫生院	2 003	2 003		1 300	57.23
门诊部	18 855	3 789	15 066	16 628	93.34
诊所、卫生所、医务室、护理站	9 106 470				
诊所	372 783				
卫生所、医务室	8 733 687				
护理站					
妇幼保健院(所、站)					
专科疾病防治院(所、站)					
专科疾病防治院					
专科疾病防治所(站、中心)					
急救中心(站)					
临床检验中心(所、站)					

四、卫生经费

【简要说明】

1.本章主要介绍全省卫生经费情况，包括资产与负债、总收入、卫生机构年收入与支出、门诊和住院病人人均医疗费用等。

2.门诊和住院病人人均医疗费用等系全数调查，数据来源于卫生综合统计年报。

3.非营利性医院各项指标的统计口径和解释与《医院会计制度》一致；营利性医院与《企业会计制度》一致；其他卫生机构与《事业单位会计制度》一致。

【主要统计指标解释】

总收入　指单位为开展业务及其他活动依法取得的非偿还性资金，总收入包括财政补助收入、上级补助收入、医疗收入、药品收入和其他收入等。

财政补助收入　指单位从主管部门或主办单位取得的财政性事业经费（包括定额和定项补助）。

医疗收入　指医疗机构在开展医疗业务活动中所取得的收入。包括挂号收入、床位收入、诊察收入、检查收入、治疗收入、手术收入、化验收入、护理收入和其他收入。

药品收入　指医疗机构在开展医疗业务活动中所取得的中、西药品收入。

总支出　指单位在开展业务及其他活动中发生的资金耗费和损失。包括医疗支出、药品支出、其他支出和财政专项支出等。

医疗支出　指医疗机构在医疗过程中发生的支出，包括在开展医疗业务活动中的基本工资、补助工资、其他工资、职工福利费、社会保障费、公务费、业务费、卫生材料费、修缮费、设备购置费和其他费用。

药品支出　指医疗机构在药品采购、管理过程中发生的支出。

人员经费支出　包括人员的基本工资、补助工资、其他工资、职工福利费、社会保障费和助学金。

门诊病人人均医疗费用　又称每诊疗人次医疗费用，即（医疗门诊收入＋药品门诊收入）/总诊疗人次数。

住院病人人均医疗费用　又称出院者人均医疗费用，即（医疗住院收入＋药品住院收入）/出院人数。

2006年山东省卫生机构资产与负债(不含诊所、医务室、村卫生室)

单位:千元

卫生机构	总资产			负债	净资产			
	合计	流动资产	固定资产		合计	事业基金	固定基金	专用基金
总计	**64 916 680**	**18 750 268**	**45 395 702**	**22 427 076**	**42 489 604**	**2 314 522**	**36 408 935**	**887 055**
市	53 326 899	15 950 080	36 736 761	18 236 996	35 089 903	2 030 158	29 221 385	1 081 777
县	11 589 781	2 800 188	8 658 941	4 190 080	7 399 701	284 364	7 187 550	-194 722
一、医院	53 918 814	15 551 312	37 727 825	18 659 892	35 258 922	2 190 112	29 534 587	1 022 976
市	45 210 061	13 561 662	31 107 354	15 624 084	29 585 977	1 817 658	24 206 975	1 153 894
县	8 708 753	1 989 650	6 620 471	3 035 808	5 672 945	372 454	5 327 612	-130 918
综合医院	43 067 686	12 062 935	30 490 655	14 053 195	29 014 491	2 060 036	23 678 105	958 888
县医院	5 957 385	1 439 306	4 500 597	1 930 807	4 026 578	306 610	3 673 806	-23 139
其他医院	37 110 301	10 623 629	25 990 058	12 122 388	24 987 913	1 753 426	20 004 299	982 027
中医医院	6 403 149	2 066 800	4 285 857	3 165 901	3 237 248	36 795	3 342 496	-177 495
中西医结合医院	7 981	3 246	4 735	1 457	6 524	1 520	4 850	154
民族医院	803	424	379	265	538	66	379	53
专科医院	4 437 995	1 417 407	2 945 499	1 438 674	2 999 321	91 695	2 508 757	241 376
口腔医院	168 538	39 192	127 656	32 841	135 697	17 764	114 980	653
眼科医院	381 621	146 646	233 241	117 202	264 419	2 113	190 058	50 950
耳鼻喉科医院	112 719	10 439	100 627	24 057	88 662	1 170	97 088	-9 596
肿瘤医院	935 461	325 146	594 683	217 547	717 914	31 673	552 735	115 568
心血管病医院	78 483	31 749	44 655	30 249	48 234	1 177	33 927	-1 040
胸科医院	300 479	53 979	243 899	148 403	152 076	290	150 290	3 211
血液病医院								
妇产(科)医院	290 337	118 824	163 057	125 662	164 675	-1 863	154 078	5 142
儿童医院	156 890	27 747	128 943	52 592	104 298	26 546	68 798	7 954
精神病医院	736 969	277 372	436 607	275 120	461 849	10 756	410 799	46 968
传染病医院	470 401	176 767	293 111	174 449	295 952	5 336	230 811	10 901
皮肤病医院	37 795	9 460	26 796	13 831	23 964	769	26 148	-2 378
结核病医院	13 297	5 207	8 090	5 774	7 523	274	8 090	-842
麻风病医院								
职业病医院	116 018	31 435	84 583	32 071	83 947	498	78 190	-8 290
骨科医院	207 055	36 381	167 153	98 908	108 147	-37 481	130 462	8 203
康复医院	140 758	32 404	108 324	32 160	108 598	5 049	105 658	-4 118
整形外科医院								
美容医院								

2006年山东省卫生机构资产与负债
(不含诊所、医务室、村卫生室)　　　　(续表)

单位:千元

卫生机构	总资产			负债	净资产			
	合计	流动资产	固定资产		合计	事业基金	固定基金	专用基金
其他专科医院	291 174	94 659	184 074	57 808	233 366	27 624	156 645	18 090
护理院	1 200	500	700	400	800			
二、疗养院	804 186	224 815	568 766	206 616	597 570	35 097	411 913	39 621
三、社区卫生服务中心	31 798	8 467	20 598	10 085	21 713	1 258	12 346	−294
四、卫生院	5 100 883	1 421 376	3 640 680	2 123 128	2 977 755	−169 880	3 240 105	−190 001
街道卫生院	328 046	92 535	229 842	116 115	211 931	−2 995	199 890	−2 017
乡镇卫生院	4 772 837	1 328 841	3 410 838	2 007 013	2 765 824	−166 885	3 040 215	−187 984
市	2 766 156	785 219	1 964 263	1 098 394	1 667 762	−65 200	1 756 216	−92 942
县	2 006 681	543 622	1 446 575	908 619	1 098 062	−101 685	1 283 999	−95 042
中心卫生院	2 452 922	625 308	1 808 752	976 823	1 476 099	−80 663	1 605 233	−105 101
乡卫生院	2 319 915	703 533	1 602 086	1 030 190	1 289 725	−86 222	1 434 982	−82 883
五、门诊部	59 838	32 271	26 723	21 469	38 369	8 853	18 192	2 643
市	52 418	27 623	24 628	18 271	34 147	7 384	16 101	2 695
县	7 420	4 648	2 095	3 198	4 222	1 469	2 091	−52
综合门诊部	55 272	29 861	24 619	19 709	35 563	8 581	16 831	2 509
中医门诊部	241	103	111	83	158	13	62	20
中西医结合门诊部	893	780	113	780	113		113	
民族医门诊部								
专科门诊部	3 432	1 527	1 880	897	2 535	259	1 186	114
六、急救中心(站)	30 215	10 533	19 652	6 599	23 616	2 930	19 744	922
七、采供血机构	561 508	202 697	357 597	119 058	442 450	49 675	357 431	35 276
八、妇幼保健院(所、站)	2 151 977	611 484	1 534 362	645 071	1 506 906	127 220	1 395 635	−40 006
省属	33 724	8 552	25 172	4 078	29 646	49	25 172	4 425
省辖市(地区)属	993 237	257 018	733 956	335 219	658 018	64 223	650 605	−60 298
地辖市属	546 244	154 744	391 087	147 252	398 992	30 303	363 856	4 607
县属	546 847	181 086	362 306	146 291	400 556	29 755	341 879	14 127
其他	31 925	10 084	21 841	12 231	19 694	2 890	14 123	−2 867
妇幼保健院	1 856 529	524 900	1 326 251	575 436	1 281 093	119 154	1 196 017	−52 139
妇幼保健所	107 558	31 724	75 834	20 074	87 484	4 438	75 970	7 069
妇幼保健站	187 890	54 860	132 277	49 561	138 329	3 628	123 648	5 064
生殖保健中心								
九、专科疾病防治院(所、站)	471 924	144 394	323 128	166 752	305 172	16 756	276 072	−7 346
专科疾病防治院	198 563	57 748	140 815	79 532	119 031	4 351	113 126	−15 679
传染病防治院	11 868	1 106	10 762	1 774	10 094	2	10 763	−3 339
结核病防治院	48 961	20 896	28 065	26 188	22 773	−1 120	19 974	3 919

2006年山东省卫生机构资产与负债（不含诊所、医务室、村卫生室）　（续表）

单位：千元

卫生机构	总资产			负债	净资产			
	合计	流动资产	固定资产		合计	事业基金	固定基金	专用基金
职业病防治院	27 932	9 248	18 684	10 607	17 325	6 613	16 336	－6 374
其他	109 802	26 498	83 304	40 963	68 839	－1 144	66 053	－9 885
专科疾病防治所(站、中心)	273 361	86 646	182 313	87 220	186 141	12 405	162 946	8 333
口腔病防治所(站、中心)								
精神病防治所(站、中心)	2 007	1 395	612	1 334	673	50	612	11
皮肤病与性病防治所(站、中心)	204 168	56 697	145 635	64 940	139 228	5 960	126 655	5 456
结核病防治所(站、中心)	65 367	28 024	34 777	20 561	44 806	6 292	34 848	2 866
麻风病防治所(站、中心)								
职业病防治所(站、中心)	500	50	450	50	450	450		
地方病防治所(站、中心)	819	438	381	335	484	103	381	
寄生虫病防治所(站、中心)								
血吸虫病防治所(站、中心)								
药物戒毒所(中心)								
其他	500	42	458		500			
十、疾病预防控制中心(防疫站)	1 442 812	433 260	970 319	354 174	1 088 638	31 763	944 452	15 745
疾病预防控制中心/防疫站/防病中心	1 435 099	428 538	967 328	349 734	1 085 365	31 626	941 521	15 540
省属	200 288	103 799	96 489	34 196	166 092	10 641	96 489	1 496
省辖市(地区)属	363 772	97 794	241 936	86 240	277 532	3 800	247 438	7 395
地辖市属	435 353	105 924	327 706	107 223	328 130	24 845	307 182	－8 695
县属	422 711	117 262	292 037	119 377	303 334	－8 612	286 498	14 888
其他	12 975	3 759	9 160	2 698	10 277	952	3914	456
其中：疾病预防控制中心	735 076	239 265	470 807	165 786	569 290	19 243	481 202	－3 939
卫生防疫站	697 786	188 010	495 547	183 064	514 722	11 931	459 345	19 552
卫生防病中心	2 237	1 263	974	884	1 353	452	974	－73
预防保健中心	7 713	4 722	2 991	4 440	3 273	137	2 931	205
十一、卫生监督所	76 122	22 516	50 787	18 639	57 483	6 753	48 671	614

2006 年山东省卫生机构资产与负债（不含诊所、医务室、村卫生室）（续表）

单位：千元

卫生机构	总资产			负债	净资产			
	合计	流动资产	固定资产		合计	事业基金	固定基金	专用基金
省属	7 722	1 353	6 369	835	6 887	205	6 369	67
省辖市(地区)属	33 937	9 323	22 219	8 835	25 102	2 004	22 158	439
地辖市属	23 562	8 375	15 092	5 146	18 416	3 923	14 347	48
县属	9 739	3 185	6 552	3 300	6 439	537	5242	60
其他	1 162	280	555	523	639	84	555	
十二、卫生监督检验(监测、检测)所(站)	4 465	589	3 876	691	3 774	54	3 876	76
卫生(综合)监督检验(监测、检测)所(站)	1 518	486	1 032	415	1 103	24	1 032	46
环境卫生监督检验(监测、检测)所(站)								
放射卫生监督检验(监测、检测)所(站)								
劳动(职业、工业)卫生监督检验(监测、检测)所(站)	191		191		191		191	
食品卫生监督检验(监测、检测)所(站)								
学校卫生监督检验(监测、检测)所(站)								
其他	2 756	103	2 653	276	2 480	30	2 653	30
十三、医学科学研究机构	39 475	7 981	30 994	2 438	37 037	5 057	30 995	985
医学科学(研究)院(所)	5 640	1 790	3 350	1 587	4 053	3	3 350	700
预防医学研究院(所)								
中医(药)研究院(所)	3 335	2 991	344	281	3 054	2 424	345	285
中西医结合研究所								
民族医(药)学研究所								

2006年山东省卫生机构资产与负债
(不含诊所、医务室、村卫生室)　　　　(续表)

单位:千元

卫生机构	总资产			负债	净资产			
	合计	流动资产	固定资产		合计	事业基金	固定基金	专用基金
医学专科研究所	30 500	3 200	27 300	570	29 930	2 630	27 300	
药学研究所								
十四、医学在职培训机构	26 307	8 787	17 520	5 528	20 779	2 703	16 800	1 276
十五、健康教育所(站、中心)	2 262	28	2 234		2 262	2	2 234	
十六、其他卫生机构	194 094	69 758	100 641	86 936	107 158	6 169	95 882	4 568
护理站								
临床检验中心(所、站)	2 690	1 230	1 000	900	1 790	790		1 000
精神病收容所								
麻风村								
卫生消毒站	874	106	768	137	737		737	
乡防保组	2 601	831	1 770	1 416	1 185	−585	1 770	
农村改水中心								
其他	187 929	67 591	97 103	84 483	103 446	5 964	93 375	3 568
护理站								
临床检验中心(所、站)								
精神病收容所								
麻风村								
卫生消毒站								
乡防保组								
农村改水中心								
其他								

2006年山东省卫生机构资产与负债(按经济类型/主办单位/地区分)

单位:千元

类别	总资产			负债	净资产			
	合计	流动资产	固定资产		合计	事业基金	固定基金	专用基金
总计	**64 916 680**	**18 750 268**	**45 395 702**	**22 427 076**	**42 489 604**	**2 314 522**	**36 408 935**	**887 055**
按经济类型分								
国有	60 164 750	17 089 958	42 417 073	20 530 715	39 634 035	2 319 989	34 381 412	904 811
集体	2 803 767	919 670	1 848 678	1 195 801	1 607 966	−32 585	1 459 500	−51 336
联营	7 490	1 971	5 460	3 140	4 350	130	1 760	200
私营	556 051	126 771	404 690	222 111	333 940	−11 394	227 553	25 340
其他	1 375 846	605 990	717 009	470 332	905 514	37 151	335 919	8 263
按主办单位分								
政府办	58 960 751	16 778 529	41 623 875	20 388 206	38 572 545	2 112 755	34 441 582	814 758
其中:卫生部门	58 208 569	16 585 544	41 064 702	20 229 837	37 978 732	2 091 191	33 919 372	801 833
企业办	3 745 277	1 384 393	2 235 638	1 358 609	2 386 668	91 879	880 907	38 795
按地区分								
济南市	11 323 133	3 814 335	7 387 423	3 254 610	8 068 523	687 778	6 131 872	868 967
青岛市	7 503 876	2 298 491	5 019 730	2 610 297	4 893 579	503 475	4 265 041	−294 373
淄博市	3 818 815	1 323 348	2 352 382	1 401 860	2 416 955	160 456	1 747 429	−166 884
枣庄市	1 517 229	420 762	1 092 003	494 401	1 022 828	110 710	839 258	−32 790
东营市	1 798 322	429 316	1 366 330	607 990	1 190 332	16 624	945 866	−103 461
烟台市	5 493 594	1 370 330	4 102 212	1 596 905	3 896 689	−50 733	3 617 823	211 924
潍坊市	6 146 332	1 739 303	4 329 937	1 972 387	4 173 945	112 935	3 645 677	281 502
济宁市	4 141 948	958 811	3 150 704	1 360 266	2 781 682	114 813	2 383 594	36 875
泰安市	3 309 025	875 107	2 390 146	1 399 845	1 909 180	78 388	2 041 895	−234 029
威海市	2 984 576	767 030	2 211 712	1 036 158	1 948 418	60 603	1 676 100	211 673
日照市	1 912 036	467 738	1 422 788	925 700	986 336	118 940	887 359	−44 241
莱芜市	997 845	215 767	776 722	421 513	576 332	−17 354	567 632	−123 646
临沂市	5 242 052	1 437 731	3 741 031	2 351 135	2 890 917	150 010	2 294 438	249 375
德州市	1 908 113	578 345	1 329 768	615 292	1 292 821	78 079	1 236 836	−39 861
聊城市	2 617 581	869 308	1 728 200	868 739	1 748 842	80 575	1 622 541	28 390
滨州市	2 409 422	716 716	1 686 294	833 916	1 575 506	146 423	1 380 324	37 497
菏泽市	1 792 781	467 830	1 308 320	676 062	1 116 719	−37 200	1 125 250	137

2006 年山东省各类卫生机构收入与支出(不含诊所、医务室、村卫生室)

单位:千元

卫生机构	总收入				总支出			其中:
	合计	财政补助收入	上级补助收入	业务收入/事业收入	合计	业务支出/事业支出	财政专项支出	人员经费支出
总计	**37 984 762**	**3 134 126**	**361 619**	**33 644 445**	**37 356 945**	**35 265 012**	**714 026**	**10 201 034**
市	31 312 524	2 651 149	319 972	27 525 595	30 789 537	28 996 925	618 673	8 300 515
县	6 672 238	482 977	41647	6 118 850	65 674 08	6 268 087	95 353	1 900 519
一、医院	30 653 441	1 499 527	265 248	28 289 157	30 036 731	28 931 432	308 272	7 724 401
市	26 075 416	1 366 966	250 198	23 866 401	25 538 991	24 512 697	297 205	6 516 785
县	4 578 025	132 561	15 050	4 422 756	4 497 740	4 418 735	11 067	1 207 616
综合医院	24 531 036	943 200	255 919	23 184 397	24 306 201	23 523 212	216 177	6 117 582
县医院	3 136 466	74 161	1 863	3 056 377	3 060 628	3 040 051	6 301	799 630
其他医院	21 394 570	869 039	254 056	20 128 020	21 245 573	20 483 161	209 876	5 317 952
中医医院	3 202 753	182 002	4 167	3 006 555	3 162 809	3 078 329	24 307	828 552
中西医结合医院	7 528			7 153	7 706	7 290		2 699
民族医院	5 300	2 450		2 850	5 010	4 560	450	2 290
专科医院	2 906 424	371 875	5 162	2 087 802	2 554 605	2 317 641	67 338	773 093
口腔医院	102 437	8 485		93 701	97 098	94 647	385	40 684
眼科医院	137 775	3 108		114 277	130 941	115 070	4 084	19 088
耳鼻喉科医院	39 899	5 303		33 794	41 599	38 712	1 000	12 762
肿瘤医院	468 399	26 317		442 082	467 487	461 506	4 323	107 827
心血管病医院	106 506	1 300		105 001	108 843	108 583	260	35 803
胸科医院	168 921	57 591		111 041	214 297	148 344	28 823	54 959
血液病医院								
妇产(科)医院	134 446	3 120		130 783	144 170	139 120	2 820	34 200
儿童医院	95 442	12 010		83 432	85 326	84 869		20 418
精神病医院	487 058	135 310	2 860	336 934	492 375	437 754	11 241	220 348
传染病医院	693 351	44 930		257 881	312 536	301 543	9 418	76 971
皮肤病医院	22 080	626	2 046	18 450	24 307	21 547		7 038
结核病医院	14 062	1 061		13 001	14 094	13 747	346	6 726
麻风病医院								
职业病医院	80 197	12 683		67 510	76 382	63 670	1 595	32 187
骨科医院	77 900	3 795		73 228	75 675	72 363	797	21 150
康复医院	72 816	46 542		19 977	71 081	39 782	80	31 857
整形外科医院								
美容医院								
其他专科医院	205 135	9 694	256	186 710	198 394	176 384	2 166	51 075
护理院	400			400 400	400			185
二、疗养院	325 523	156 625	4 600	105 051	346 598	188 953	113 808	89 449
三、社区卫生服务中心	18 402	705	2 825	14 210	17 744	13 232		8 418
四、卫生院	3 686 806	512 064	46 194	3 082 464	3 716 093	3 405 259	96 872	1 326 052
街道卫生院	250 647	31 633	5 984	208 874	262 841	238 298	2 332	97 073
乡镇卫生院	3 436 159	480 431	40 210	2 873 590	3 453 252	3 166 961	94 540	1 228 979

2006年山东省各类卫生机构收入与支出（不含诊所、医务室、村卫生室） （续表）

单位：千克

卫生机构	总收入				总支出			其中：人员经费支出
	合计	财政补助收入	上级补助收入	业务收入/事业收入	合计	业务支出/事业支出	财政专项支出	
市	1 995 466	277 036	21 917	1 664 770	2 029 164	1 870 667	37 325	751 433
县	1 440 693	203 395	18 293	1 208 820	1 424 088	1 296 294	57 215	477 546
中心卫生院	1 718 234	250 026	24 363	1 420 498	1 730 358	1 540 946	67 366	607 444
乡卫生院	1 717 925	230 405	15 847	1 453 092	1 722 894	1 626 015	27 174	621 535
五、门诊部	51 772	4 726	1 740	40 107	52 568	40 926	661	16 738
市	36 818	4 073	1 605	25 941	37 885	26 555	661	13 617
县	14 954	653	135	14 166	14 683	14 371		3 121
综合门诊部	45 141	4 726	1 740	34 024	45 430	34 838	661	13 953
中医门诊部	456			215	459	273		326
中西医结合门诊部	3 910			3 910	4 580	4 580		1 300
民族医门诊部								
专科门诊部	2 265			1 958	2 099	1 235		1 159
六、急救中心(站)	20 198	14 845	1 176	4 095	19 531	16 348	1 661	9 817
七、采供血机构	256 465	11 773	44	219 087	228 506	204 847	5 927	53 243
八、妇幼保健院(所、站)	1 304 640	148 464	7 135	1 139 090	1 269 949	1 196 783	10 259	388 080
省属	18 176	8 863	39	9 250	19 176	12 857	6 319	2 902
省辖市(地区)属	539 171	48 528	50	483 538	523 649	503 667	710	152 779
地辖市属	397 810	56 276	353	339 037	386 646	366 686	1 743	123 477
县属	323 731	34 797	1 771	286 435	314 676	291 850	1 487	98 732
其他	25 752		4 922	20 830	25 802	21 723		10 190
妇幼保健院	1 109 238	96 518	6 539	998 250	1 077 798	1 031 362	3 132	331 093
妇幼保健所	77 664	24 054	89	52 315	73 663	62 037	6 396	18 423
妇幼保健站	117 738	27 892	507	88 525	118 488	103 384	731	38 564
生殖保健中心								
九、专科疾病防治院(所、站)	346 100	87 156	2 647	250 879	349 556	298 227	8 054	115 803
专科疾病防治院	131 275	21 962	773	108 208	129 611	125 384	1 396	42 987
传染病防治院	4 411	838	43	3 530	4 695	4 695		2 450
结核病防治院	34 752	5 509	40	29 188	33 693	33 693		10 351
职业病防治院	24 290	4 900		19 390	22 712	21 883	600	10 752
其他	67 822	10 715	690	56 100	68 511	65 113	796	19 434
专科疾病防治所(站、中心)	214 825	65 194	1 874	142 671	219 945	172 843	6 658	72 816
口腔病防治所(站、中心)								
精神病防治所(站、中心)	918	396		520	918	206	64	693
皮肤病与性病防治所(站、中心)	131 891	30 899	238	99 146	138 348	102 039	3 375	39 583
结核病防治所(站、中心)	77 040	33 076	1 606	38 964	75 680	65 799	3 171	31 281

2006年山东省各类卫生机构收入与支出
(不含诊所、医务室、村卫生室)　　(续表)

单位:千克

卫生机构	总收入				总支出			其中:人员经费支出
	合计	财政补助收入	上级补助收入	业务收入/事业收入	合计	业务支出/事业支出	财政专项支出	
麻风病防治所(站、中心)								
职业病防治所(站、中心)	1 200			1 200	1 109	1 109		450
地方病防治所(站、中心)	1 231	617	30	502	1 195	995	48	486
寄生虫病防治所(站、中心)								
血吸虫病防治所(站、中心)								
药物戒毒所(中心)								
其他	2 545	206		2 339	2 695	2 695		323
十、疾病预防控制中心(防疫站)	1 035 833	492 957	20 690	440 078	1 028 456	750 312	140 526	350 623
疾病预防控制中心/防疫站/防病中心	1 023 573	491 601	20 679	430 172	1 016 133	738 424	140 439	347 488
省属	99 069	59 992		3 159	100 764	38 712	62 052	13 534
省辖市(地区)属	219 994	172 916	2 313	35 671	219 740	156 204	33 040	77 822
地辖市属	359 654	131 809	4 263	197 696	354 065	288 970	17 899	138 362
县属	327 891	124 988	5 279	188 216	324 585	245 486	27448	110 825
其他	16 965	1 896	8 824	5 430	16 979	9 052		6 945
其中:疾病预防控制中心	486 789	283 521	12 663	140 760	485 366	328 050	96 569	155 492
卫生防疫站	533 966	206 684	7 723	288 286	527975	408 599	43 870	190 618
卫生防病中心	2 818	1 396	293	1 126	2 792	1 775		1 378
预防保健中心	12 260	1 356	11	9 906	12 323	118 88	87	3 135
十一、卫生监督所	108 998	85 263	1 434	14 053	105 850	71 113	19 023	52 998
省属	12 934	10 507			13 061	8 772	4 289	5 998
省辖市(地区)属	39 950	35 122	435	1 423	39 390	20 082	13 984	18 718
地辖市属	43 195	33 590	221	8 707	41 801	32 045	750	21 781
县属	12 102	5 247	778	3 903	10 865	10 007		5 975
其他	817	797		20	733	207		526
十二、卫生监督检验(监测、检测)所(站)	3 048	2 740	12	216	3 026	2 017	25	1 954
卫生(综合)监督检验(监测、检测)所(站)	779	682		77	817	459	25	515
环境卫生监督检验(监测、检测)所(站)								
放射卫生监督检验(监测、检测)所(站)								
劳动(职业、工业)卫生监督检验(监测、检测)所(站)	696	636			696	446		153

2006 年山东省各类卫生机构收入与支出
(不含诊所、医务室、村卫生室)　　　(续表)

单位:千克

卫生机构	总收入				总支出			其中:人员经费支出
	合计	财政补助收入	上级补助收入	业务收入/事业收入	合计	业务支出/事业支出	财政专项支出	
食品卫生监督检验(监测、检测)所(站)								
学校卫生监督检验(监测、检测)所(站)								
其他	1 573	1 422	12	139	1 513	1 112		1 286
十三、医学科学研究机构	20 456	14 444		6 012	21 620	16 032		6 453
医学科学(研究)院(所)	5 717	5 327		390	7 408	4 730		3 074
预防医学研究院(所)								
中医(药)研究院(所)	1 569	137		1 432	1 652	1 652		469
中西医结合研究所								
民族医(药)学研究所								
医学专科研究所	13 170	8 980		4 190	12 560	9 650		2 910
药学研究所								
十四、医学在职培训机构	16 763	8 120	605	7 290	16 126	14 551		8 275
十五、健康教育所(站、中心)	1 090	872		218	1 099	603		641
十六、其他卫生机构	135 227	93 845	7 269	32 438	143 492	114 377	8 938	48 089
护理站								
临床检验中心(所、站)	3 810			3 810	4 110	4 110		3 600
精神病收容所								
麻风村								
卫生消毒站	551	241		310	551	551		257
乡防保组	4 561	789	182	3 561	4 469	4 077		1 586
农村改水中心								
其他	126 305	92 815	7 087	24 757	134 362	105 639	8 938	42 646

2006 年山东省卫生机构收入与支出(按经济类型/主办单位/地区分)

单位:千元

类别	总收入				总支出			其中:
	合计	财政补助收入	上级补助收入	业务收入/事业收入	合计	业务支出/事业支出	财政专项支出	人员经费支出
总计	**37 984 762**	**3 134 126**	**361 619**	**33 644 445**	**37 356 945**	**35 265 012**	**714 026**	**10 201 034**
按经济类型分								
国有	34 895 843	2 914 682	307 455	30 910 084	34 295 579	32 439 215	667 678	9 269 732
集体	2 143 370	219 160	51 831	1 838 476	2 116 807	1 961 548	41 841	688 290
联营	10 468			10 468	9 987	9 252	4	1 651
私营	213 874		380	193 822	216 736	181 444	2 319	61 276
其他	704 127	284	58	676 410	700 735	656 452	2 184	175 484
按主办单位分								
政府办	33 794 780	3 132 224	135 325	29 810 008	33 114 611	31 608 279	695 680	9 038 146
内:卫生部门	33 402 067	2 946 675	115 943	29 642 610	32 725 542	31 362 190	617 117	8 897 179
企业办	3 053 233		174 560	2 810 160	3 128 226	2 672 838	3 100	852 493
按地区分								
济南市	6 216 838	759 845	124 111	5 259 846	6 132 478	5 672 628	249 596	1 416 841
青岛市	5 036 090	414 400	43 181	4 425 780	4 980 434	4 766 602	86 231	1 397 726
淄博市	2 440 728	239 087	36 732	2 149 898	2 410 951	2 227 542	16 174	710 949
枣庄市	1 229 708	92 552	13 964	1 106 847	1 214 303	1 100 156	11 820	357 899
东营市	1 359 222	112 466	61 160	1 170 987	1 425 224	1 274 880	11 187	441 915
烟台市	3 621 177	196 253	4 548	2 997 493	3 279 907	3 100 677	43 708	814 666
潍坊市	3 135 055	132 091	5 183	2 994 667	2 939 995	2 934 183	5 812	806 714
济宁市	2 624 577	224 977	20 358	2 357 333	2 633 613	2 503 892	25 617	882 120
泰安市	1 787 484	200 246	4 077	1 565 067	1 857 523	1 650 104	76 160	567 801
威海市	1 343 527	89 897	6 832	1 239 185	1 316 241	1 268 890	22 170	332 609
日照市	878 928	51 637	3 126	821 745	831 951	813 259	12 343	183 890
莱芜市	553 853	60 730	7 278	485 133	547 932	503 784	21 422	148 280
临沂市	2 671 582	140 218	7 999	2 484 782	2 766 757	2 672 358	39 980	726 352
德州市	1 080 597	73 905	4 842	998 940	1 075 058	1 002 298	21 465	273 581
聊城市	1 524 960	131 471	4 795	1 365 295	1 528 998	1 470 843	19 497	436 969
滨州市	1 204 748	125 076	8 192	1 067 357	1 154 753	1 107 917	31 257	325 592
菏泽市	1 275 688	89 275	5 241	1 154 090	1 260 827	1 194 999	19 587	377 130

2006年山东省医疗机构资产与负债

医疗机构	总资产			负债	净资产				每床固定资产（千元）
	合计	流动资产	固定资产		合计	事业基金	固定基金	专用基金	
非营利性医疗机构	**61 010 858**	**17 409 342**	**42 964 538**	**21 351 454**	**39 659 404**	**2 173 561**	**34 374 356**	**803 310**	**173.2**
医院	52 463 739	14 987 843	36 893 758	18 201 235	34 262 504	2 163 695	29 057 259	998 800	211.2
综合医院	42 208 941	11 633 888	30 076 972	13 824 754	28 384 187	2 033 869	23 496 910	933 894	227.2
中医医院	6 324 602	2 044 059	4 239 258	3 140 542	3 184 060	32 379	3 298 020	−178 318	182.2
中西医结合医院									
民族医院	803	424	379	265	538	66	379	53	19.0
专科医院	3 928 193	1 308 972	2 576 449	1 235 274	2 692 919	97 381	2 261 950	243 171	135.9
护理院	1 200	500	700	400	800				28.0
疗养院	786 726	224 235	558 336	197 796	588 930	35 097	403 273	39 621	128.0
社区卫生服务中心	31 798	8 467	20 598	10 085	21 713	1 258	12 346	−294	
卫生院	5 079 794	1 417 935	3 625 242	2 118 954	2 960 840	−170 517	3 225 389	−190 083	62.8
街道卫生院	310 871	90 262	217 150	114 014	196 857	−4 367	187 920	−2 269	74.3
乡镇卫生院	4 768 923	1 327 673	3 408 092	2 004 940	2 763 983	−166 150	3 037 469	−187 814	62.2
门诊部	44 669	26 146	17 721	17 008	27 661	6 147	13 005	2 241	61.3
妇幼保健院（所、站）	2 106 768	592 028	1 508 609	634 379	1 472 389	118 929	1 369 882	−40 478	177.7
内：妇幼保健院	1 815 540	506 718	1 303 444	565 501	1 250 039	565 501	1 173 210	−52 556	176.0
妇幼保健所（站）	291 228	85 310	205 165	68 878	222 350	68 878	196 672	12 078	189.4
专科疾病防治院（所、站）	467 241	142 217	320 622	165 398	301 843	16 022	273 550	−7419	139.0
专科疾病防治院	198 563	57 748	140 815	79 532	119 031	4 351	113 126	−15 679	106.2
专科疾病防治所（站）	268 678	84 469	179 807	85 866	182 812	11 671	160 424	8 260	183.5
急救中心（站）	30 123	10 471	19 652	6 599	23 524	2 930	19 652	922	4 913.0
临床检验中心（站）									
营利性医疗机构	1 506 074	572 454	867 379	474 910	1 031 164	30 176	504 333	24 285	80.6
医院	1 455 075	563 469	834 067	458 657	996 418	26 417	477 328	24 176	81.1
综合医院	858 745	429 047	413 683	228 441	630 304	26 167	181 195	24 994	76.5
中医医院	78 547	22 741	46 599	25 359	53 188	4 416	44 476	823	54.4
中西医结合医院	7 981	3 246	4 735	1 457	6 524	1 520	4 850	154	30.6
民族医院									
专科医院	509 802	108 435	369 050	203 400	306 402	−5 686	246 807	−1 795	95.4
护理院									
疗养院	17 460	580	10 430	8 820	8 640		8 640		115.9
社区卫生服务中心									
卫生院	19 302	3 014	14 078	3 028	16 274	1 372	13 356	66	75.7
街道卫生院	17 175	2 273	12 692	2 101	15 074	1 372	11 970	252	84.1
乡镇卫生院	2 127	741	1 386	927	1 200		1 386	−186	39.6
门诊部	14 237	5 391	8 804	4 405	9 832	2 387	5 009	43	43.6
妇幼保健院（所、站）									
内：妇幼保健院									
妇幼保健所（站）									
专科疾病防治院（所、站）									
专科疾病防治院									
专科疾病防治所（站）									
急救中心（站）									
临床检验中心（站）									

2006年山东省医疗机构收入与支出(不含村卫生室)

单位:千元

医疗机构	总收入				总支出			其中:
	合计	财政补助收入	上级补助收入	业务收入/事业收入	合计	业务支出/事业支出	财政专项支出	人员经费支出
非营利性医疗机构	**36 268 434**	**2 412 224**	**355 818**	**32 810 610**	**35 624 091**	**33 975 702**	**534 780**	**969 8864**
医院	30 082 952	1 499 527	261 088	27 769 437	29 464 251	28 435 530	303 895	7 583 056
综合医院	24 231 770	943 200	251 759	22 899 670	24 020 547	23 269 094	214 064	6 056 177
中医医院	3 175 858	182 002	4 167	2 982 434	3 134 974	3 052 992	24 307	820 277
中西医结合医院								
民族医院	5 300	2 450		2 850	5 010	4 560	450	2 290
专科医院	2 669 624	371 875	5 162	1 884 083	2 303 320	2 108 484	65 074	704 127
护理院	400			400		400	185	
疗养院	325 143	156 625	4 600	105 051	346 308	188 953	113 808	89 359
社区卫生服务中心(站)	165 038	705	3 450	157 415	156 317	144 224		62 788
社区卫生服务中心	18 402	705	2 825	14 210	17 744	13 232		8 418
社区卫生服务站	146 636		625	143 205	138 573	130 992		54 370
卫生院	3 678 004	511 819	45 927	3 074 904	3 706 965	3 397 788	96 722	1 323 780
街道卫生院	243 754	31 633	5 984	202 711	255 652	232 766	2 182	95 566
乡镇卫生院	3 434 250	480 186	39 943	2 872 193	3 451 313	3 165 022	94 540	1 228 214
门诊部	43 402	4 726	1 660	36 194	43 983	37 239	551	12 840
诊所、卫生所、医务室、护理站	339 553		28 939	296 571	298 702	285 973		123 617
诊所	84 689		1 763	79 858	68 438	63 764		28 308
卫生所、医务室	254 864		27 176	216 713	230 264	222 209		95 309
护理站								
妇幼保健院(所、站)	1 275 289	140 326	6 745	1 119 092	1 245 547	1 176 058	10 231	380 963
专科疾病防治院(所、站)	339 142	83 838	2 253	247 851	342 682	293 679	7 912	112 749
专科疾病防治院	131 275	21962	773	108 208	129 611	125 384	1 396	42 987
专科疾病防治所(站、中心)	207 867	61 876	1 480	139 643	213 071	168 295	6 516	69 762
急救中心(站)	19 911	14 658	1 156	4 095	19 336	16 258	1 661	9 712
临床检验中心(所、站)								
营利性医疗机构	982 224		5 865	899 035	910 496	815 193	4 637	282 121
医院	570 489		4 160	519 720	572 480	495 902	4 377	141 345
综合医院	299 266		4 160	284 727	285 654	254 118	2 113	61 405
中医医院	26 895			24 121	27 835	25 337		8 275
中西医结合医院	7 528			7 153	7 706	7 290		2 699
民族医院								

2006 年山东省医疗机构收入与支出(不含村卫生室)　　(续表)

医疗机构	总收入				总支出			其中：人员经费支出
	合计	财政补助收入	上级补助收入	业务收入/事业收入	合计	业务支出/事业支出	财政专项支出	
专科医院	236 800			203 719	251 285	209 157	2 264	68 966
护理院								
疗养院	380				290			90
社区卫生服务中心(站)	16 914		16	16 432	14 355	13 700		3 448
社区卫生服务中心								
社区卫生服务站	16 914		16	16 432	14 355	13 700		3 448
卫生院	8 150		267	7 153	8459	6 802	150	2 018
街道卫生院	6 893			6 163	7189	5 532	150	1 507
乡镇卫生院	1 257		267	990	1270	1 270		511
门诊部	6 377		80	3 863	6 898	3 637	110	3 258
诊所、卫生所、医务室、护理站	379 914		1 342	351 867	308 014	295 152		131 962
诊所	322 741		647	296 293	252 654		240 712	106 350
卫生所、医务室	57 173		695	55 574	55 360	54 440		25 612
护理站								
妇幼保健院(所、站)								
专科疾病防治院(所、站)								
专科疾病防治院								
专科疾病防治所(站、中心)								
急救中心(站)								
临床检验中心(所、站)								

2006 年山东省政府办医院、妇幼保健院收入与支出

医疗机构	医院				妇幼保健院
	合计	综合医院	中医医院	专科医院	
机构数	**549.0**	**326.0**	**119.0**	**103.0**	**85.0**
平均每所医院总收入(千元)	48 590.9	64 275.5	26 518.4	24 869.7	12 441.7
业务收入	44 772.2	60 812.2	24 893.0	17 379.0	11 364.7
医疗收入	23 215.4	31 724.1	12 144.8	9 290.0	7 678.6
门诊收入	7 904.1	10 628.1	4 692.0	3 060.2	3 847.1
内:挂号费	177.1	247.8	95.4	49.2	69.1
检查费	3 593.3	4991.1	2 093.4	935.9	1 179.0
治疗费	1 735.6	2 167.5	1 113.0	1 100.9	731.6

2006年山东省政府办医院、妇幼保健院收入与支出 （续表）

医疗机构	医院				妇幼保健院
	合计	综合医院	中医医院	专科医院	
手术费	341.2	463.5	114.7	219.1	332.3
住院收入	15 311.3	21 096.0	7 452.8	6 229.8	3 831.5
内:床位费	1 529.5	1 998.4	819.6	880.1	441.2
检查费	1 359.9	1 842.7	654.2	660.2	332.0
治疗费	6 155.0	8 629.8	2 425.6	2 690.3	1 124.0
手术费	3 097.4	4 345.4	1 817.1	656.8	1 090.2
药品收入	20 520.1	27 736.9	11 973.9	7 734.8	3 290.0
门诊收入	7 568.7	9 906.8	5 245.1	2 910.2	1 995.5
西药费	5 911.4	8 022.9	3 074.8	2 546.8	1 735.5
中药费	1 657.4	1 883.9	2 170.3	363.4	260.0
住院收入	12 951.4	17 830.1	6 728.9	4 824.6	1 294.5
西药费	12 484.2	17 352.1	6 204.8	4 452.8	1 256.4
中药费	467.2	478.1	524.1	371.8	38.1
其他收入	1 036.7	1 351.2	774.2	354.3	396.1
平均每所医院总支出(千元)	47 397.5	63 500.3	26 177.5	21 359.3	12 124.4
业务支出	46 275.0	62 419.0	25 497.0	19 589.4	11 639.6
医疗支出	28 440.7	38 500.3	14 958.4	12 423.0	8 533.8
药品支出	17 362.9	23 292.0	10 354.0	6 850.5	2 802.1
内:药品费	14 601.8	19 795.9	8 091.0	5 816.5	2 111.9
西药费	13 196.2	18 210.4	6 404.6	5 290.9	1 927.5
中药费	1 405.6	1 585.5	1 686.4	525.6	184.4
其他支出	471.4	626.7	184.6	315.9	303.6
病人累计欠费总额(千元)	2 282.4	3 390.9	787.0	523.8	63.2
内:年内病人欠费总额(千元)	925.8	1 444.3	152.8	186.9	12.7
欠费率(%)	2.1	2.4	0.6	1.1	0.1
门诊病人人均医疗费(元)	123.3	130.0	96.5	120.2	97.4
内:挂号费	1.4	1.6	0.9	1.0	1.2
药费	60.3	62.7	50.9	58.6	33.3
检查费	28.6	31.6	20.3	18.9	19.7
治疗费	13.8	13.7	10.8	22.2	12.2
出院者人均住院医疗费(元)	3 966.2	4 025.7	2 915.1	6 292.6	1 476.1
内:床位费	214.6	206.7	168.5	501.0	127.0
药费	1 817.5	1 844.0	1 383.2	2 746.4	372.8
检查费	190.8	190.6	134.5	375.8	95.6
治疗费	863.8	892.5	498.6	1 531.4	323.7
手术费	434.7	449.4	373.5	373.9	313.9
出院者平均每天住院医疗费	417.6	452.1	328.7	288.2	281.7
职工人均年业务收入(元)	49 890.7	121 941.6	9 456.7	106 772.4	97 892.2
医师人均年业务收入(元)	294 578.5	350 564.5	134 556.6	368 776.3	209 863.1

2006年山东省卫生部门五级综合医院收入与支出

医疗机构	合计	中央属	省属	省辖市属	地辖市属	县属
机构数	**306.0**	**2.0**	**11.0**	**50.0**	**121.0**	**122.0**
平均每所医院总收入(千元)	67 624.3	498 119.0	265 675.9	137 348.5	45 835.3	35 744.8
业务收入	64 178.3	478 097.5	246 416.8	131 457.2	42 867.0	34 524.7
医疗收入	33 457.9	268 656.5	129 728.1	67 817.9	21 564.4	18 636.3
门诊收入	11 172.7	73 521.0	38 341.1	21 844.8	7 697.2	6 774.2
内:挂号费	262.1	1 930.0	1 017.7	595.1	155.6	135.8
检查费	5 273.5	36 322.0	14 680.6	9 260.1	3 858.1	3 686.1
治疗费	2 280.0	18 716.0	8 970.7	4 887.6	1 616.6	996.7
手术费	466.5	63.0	2 643.1	1 053.4	290.9	210.3
住院收入	22 285.2	195 135.5	91 387.0	45 973.1	13 867.1	11 862.1
内:床位费	2 107.6	13 634.0	8 554.8	4 717.2	1 343.5	1 025.7
检查费	1 952.8	5 975.5	8 022.6	4 191.1	1 382.2	988.2
治疗费	9 128.1	84 054.0	41 318.6	19 147.4	4 972.5	5 012.7
手术费	4 610.8	21 549.0	16 300.0	9 677.7	3 186.9	2 614.8
药品收入	29 304.1	205 421.5	113 530.7	61 698.7	19 859.3	14 913.7
门诊收入	10 423.2	78 663.0	43 432.6	22 042.8	6 822.3	5 137.4
西药费	8 437.8	65 236.5	34 119.4	17 361.9	5 609.0	4 339.2
中药费	1 985.4	13 426.5	9 313.2	4 680.9	1 213.3	798.2
住院收入	18 881.0	126 758.5	70 098.2	39 656.0	13 037.0	9 776.3
西药费	18 376.2	122 517.0	68 208.3	38 560.9	12 707.0	9 526.3
中药费	504.8	4 241.5	1 889.9	1 095.1	330.1	250.0
其他收入	1 416.2	4 019.5	3 158.0	1 940.6	1 443.3	974.7
平均每所医院总支出(千元)	66 817.8	490 035.0	261 079.6	139 081.8	44 321.0	35 060.3
业务支出	65 758.7	484 772.5	253 895.2	137 737.3	43 311.9	34 690.0
医疗支出	40 599.5	306 210.5	158 274.2	84 201.1	26 415.3	21 833.6
药品支出	24 602.4	174 968.5	95 058.5	52 467.5	16 438.4	12 461.7
内:药品费	20 921.6	167 486.5	89 139.9	43 395.7	14 254.9	9 769.4
西药费	19 252.1	151 962.5	80 641.6	39 646.8	13 307.5	9 078.8
中药费	1 669.5	15 524.0	8 498.4	3 748.9	947.5	690.6
其他支出	556.9	3 593.5	562.6	1 068.7	458.3	394.7
病人累计欠费总额(千元)	3 603.6	142 813.5	1 847.2	3 788.9	2 350.5	2 646.7
内:年内病人欠费总额(千元)	1 534.8	67 063.0	705.5	474.5	410.7	2 084.7
欠费率(%)	2.4	14.0	0.3	0.4	1.0	6.0
每一诊疗人次平均医疗费(元)	130.9	165.6	179.3	144.9	116.0	109.0
内:挂号费	1.6	2.1	2.2	2.0	1.2	1.2
药费	63.2	85.6	95.2	72.8	54.5	47.0
检查费	32.0	39.5	32.2	30.6	30.8	33.7
治疗费	13.8	20.4	19.7	16.1	12.9	9.1
出院者平均住院医疗费(元)	4 044.7	11 347.3	8 940.8	5 546.2	3 410.4	2 330.9
内:床位费	207.1	480.6	473.7	305.5	170.3	110.5
药费	1 855.1	4 468.4	3 881.1	2 568.5	1 652.6	1 053.1
检查费	191.9	210.7	444.2	271.5	175.2	106.5
治疗费	896.9	2 963.0	2 287.7	1 240.2	630.3	540.0
手术费	453.0	759.6	902.5	626.8	404.0	281.7
出院者平均每天住院医疗费	454.2	814.1	744.1	511.6	383.9	342.6
职工人均年业务收入(元)	122 997.7	387 280.3	2 884 82.9	179 473.6	75 314.4	99 555.9
医生人均年业务收入(元)	353 465.7	1 057 737.8	863 793.8	516 531.3	223 669.9	269 948.7

2006 年山东省卫生部门综合医院门诊和住院病人人均医疗费用

医院	门诊病人人均医疗费(元)			占门诊病人医疗费%		住院病人人均医疗费(元)			占住院病人医疗费%	
	合计	药费	检查治疗费	药费	检查治疗费	合计	药费	检查治疗费	药费	检查治疗费
医院合计	130.9	63.2	45.8	48.3	35.0	4 044.7	1 855.1	1 541.7	45.9	38.1
卫生部属	165.6	85.6	59.9	51.7	36.2	11 347.3	4 468.4	3 933.3	39.4	34.7
省属	179.3	95.2	51.9	53.1	28.9	8 940.8	3 881.1	3 634.3	43.4	40.6
省辖市属	144.9	72.8	46.7	50.2	32.2	5 546.2	2 568.5	2 138.5	46.3	38.6
地辖市属	116.0	54.5	43.7	47.0	37.7	3 410.4	1 652.6	1 209.5	48.5	35.5
县属	109.0	47.0	42.8	43.1	39.3	2 330.9	1 053.1	928.1	45.2	39.8

2006 年山东省各市卫生部门综合医院门诊和住院病人人均医疗费用

单位:元

地区	门诊病人人均医疗费			住院病人人均医疗费		
	合计	药费	检查治疗费	合计	药费	检查治疗费
山东省	**130.89**	**63.18**	**45.78**	**4 044.65**	**1 855.09**	**1 541.74**
济南市	150.89	80.14	46.4	7 921.47	3 524.17	2 927.99
青岛市	146.65	78.96	43.77	5 621.49	2 797.34	1 812.4
淄博市	125.23	57.46	51.2	4 259.13	2 044.27	1 743.56
枣庄市	99.79	51.01	34.29	2 860.81	1 439.55	1 041.81
东营市	116.74	53.36	49.73	3 148.74	1 533.35	1 202.18
烟台市	141.65	72.98	44.79	5 163.79	2 394.32	1 964.06
潍坊市	125.26	56.8	46.83	3 809.65	1 818.62	1 511.12
济宁市	118.14	52.89	45.13	3 312.69	1 400.13	1 349.78
泰安市	124.96	56.44	45.53	3 518.81	1 726.24	1 286.77
威海市	119.65	55.01	40.75	4 354.37	1 809.78	1 656.78
日照市	141.22	65.95	58.38	3 469.87	1 728.84	1 216.44
莱芜市	139.5	67.33	50.82	4 071.91	2 381.86	1 051.7
临沂市	108.11	50.93	41.68	3 134.28	1 311.94	1 448.31
德州市	128.3	45.07	61.66	2 288.5	999.48	968.73
聊城市	137.49	57.75	46.88	2 819.08	1 092.91	1 232.23
滨州市	140.72	63.63	56.76	3 477.01	1 485.26	1 247.43
菏泽市	97.23	36.89	36.62	2 322.84	1 085.2	895.35

2006 年山东省诊所、医务室、社区卫生服务站收入与支出

类别	年总收入(千元)				年总支出(千元)			
	合计	上级补助收入	业务收入	其他收入	合计	人员经费	药品支出	其他支出
总计	**889 635**	**31 072**	**814 343**	**44 220**	**765 915**	**316 247**	**415 753**	**33 915**
诊所	408 380	2 440	376 871	29 069	321 934	135 098	170 137	16 699
卫生所、医务室	315 691	27 991	275 821	11 879	289 192	122 536	157 676	8 980
社区卫生服务站	165 564	641	161 651	3 272	154 789	58 613	87 940	8 236
济南市	59 633	7 121	46 411	6 101	52 563	21 188	28 164	3 211
青岛市	172 998	1 289	158 237	13 472	121 375	50 804	59 215	11 356
淄博市	78 132	370	76 932	830	71 546	30 948	38 156	2 442
枣庄市	25 288	1 070	24 113	105	23 616	11 521	11 762	333
东营市	100 527	10 164	86 381	3 982	82 289	29 551	51 323	1 415
烟台市	84 246	718	72 200	11 328	76 964	34 060	38 057	4 847
潍坊市	94 943	230	93 947	766	86 228	36 033	48 291	1 904
济宁市	88 769	8 474	76 520	3 775	78 738	30 712	45 759	2 267
泰安市	34 904	418	31 904	2 582	32 526	16 236	13 489	2 801
威海市	21 768		21 598	170	19 565	8 886	10 249	430
日照市	10 483	87	10 396		9 923	3 614	6 141	168
莱芜市	9 730	345	9 365	20	8 271	4 469	3 513	289
临沂市	41 274	120	40 688	466	40 370	15 999	23 747	624
德州市	31 370	282	30 977	111	29 015	11 808	16 530	677
聊城市	8 953	153	8 751	49	8 728	3 049	5 557	122
滨州市	20 328	231	19 718	379	18 396	4 970	12 791	635
菏泽市	6 289		6 205	84	5 802	2 399	3 009	394

2006 年山东省村卫生室收入与支出

类别	年总收入(千元)					年总支出(千元)			
	合计	上级补助收入	村或群众补助收入	业务收入	其他	合计	人员经费	药品支出	其他
总计	**2 119 732**	**767**	**3 353**	**2 061 431**	**54 181**	**1 941 828**	**698 364**	**1 188 959**	**54 505**
村办	998 103	570	2 544	957 489	37 500	922 261	345 232	549 395	27 634
乡卫生院设点	646 925	119	560	639 834	6 412	579 723	198 938	368 306	12 479
联合办	325 269	61	112	322 897	2 199	300 003	104 056	193 300	2 647
私人办	127 247	12	107	119 103	8 025	120 412	43 314	65 543	11 555
其他	22 188	5	30	22 108	45	19 429	6 824	12 415	190
总计	116 606		49	107 340	9 217	107 089	38 453	60 269	8 367
青岛市	138 625	18	343	117 172	21 092	118 850	58 557	58 106	2 187
淄博市	117 601	116	109	113 027	4 349	108 578	29 129	69 203	10 246
枣庄市	82 374			81 906	468	77 092	27 961	46 839	2 292
东营市	28 474		83	28 164	227	25 028	9 156	15 612	260
烟台市	103 399	22	603	100 730	2 044	92 906	33 665	56 911	2 330
潍坊市	329 172		203	324 065	4 904	299 426	103 845	186 664	8 917
济宁市	195 539	250	121	193 820	1 348	186 400	67 644	111 989	6 767
泰安市	145 513	306	1 478	139 188	4 541	129 566	49 787	75 888	3 891
威海市	24 653	16	45	24 577	15	22 973	8 915	13 944	114
日照市	129 180		156	128 386	638	115 229	37 330	76 765	1 134
莱芜市	25 138			24 572	566	24 345	8 418	15 775	152
临沂市	303 453		101	301 509	1 843	269 635	95 346	171 192	3 097
德州市	86 743		31	86 519	193	83 558	24 746	58 221	591
聊城市	95 039	5		94 341	693	90 133	36 878	52 318	937
滨州市	84 506	34	9	83 463	1 000	80 079	26 026	52 831	1 222
菏泽市	113 717		22	112 652	1 043	110 941	42 508	66 432	2 001

五、医疗服务

【简要说明】

1.本章主要介绍全省医疗机构门诊、住院和床位利用情况，包括诊疗人次、住院人数、病床使用率、平均住院日、医生人均工作量、住院病人疾病分类。

2.所有指标系全数统计，数据来源于卫生综合统计年报。

3.总诊疗人次数不包括诊所、卫生所、医务室、社区卫生服务站和村卫生室诊疗人次。

4.住院病人疾病转归情况按照卫生部规定样本医院汇总数，采用ICD-10疾病分类统计工作标准。

【主要统计指标解释】

总诊疗人次 指所有诊疗工作的总人次数。包括病人来院就诊的门诊、急诊人次，出诊、赴家庭病床、下地段等外出诊疗人次，本院职工的诊疗人次数，外出进行的单项健康检查及健康咨询指导人次，局部的单项健康检查人次等。

健康检查人数 指在院内、院外进行的全身健康检查人数。

急诊病死率 即急诊室死亡人数/急诊人次数×100%。

观察室病死率 即观察室死亡人数/观察室留观人次数×100%。

出院人数 指所有住院后出院的人数。包括出院病人数，正常分娩、未产出院、住院经检查无病出院、未治出院及健康人进行人工流产或绝育手术后正常出院者。

死亡人数 指住院病人中的死亡人数。包括已办住院手续入院后死亡者、虽未办完住院手续但实际已收容入院后死亡者，不包括门、急诊室及门诊观察室内的死亡人数。

其他人数 指正常分娩、未产出院、住院经检查无病出院、未治出院及健康人进行人工流产或绝育手术后正常出院者。

每百门、急诊入院人数 即入院人数/门、急诊人次×100。

住院病人手术人次数 指有正规手术单和麻醉单施行手术的住院病人总数（包括产科手术病人数）。同一病人本次在院就诊期间患有同一疾病或不同疾病实行多次手术者，按实际施行的手术次数统计。

住院危重病人抢救成功率 即住院危重病人抢救成功人次数/住院危重病人抢救人次数×100%。

实际开放总床日数 指年内医院各科每日夜晚12点钟开放病床数之总和，不论该床是否被病人占用，都应计算在内。包括因故（如消毒、小修理等）暂时停用的病床，不包括因医院病房扩建、大修理或粉刷而停用的病床及临时增设的病床。

实际占用总床日数 指医院各科每日夜晚12点钟实际占用病床数（即每日夜晚12点钟的住院人数）之总和。包括实际占用的临时床位，病人入院后于当晚12点钟以前死亡或因故出院所占用的床位。

平均开放病床数 即实际开放总床日数/本年日历日数(365)。

出院者占用总床日数 指出院者（包括正常分娩、未产出院、住院经检查无病出院、未治出院及健康人进行人工流产或绝育手术后正常出院者）住院日数的总和。

治愈率(%) 是指出院人数中的“治愈人数＋其他人数”与“出院人数”之比。

好转率(%) 是指出院人数中的“好转人数”与“出院人数”之比。

死亡率(‰) 是指年内一定地区的死亡人数与同期平均人数（或期中人数）之比。

病床周转次数(次) 是指“出院人数”与“平均开放床位数”之比。

病床使用率 是指“实际占用总床日数”与“平均开房床位数”之比。

病床工作日(日) 是指“实际占用总床日数/平均开放病床数。

出院者平均住院日 是指“出院者占用总床日数”与“出院人数”之比。

2006年山东省血站采供血情况

指标	单位	数量	指标	单位	数量
血站采血情况			**血站提供临床用血总量**		
辖区总人口数	(万人)	9 248.18	本年度提供临床用血总量	(U)	1 744 537.9
本辖区临床用血量	(U)	1 744 537.9	其中:提供全血量	(U)	30 896
临床用全血量	(U)	30 896	提供成分血浆量	(U)	787 254.7
临床用成分血量	(U)	1 713 641.9	提供成分血量	(U)	1 713 641.9
采集血液总量	(U)	989 617.09	其中:浓缩红细胞	(U)	10
从辖区外调入血量	(U)	0	悬浮红细胞	(U)	548 438.94
调出血量	(U)	0	洗涤红细胞	(U)	6 500.5
采集无偿献血总量	(U)	989 324.09	去白细胞红细胞	(U)	305 930.95
其中:采集全血量	(U)	947 766.99	冰冻红细胞	(U)	682
采集成分血量	(U)	41 850.1	血站血液检测情况		
自愿无偿献血人次		547 524	血液检测标本总数	(人份)	588 921
献400ml的人次	(人次)	395 572	其中:检测合格数	(人份)	563 425
献300ml的人次	(人次)	8 028	检测不合格数	(人份)	25 496
献200ml的人次	(人次)	141 856	初检血液标本数	(人份)	6 964
非标量	(人次)	2 068	其中:初检合格数	(人份)	6 576
自愿无偿献血量		989 324.09	初检不合格数	(人份)	388
其中:采集全血量	(U)	947 766.99	ALT	(人份)	299
采集成分血量	(U)	41 557.1	HBsAg	(人份)	40
计划组织无偿献血人次		0	HCV-Ab	(人份)	13
献400ml的人次	(人次)	0	HIV-Ab	(人份)	0
计划组织无偿献血量	(U)	0	梅毒	(人份)	2
其中:采集全血量	(U)	0	其他	(人份)	36
采集成分血量	(U)	0	复检血液标本数	(人份)	588 921
有偿献血人次		98	其中:复检合格数	(人份)	563 425
有偿献血量	(U)	293	复检不合格数	(人份)	25 496
其中:采集全血量	(U)	0	ALT	(人份)	15 674
采集成分血量	(U)	293	HBsAg	(人份)	5 628
采集全血量	(U)	9 477 66.99	HCV-Ab	(人份)	2211
采集成分血量	(U)	41 850.1	HIV-Ab	(人份)	356
用于分离成分的全血量	(U)	901 980.65	梅毒	(人份)	1 691
分离出的成分血量	(U)	1 860 675.62	其他	(人份)	560

2006年山东省各类医疗机构门诊服务情况

	机构数（个）	诊疗人次			观察室留观病人（人）	健康检查人数（人）	急诊病死率（%）	观察室病死率（%）
		合计	门、急诊					
			小计	门诊				
总计	**3 375**	**142 714 143**	**135 280 045**	**130 001 729**	**3 152 177**	**10 843 191**	**0.27**	**0.13**
一、医院	1 170	89 765 834	84 979 326	80 529 101	2 158 459	4 978 031	0.28	0.18
综合医院	805	69 845 471	65 796 802	62 167 621	1 755 884	3 768 200	0.29	0.19
中医医院	141	12 618 912	12 269 285	11 682 974	235 736	713 564	0.24	0.15
中西医结合医院	5	62 241	62 211	61 980				
民族医院	1	36 994	22 243	22 243		575		
专科医院	217	7 183 716	6 810 285	6 575 783	166 839	495 692	0.16	0.02
口腔医院	21	1 069 075	939 676	938 958	1 341	150 257		
眼科医院	12	552 680	551 432	547 688	720	28261	0.05	0.28
耳鼻喉科医院	4	181 406	176 401	157 764	7 369	15 000	0.03	0.03
肿瘤医院	9	153 536	136 011	133 802	3 162	8 291		
心血管病医院	5	331 727	329 129	308 897	2 074	25 709	1.09	0.05
胸科医院	4	102 686	102 086	95 678	589	1677	0.16	
血液病医院								
妇产（科）医院	10	515 646	458 926	420 820	1 302	88 544		
儿童医院	3	371 391	371 391	345 576	132 909	11 241	0.1	
精神病医院	43	1 424 215	1 413 349	1 400 481	958	23 194	0.69	3.24
传染病医院	11	301 473	244 750	242 330	38	54 800		
皮肤病医院	11	192 421	192 251	192 251	686			
结核病医院	2	12 223	10 583	10 583		1 591		
麻风病医院								
职业病医院	4	83 039	52 600	49 319	30	43 981	0.03	
骨科医院	27	475 908	461 006	445 103	449	6 664	0.16	
康复医院	16	182 060	156 699	153 992	1 816	17 801		
整形外科医院								
美容医院								
其他专科医院	35	1 234 230	1 213 995	1 132 541	13 396	18 681		
护理院	1	18 500	18 500	18 500				
二、疗养院	20	231705	205 641	200 837	1 208	29 297	0.44	0.17
三、社区卫生服务中心	10	156 727	155 368	153 738	28 724	12 453		
四、卫生院	1 768	43 856 505	41 888 562	41 189 925	762 183	4 875 456	0.23	0.02
街道卫生院	105	2 399 248	2 262 757	2 238 251	49 948	181 219	0.03	0.01
乡镇卫生院	1 663	41 457 257	39 625 805	38 951 674	712 235	4 694 237	0.24	0.02
中心卫生院	613	19 304 399	18 114 013	17 705 724	399 414	1 970 985	0.22	0.02
乡卫生院	1050	22 152 858	2 151 1792	21 245 950	312 821	2 723 252	0.26	0.02
五、门诊部	131	888 108	876 561	875 407	13 205	13 816		
六、妇幼保健院（所、站）	150	6 362 452	5 741 155	5 621 976	184 987	885 687	0.01	
妇幼保健院	91	5 243 434	4 703 507	4 585 284	184 079	566 272	0.01	
妇幼保健所、站	59	1 119 018	1 037 648	1 036 692	908	319 415	0.1	
七、专科疾病防治院（所、站）	126	1 452 812	1 433 432	1 430 745	3 411	48 451	0.07	0.03
补充：全年开设家庭病床总数（张）	115 748							
家庭卫生服务人次数	1 122 666							

2006年山东省各类非营利性医疗机构门诊服务情况

医疗机构	机构数（个）	诊疗人次			观察室留观病人（人）	健康检查人数（人）	急诊病死率（%）	观察室病死率（%）
		合计	门、急诊					
			小计	门诊				
总计	**3 086**	**138 284 778**	**131 010 442**	**12 586 2884**	**3 038 946**	**10 640 560**	**0.27**	**0.13**
一、医院	937	85 702 524	81 069 037	76 747 664	2 056 673	4 795 433	0.28	0.18
综合医院	680	67 754 399	63 810 230	60 256 640	1 688 403	3 670 841	0.29	0.2
中医医院	124	12 357 046	12 009 830	11 425 436	223 770	709 007	0.24	0.16
中西医结合医院								
民族医院	1	36 994	22 243	22 243		575		
专科医院	131	5 535 585	5 208 234	5 024 845	144 500	415 010	0.09	0.02
口腔医院	17	1 051 159	921 981	921 339	1 341	148 469		
眼科医院	5	399 327	398 329	394 759	720	28 261	0.06	0.28
耳鼻喉科医院	2	130 506	130 501	120 864	369		0.05	
肿瘤医院	4	130 994	114 539	112 413	3 162	8 211		
心血管病医院	2	10 047	10 047	10 047				
胸科医院	4	102 686	102 086	95 678	589	1 677	0.16	
血液病医院								
妇产(科)医院	2	381 446	336 282	310 296		69 313		
儿童医院	2	354 491	354 491	328 976	129 909	6 241	0.1	
精神病医院	40	1 420 350	1 409 950	1 397 105	647	23 174	0.69	4.79
传染病医院	10	299 860	243 137	240 717	38	54 800		
皮肤病医院	3	152 438	152 438	152 438				
结核病医院	2	12 223	10 583	10 583		1 591		
麻风病医院								
职业病医院	4	83 039	52 600	49 319	30	43 981	0.03	
骨科医院	7	184 486	182 651	172 491	404	3 113	0.26	
康复医院	10	141 796	122 354	119 785	1 816	17 801		
整形外科医院								
美容医院								
其他专科医院	17	680 737	666 265	588 035	5 475	8 378		
护理院	1	18 500	18 500	18 500				
二、疗养院	19	219 505	193 441	188 637	1 208	29 297	0.44	0.17
三、社区卫生服务中心	10	156 727	155 368	153 738	28 724	12 453		
四、卫生院	1 761	43 777 493	41 813 619	41 116 554	760 923	4 866 030	0.23	0.02
街道卫生院	100	2 351 904	2219 333	2 196 212	49118	172 519	0.03	0.01
乡镇卫生院	1 661	41 425 589	39 594 286	38 920 342	711805	4 693 511	0.24	0.02
中心卫生院	612	19 287 949	18 097 712	17 689 610	399 245	1 970 861	0.22	0.02
乡卫生院	1 049	22 137 640	21 496 574	21230732	312 560	2 722 650	0.26	0.02
五、门诊部	94	731 790	722 550	721 730	5286	11 643		
六、妇幼保健院(所、站)	146	6 256 647	5 635 650	5 516 471	182 721	877 253	0.01	
妇幼保健院	88	5 169 856	4 630 229	4 512 006	181 813	557 838	0.01	
妇幼保健所、站	58	1 086 791	1 005 421	1 004 465	908	319 415	0.1	
七、专科疾病防治院(所、站)	119	1 440 092	1 420 777	1 418 090	3 411	48 451	0.07	0.03

2006年山东省各类营利性医疗机构门诊服务情况

医疗机构	机构数（个）	诊疗人次			观察室留察病人（人）	健康检查人数（人）	急诊病死率（%）	观察室病死率（%）
		合计	门、急诊					
			小计	门诊				
总计	**275**	**4 283 772**	**4 124 375**	**3 993 617**	**110 704**	**193 595**	**0.26**	**0.01**
一、医院	233	4 063 310	3 910 289	3 781 437	101 786	182 598	0.26	0.01
综合医院	125	2 091 072	1 986 572	1 910 981	67 481	97 359	0.15	0.01
中医医院	17	261 866	259 455	257 538	11 966	4 557		
中西医结合医院	5	62241	62 211	61 980				
民族医院								
专科医院	86	1 648 131	1 602 051	1 550 938	22 339	80 682	0.43	0.01
口腔医院	4	17 916	17 695	17 619		1 788		
眼科医院	7	153 353	153 103	152 929				
耳鼻喉科医院	2	50 900	45 900	36 900	7 000	15 000	0.01	0.03
肿瘤医院	5	22 542	21 472	21 389		80		
心血管病医院	3	321 680	319 082	298 850	2 074	25 709	1.09	0.05
胸科医院								
血液病医院								
妇产(科)医院	8	134 200	122 644	110 524	1 302	19 231		
儿童医院	1	16 900	16 900	16 600	3 000	5 000		
精神病医院	3	3 865	3 399	3 376	311	20		
传染病医院	1	1 613	1 613	1 613				
皮肤病医院	8	39 983	39 813	39 813	686			
结核病医院								
麻风病医院								
职业病医院								
骨科医院	20	291 422	278 355	272 612	45	3 551		
康复医院	6	40 264	34 345	34 207				
整形外科医院								
美容医院								
其他专科医院	18	553 493	547 730	544 506	7 921	10 303		
护理院								
二、疗养院	1	12 200	12 200	12 200				
三、社区卫生服务中心								
四、卫生院	6	63 794	59 725	58 153	999	8 824	0.13	0.2
街道卫生院	5	47 344	43 424	42 039	830	8 700		
乡镇卫生院	1	16 450	16 301	16 114	169	124	1.07	1.18
中心卫生院	1	16 450	16 301	16 114	169	124	1.07	1.18
乡卫生院								
五、门诊部	35	144 468	142 161	141 827	7 919	2 173		
六、妇幼保健院(所、站)								
妇幼保健院								
妇幼保健所、站								
七、专科疾病防治院(所、站)								
补充:全年开设家庭病床总数(张)	7 341							
家庭卫生服务人次数	37 158							

2006年山东省各类政府办医疗机构门诊服务情况

医疗机构	机构数（个）	诊疗人次			观察室留观病人（人）	健康检查人数（人）	急诊病死率（%）	观察室病死率（%）
		合计	门、急诊					
			小计	门诊				
总计	**2 585**	**120 444 685**	**114 623 521**	**110 099 526**	**2 308 255**	**9 577 082**	**0.27**	**0.16**
一、医院	551	68 931 615	65 654 627	61 941 606	1 424 874	3 788 214	0.28	0.25
综合医院	328	51 520 867	48 913 144	45 959 785	1 057 324	2 694 165	0.31	0.31
中医医院	119	12 258 453	11 912 266	11 328 950	223 770	708 921	0.24	0.16
中西医结合医院								
民族医院	1	36 994	22 243	22 243		575		
专科医院	103	5 115 301	4 806 974	4 630 628	143 780	384 553	0.08	0.02
口腔医院	13	929 652	800 474	799 832	1 341	148 469		
眼科医院	2	315 018	315 018	314 002				
耳鼻喉科医院	1	121 398	121 393	111 756	369		0.05	
肿瘤医院	4	130 994	114 539	112 413	3 162	8 211		
心血管病医院	1	3 515	3 515	3 515				
胸科医院	3	98 486	98 486	92 678	589	917		
血液病医院								
妇产（科）医院	1	353 609	310 282	284 296		69 313		
儿童医院	2	354 491	354 491	328 976	129 909	6 241	0.1	
精神病医院	39	1 416 742	1 406 342	1 393 497	647	23 174	0.69	4.79
传染病医院	10	299 860	243 137	240 717	38	54 800		
皮肤病医院	3	152 438	152 438	152 438				
结核病医院	2	12 223	10 583	10 583		1 591		
麻风病医院								
职业病医院	3	74 542	44 103	42 577	30	43 981	0.07	
骨科医院	4	139 479	139 056	130 369	404	3 113	0.26	
康复医院	8	115 996	96 554	93 985	1 816	17 801		
整形外科医院								
美容医院								
其他专科医院	7	596 858	596 563	518 994	5 475	6 942		
护理院								
二、疗养院	14	185 292	164 240	159 636	1 208	28 552	0.46	0.17
三、社区卫生服务中心	3	70 365	69 476	69 190	417	5 000		
四、卫生院	1 737	43 249 723	41 363 105	40 678 217	702 020	4 842 778	0.24	0.02
街道卫生院	93	2 189 875	2 108 495	2 086 992	46 360	166 923	0.04	0.01
乡镇卫生院	1 644	41 059 848	39 254 610	38 591 225	655 660	4 675 855	0.24	0.02
中心卫生院	598	18 935 740	17 771 168	17 373 625	342 839	1 952 603	0.23	0.02
乡卫生院	1 046	22 124 108	21 483 442	21 217 600	312 821	2 723 252	0.26	0.02
五、门诊部	14	307 718	307 718	307 718				
六、妇幼保健院（所、站）	146	6 280 720	5 659 423	5 540 914	176 325	864 087	0.01	
妇幼保健院	89	5 170 890	4 630 963	4 513 410	175 417	544 672	0.01	
妇幼保健所、站	57	1 109 830	1 028 460	1 027 504	908	319 415	0.1	
七、专科疾病防治院（所、站）	120	1 419 252	1 404 932	1 402 245	3 411	48 451	0.07	0.03

2006年山东省各地区医院门诊服务情况

地区	机构数(个)	诊疗人次		观察室留观病人(人)	健康检查人数(人)	急诊病死率(%)	观察室病死率(%)
		合计	门、急诊				
总计	**1 170**	**89 765 834**	**84 979 326**	**2 158 459**	**4 978 031**	**0.28**	**0.18**
济南市	162	13 546 958	12 866 524	622 769	876 287	0.25	0.11
青岛市	140	11 261 368	10 908 492	152 362	615 774	0.21	0.91
淄博市	72	5 246 183	5 049 004	200 440	203 852	0.32	0.1
枣庄市	70	3 345 692	3 199 936	54 709	178 435	0.29	
东营市	38	3 342 419	3 273 890	64 834	135 441	0.25	
烟台市	106	7 724 310	7 258 468	97 315	601 700	0.3	0.15
潍坊市	85	6 261 825	5 774 800	163 587	353 116	0.39	0.09
济宁市	107	8 177 549	7 526 674	235 900	347 101	0.28	0.06
泰安市	75	5 243 234	5 075 758	125 505	297 714	0.17	0.24
威海市	28	3 651 569	3 268 369	17 489	239 312	0.21	0.45
日照市	25	1 575 126	1 569 099	23 350	103 103	0.18	0.27
莱芜市	19	1 506 935	1 493 442	76 631	58 792	0.45	
临沂市	78	6 264 998	6 067 359	105 320	267 215	0.26	0.08
德州市	27	2 600 010	2 304 684	33 717	160 231	0.24	0.84
聊城市	49	3 216 798	2 877 348	38 809	226 576	0.6	0.14
滨州市	28	2 459 076	2 342 671	83 415	147 337	0.62	0.19
菏泽市	61	4 341 784	4 122 808	62 307	166 045	0.23	0.09

2006年山东省各地区非营利性医院门诊服务情况

地区	机构数(个)	诊疗人次		观察室留观病人(人)	健康检查人数(人)	急诊病死率(%)	观察室病死率(%)
		合计	门、急诊				
总计	**937**	**85 702 524**	**81 069 037**	**2 056 673**	**4 795 433**	**0.28**	**0.18**
济南市	124	12 919 606	12 277 661	566 985	845 372	0.26	0.12
青岛市	105	1 050 5887	10 189 837	148 030	571 046	0.19	0.94
淄博市	60	5 028 582	4 834 683	199 052	191 823	0.32	0.1
枣庄市	55	3 207 724	3 067 656	5 0097	178 272	0.3	
东营市	32	3 257 139	3 188 610	64 834	135 441	0.25	
烟台市	87	7 419 447	6 962 356	90 400	583 068	0.3	0.16
潍坊市	72	6 124 345	5 647 332	161 187	347 889	0.4	0.09
济宁市	91	7 985 581	7 338 593	223 439	334 445	0.29	0.06
泰安市	67	5 210 352	5 046 204	125 505	292 279	0.18	0.24
威海市	26	3 610 109	3 231 909	10 489	224 312	0.22	0.73
日照市	14	1 473 297	1 470 970	23 278	96 943	0.19	0.27
莱芜市	16	1 493 664	1 480 631	76 620	57 004	0.45	
临沂市	58	5 970 488	5 776 849	104 820	260 233	0.27	0.08
德州市	27	2 600 010	2 304 684	33 717	160 231	0.24	0.84
聊城市	42	3 128 942	2 790 664	38 488	222 085	0.6	0.14
滨州市	28	2 459 076	2 342 671	83 415	147 337	0.62	0.19
菏泽市	33	3 308 275	3 117 727	56 317	147 653	0.21	0.1

2006年山东省各市营利性医院门诊服务情况

地区	机构数(个)	诊疗人次		观察室留观病人(人)	健康检查人数(人)	急诊病死率(%)	观察室病死率(%)
		合计	门、急诊				
总计	**233**	**4 063 310**	**3 910 289**	**101 786**	**182 598**	**0.26**	**0.01**
济南市	38	627 352	588 863	55 784	30 915	0.03	0.01
青岛市	35	755 481	718 655	4 332	44 728	0.52	
淄博市	12	217 601	214 321	1 388	12 029	0.32	
枣庄市	15	137 968	132 280	4 612	163		
东营市	6	85 280	85 280				
烟台市	19	304 863	296 112	6 915	18 632	0.41	
潍坊市	13	137 480	127 468	2 400	5 227		
济宁市	16	191 968	188 081	12 461	126 56	0.03	0.01
泰安市	8	32 882	29 554		5 435		
威海市	2	41 460	36 460	7 000	15 000	0.01	0.03
日照市	11	101 829	98 129	72	6 160		
莱芜市	3	13 271	12 811	11	1 788		
临沂市	20	294 510	290 510	500	6 982		
德州市							
聊城市	7	87 856	86 684	321	4 491	0.26	0.62
滨州市							
菏泽市	28	1 033 509	1 005 081	5 990	18 392	0.29	

2006年山东省各市政府办医院门诊服务情况

地区	机构数(个)	诊疗人次		观察室留观病人(人)	健康检查人数(人)	急诊病死率(%)	观察室病死率(%)
		合计	门、急诊				
总计	**551**	**68 931 615**	**65 654 627**	**1 424 874**	**3 788 214**	**0.28**	**0.25**
济南市	54	11 099 220	10 539 685	443 797	640 852	0.27	0.14
青岛市	63	9 542 374	9 397 253	137 980	501 306	0.19	1
淄博市	32	3 758 564	3 604 764	60 228	140 278	0.29	0.28
枣庄市	23	2 407 427	2 317 033	17 227	111 263	0.3	0.01
东营市	13	1 160 625	1 124 398	15 497	42 560	0.27	
烟台市	55	6 051 556	5 626 468	47 002	530 135	0.33	0.28
潍坊市	44	5 642 597	5 180 305	143 285	317 998	0.4	0.1
济宁市	41	4 796 951	4 622 585	168 943	208 618	0.23	0.07
泰安市	27	3 025 890	2 930 754	59 623	170 298	0.21	0.48
威海市	24	3 031 198	2 887 308	9 763	219 112	0.24	0.79
日照市	10	1 392 669	1 390 342	17 713	70 323	0.22	0.35
莱芜市	5	692 255	686 765	10 260	13 343	0.69	0.02
临沂市	44	5 349 636	5 169 262	98 128	230 271	0.2	0.06
德州市	25	2324379	2 163 039	20 138	135 222	0.26	1.41
聊城市	31	2 938 345	2 603 690	37 768	166 602	0.62	0.14
滨州市	27	2 409 654	2 293 249	81 205	142 380	0.62	0.2
菏泽市	33	3 308 275	3 117 727	56 317	147 653	0.21	0.1

2006 年山东省综合医院分科门诊人次及构成

门诊量	总计	内科	外科	妇产科	儿科	中医科
门诊量(人次)	62 167 621	17 626 219	9 692 181	6 917 953	5 894 342	2 203 923
非营利性	60 256 640	16 988 918	9 378 561	6 568 693	5 755 693	2 064 493
营利性	1 875 551	617 201	302 320	349 260	134 649	139 400
其他	35 430	20 100	11 300		4 000	30
门诊构成(%)		28.35	15.59	11.13	9.48	3.55
非营利性		28.19	15.56	10.9	9.55	3.43
营利性		32.91	16.12	18.62	7.18	7.43
其他		56.73	31.89		11.29	0.08

2006 年山东省各市综合医院分科门诊人次数

地区	门诊人次					
	总计	内科	外科	妇产科	儿科	中医科
总计	**62 167 621**	**17 626 219**	**9 692 181**	**6 917 953**	**5 894 342**	**2 203 923**
济南市	8 828 640	2 487 430	1 016 011	868 565	723 842	337 934
青岛市	8 336 365	1 834 231	872 576	895 428	568 596	264 094
淄博市	3 569 009	909 234	511 378	400 608	352 714	121 039
枣庄市	2 383 080	699 559	406 044	288 249	334 500	113 263
东营市	2 808 827	629 834	446 974	333 794	303 971	181 838
烟台市	5 299 492	1 845 318	1 098 340	560 266	493 608	173 885
潍坊市	4 025 838	1 252 871	854 959	488 853	373 336	90 170
济宁市	6 208 890	2 179 462	1 207 462	679 936	627 723	176 362
泰安市	3 883 471	1 331 132	641 406	358 234	312 868	138 828
威海市	1 818 159	498 217	343 392	142 274	175 891	29 113
日照市	958 250	211 740	143 849	128 676	123 746	33 079
莱芜市	1 172 843	289 770	161 958	86 804	103 381	28 435
临沂市	4 738 371	1 396 268	689 995	573 119	494 857	239 534
德州市	1 539 737	414 397	287 876	215 361	166 240	35 811
聊城市	2 278 935	549 601	291 543	279 133	255 039	87 119
滨州市	1 836 277	449 937	301 611	281 031	196 925	66 496
菏泽市	2 481 437	647 218	416 807	337 622	287 105	86 923

2006年山东省各类医疗机构住院服务情况

医疗机构	入院人数	出院人数	住院病人手术人次	危重病人抢救人次	治愈率(%)	好转率(%)	病死率(%)	危重病人抢救成功率(%)	每百门急诊的入院人数
总计	**6 355 713**	**6 304 128**	**1 564 880**	**360 130**	**68.22**	**28.87**	**0.7**	**89.8**	**4.7**
一、医院	4 584 064	4 556 271	1 280 995	320 931	61.55	34.92	0.93	89.72	5.39
综合医院	3 723 778	3 703 941	1 058 318	263 186	61.41	34.92	1	89.34	5.66
中医医院	596 856	592 625	163 184	42 995	64.14	33.15	0.66	91.04	4.86
中西医结合医院	528	528	80		71.21	28.79			0.85
民族医院	22	23		8	8.7	73.91	17.39	50	0.1
专科医院	262 880	259 154	59 413	14 742	57.52	38.94	0.52	92.63	3.86
口腔医院	2 417	2 321	1 200	35	78.5	18.1	0.17	80	0.26
眼科医院	23 056	22 735	15 428	276	85.94	11.81	0.07	94.57	4.18
耳鼻喉科医院	6 173	6 173	3 056	293	76.92	20.64	0.4	94.54	3.5
肿瘤医院	33 538	33 345	8 241	562	31.78	61.26	1.18	53.74	24.66
心血管病医院	11 574	11 486	1 614	2 568	50.44	44.46	0.97	89.17	3.52
胸科医院	10 537	10 389	1 646	526	15.7	78.14	1.24	88.97	10.32
血液病医院									
妇产(科)医院	21 728	21 502	5 440	16	85.35	14.25	0.22	100	4.73
儿童医院	14 727	14 692	2 117	3 433	78.82	18.86	0.16	99.33	3.97
精神病医院	53 672	52 722	2 896	718	45.14	51.51	0.24	83.01	3.8
传染病医院	20 702	20 586	642	1 018	26.82	67.37	1.25	82.12	8.46
皮肤病医院	479	479	16		93.95	5.43			0.25
结核病医院	1 566	1 532		4	0.59	83.36	0.65	50	14.8
麻风病医院									
职业病医院	4 228	4 078	914	457	12.19	82.49	2.87	88.84	8.04
骨科医院	21 661	21 406	10 808	845	74.93	23.79	0.21	96.09	4.7
康复医院	15 908	15 824	429	92	85.65	12.01	0.06	96.74	10.15
整形外科医院									
美容医院									
其他专科医院	20 914	19 884	4 966	3 899	76.17	21.89	0.18	99.08	1.72
护理院									
二、疗养院	35 351	35 250	1 686	686	51.36	47.95	0.41	84.99	17.19
三、社区卫生服务中心	1 762	1743	300	35	71.72	26.85		100	1.13
四、卫生院	1 373 349	1 350 679	190 167	32 874	85.17	13.37	0.12	89.57	3.28
街道卫生院	39 839	40 889	10 287	1 116	88.95	10.11	0.1	95.79	1.76
乡镇卫生院	1 333 510	1 309 790	179 880	31 758	85.05	13.47	0.12	89.35	3.37
中心卫生院	673 967	649 816	108 584	19 411	84.35	14.11	0.16	89.93	3.72
乡卫生院	659 543	659 974	71 296	12 347	85.75	12.84	0.08	88.44	3.07
五、门诊部	4 075	4011	60		88.76	11.24			0.46
六、妇幼保健院(所、站)	337 609	336 997	89 715	5 537	93.29	6.26	0.06	96.46	5.88
妇幼保健院	301 979	301 242	80 086	5 265	92.6	6.91	0.06	96.41	6.42
妇幼保健所、站	35 630	35 755	9 629	272	99.14	0.84	0.02	97.43	3.43
七、专科疾病防治院(所、站)	19 503	19 177	1 957	67	47.23	49.64	0.78	89.55	1.36

2006年山东省各类非营利性医疗机构住院服务情况

医疗机构	入院人数	出院人数	住院病人手术人次	危重病人抢救人次	治愈率（%）	好转率（%）	病死率（%）	危重病人抢救成功率（%）	每百门急诊的入院人数
总计	**6 195 081**	**6 145 595**	**1 527 800**	**353 949**	**68**	**29.07**	**0.71**	**89.76**	**4.73**
一、医院	4 439 783	4 414 254	1 245 770	314 978	61.1	35.31	0.95	89.68	5.48
综合医院	3 641 292	3 622 204	1 039 849	260 805	61.02	35.27	1.01	89.31	5.71
中医医院	587 384	583 323	159 609	42 832	64.07	33.19	0.67	91.04	4.89
中西医结合医院									
民族医院	22	23		8	8.7	73.91	17.39	50	0.1
专科医院	211 085	208 704	46 312	11 333	54.16	41.95	0.58	92.96	4.05
口腔医院	2 112	2 022	1 200	35	75.87	20.33	0.2	80	0.23
眼科医院	16 538	16 204	14 105	276	81.68	15.19	0.09	94.57	4.15
耳鼻喉科医院	4 313	4 338	2 336	121	70.49	26.12	0.55	87.6	3.3
肿瘤医院	29 560	29 455	7 825	484	33.4	59.46	1.26	48.14	25.81
心血管病医院	856	827			7.86	91.29			8.52
胸科医院	10 537	10 389	1 646	526	15.7	78.14	1.24	88.97	10.32
血液病医院									
妇产（科）医院	16 722	16 538	3 894		84.09	15.46	0.28		4.97
儿童医院	12 327	12 292	1 617	3 423	74.68	22.54	0.19	99.33	3.48
精神病医院	53 218	52 292	2 896	718	44.89	51.74	0.24	83.01	3.77
传染病医院	20 702	20 586	642	1 018	26.82	67.37	1.25	82.12	8.51
皮肤病医院	132	132			98.48	1.52			0.09
结核病医院	1 566	1 532		4	0.59	83.36	0.65	50	14.8
麻风病医院									
职业病医院	4 228	4 078	914	457	12.19	82.49	2.87	88.84	8.04
骨科医院	9 587	9 501	4 519	290	70.2	28.31	0.45	88.62	5.25
康复医院	140 10	13 932	310	92	86.37	11.53	0.06	96.74	11.45
整形外科医院									
美容医院									
其他专科医院	14 677	14 586	4 408	3 889	84.06	13.49	0.24	99.07	2.2
护理院									
二、疗养院	25 551	25 450	1 686	686	35.78	63.27	0.57	84.99	13.21
三、社区卫生服务中心	1 762	1 743	300	35	71.72	26.85		100	1.13
四、卫生院	1 371 404	1 348 520	189 647	32 682	85.18	13.37	0.12	89.58	3.28
街道卫生院	38 616	39 446	9 977	952	89.15	10.07	0.1	97.06	1.74
乡镇卫生院	1 332 788	1 309 074	179 670	31 730	85.06	13.47	0.12	89.35	3.37
中心卫生院	673 726	649 578	108 483	19 404	84.35	14.11	0.16	89.94	3.72
乡卫生院	659 062	659 496	71 187	12 326	85.75	12.83	0.08	88.42	3.07
五、门诊部	3981	3917			89.1	10.9			0.55
六、妇幼保健院（所、站）	333 446	332 883	88 440	5 501	93.32	6.24	0.06	96.47	5.92
妇幼保健院	297 816	297 128	78 811	5 229	92.62	6.89	0.06	96.42	6.43
妇幼保健所、站	35 630	35 755	9 629	272	99.14	0.84	0.02	97.43	3.54
七、专科疾病防治院（所、站）	19 154	18 828	1 957	67	46.46	50.35	0.8	89.55	1.35

2006年山东省各类营利性医疗机构住院服务情况

医疗机构	入院人数	出院人数	住院病人手术人次	危重病人抢救人次	治愈率(%)	好转率(%)	病死率(%)	危重病人抢救成功率(%)	每百门急诊的入院人数
总计	**155 639**	**153 592**	**35 696**	**6 124**	**76.61**	**21.63**	**0.24**	**91.9**	**3.77**
一、医院	144 281	142 017	35 225	5 953	75.48	22.67	0.25	92.04	3.69
综合医院	82 486	81 737	18 469	2 381	78.77	19.41	0.27	92.78	4.15
中医医院	9 472	9 302	3 575	163	68.83	30.46	0.03	91.41	3.65
中西医结合医院	528	528	80		71.21	28.79			0.85
民族医院									
专科医院	51 795	50 450	13 101	3 409	71.42	26.47	0.27	91.55	3.23
口腔医院	305	299			96.32	3.01			1.72
眼科医院	6 518	6 531	1 323		96.51	3.41			4.26
耳鼻喉科医院	1 860	1 835	720	172	92.1	7.68	0.05	99.42	4.05
肿瘤医院	3 978	3 890	416	78	19.51	74.91	0.57	88.46	18.53
心血管病医院	10 718	10 659	1 614	2 568	53.75	40.83	1.04	89.17	3.36
胸科医院									
血液病医院									
妇产(科)医院	5 006	4 964	1 546	16	89.59	10.23		100	4.08
儿童医院	2 400	2 400	500	10	100			100	14.2
精神病医院	454	430			75.12	23.02			13.36
传染病医院									
皮肤病医院	347	347	16		92.22	6.92			0.87
结核病医院									
麻风病医院									
职业病医院									
骨科医院	12 074	11 905	6 289	555	78.7	20.18	0.02	100	4.34
康复医院	1 898	1 892	119		80.34	15.54			5.53
整形外科医院									
美容医院									
其他专科医院	6 237	5 298	558	10	54.45	45.02		100	1.14
护理院									
二、疗养院	9 800	9 800			91.84	8.16			80.33
三、社区卫生服务中心									
四、卫生院	1 464	1 681	411	171	83.52	11.36	0.18	87.13	2.45
街道卫生院	1 223	1 443	310	164	83.37	11.09		88.41	2.82
乡镇卫生院	241	238	101	7	84.45	13.03	1.26	57.14	1.48
中心卫生院	241	238	101	7	84.45	13.03	1.26	57.14	1.48
乡卫生院									
五、门诊部	94	94	60		74.47	25.53			0.07
六、妇幼保健院(所、站)									
妇幼保健院									
妇幼保健所、站									
七、专科疾病防治院(所、站)									

2006 年山东省各类政府办医疗机构住院服务情况

医疗机构	入院人数	出院人数	住院病人手术人次	危重病人抢救人次	治愈率（%）	好转率（%）	病死率（%）	危重病人抢救成功率（%）	每百门急诊的入院人数
总计	**5 671 152**	**5 631 176**	**1 415 230**	**324 538**	**68.09**	**28.99**	**0.69**	**89.98**	**4.95**
一、医 院	3 928 188	3 912 154	1 132 784	285 724	60.38	35.98	0.94	89.91	5.98
综合医院	3 162 258	3 152 267	937 633	232 383	60.3	35.92	1.01	89.54	6.47
中医医院	582 964	578 923	157 638	42 749	63.87	33.37	0.67	91.02	4.89
中西医结合医院									
民族医院	22	23		8	8.7	73.91	17.39	50	0.1
专科医院	182 944	180 941	37 513	10584	50.55	45.45	0.64	93.41	3.81
口腔医院	2 112	2 022	1 200	35	75.87	20.33	0.2	80	0.26
眼科医院	8 140	7 997	8 366		92.66	7.34			2.58
耳鼻喉科医院	4 105	4 131	2 189	117	70.32	26.26	0.58	87.18	3.38
肿瘤医院	29 560	29 455	7 825	484	33.4	59.46	1.26	48.14	25.81
心血管病医院	624	595				100			17.75
胸科医院	9 237	9 124	1 147	250	11.66	81.41	1.33	98.8	9.38
血液病医院									
妇产(科)医院	14 885	14 743	3 894		82.15	17.34	0.32		4.8
儿童医院	12 327	12 292	1 617	3 423	74.68	22.54	0.19	99.33	3.48
精神病医院	52 944	52 020	2 896	713	45.11	51.58	0.23	83.59	3.76
传染病医院	20 702	20 586	642	1018	26.82	67.37	1.25	82.12	8.51
皮肤病医院	132	132			98.48	1.52			0.09
结核病医院	1 566	1 532		4	0.59	83.36	0.65	50	14.8
麻风病医院									
职业病医院	3 921	3 827	898	427	11.81	83.04	2.74	90.87	8.89
骨科医院	6 682	6 643	2 815	152	67.76	30.69	0.56	86.84	4.81
康复医院	3 210	3 132	310	92	73.85	23.72	0.29	96.74	3.32
整形外科医院									
美容医院									
其他专科医院	12 797	12 710	3 714	3 869	86.79	10.7	0.25	99.07	2.15
护理院									
二、疗养院	22 372	22 272	1 686	686	28.01	70.9	0.65	84.99	13.62
三、社区卫生服务中心	923	909	300	30	73.93	23.87		100	1.33
四、卫生院	1 364 721	1 341 855	189 343	32 494	85.2	13.34	0.11	89.56	3.3
街道卫生院	36 689	37 525	9 919	950	88.83	10.36	0.11	97.05	1.74
乡镇卫生院	1 328 032	1 304 330	179 424	31 544	85.09	13.43	0.11	89.34	3.38
中心卫生院	668 889	644 756	108 138	19 197	84.4	14.05	0.15	89.92	3.76
乡卫生院	659 143	659 574	71 286	12 347	85.77	12.81	0.08	88.44	3.07
五、门诊部									
六、妇幼保健院(所、站)	335 678	335 045	89 160	5 537	93.49	6.06	0.06	96.46	5.93
妇幼保健院	300 048	299 290	79 531	5 265	92.82	6.69	0.06	96.41	6.48
妇幼保健所、站	35 630	35 755	9 629	272	99.14	0.84	0.02	97.43	3.46
七、专科疾病防治院(所、站)	19 270	18 941	1 957	67	47.82	49.01	0.79	89.55	1.37

2006年山东省各市医院住院服务情况

地区	入院人数	出院人数	住院病人手术人次	危重病人抢救人次	危重病人抢救成功率(%)	每百门急诊的入院人数
总计	**4 584 064**	**4 556 271**	**1 280 995**	**320 931**	**89.72**	**5.39**
济南市	399 983	398 526	137 860	38 859	89.71	3.11
青岛市	448 660	445 731	139 027	46 983	90.49	4.11
淄博市	248 996	248 869	62 706	21 580	87.88	4.93
枣庄市	192 141	191 694	51 668	16 395	89.67	6
东营市	136 685	135 757	32 457	9 392	86.21	4.18
烟台市	364 771	362 629	108 822	33 879	87.51	5.03
潍坊市	417 775	4 163 18	109 459	25 242	91.67	7.23
济宁市	380 367	378 933	110 136	21 825	89.36	5.05
泰安市	250 265	243 422	63 333	15 470	86.46	4.93
威海市	151 248	149 754	45 207	5 985	86.47	4.63
日照市	125 208	124 235	31 783	6 866	92.48	7.98
莱芜市	56 777	56 518	15 749	3 325	91.85	3.8
临沂市	458 651	457 063	116 605	19 296	89.95	7.56
德州市	245 461	244 248	66 290	17 611	89.64	10.65
聊城市	268 632	267 460	71 791	15 801	96.56	9.34
滨州市	168 587	166 560	50 369	9 099	89.04	7.2
菏泽市	269 857	268 554	67 733	13 323	90.48	6.55

2006年山东省各市非营利性医院住院服务情况

地区	入院人数	出院人数	住院病人手术人次	危重病人抢救人次	危重病人抢救成功率(%)	每百门急诊的入院人数
总计	**4 439 783**	**4 414 254**	**1 245 770**	**314 978**	**89.68**	**5.48**
济南市	389 264	387 865	137 228	38 580	89.8	3.17
青岛市	432 457	429 949	135 170	45 280	90.31	4.24
淄博市	237 235	236 939	60 355	21 148	87.89	4.91
枣庄市	187 616	187 143	49 183	16 393	89.67	6.12
东营市	136 685	135 757	32 457	9 392	86.21	4.29
烟台市	351 712	349 679	104 768	33 727	87.48	5.05
潍坊市	411 813	410 415	108 642	25 242	91.67	7.29
济宁市	368 981	367 694	108 209	20 621	89.62	5.03
泰安市	246 985	240 171	62 840	15 435	86.46	4.89
威海市	149 958	148 484	44 487	5 813	86.08	4.64
日照市	122 698	121 788	31 460	6 862	92.51	8.34
莱芜市	56 285	56 056	15 739	3 325	91.85	3.8
临沂市	432 693	431 151	112 691	18 551	89.69	7.49
德州市	245 461	244 248	66 290	17 611	89.64	10.65
聊城市	267 116	265 972	71 324	15 675	96.56	9.57
滨州市	168 587	166 560	50 369	9 099	89.04	7.2
菏泽市	234 237	234 383	54 558	12 224	89.98	7.51

2006年山东省各市营利性医院住院服务情况

地区	入院人数	出院人数	住院病人手术人次	危重病人抢救人次	危重病人抢救成功率(%)	每百门急诊的入院人数
总计	**144 281**	**142 017**	**35 225**	**5 953**	**92.04**	**3.69**
济南市	10 719	10 661	632	279	77.78	1.82
青岛市	16 203	15 782	3 857	1 703	95.18	2.25
淄博市	11 761	11 930	2 351	432	87.27	5.49
枣庄市	4 525	4 551	2 485	2	100	3.42
东营市						
烟台市	13 059	12 950	4 054	152	93.42	4.41
潍坊市	5 962	5 903	817			4.68
济宁市	11 386	11 239	1 927	1 204	84.8	6.05
泰安市	3 280	3 251	493	35	88.57	11.1
威海市	1 290	1 270	720	172	99.42	3.54
日照市	2 510	2 447	323	4	50	2.56
莱芜市	492	462	10			3.84
临沂市	25 958	25 912	3 914	745	96.38	8.94
德州市						
聊城市	1 516	1 488	467	126	96.83	1.75
滨州市						
菏泽市	35 620	34 171	13 175	1 099	96	3.54

2006年山东省各市政府办医院住院服务情况

地区	入院人数	出院人数	住院病人手术人次	危重病人抢救人次	危重病人抢救成功率(%)	每百门急诊的入院人数
总计	**3 928 188**	**3 912 154**	**1 132 784**	**285 724**	**89.91**	**5.98**
济南市	351 654	350 512	127 251	35 586	90.18	3.34
青岛市	412 468	409 930	131 827	44 239	90.32	4.39
淄博市	178 081	177 952	47 807	16 232	86.94	4.94
枣庄市	143 441	143 352	36 060	15 478	89.92	6.19
东营市	68 342	67 979	17 609	3 159	85.53	6.08
烟台市	313 971	312 231	95 450	31 898	87.42	5.58
潍坊市	397 520	396 170	105 765	24 446	91.96	7.67
济宁市	308 957	308 303	98 404	17 649	89.61	6.68
泰安市	189 811	189 234	49 279	12 889	88.99	6.48
威海市	147 097	145 660	43 871	5 115	84.85	5.09
日照市	120 382	119 470	31 258	6 632	92.4	8.66
莱芜市	33 752	33 640	10 531	2 015	89.83	4.91
临沂市	367 880	366 885	103 817	17 298	89.61	7.12
德州市	236 963	235 765	64 763	16 524	89.78	10.96
聊城市	255 294	254 377	64 231	15 257	96.65	9.81
滨州市	168 338	166 311	50 303	9 083	89.13	7.34
菏泽市	234 237	234 383	54 558	12 224	89.98	7.51

2006 年山东省各类医疗机构床位利用情况

医疗机构	实际开放总床日数	平均开放病床(张)	实际占用总床日数	出院者占用总床日数	病床周转次数	病床工作日	病床使用率(%)	出院者平均住院日
总计	**84 152 956**	**230 556.04**	**56 976 235**	**53 125 175**	**27.34**	**247.13**	**67.71**	**8.43**
一、医院	61 643 802	168 887.13	46 636 323	43 865 994	26.98	276.14	75.65	9.63
综合医院	45 840 768	125 591.15	35 530 617	33 897 088	29.49	282.91	77.51	9.15
中医医院	8 175 416	22 398.4	5 580 250	5 250 112	26.46	249.14	68.26	8.86
中西医结合医院	40 806	111.8	2 594	2 894	4.72	23.2	6.36	5.48
民族医院	6 624	18.15	662	662	1.27	36.48	9.99	28.78
专科医院	7 580 188	20 767.64	5 522 200	4 715 238	12.48	265.9	72.85	18.19
口腔医院	69 795	191.22	33 568	30 685	12.14	175.55	48.1	13.22
眼科医院	329 917	903.88	144 509	138 000	25.15	159.88	43.8	6.07
耳鼻喉科医院	118 840	325.59	85 566	69 017	18.96	262.8	72	11.18
肿瘤医院	776 873	2 128.42	630 753	622 564	15.67	296.35	81.19	18.67
心血管病医院	181 583	497.49	130 118	123 516	23.09	261.55	71.66	10.75
胸科医院	339 414	929.9	254082	246 737	11.17	273.24	74.86	23.75
血液病医院								
妇产(科)医院	293 655	804.53	205 603	191 688	26.73	255.56	70.02	8.91
儿童医院	136 630	374.33	134 950	137 350	39.25	360.51	98.77	9.35
精神病医院	2 983 508	8173.99	2 510 519	1 949 745	6.45	307.13	84.15	36.98
传染病医院	599 197	1 641.64	467 995	459 898	12.54	285.08	78.1	22.34
皮肤病医院	46 335	126.95	11 326	3 781	3.77	89.22	24.44	7.89
结核病医院	87 200	238.9	40 465	39 027	6.41	169.38	46.4	25.47
麻风病医院								
职业病医院	269 220	737.59	205 856	156 955	5.53	279.09	76.46	38.49
骨科医院	520 425	1 425.82	253 076	241 323	15.01	177.49	48.63	11.27
康复医院	341 043	934.36	152 934	89 460	16.94	163.68	44.84	5.65
整形外科医院								
美容医院								
其他专科医院	486 553	1 333.02	260 880	215 492	14.92	195.71	53.62	10.84
护理院								
二、疗养院	1 241 227	3 400.62	531 286	485 683	10.37	156.23	42.8	13.78
三、社区卫生服务中心	58 585	160.51	15 846	15 623	10.86	98.72	27.05	8.96
四、卫生院	17 880 432	48 987.48	7 613 286	6 709 803	27.57	155.41	42.58	4.97
街道卫生院	828 097	2 268.76	326 325	272 411	18.02	143.83	39.41	6.66
乡镇卫生院	17 052 335	46 718.73	7 286 961	6 437 392	28.04	155.98	42.73	4.91
中心卫生院	8 449 973	23 150.61	4 080 070	3 693 682	28.07	176.24	48.29	5.68
乡卫生院	8 602 362	23 568.12	3 206 891	2 743 710	28	136.07	37.28	4.16
五、门诊部	52 620	144.16	21 722	19 986	27.82	150.68	41.28	4.98
六、妇幼保健院(所、站)	2 709 512	7 423.32	1 814 643	1 723 688	45.4	244.45	66.97	5.11
妇幼保健院	2 410 436	6 603.93	164 3847	1 578 210	45.62	248.92	68.2	5.24
妇幼保健所、站	299 076	819.39	170 796	145 478	43.64	208.44	57.11	4.07
七、专科疾病防治院(所、站)	566 778	1 552.82	343 129	304 398	12.35	220.97	60.54	15.87

2006年山东省非营利性医疗机构床位利用情况

医疗机构	实际开放总床日数	平均开放病床(张)	实际占用总床日数	出院者占用总床日数	病床周转次数	病床工作日	病床使用率(%)	出院者平均住院日
总计	**81 219 186**	**222 518.32**	**55 740 549**	**52 006 724**	**27.62**	**250.5**	**68.63**	**8.46**
一、医院	58 834 862	161 191.4	45 439 496	42 785 862	27.39	281.9	77.23	9.69
综合医院	44 538 484	122 023.24	34 959 239	33 365 552	29.68	286.5	78.49	9.21
中医医院	7 912 995	21 679.44	5 501 401	5 176 093	26.91	253.76	69.52	8.87
中西医结合医院								
民族医院	6 624	18.15	662	662	1.27	36.48	9.99	28.78
专科医院	6 376 759	17 470.57	4 978 194	4 243 555	11.95	284.95	78.07	20.33
口腔医院	63 275	173.36	31 000	29 160	11.66	178.82	48.99	14.42
眼科医院	200 287	548.73	107 738	101 766	29.53	196.34	53.79	6.28
耳鼻喉科医院	78 840	216	54 271	39 792	20.08	251.25	68.84	9.17
肿瘤医院	642 811	1 761.13	571 333	566 378	16.73	324.41	88.88	19.23
心血管病医院	27 740	76	12 915	12 730	10.88	169.93	46.56	15.39
胸科医院	339 414	929.9	254 082	246 737	11.17	273.24	74.86	23.75
血液病医院								
妇产(科)医院	208 335	570.78	170 858	165 283	28.97	299.34	82.01	9.99
儿童医院	129 550	354.93	127 750	127 750	34.63	359.93	98.61	10.39
精神病医院	2 955 183	8 096.39	2 495 567	1 934 645	6.46	308.23	84.45	37
传染病医院	599 197	1 641.64	467 995	459 898	12.54	285.08	78.1	22.34
皮肤病医院	5 835	15.99	1 320	1 320	8.26	82.57	22.62	10
结核病医院	87 200	238.9	40 465	39 027	6.41	169.38	46.4	25.47
麻风病医院								
职业病医院	269 220	737.59	205 856	156 955	5.53	279.09	76.46	38.49
骨科医院	205 685	563.52	120 065	117 364	16.86	213.06	58.37	12.35
康复医院	304 543	834.36	138 072	74 724	16.7	165.48	45.34	5.36
整形外科医院								
美容医院								
其他专科医院	259 644	711.35	178 907	170 026	20.5	251.5	68.9	11.66
护理院								
二、疗养院	1 208 377	3 310.62	523 986	478 383	7.69	158.27	43.36	18.8
三、社区卫生服务中心	58 585	160.51	15846	15 623	10.86	98.72	27.05	8.96
四、卫生院	17 850 772	48 906.22	7 608 463	6 705 476	27.57	155.57	42.62	4.97
街道卫生院	818 512	2 242.5	325 105	271 661	17.59	144.97	39.72	6.89
乡镇卫生院	17 032 260	46 663.73	7 283 358	6 433 815	28.05	156.08	42.76	4.91
中心卫生院	8 437 198	23 115.61	4 078 393	3 692 016	28.1	176.43	48.34	5.68
乡卫生院	8 595 062	23 548.12	3 204 965	2 741 799	28.01	136.1	37.29	4.16
五、门诊部	35 560	97.42	19 042	17 350	40.21	195.45	53.55	4.43
六、妇幼保健院(所、站)	2 671 552	7 319.32	1 794 402	1 703 447	45.48	245.16	67.17	5.12
妇幼保健院	2 372 476	6 499.93	1 623 606	1 557 969	45.71	249.79	68.44	5.24
妇幼保健所、站	299 076	819.39	170 796	145 478	43.64	208.44	57.11	4.07
七、专科疾病防治院(所、站)	559 478	1 532.82	339 314	300 583	12.28	221.37	60.65	15.96

2006年山东省营利性医疗机构床位利用情况

医疗机构	实际开放总床日数	平均开放病床(张)	实际占用总床日数	出院者占用总床日数	病床周转次数	病床工作日	病床使用率(%)	出院者平均住院日
总计	**2 881 210**	**7 893.73**	**1 209 704**	**1 092 484**	**19.46**	**153.25**	**41.99**	**7.11**
一、医院	2 808 940	7 695.73	1 196 827	1 080 132	18.45	155.52	42.61	7.61
综合医院	1 302 284	3 567.9	571 378	531 536	22.91	160.14	43.88	6.5
中医医院	262 421	718.96	78 849	74 019	12.94	109.67	30.05	7.96
中西医结合医院	40 806	111.8	2 594	2 894	4.72	23.2	6.36	5.48
民族医院								
专科医院	1 203 429	3 297.07	544 006	471 683	15.3	165	45.2	9.35
口腔医院	6 520	17.86	2 568	1 525	16.74	143.76	39.39	5.1
眼科医院	129 630	355.15	36 771	36 234	18.39	103.54	28.37	5.55
耳鼻喉科医院	40 000	109.59	31 295	29 225	16.74	285.57	78.24	15.93
肿瘤医院	134 062	367.29	59 420	56 186	10.59	161.78	44.32	14.44
心血管病医院	153 843	421.49	117 203	110 786	25.29	278.07	76.18	10.39
胸科医院								
血液病医院								
妇产(科)医院	85 320	233.75	34 745	26 405	21.24	148.64	40.72	5.32
儿童医院	7080	19.4	7 200	9 600	123.73	371.19	101.69	4
精神病医院	28 325	77.6	14 952	15 100	5.54	192.67	52.79	35.12
传染病医院								
皮肤病医院	40 500	110.96	10 006	2 461	3.13	90.18	24.71	7.09
结核病医院								
麻风病医院								
职业病医院								
骨科医院	314 740	862.3	133 011	123 959	13.81	154.25	42.26	10.41
康复医院	36 500	100	14 862	14 736	18.92	148.62	40.72	7.79
整形外科医院								
美容医院								
其他专科医院	226 909	621.67	81 973	45 466	8.52	131.86	36.13	8.58
护理院								
二、疗养院	32 850	90	7 300	7 300	108.89	81.11	22.22	0.74
三、社区卫生服务中心								
四、卫生院	22 360	61.26	2 897	2 416	27.44	47.29	12.96	1.44
街道卫生院	9 585	26.26	1 220	750	54.95	46.46	12.73	0.52
乡镇卫生院	12 775	35	1 677	1 666	6.8	47.91	13.13	7
中心卫生院	12 775	35	1 677	1 666	6.8	47.91	13.13	7
乡卫生院								
五、门诊部	17 060	46.74	2 680	2 636	2.01	57.34	15.71	28.04
六、妇幼保健院(所、站)								
妇幼保健院								
妇幼保健所、站								
七、专科疾病防治院(所、站)								

2006年山东省政府办医疗机构床位利用情况

医疗机构	实际开放总床日数	平均开放病床(张)	实际占用总床日数	出院者占用总床日数	病床周转次数	病床工作日	病床使用率(%)	出院者平均住院日
总计	**71 292 827**	**195 322.81**	**49 301 425**	**46 211 917**	**28.83**	**252.41**	**69.15**	**8.21**
一、医院	49 308 836	135 092.7	39 188 125	37 153 361	28.96	290.08	79.47	9.5
综合医院	35 686 652	97 771.65	29 122 718	28 066 309	32.24	297.86	81.61	8.9
中医医院	7 808 700	21 393.7	5 453 416	5 134 977	27.06	254.91	69.84	8.87
中西医结合医院								
民族医院	6 624	18.15	662	662	1.27	36.48	9.99	28.78
专科医院	5 806 860	15 909.21	4 611 329	3 951 413	11.37	289.85	79.41	21.84
口腔医院	55 590	152.3	30 872	29 160	13.28	202.7	55.54	14.42
眼科医院	67 162	184.01	50 624	48 778	43.46	275.12	75.38	6.1
耳鼻喉科医院	65 700	180	47 436	34 482	22.95	263.53	72.2	8.35
肿瘤医院	642 811	1 761.13	571 333	566 378	16.73	324.41	88.88	19.23
心血管病医院	16 790	46	6 685	6 500	12.93	145.33	39.82	10.92
胸科医院	284 664	779.9	239 522	233 057	11.7	307.12	84.14	25.54
血液病医院								
妇产(科)医院	163 335	447.49	143 858	138763	32.95	321.48	88.08	9.41
儿童医院	129 550	354.93	127 750	127 750	34.63	359.93	98.61	10.39
精神病医院	2 874 663	7 875.79	2 392 949	1 853 771	6.61	303.84	83.24	35.64
传染病医院	599 197	1 641.64	467 995	459 898	12.54	285.08	78.1	22.34
皮肤病医院	5 835	15.99	1 320	1 320	8.26	82.57	22.62	10
结核病医院	87 200	238.9	40 465	39 027	6.41	169.38	46.4	25.47
麻风病医院								
职业病医院	195 820	536.49	137 467	127 193	7.13	256.23	70.2	33.24
骨科医院	119 685	327.9	70 162	69 074	20.26	213.97	58.62	10.4
康复医院	304 178	833.36	137 707	74 714	3.76	165.24	45.27	23.86
整形外科医院								
美容医院								
其他专科医院	194 680	533.37	145 184	141 548	23.83	272.2	74.58	11.14
护理院								
二、疗养院	1 060 107	2 904.4	455 497	409 924	7.67	156.83	42.97	18.41
三、社区卫生服务中心	26 120	71.56	8 144	7 969	12.7	113.8	31.18	8.77
四、卫生院	1 768 6744	48 456.83	7 507 571	6 627 935	27.69	154.93	42.45	4.94
街道卫生院	785 700	2 152.6	308 515	256 084	17.43	143.32	39.27	6.82
乡镇卫生院	16 901 044	46 304.23	7 199 056	6 371 851	28.17	155.47	42.6	4.89
中心卫生院	8 305 982	22 756.12	3 993 365	3 629 341	28.33	175.49	48.08	5.63
乡卫生院	8 595 062	23 548.12	3 205 691	2 742 510	28.01	136.13	37.3	4.16
五、门诊部	3 285	9						
六、妇幼保健院(所、站)	2 667 382	7 307.9	1 803 464	1 712 716	45.85	246.78	67.61	5.11
妇幼保健院	2 369 036	6 490.51	1 632 668	1 567 238	46.11	251.55	68.92	5.24
妇幼保健所、站	298 346	817.39	170 796	145 478	43.74	208.95	57.25	4.07
七、专科疾病防治院(所、站)	540 353	1 480.42	338 624	300 012	12.79	228.74	62.67	15.84

2006年山东省各市医院床位利用情况

地区	病床周转次数	病床使用率(%)	出院者平均住院日	医院：非营利性医院：病床周转次数	医院：非营利性医院：病床使用率(%)	医院：非营利性医院：出院者平均住院日	医院：营利性医院：病床周转次数	医院：营利性医院：病床使用率(%)	医院：营利性医院：出院者平均住院日	医院中：政府办医院：病床周转次数	医院中：政府办医院：病床使用率(%)	医院中：政府办医院：出院者平均住院日
总计	**26.98**	**75.65**	**9.63**	**27.39**	**77.23**	**9.69**	**18.45**	**42.61**	**7.61**	**28.96**	**79.47**	**9.5**
济南市	21.73	77.02	12.34	21.68	78.26	12.59	23.51	27.79	3.37	22.89	82.96	12.75
青岛市	22.19	75.86	11.95	23.19	79.63	12.02	10.18	30.68	10.11	24.49	82.46	11.84
淄博市	23.34	72.41	10.43	24.5	73.3	10.17	12.01	63.66	15.73	27.59	77.97	9.76
枣庄市	24.56	83.87	11.23	24.95	85.64	11.3	14.98	40.29	8.29	33.13	89.32	9.02
东营市	24.78	72.93	10.24	25.49	75.03	10.24				29.52	71.56	8.28
烟台市	26.16	73.67	9.93	26.66	76.11	10.07	17.44	30.55	6.26	26.7	77.76	10.31
潍坊市	28.91	76.4	9.12	29.17	77.5	9.17	17.75	29.78	6.1	29.77	79.36	9.22
济宁市	28.99	72.95	8.65	29.11	73.83	8.72	25.72	47.57	6.46	29.92	75.79	8.68
泰安市	24.64	79.37	10.76	24.97	80.17	10.71	12.35	50.18	14.48	27.89	86.16	10.5
威海市	24.33	84.05	11.95	24.44	83.87	11.88	15.88	97.5	20.79	25.02	84.79	11.96
日照市	30.2	79.72	8.62	32.64	86.02	8.62	6.39	18.32	8.88	34.12	88.62	8.47
莱芜市	18.62	76.51	13.56	18.79	76.4	13.47	8.72	82.81	23.57	27.81	74.23	9.61
临沂市	33	74.81	7.7	32.58	76.51	7.97	42.04	38.28	3.19	31.26	77.55	8.39
德州市	37.42	74.72	6.63	37.42	74.72	6.63				38.38	75.29	6.49
聊城市	34.06	73.39	7.57	34.87	75.19	7.57	6.62	12.27	6.73	37.05	78.29	7.46
滨州市	28.01	69.17	8.59	28.01	69.17	8.59				28.26	69.75	8.58
菏泽市	34.36	72.45	7.32	34.95	72.49	7.23	30.8	72.21	7.93	34.95	72.49	7.23

2006年山东省卫生部门综合医院工作效率

医院		医生人均：每日担负诊疗人次	医生人均：每日担负住院床日	医生人均：年业务收入（万元）	病床使用率（%）	平均住院日（日）
合计	**2006**	**3.62**	**1.42**	**35.35**	**82.33**	**8.90**
卫生部属	2006	8.10	2.30	105.77	94.01	13.94
省属	2006	6.37	2.15	86.38	86.00	12.02
省辖市属	2006	4.74	1.85	51.65	88.91	10.84
地辖市属	2006	2.60	1.04	22.37	81.33	8.88
县属	2006	3.41	1.42	26.99	75.51	6.80

2006年山东省各市卫生部门医院医生人均担负工作量

地区	医生人均每日担负诊疗人次						医生人均每日担负住院床日					
	合计	卫生部属	省属	省辖市属	地辖市属	县属	合计	卫生部属	省属	省辖市属	地辖市属	县属
总计	**3.62**	**8.10**	**6.37**	**4.74**	**2.60**	**3.41**	**1.42**	**2.30**	**2.15**	**1.85**	**1.04**	**1.42**
济南市	4.82	8.10	7.30	3.10	3.65	3.94	1.38	2.30	2.16	0.87	0.86	1.43
青岛市	4.78		7.54	4.78	4.11		1.58		2.06	1.67	1.42	
淄博市	4.56			3.85	4.93	4.27	1.55			1.53	1.60	1.50
枣庄市	3.44				3.57	2.69	1.31				1.41	0.75
东营市	4.52			2.22	6.16	4.29	1.75			1.27	2.38	1.58
烟台市	4.50			5.30	3.92	4.16	1.69			2.03	1.37	1.66
潍坊市	1.46		4.32	9.09	0.95	3.24	0.69		1.56	2.31	0.56	1.30
济宁市	4.73		4.59	6.70	3.84	4.72	1.86		2.29	2.21	1.52	1.83
泰安市	4.24		2.58	3.86	5.73	3.44	2.10		1.84	2.27	2.24	1.83
威海市	3.44			3.79	3.47	2.91	1.47			1.76	1.43	1.05
日照市	3.79			4.49	4.23	3.16	2.15			2.55	2.06	1.90
莱芜市	3.40			3.41		3.36	1.36			1.36		1.34
临沂市	5.45			7.33		4.43	2.25			2.81		1.94
德州市	2.35			3.81	2.24	2.02	1.30			2.31	1.17	1.09
聊城市	3.89			5.76	2.22	2.98	1.69			2.35	1.13	1.36
滨州市	3.34		6.62	3.85	0.79	3.12	1.47		2.90	2.18	0.41	1.16
菏泽市	2.84			4.07	3.32	2.46	1.23			1.99	1.43	1.02

六、农村与社区卫生

【简要说明】

1.本章主要介绍全省乡镇卫生院、村卫生室工作情况和新型农村合作医疗状况，主要包括：乡镇卫生院门诊、住院和床位利用情况，包括诊疗人次、住院人数、病床使用率、平均住院日、医生人均工作量；村卫生室诊疗人次、孕产妇检查人次等。

2.数据来源于卫生综合统计年报和卫生厅相关处室工作调查。

【主要统计指标解释】

新型农村合作医疗　是由政府组织、引导，农民自愿参加，个人、集体和政府多方筹资，以大病统筹为主的农民医疗互助共济制度。

2006 年山东省各市乡镇卫生院诊疗人次数

地区	诊疗人次			门、急诊人次		
	小计	国有	集体	小计	国有	集体
总计	**41 457 257**	**29 833 576**	**11 591 259**	**39 625 805**	**27 837 229**	**11 082 848**
济南市	2 416 389	1 399 766	1 016 623	2 087 485	1 047 443	99 6627
青岛市	1 559 287	1 368 092	191 195	1 540 948	1 330 867	185 627
淄博市	2 457 716	1 644 605	813 111	2 383 052	1 577 175	770 592
枣庄市	1 329 666	1 205 553	124 113	1 286 532	1 140 044	124 023
东营市	1 707 617	1 446 327	261 290	1 599 281	1 326 599	254 073
烟台市	2 783 548	1 099 506	1 667 033	2 589 432	994 482	1 526 921
潍坊市	4 865 825	4 755 735	110 090	4 602 991	4 407 956	104 000
济宁市	2 380 571	1 175 588	1 204 983	2 224 534	1 070 085	1 101 503
泰安市	2 578 165	1 584 969	993 196	2 513 771	1 520 489	978 272
威海市	1 724 526	472 080	1 252 446	1 716 165	462 823	1 218 909
日照市	1 345 373	836 710	508 663	1 327 731	815 459	499 612
莱芜市	353 397	311 897	41 500	333 471	287 550	41 450
临沂市	6 272 930	5 578 628	678 889	6 181 249	5 394 211	653 596
德州市	1 500 984	931 542	569 442	1 446 017	878 533	537 042
聊城市	2 353 294	1 020 796	1 332 498	2 303 721	971 202	1 295 966
滨州市	943 208	647 082	296 126	911 225	620 144	276 807
菏泽市	4 884 761	4 354 700	530 061	4 578 200	3 992 167	517 828

2006年山东省各市乡镇卫生院入院与出院人数

地区	诊疗人次			出院人数		
	小计	国有	集体	小计	国有	集体
总计	**1 333 510**	**972 327**	**359 730**	**1 309 790**	**971 032**	**337 316**
济南市	34 302	16 636	17 666	34 137	16 492	17 645
青岛市	67 232	57 923	9 309	67 463	58 172	9 291
淄博市	31 069	19 597	11 472	30 348	19 107	11 241
枣庄市	18 631	17 425	1 206	19 217	18 016	1 201
东营市	33 138	22 192	10 946	32 752	21 831	10 921
烟台市	68 493	30 138	37 729	69 270	30 385	38 264
潍坊市	182 457	180 929	1 528	184 454	182 936	1 518
济宁市	134 031	75 111	58 920	133 302	74 997	58 305
泰安市	54 063	41 119	12 944	53 548	40 787	12 761
威海市	62 473	9 594	52 879	39 756	9 589	30 167
日照市	89 248	47 917	41 331	91 835	50 623	41 212
莱芜市	14 167	13 207	960	14 063	13 103	960
临沂市	225 812	207 730	17 255	223 954	204 794	18 339
德州市	55 592	33 950	21 642	55 470	33 892	21 578
聊城市	74 847	30 038	44 809	74 408	29 820	44 588
滨州市	27 764	2 0323	7 441	27 837	20 274	7 563
菏泽市	160 191	148 498	11 693	157 976	146 214	11 762

2006年山东省各市乡镇卫生院病床使用率与平均住院日

地区	病床使用率(%)			平均住院日(日)		
	小计	国有	集体	小计	国有	集体
总计	**42.82**	**46.25**	**34.26**	**4.91**	**5.09**	**4.41**
济南市	39.73	44.76	33.77	7.44	8.23	6.70
青岛市	35.46	35.48	35.28	4.96	5.24	3.25
淄博市	36.13	37.88	33.25	8.08	7.20	9.56
枣庄市	37.44	37.85	30.34	6.80	6.82	6.42
东营市	40.54	39.84	44.42	5.12	6.23	2.90
烟台市	78.67	147.55	31.27	14.67	26.44	5.49
潍坊市	51.12	50.77	69.61	5.19	5.12	13.17
济宁市	40.47	40.71	40.04	3.68	3.79	3.55
泰安市	45.25	42.65	51.13	7.03	6.44	8.92
威海市	45.08	48.24	43.24	6.70	7.99	6.29
日照市	48.88	52.15	42.89	2.55	3.02	1.98

2006年山东省各市乡镇卫生院病床使用率与平均住院日　（续表）

地区	病床使用率(%)			平均住院日(日)		
	小计	国有	集体	小计	国有	集体
莱芜市	43.49	42.27	59.89	5.18	4.98	7.97
临沂市	39.04	41.53	24.17	3.03	3.07	2.55
德州市	33.08	36.91	28.53	3.76	3.35	4.41
聊城市	25.66	29.03	22.83	3.70	4.79	2.97
滨州市	21.83	22.54	19.07	3.97	4.46	2.66
菏泽市	41.84	42.57	36.47	3.92	3.77	5.73

2006年山东省各市村卫生室主要工作情况

地区	村卫生室数(个)	乡村医生和卫生员数(人)	诊疗人次数	乡村医生和卫生员年人均诊疗人次	孕产妇检查人次数	接生人数	儿童疫苗接种人次数
总计	**56 779**	**101 813**	**17 980 3971**	**1 766**	**158 378**	**29 912**	**4 008 718**
济南市	2 368	5 798	8 070 229	1 392	11 979	270	89 423
青岛市	4 308	5 982	1 028 7797	1 720	9 949	252	298 311
淄博市	2 725	4 516	9 136 097	2 023	14 026	1 688	30 114
枣庄市	1 954	3 832	7 919 429	2 067	2 508	810	186 384
东营市	846	1 186	1 699 662	1 433			15 431
烟台市	3 246	4 630	8 795 926	1 900	9 309	80	115 499
潍坊市	6 160	11 303	19 111 006	1 691	3 667	36	143 602
济宁市	5 756	12 443	19 622 744	1 577	41 323	3 834	715 457
泰安市	2 758	8 194	10 684 674	1 304	25 260	10 738	338 422
威海市	1 157	1 358	2 275 052	1 675			12 959
日照市	1 792	4 282	8 315 287	1 942	68		87 361
莱芜市	611	1 272	1 749 361	1 375	1 056	1 502	47 778
临沂市	5 476	13 482	27 240 518	2 021	4 453	1 724	423 862
德州市	3 577	4 536	6 123 811	1 350	5 615	132	211 325
聊城市	4 630	6 085	11 405 784	1 874	5 917	200	60 889
滨州市	3 567	3 974	12 230 287	3 078	15 511	124	113 035
菏泽市	5 848	8 940	15 136 307	1 693	7 737	8 522	1 118 866

2006年山东省各市社区卫生服务中心(站)工作情况

地区	社区卫生服务中心						社区卫生服务站	
	个数	诊疗人次(人次)	入院人数(人)	实有床位(张)	病床使用率(%)	平均住院日(日)	个数	诊疗人次(人次)
总计	**10**	**156 727**	**1 762**	**171**	**27.05**	**8.96**	**2 125**	**7 174 283**
济南市	1	1 288	30	15	3.93	7.17	2	11 000
青岛市	2	18 000					889	2 215 118
淄博市							88	527 521
枣庄市							42	137 042
东营市	2	49 938	729	56	41.73	9.61	324	1 072 963
烟台市							264	958 472
潍坊市							44	158 869
济宁市							43	279 088
泰安市							11	96 944
威海市							22	448 371
日照市	4	80 501	1 003	92	25.8	8.54	3	28 000
莱芜市							2	1 600
临沂市	1	7 000		8			255	1 038 966
德州市							44	71 487
聊城市								
滨州市							92	128 842
菏泽市								

2006年山东省各市县及县级市医院工作情况

地区	县医院					县级市医院				
	个数	实有床位(张)	人员数(人)	诊疗人次(人次)	入院人数(人)	个数	实有床位(张)	人员数(人)	诊疗人次(人次)	入院人数(人)
总计	**217**	**37 209**	**50 030**	**16 068 062**	**1 339 542**	**308**	**47 001**	**57 233**	**20 994 194**	**1 181 322**
山东省										
济南市	9	1 475	2 523	679 911	57 002	12	1 217	1 869	1 039 365	28 644
青岛市						58	8 761	9 777	3 127 447	204 228
淄博市	12	1 755	2 246	796 634	57 064					
枣庄市						27	2 781	3 908	1 319 487	77 957
东营市	12	1 771	1 939	703 449	48 981					
烟台市	2	132	149	163 272	1 715	62	8 588	10 516	4 050 131	220 391
潍坊市	9	1 951	2 093	740 022	57 555	35	7 873	8 242	3 221 311	244 992
济宁市	25	3 572	5 071	1 967 041	137 529	46	5 656	7 842	2 827 198	116 311
泰安市	9	1 545	2 268	795 644	55 144	40	4 657	5891	2 832 660	115 730
威海市						17	5 381	5 732	1 730 517	94 792
日照市	7	1 389	1 816	398 307	52 039					
莱芜市										
临沂市	44	8 240	8 322	3 234 138	288 261					
德州市	16	3 312	4 877	1 316 043	159 604	4	970	1 560	288 977	34 385
聊城市	20	3 079	4 671	1 141 010	126 718	7	1 117	1 896	557 101	43 892
滨州市	21	3 727	4 934	1 531 879	106 056					
菏泽市	31	5 261	9 121	2 600 712	191 874					

2006年山东省各市县及县级市妇幼保健院(所、站)工作情况

地区	县妇幼保健院(所、站)					县级市妇幼保健院(所、站)				
	个数	实有床位(张)	人员数(人)	诊疗人次(人次)	入院人数(人)	个数	实有床位(张)	人员数(人)	诊疗人次(人次)	入院人数(人)
总计	**55**	**2 141**	**3 727**	**1 683 815**	**98 607**	**31**	**2 041**	**2 853**	**1 179 397**	**81 550**
山东省										
济南市	3	38	135	24 068	1 648	1	160	196	61 905	5 420
青岛市						3	208	390	74 738	5 069
淄博市	3	260	253	158 612	10 582					
枣庄市						1	80	202	48 270	5 675
东营市	3	78	114	54 550	2 166					
烟台市	1		11	6 920		7	374	547	281 535	15 062
潍坊市	2	61	60	33 945	1 346	7	669	697	320 681	32 521
济宁市	7	296	488	198 013	13 414	3	180	282	176 405	5 099
泰安市	2	30	96	30 540	714	3	40	82	20 168	356
威海市						3	200	236	124 732	6 119
日照市	2	89	124	78 324	2 784					
莱芜市										
临沂市	9	495	616	441 638	29 940					
德州市	4	190	307	107 260	7 841	2	90	164	48 810	4 609
聊城市	6	183	489	176 662	4 100	1	40	57	22 153	1 620
滨州市	5	74	188	77 309	4 009					
菏泽市	8	347	846	295 974	20 063					

2006年山东省各市县及县级市专科疾病防治院(所、站)工作情况

地区	县专科疾病防治院(所、站)					县级市专科疾病防治院(所、站)				
	个数	实有床位(张)	人员数(人)	诊疗人次(人次)	入院人数(人)	个数	实有床位(张)	人员数(人)	诊疗人次(人次)	入院人数(人)
总计	**54**	**471**	**1 620**	**461 473**	**6 358**	**46**	**879**	**1 346**	**502 710**	**4 951**
山东省										
济南市	2	6	54	17 800		1	16	79	18 743	117
青岛市						5	75	157	58 491	784
淄博市	2	26	48	9 101						
枣庄市						4	180	205	66 716	989
东营市	2		52	23 040						
烟台市						13	194	301	87 958	995
潍坊市	3	8	55	28 800		10	229	281	174 455	263
济宁市	9	60	252	55 374	321	5	112	184	64 653	1 603
泰安市	2	20	39	10 262		4	60	85	9 134	200
威海市						3	8	41	22 548	
日照市	4	21	64	22 782	301					
莱芜市										
临沂市	15	45	457	182 415	219					
德州市	1	1	7	120		1	5	13	12	
聊城市	3	19	87	24 547	116					
滨州市	6	265	372	76 052	5 401					
菏泽市	5		133	11 180						

七、妇幼保健

【简要说明】

1.本章主要介绍全省孕产妇保健、儿童保健、妇科病查治、婚前医学检查、计划生育手术及其质量等情况。主要包括产前检查及产后访视率、新法接生率、住院分娩率、儿童保健系统管理率,查出各种妇科病及治疗情况,男女婚前医学检查及查出疾病情况,人工流产及结扎等。

2.数据来源于妇幼卫生统计年报和妇幼卫生监测。

【主要统计指标解释】

活产数 指妊娠满28周(或出生体重达1 000g及其以上)的胎儿,出生时具有四种生命现象(呼吸、心跳、脐带搏动、随意肌收缩)之一者。

孕产妇系统管理率(%) 指某地区妊娠至产后28天内有过早孕检查,产前检查次数城市≥8次、农村≥5次,新法接生和产后访视的产妇人数与该地区年内活产婴儿数之比。

产前检查率(%) 指某地区年内产妇中产前接受过一次及以上的产前检查的产妇人数与该地区年内活产婴儿数之比。

产后访视率(%) 指某地区年内产妇中产后接受过一次及以上的产后访视的产妇人数与该地区年内活产婴儿数之比。

住院分娩率(%) 指某地区年内在街道(乡、镇)及以上医院(或卫生院)、妇幼保健院分娩,且由持有《母婴保健技术考核合格证书》的技术人员接生的产妇数与该地区年内活产婴儿数之比。

3岁以下儿童系统管理率(%) 指某地区年内3岁以下儿童当年按年龄要求接受4∶2∶1(城市)或3∶2∶1(农村)体检或生长发育监测的儿童数与该地区年内3岁以下儿童数之比。

7岁以下儿童保健管理率(%) 指某地区年内7岁以下儿童当年实际接受1次及1次以上体格检查的人数与该地区年内7岁以下儿童数之比。

4个月婴儿纯母乳喂养率(%) 指某地区4个月以内婴儿在一段时间(调查前24小时)内吃母乳的婴儿数与该地区4个月以内婴儿总数之比。母乳喂养包括纯母乳喂养和部分母乳喂养(混合喂养)。

纯母乳喂养 指婴儿出生后从母亲或乳母接受母乳喂养(包括挤出母乳喂养)。除了在有医学指征情况下服用少量维生素、矿物质或药物时用少量液体或糖浆外,未食用任何其他辅助食品和饮料及水。

部分母乳喂养 指婴儿除吃母乳外,还吃其他食物(如牛奶、羊奶、奶制品、米糊、代乳粉等)。

4个月内婴儿母乳喂养率 国际上采用横断面调查过去24小时内未满4个月婴儿的母乳喂养情况,计算母乳喂养率,而不是调查婴儿4个月内所有天数的母乳喂养情况。

5岁以下儿童中重度营养不良患病率(%) 指儿童按年龄的体重低于正常儿童(WHO参考标准),按年龄体重的中位数减两个标准差的人数占5岁以下儿童当年进行体重测量的总人数的百分比。

低出生体重儿发生率 指某地区年内出生体重低于2 500g的新生儿人数与该地区年内活产婴儿数之比。

妇科病普查率 指某地区年内实际进行妇女病普查的人数与应按照计划进行普查的小于65岁已婚妇女人数之比。

婚前检查率(%) 指当年本地区结婚人数中实际接受婚前医学检查人数占当地应检人数之比。婚前医学检查是保证健康婚配、防止疾病传播和遗传病延续的生殖保健措施,是妇幼保健卫生工作的重要内容之一。该指标反映了一定时期内某地区对即将婚配的男女双方在婚姻登记前进行婚前卫生指导咨询及医学检查情况。

2006年山东省各市孕产妇死亡情况

地区	活产数	孕产妇死亡				
		死亡数		死亡率(1/10万)		增减幅度(%)
		2005	2006	2005	2006	
济南市	54 888	15	9	26.79	16.4	−38.78
青岛市	76 800	4	4	5.01	5.21	3.99
淄博市	37 951	5	5	12.82	13.17	2.73
枣庄市	37 576	3	6	7.79	15.97	105.01
东营市	18 256	6	4	29.72	21.91	−26.28
烟台市	43 961	5	5	11.03	11.37	3.08
潍坊市	88 723	12	10	13.75	11.27	−18.04
济宁市	79 397	16	10	17.39	12.6	−27.55
泰安市	48 297	7	4	12.51	8.29	−33.73
威海市	14 528	0	0	0	0	0
日照市	25 593	14	4	49.22	15.63	−68.25
莱芜市	10 039	1	1	8.52	9.96	16.9
临沂市	96 103	20	15	18.46	15.61	−15.44
德州市	56 021	11	9	19.75	16.07	−18.63
聊城市	57 036	21	23	36.65	40.33	10.04
滨州市	38 199	5	7	12.04	18.33	52.24
菏泽市	87 978	22	21	26.7	23.87	−10.6
全　省	871 328	167	136	22.13	21.16	−4.38

2006年山东省各市低出生体重发生率和5岁以下儿童中重度营养不良患病率情况

地区	低出生体重发生率(%)	5岁以下儿童营养评价		
		实查人数	体重(中位数−2SD)人数	中重度营养不良患病率(%)
济南市	2	236 475	1 110	0.47
青岛市	1.43	325 878	1 170	0.36
淄博市	1.25	147 929	118	0.08
枣庄市	1.41	158 538	1 430	0.9
东营市	2.04	81 268	189	0.23
烟台市	0.72	210 943	1 101	0.52
潍坊市	1.38	339 170	2 944	0.87
济宁市	0.83	297 904	4 605	1.55
泰安市	0.84	235 004	700	0.3
威海市	1.26	46 407	270	0.58
日照市	0.45	120 347	4 267	3.55
莱芜市	2.88	39 528	298	0.75
临沂市	1.43	470 114	12 008	2.55
德州市	2.57	222 770	3 373	1.51
聊城市	1.4	245 378	2 875	1.17
滨州市	1.72	173 477	1 389	0.8
菏泽市	0.75	370 663	1 879	0.51
全　省	1.34	3 721 793	39 726	1.07

2006年山东省各市新生儿疾病筛查、产前诊断情况

地区	新生儿疾病筛查人数	确诊苯丙酮尿症阳性例数	确诊甲状腺功能减低	听力筛查人数	听力筛查确诊人数	产前筛查人数	产前筛查阳性人数	产前诊断人数	诊断结果阳性人数
济南市	59 631	9	25	31 024	13	17 680	946	477	115
青岛市	80 823	7	35	75 772	218	10 398	818	475	113
淄博市	41 993	6	17	16 286	27	14 830	323	241	57
枣庄市	43 064	3	11	42 814	71	1 574	158	0	0
东营市	18 111	5	25	18 111	16	17 927	72	0	0
烟台市	44 232	4	42	43 621	65	0	0	0	0
潍坊市	95 793	10	39	66 688	6	4 753	714	357	159
济宁市	79 030	4	52	58 469	0	257	25	0	0
泰安市	52 150	3	17	60 091	224	4 452	122	141	108
威海市	16 516	1	6	15 017	53	3 589	221	49	15
日照市	24 907	5	9	20 202	0	0	0	0	0
莱芜市	9 884	1	4	8 272	28	920	34	178	154
临沂市	111 919	18	71	67 964	38	31 512	523	379	176
德州市	50 979	6	46	39 894	12	913	152	104	9
聊城市	38 055	5	16	37 544	77	390	74	0	0
滨州市	35 436	2	22	33 041	2	0	0	0	0
菏泽市	52 438	3	32	48 903	181	0	0	0	0
全　省	854 961	92	469	683 713	1 031	109 190	4 182	2 401	906

2006年山东省各市婚前医学检查、妇女病检查情况

地区	婚前医学检查		婚检检出疾病		妇女病检查		检出妇女病	
	检查数	检查率(%)	检出疾病数	检出率(%)	检查数	检查率(%)	检出疾病数	检出率(%)
济南市	780	0.68	136	17.44	362 460	42.1	76 876	21.21
青岛市	15 091	12.69	2 067	13.7	879 401	67.76	220 618	25.09
淄博市	10 222	16.26	643	6.29	486 455	57.01	112 130	25.05
枣庄市	775	1.49	57	7.35	376 385	70.58	92 011	24.45
东营市	332	2.21	28	8.43	215 536	73.13	80 343	37.28
烟台市	6 399	7.81	919	14.36	671 569	59.84	130 194	13.39
潍坊市	3 587	5.06	657	18.32	788 261	56.39	167 450	21.24
济宁市	4 010	1.63	767	19.13	815 427	58.42	195 926	24.03
泰安市	19 020	31.81	2 252	11.84	741 619	73.14	141 745	19.11
威海市	538	1.61	40	7.43	131 094	37.16	38 098	29.06
日照市	221	0.79	11	4.98	232 110	56.74	45 000	19.39
莱芜市	122	1.05	1	0.82	173 008	66.02	45 127	26.08
临沂市	1 585	1.5	186	11.74	1 193 497	68.61	346 882	29.06
德州市	874	1.4	32	3.66	562 245	62.12	106 645	18.97
聊城市	31 640	37.47	2 873	9.08	572 749	73.1	160 747	28.07
滨州市	6 270	17.12	142	2.26	610 070	88.35	74 886	12.27
菏泽市	9 520	7.72	334	3.51	854 623	67.7	156 977	18.37
全　省	110 986	7.96	11 145	10.02	9 666 509	63.7	2 191 655	22.67

2006 年山东省各市节育手术情况

地区	各项节育手术总例数	放置宫内节育器	取出宫内节育器	输精管结扎	输卵管结扎	人工流产	引产
济南市	116 626	30 949	20 765	370	1 269	59 815	2 981
青岛市	181 860	50 740	39 879	0	40	85 274	5 927
淄博市	57 468	10 226	8 386	0	31	36 000	2 825
枣庄市	51 866	25 139	5 806	127	4 552	13 662	1 950
东营市	21 730	7 738	4 972	0	71	8 646	266
烟台市	95 385	19 929	19 611	0	71	49 421	3 874
潍坊市	124 820	53 285	17 023	123	445	46 453	4 920
济宁市	180 702	49 971	13 547	888	8 251	16 980	1 346
泰安市	42 336	30 176	5 977	153	978	4 498	327
威海市	36 972	4 830	5 657	0	11	24 619	1 341
日照市	31 191	18 558	6 975	150	858	3 365	768
莱芜市	9 586	5 933	2 560	3	24	954	112
临沂市	126 100	68 108	21 658	4 899	18 945	9 594	2 208
德州市	63 116	32 104	11 764	1 990	10 631	4 648	1 362
聊城市	59 041	33 372	12 077	1 442	7 166	3 931	600
滨州市	59 398	42 315	10 188	1	1 062	4 917	596
菏泽市	284 620	146 522	10 329	72 500	43 647	9 666	1 550
全　省	1 542 817	629 895	217 174	82 645	98 052	382 443	32 953

2006 年山东省各市妇女病检查情况

地区	检出妇女病						
	滴虫性阴道炎	宫颈糜烂	淋病	尖锐湿疣	卵巢癌	宫颈癌	乳腺癌
济南市	27 278	28 436	22	40	13	29	61
青岛市	32 774	95 719	105	101	13	43	28
淄博市	34 626	33 890	3	24	6	9	52
枣庄市	31 022	39 958	14	17	0	7	15
东营市	7 597	40 690	150	131	3	54	42
烟台市	32 068	57 001	274	180	22	57	64
潍坊市	54 430	68 396	19	55	18	18	27
济宁市	75 755	94 836	62	50	40	30	107
泰安市	51 405	48 168	361	69	24	19	46
威海市	3 686	12 733	3	4	1	8	9
日照市	14 798	19 099	15	3	0	2	6
莱芜市	6 096	8 661	15	14	10	6	14
临沂市	98 927	147 636	128	84	7	26	56
德州市	45 044	47 217	602	490	28	63	122
聊城市	63 684	50 653	5	34	10	30	23
滨州市	17 083	28 718	78	62	17	11	34
菏泽市	50 396	80 527	387	140	53	57	61
全　省	646 669	902 338	2 243	1 498	265	469	767

2006 年山东省各市儿童保健服务情况

地区	活产数	4 个月母乳喂养		3 岁以下儿童系统管理		7 岁以下儿童保健管理	
		喂养数	喂养率(%)	管理数	管理率(%)	管理数	管理率(%)
济南市	54 888	43 072	92.37	146 428	92.68	327 262	91.22
青岛市	76 800	73 293	97.9	218 294	96.36	449 592	95.89
淄博市	37 951	37 382	99.12	100 534	83.36	240 570	84.36
枣庄市	37 576	27 210	94.13	105 078	94.71	222 404	94.37
东营市	18 256	17 676	98.4	53 062	92.46	119 174	88.21
烟台市	43 961	33 274	98.41	149 164	85.33	313 313	82.35
潍坊市	88 723	71 423	98.2	244 704	95.09	531 890	95.39
济宁市	79 397	77 297	96.66	246 479	91.66	498 802	88.72
泰安市	48 297	45 565	98.73	169 795	97.46	380 451	96.06
威海市	14 528	8 964	98.4	42 588	87.73	95 373	84.24
日照市	25 593	21 517	96.99	89 207	94.11	162 076	94.3
莱芜市	10 039	7 491	96.37	41 480	92.92	92 223	90.75
临沂市	96 103	76 564	94.96	314 026	94.77	666 583	91.97
德州市	56 021	46 928	96.14	207 624	92.37	445 213	90.1
聊城市	57 036	49 420	95.6	158 437	91.96	346 013	93.78
滨州市	38 199	30 265	97.65	115 905	88.59	255 966	89.06
菏泽市	87 978	69 688	94.13	225 814	86.85	517 188	85.39
全　省	871 328	737 029	96.47	2 628 619	92.04	5 664 093	90.66

2006 年山东省各市孕产妇保健服务情况

地区	产前检查		住院分娩		孕产妇系统管理	
	检查数	检查率(%)	分娩数	分娩率(%)	管理数	管理率(%)
济南市	53 548	97.56	54 800	99.84	49 147	89.54
青岛市	76 177	99.19	76 597	99.74	73 923	96.25
淄博市	37 717	99.38	37 752	99.48	37 280	98.23
枣庄市	36 314	96.64	37 326	99.33	36 069	95.99
东营市	17 927	98.2	18 151	99.42	17 680	96.84
烟台市	43 528	99.02	43 752	99.52	42 505	96.69
潍坊市	86 957	98.01	88 267	99.49	85 301	96.14
济宁市	78 212	98.51	78 818	99.27	74 220	93.48
泰安市	47 853	99.12	47 972	99.36	47 706	98.81
威海市	14 462	99.55	14 503	99.83	14 030	96.57
日照市	23 255	90.86	25 299	98.85	22 683	88.63
莱芜市	9 766	97.28	10 007	99.68	9 314	92.78
临沂市	93 567	97.36	95 441	99.31	92 240	95.98
德州市	53 752	95.95	54 470	97.23	50 303	89.79
聊城市	54 751	95.99	56 286	98.69	53 553	93.89
滨州市	37 790	98.93	37 587	98.4	35 707	93.48
菏泽市	84 572	96.13	85 912	97.65	78 076	88.74
全　省	850 148	97.57	862 940	99.04	819 737	94.08

八、疾病控制与公共卫生

【简要说明】

1. 本章主要介绍全省疾病控制与公共卫生情况，包括：法定报告传染病发病及死亡率，儿童疫苗接种率，地方病防治情况，农村改水和改厕进展。

2. 传染病发病率、死亡率、病死率数据来源于法定报告传染病统计年报资料；儿童疫苗接种率来源于计划免疫年度统计报告；地方病防治情况来源于地方病统计年报资料；农村改水和改厕进展来源于爱卫会农村改水、改厕统计年报资料。

3. "农村总户数"系爱卫会统计数字，仅用于计算农村卫生厕所普及率。

【主要统计指标解释】

法定报告传染病发病率 是指某年某地区每10万人口中甲、乙类法定报告传染病发病数。即法定报告传染病发病率＝甲、乙类法定报告传染病发病数/人口数×100 000。

法定报告传染病死亡率 是指某年某地区每10万人口中甲、乙类法定报告传染病死亡数。

法定报告传染病病死率 是指某年某地区甲、乙类法定报告传染病死亡数与发病数之比。

儿童免疫接种率 按儿童免疫程序合格接种的人数占全部应接种人数的百分比。

克山病病区县、乡数 是指本年经省级及以上主管部门根据《克山病病区划定和类型划分标准(GB17020-1997)》判定的病区县数及历史上已定为病区县数、乡数之和。

克山病已控制县数 是指年底前达到《克山病基本控制标准(GB17019-1997)》的病区县数。

大骨节病区县数 是指省级及以上主管部门根据《大骨节病病区判定和划分标准(GB16395)》判定的县数及历史上已定为病区县数之和。

大骨节病已控制县数 是指年底前达到《大骨节病病区控制及考核验收办法(GB16007-1995)》的病区县数。

大骨节病临床Ⅰ°以上病人数 是指年底实有Ⅰ°以上病人总数及病人总数中12岁以下病人数。

碘缺乏病基本消除县数 是指通过国家评估组评估达到基本消除标准的县数。

碘缺乏病消除县数 是指通过国家评估组评估达到消除标准的县数。

居民户合格碘盐食用率 是指碘含量20～50mg/kg盐样份数占检测份数的百分率。

地方性氟中毒病区县数 是指本年经省级及以上主管部门根据《地方性氟中毒病区划分标准GB17018-1997》判定的县数及历史上已定为病区县数之和。

地方性氟中毒病区村 是指按《地方性氟中毒病区划分标准(GB17018-1997)》划分的，由省级及以上主管部门认定的，在自然地理、地域上独立的自然村(屯)。

地方性氟中毒基本控制县数 是指按《地方性氟中毒病区控制标准(GB17017-1997)》经省级主管部门考核达到基本控制标准的县数。

地方性氟中毒改水受益人口 是指历年累计完成改水村受益人口总数减去因设备报废或改水后水氟含量达不到要求的村人口数。

农村自来水普及率 是指农村饮用自来水人口数占当地农村人口总数的百分比。

农村自来水普及率 饮用自来水累计受益人口数(万人)/当地总人口数(万人)×100%。

卫生厕所普及率 是指使用各种类型卫生厕所农户数占当地农村总户数的百分比。卫生厕所的标准是：厕所有墙、有顶，厕坑及贮粪池不渗漏，厕内清洁，无蝇蛆，基本无臭，贮粪池密闭有盖，粪便及时清除并进行无害化处理。

农村卫生厕所普及率 指在农村总人口中使用卫生厕所的人口百分率。

粪便无害化处理率 即(累计卫生厕所户数＋累计使用卫生公厕户数)/农村总户数×100%。

粪便无害化处理率 指以各种方式使粪便得到无害化处理粪便量占粪便总量的百分率。

婚前检查率(%) 指当年本地区结婚人数中实

际接受婚前医学检查人数占当地应检人数之比。婚前医学检查是保证健康婚配，防止疾病传播和遗传病延续的生殖保健措施，是妇幼保健卫生工作的重要内容之一。该指标反映了一定时期内某地区对即将婚配的男女双方在婚姻登记前进行婚前卫生指导咨询及医学检查情况。

2006 年山东省丙类法定传染病发病数/死亡数分地区统计表(发病日期统计)

地区	合计		流行性感冒		流行性腮腺炎		风疹		急性出血性结膜炎		麻风病		斑疹伤寒		包虫病		其他感染性腹泻病	
	发病数	死亡数	发病数	死亡数	发病数	死亡数	发病数	死亡数	发病数	死亡数	发病数	死亡数	发病数	死亡数	发病数	死亡数	发病数	死亡数
山东省	**35 652**		**163**		**7 618**		**3 899**		**148**		**12**		**229**		**2**		**23 581**	
济南市	3 034		56		547		750		24				1				1 656	
青岛市	2 855		4		1 839		202		13		2		15				780	
淄博市	2 516		1		546		1 167		5		1		1				795	
枣庄市	586		12		31		6		1		1						535	
东营市	1 147		5		148		18		1				3				972	
烟台市	2 371				170		141		8		1		6				2 045	
潍坊市	2 481		2		670		18		2				88				1 701	
济宁市	4 723		6		333		113		3		1						4 267	
泰安市	1 429		1		187		885		1				3				352	
威海市	6 000				725		9		20								5 246	
日照市	767		4		75		21		1		1		70				595	
莱芜市	759		11		520		105		57				22				44	
临沂市	4 241		6		1 241		29		3		4		4				2 954	
德州市	246		10		124		4		2				2				104	
聊城市	740		15		97		12		6				9		1		600	
滨州市	1 386		3		162		412		1				5				803	
菏泽市	355		27		202		7				1				1		117	
不详市	16				1												15	

2006 年山东省丙类法定传染病发病数/死亡数疫情分析报表统计表（发病日期统计）

疾病病种	今年发病数	今年死亡数	今年发病率（1/10万）	今年死亡率（1/10万）	今年病死率（%）	去年发病数	去年死亡数	去年发病率（1/10万）	去年死亡率（1/10万）	去年病死率（%）	发病率增减（%）	死亡率增减（%）	病死率增减（%）
合计	**35 652**		**38.55**			**27 586**	**2**	**30.00**	**0.00**	**0.01**	**28.49**	**－100.00**	**－100.00**
流行性感冒	163		0.18			96		0.10			68.87		
流行性腮腺炎	7 618		8.24			7 073		7.69			7.08		
风疹	3 899		4.22			196		0.21			1 877.49		
急性出血性结膜炎	148		0.16			67		0.07			119.48		
麻风病	12		0.01			4		0.00			195.45		
斑疹伤寒	229		0.25			244		0.27			－6.71		
黑热病													
包虫病	2		0.00			1		0.00			100.00		
丝虫病													
其他感染性腹泻病	23 581		25.50			19 905	2	21.65	0.00	0.01	17.78	－100.00	－100.00

2006 年山东省各类精神疾病患病情况

疾病诊断	患病例数	患病率	全省患者人数估计(万)
心境障碍	1 043	4.60	427.80
其中:抑郁症	997	4.40	409.20
焦虑障碍	1 021	4.50	418.50
物质使用障碍	659	2.91	270.63
精神分裂症和精神病性障碍	192	0.85	79.05
其中:精神分裂症	154	0.68	63.24
智力障碍	125	0.55	51.15
躯体形式障碍	55	0.24	22.32
癔病性精神障碍	50	0.22	20.46
合　计	2 711	11.95	1 111.35

2006 年山东省各市

地区	农村总户数（万户）	累计卫生厕所户数（万户）	卫生厕所普及率（%）	无害化卫生厕所普及率（%）	累计卫生厕所分类				
					三格化粪池式	双瓮漏斗式	三联沼气池式	粪尿分集式	完整下水道水冲式
济南市	98.16	70.41	71.73	43.73	20.03	9.64	0.81	0.04	5.60
青岛市	151.01	110.46	73.15	29.74	14.92	1.90	2.26	1.63	23.79
淄博市	84.87	69.59	82.00	28.31	4.71	4.39	3.93	1.32	8.72
枣庄市	84.88	58.01	68.34	27.60	0.78	18.79	3.68	0.08	0.10
东营市	32.04	24.71	77.12	18.57	0.34	0.23	3.87	0	1.51
烟台市	156.74	147.08	93.84	19.98	6.36	10.93	4.08	3.42	6.53
潍坊市	198.94	164.27	82.57	55.37	50.07	19.30	5.62	7.44	17.83
济宁市	173.43	116.10	66.94	26.79	8.09	4.20	12.86	2.13	19.18
泰安市	118.84	90.77	76.38	49.54	10.19	13.87	3.38	7.71	23.72
威海市	69.49	67.43	97.04	67.52	8	36.05	0.46	0.70	1.71
日照市	63.45	53.99	85.09	49.33	2.26	22.25	0.48	4.28	2.03
莱芜市	29.68	22.63	76.25	57.65	7.47	1.80	2.41	0.49	4.94
临沂市	255.36	177.88	69.66	33.39	30.36	30.55	13.35	5.12	5.71
德州市	113.05	76.09	67.31	47.42	1.66	4.14	4.71	29.02	7.14
聊城市	120.32	71.05	59.05	7.72	0	8.83	0.24	0.18	0.04
滨州市	84.12	44.76	53.21	7.31	0.62	0	0.91	0.26	4.36
菏泽市	203.50	83.41	40.99	15.81	0.01	3.69	1.50	26.51	0.47
合　计	2 037.88	1 448.63	71.09	32.87	165.87	190.56	64.55	90.33	133.37

农村改厕情况

(万户)		新增无害化卫生厕所户数(万户)	累计使用卫生公厕户数(万户)	当年用于农村改厕投资(万元)				
				金额合计	资金来源			
双坑交替式	其他类型				国家	集体	个人	其他
6.80	27.49	3.10	2.98	3760.97	1574.23	763.05	1 413.69	10
0.41	65.55	7.25	0.75	9 678.42	1 551.45	6 362.99	1 763.98	0
0.96	45.56	1.55	4.49	3 540.50	250	1 788.20	1 502.30	0
0	34.58	0.62	0.69	337.90	22.50	104.60	125.30	85.50
0	18.76	2.92	0.61	4 435.00	3 994.00	93	348.00	0
0	115.77	6.45	0.48	6 357.30	134.90	1 185.40	5 037	0
9.91	54.11	25.70	0.41	13 310.60	474.10	2 483.10	10 353.40	0
0	69.64	9.52	9.62	7 347.49	3 137.50	342.90	3 862.09	5.00
0	31.90	6.77	1.15	5 465	560	1 675	2 860	370
0	20.51	1.08	0.02	525.50	7.40	362.10	156	0
0	22.69	0.50	0	1 455.80	255	360	838.80	2
0	5.52	0.58	0.37	821.09	15	143.39	662.70	0
0.18	92.61	9.02	1.19	6 396.17	3 172.54	912.94	2 310.69	0
6.94	22.48	10.11	4.29	2 639.80	659.30	771.50	1 169	40
0	61.76	0.3	2.01	739.40	70	83.10	561.30	25
0	38.61	1.69	0.83	901.25	189.35	92.85	619.05	0
0	51.23	23.23	8.55	17 263.00	1 082	2 291	11 713.00	2 177.00
25.20	778.76	110.39	38.44	84 975.19	17 149.27	19 815.12	45 296.30	2 714.50

2006年山东省各市

地区	总人口（万人）	农村改水类型（受益										
		合计			自来水				手压机井			
		累计受益	%	当年受益	厂站个数	累计受益	%	当年受益	台（万）	累计受益	%	当年受益
济南市	356.88	356.88	100.00	16.26	2 559	286.92	80.40	16.26	11.00	68.45	19.18	0
青岛市	487.50	486.30	99.75	2.66	3 881	484.31	99.35	36.42	1.89	1.79	0.37	(33.76)
淄博市	263.99	262.73	99.52	(6.96)	2 285	246.92	93.53	(1.62)	2.94	10.68	4.05	(6.92)
枣庄市	281.45	281.22	99.92	0.42	2 546	251.95	89.52	0.42	5.31	29.27	10.40	0
东营市	103.75	103.75	100.00	0	632	103.75	100.00	0	0	0	0	0
烟台市	460.08	460.08	100.00	0	4 123	389.41	84.64	29.79	19.74	68.03	14.79	(29.79)
潍坊市	697.41	688.28	98.69	12.62	5 523	610.74	87.57	50.27	21.88	76.02	10.90	(37.51)
济宁市	651.24	630.99	96.89	15.84	3 258	537.41	82.52	90.92	25.16	93.56	14.37	(75.10)
泰安市	399.61	397.45	99.46	(17.56)	2 299	325.70	81.50	29.48	32.01	71.75	17.96	(47.04)
威海市	179.44	178.76	99.62	33.78	1 824	164.97	91.94	33.06	5.56	13.74	7.66	0.71
日照市	219.48	215.08	98.00	47.82	997	154.84	70.55	62.98	13.30	60.24	27.45	(15.16)
莱芜市	90.01	90.01	100.00	0	147	77.32	85.90	0.90	11.02	12.69	14.10	(0.90)
临沂市	889.36	888.59	99.91	15.32	4 089	544.99	61.28	74.68	98.69	325.44	36.59	(59.36)
德州市	411.11	408.78	99.43	107.05	3 058	293.90	71.49	107.05	35.46	111.78	27.19	0
聊城市	469.05	469.05	100.00	0	1 297	347.26	74.03	82.83	39.93	121.79	25.97	(82.83)
滨州市	302.46	300.04	99.20	(8.87)	1 351	283.89	93.86	1.21	2.53	15.87	5.25	(8.40)
菏泽市	739.73	735.37	99.41	10.63	1 158	239.89	32.43	140.16	123.10	495.48	66.98	(129.53)
合　计	7 002.55	6 953.36	99.30	229.01	41 027	5 344.17	76.32	754.81	449.52	1 576.58	22.51	(525.59)

农村改水情况

人口单位:万人)　　　　当年用于农村改水投资(万元)

雨水收集				其他			当年用于农村改水投资(万元)				
水窖(个)	累计受益	%	当年受益	累计受益	%	当年受益	金额合计	国家	集体	个人	其他
0	1.51	0.42	0	0	0	0	28 458.80	15 467.25	9 196.95	1 711.60	2 083.00
0	0	0	0	0.20	0.04	0	14 604.04	7 598.17	2 884.70	4 121.17	0
500	0.05	0.02	0	5.08	1.92	1.58	8 367.40	613	7 017.90	331.50	405
0	0	0	0	0	0	0	225	40	155	20	10
0	0	0	0	0	0	0	16 653	14 500	0	2 153	0
0	0	0	0	2.65	0.58	0	10 074.20	3 904.72	2 001	4 168.48	0
0	0	0	0	1.52	0.22	(0.14)	20 257.10	2 862.30	297.30	12 306	4 791.50
0	0	0	0	0.02	0	0.02	16 070.50	4 747.70	1 118	8 612.80	1 592
0	0	0	0	0	0	0	8 834	3 585	1 837	1 631	1 781
140	0.04	0.02	0	0.01	0.01	0.01	10 181.80	2 010.8	5 452	2 674	45
0	0	0	0	0	0	0	4 721.84	1 076.00	1 951.83	1 690.01	4
0	0	0	0	0	0	0	5 878.00	635.00	2 083.00	1 930.00	1 230.00
30 915	18.16	2.04	0	0	0	0	20 081.52	6 428.70	2 739.70	8 966.02	1 947.10
0	0	0	0	3.10	0.75	0	21 489.04	5 002.66	8 693.73	7 285.65	507.00
0	0	0	0	0	0	0	22 720	12 271	2 108	8 341	0
487	0.28	0.09	(0.12)	0	0	(1.56)	827	479	255	93	0
0	0	0	0	0	0	0	5 778.31	1 980	1 252.20	2 434.11	112
32 042	20.04	0.29	(0.12)	12.58	0.18	(0.09)	215 221.55	83 201.30	49 043.31	68 469.34	14 507.60

2006 年山东省甲、乙类法定传染病发病数/

地区	合计		艾滋病		HIV		肝炎		甲肝	
	发病数	死亡数	发病数	死亡数	发病数	死亡数	发病数	死亡数	发病数	死亡数
山东省	**119 814**	**357**	**41**	**25**	**262**	**8**	**48 154**	**52**	**1 055**	
济南市	11 870	42	6	3	30		4 969	12	103	
青岛市	8 624	18	1	2	40		3 230	1	69	
淄博市	9 358	15	5	3	11		3 978	3	41	
枣庄市	4 285	12	1	1	2		1 282		22	
东营市	3 059		1		4		1 287		13	
烟台市	10 648	22	2	1	17		4 926	11	192	
潍坊市	7 895	23	6	6	33		2 202	3	41	
济宁市	11 160	59			17	2	5 752	2	80	
泰安市	8 502	10	1		13	1	4 419	2	38	
威海市	7 220	17			3		3 104	11	144	
日照市	2 437	8			3		724	1	27	
莱芜市	1 308	1					632		4	
临沂市	8 792	49	2	2	51	2	2 337	2	92	
德州市	5 328	27	3	2	9	1	1 564	1	55	
聊城市	6 350	28			1		2 224	1	58	
滨州市	4 433	6	1		9		1 988	1	24	
菏泽市	8 407	20	12	5	17	2	3 465	1	49	
不详市	138				2		71		3	

死亡数分地区统计表(发病日期统计)

乙肝		丙肝		戊肝		肝炎(未分型)		麻疹		出血热	
发病数	死亡数	发病数	死亡数	发病数	死亡数	发病数	死亡数	发病数	死亡数	发病数	死亡数
41 835	**39**	**1 117**	**2**	**1 068**	**6**	**3 079**	**5**	**3 241**	**2**	**1 411**	**11**
4 261	10	276	1	90		239	1	205		77	1
2 533		95		175		358	1	152		150	3
3 686	2	92	1	52		107		23		156	
1 172		24		7		57		739		40	
1 184		29		17		44		38		33	
3 727	5	67		423	4	517	2	77		39	2
1 820	2	65		33	1	243		71		200	3
5 431	2	100		14		127		546		73	
4 156	2	57		10		158		31		44	
2 402	10	72		117		369	1	234		37	2
465	1	29		43		160		63		142	
583		19		6		20		6		77	
1 856	2	45		29		315		165		250	
1 346	1	41		18		104		415	1	19	
1 960	1	48		17		141		191		14	
1 861	1	33		11		59		36		49	
3 329		22		6	1	59		241	1	11	
63		3				2		8			

2006年山东省甲、乙类法定传染病发病数/

地区	狂犬病		乙脑		痢疾		细菌性痢疾		阿米巴性痢疾	
	发病数	死亡数	发病数	死亡数	发病数	死亡数	发病数	死亡数	发病数	死亡数
山东省	**133**	**133**	**249**	**14**	**18 517**	**2**	**18 470**	**2**	**47**	
济南市	5	5	5	1	2 276		2 276			
青岛市			2		1 118		1 106		12	
淄博市	1	1	18	4	2 638		2 633		5	
枣庄市	6	7	19		413		410		3	
东营市			4		851		840		11	
烟台市			8		2 147		2 146		1	
潍坊市			8	1	2 048		2 046		2	
济宁市	36	36	20		968		962		6	
泰安市	5	5	23	1	843		843			
威海市					1 830		1 830			
日照市	7	7	2		120		120			
莱芜市			1		149	1	149	1		
临沂市	29	29	24		916		914		2	
德州市	17	17	12	1	373	1	371	1	2	
聊城市	20	20	44	4	769		768		1	
滨州市	1	1	7		538		538			
菏泽市	5	5	52	2	510		508		2	
不详市	1				10		10			

死亡数分地区统计表(发病日期统计)　　　　(续表)

肺结核		涂菌(+)		涂菌(－)		未痰检		仅培养阳性	
发病数	死亡数	发病数	死亡数	发病数	死亡数	发病数	死亡数	发病数	死亡数
39 065	**107**	**25 345**	**69**	**9 979**	**28**	**3 694**	**10**	**47**	
3 049	19	1 377	5	1 126	12	523	2	23	
2 402	10	1 252	7	844	3	306			
1 833	4	1 133	3	486		212	1	2	
1 531	3	1 020	2	311		198	1	2	
711		421		218		72			
2 459	6	1 375	5	970	1	114			
2 547	10	1 745	7	524	1	276	2	2	
3 424	19	2 438	14	712	4	274	1		
2 741	2	1 966		483	1	285	1	7	
1 111	4	393	3	592		126	1		
1 235		764		442		29			
380		224		81		75			
4 366	15	3 126	13	1 190	2	50			
2 758	4	1 953	1	562	2	236	1	7	
2 979	3	2 081	2	381	1	514		3	
1 596	3	1 166	2	238	1	192			
3 928	5	2 910	5	816		201		1	
15		1		3		11			

2006 年山东省甲、乙类法定传染病发病数/

地区	伤寒、副伤寒		伤寒		副伤寒		流脑		百日咳	
	发病数	死亡数	发病数	死亡数	发病数	死亡数	发病数	死亡数	发病数	死亡数
山东省	**355**	**1**	**84**	**1**	**271**	**—**	**49**	**5**	**94**	
济南市	5		3		2		2	1	4	
青岛市	8		3		5		2	2	2	
淄博市	3				3				7	
枣庄市	8		7		1		2		19	
东营市	2		1		1				3	
烟台市	6		2		4		3	1		
潍坊市	17		15		2		5		3	
济宁市	12		9		3		2		3	
泰安市	1		1						1	
威海市	4		3		1		4			
日照市	1		1							
莱芜市	1		1						1	
临沂市	272		27		245		9	1	7	
德州市	3		3				2		21	
聊城市	2				2		5		7	
滨州市	6	1	5	1	1		1		3	
菏泽市	4		3		1		12		13	
不详市										

死亡数分地区统计表(发病日期统计)　　　　(续表)

新生儿破伤风		猩红热		布氏杆菌病		淋病		梅毒	
发病数	死亡数	发病数	死亡数	发病数	死亡数	发病数	死亡数	发病数	死亡数
27	**4**	**1 324**		**108**		**4 553**		**2 352**	**1**
1		188		4		614		457	
		278		2		799		475	
		185		7		431		69	
2	1	11		1		126		60	
2		21		10		50		43	
1		247				481		247	1
2		126		2		476		178	
4	2	48		7		98		136	
		22				282		80	
		72		1		612		208	
		9		1		89		40	
		22				23		16	
10		19				269		104	
1		34		3		40		63	
1		23				47		21	
		8		4		72		121	
3	1	10		66		29		19	
		1				15		15	

2006年山东省甲、乙类法定传染病发病数/

地区	Ⅰ期梅毒		Ⅱ期梅毒		Ⅲ期梅毒		胎传梅毒		隐性梅毒	
	发病数	死亡数	发病数	死亡数	发病数	死亡数	发病数	死亡数	发病数	死亡数
山东省	**783**		**860**		**16**		**71**		**622**	**1**
济南市	119		243		4		14		77	
青岛市	172		152		3		16		132	
淄博市	23		13				1		32	
枣庄市	32		19		1		1		7	
东营市	14		16				1		12	
烟台市	93		97		4		2		51	1
潍坊市	83		47		2		5		41	
济宁市	34		45				3		54	
泰安市	36		27				4		13	
威海市	83		59		1		2		63	
日照市	14		16				3		7	
莱芜市	8		5				1		2	
临沂市	14		61				7		22	
德州市	18		27						18	
聊城市	5		5				4		7	
滨州市	26		16		1		7		71	
菏泽市	5		8						6	
不详市	4		4						7	

死亡数分地区统计表(发病日期统计)　　　　(续表)

钩体病		血吸虫病		疟疾		间日疟		恶性疟		疟疾(未分型)	
发病数	死亡数	发病数	死亡数	发病数	死亡数	发病数	死亡数	发病数	死亡数	发病数	死亡数
2		**2**		**137**		**80**		**8**		**49**	
				3						3	
				3		2				1	
				4		2				2	
				25		15				10	
		1		2		1				1	
				5		1		1		3	
				4		2		1		1	
				31		24				7	
				9		2				7	
				3		1		1		1	
				4		1		1		2	
				13		8		1		4	
1				2		1				1	
				2						2	
1		1		25		20		1		4	
				2				2			

2006年山东省甲、乙类法定传染病发病数/

疾病病种	今年发病数	今年死亡数	今年发病率(1/10万)	今年死亡率(1/10万)	今年病死率(%)	去年发病数
合　计	**119 814**	**357**	**129.56**	**0.39**	**0.30**	**128 062**
鼠疫						
霍乱						3
传染性非典型肺炎						
艾滋病	41	25	0.04	0.03	60.98	59
HIV	262	8	0.28	0.01	3.05	271
肝炎	48 154	52	52.07	0.06	0.11	46 464
甲肝	1 055		1.14			1 413
乙肝	41 835	39	45.24	0.04	0.09	39 733
丙肝	1 117	2	1.21	0	0.18	991
戊肝	1 068	6	1.15	0.01	0.56	964
肝炎(未分型)	3 079	5	3.33	0.01	0.16	3 363
脊髓灰质炎						
人禽流感						
麻疹	3 241	2	3.50	0	0.06	3 347
出血热	1 411	11	1.53	0.01	0.78	2 390
狂犬病	133	133	0.14	0.14	100.00	60
乙脑	249	14	0.27	0.02	5.62	163
登革热						
炭疽						2
肺炭疽						
皮肤炭疽						2
炭疽(未分型)						
痢疾	18 517	2	20.02	0	0.01	22 916
细菌性痢疾	18 470	2	19.97	0	0.01	22 875
阿米巴性痢疾	47		0.05			41

死亡数疫情分析报表统计表(发病日期统计)

去年死亡数	去年发病率(1/10万)	去年死亡率(1/10万)	去年病死率(%)	发病率增减(%)	死亡率增减(%)	病死率增减(%)
280	**139.28**	**0.30**	**0.22**	**−6.98**	**26.77**	**36.32**
	0			−100.00		
23	0.06	0.03	38.98	−31.00	8.00	56.42
9	0.29	0.01	3.32	−3.87	−11.22	−8.06
33	50.54	0.04	0.07	3.04	56.55	52.11
	1.54			−25.77		
27	43.21	0.03	0.07	4.68	43.54	37.06
	1.08			12.06		
3	1.05	0	0.31	10.14	96.97	80.53
3	3.66	0	0.09	−8.98	63.64	82.06
1	3.64	0	0.03	−3.73	100.00	106.35
27	2.60	0.03	1.13	−41.31	−59.52	−30.99
60	0.07	0.07	100.00	120.21	120.21	0
4	0.18	0.00	2.45	51.83	243.18	129.12
	0			−100.00		
	0			−100.00		
2	24.92	0	0.01	−19.66	0	24.14
2	24.88	0	0.01	−19.72	0	24.14
	0.04			13.90		

2006年山东省甲、乙类法定传染病发病数/

疾病病种	今年发病数	今年死亡数	今年发病率(1/10万)	今年死亡率(1/10万)	今年病死率(%)	去年发病数
肺结核	39 065	107	42.24	0.12	0.27	43 015
涂(+)	25 345	69	27.41	0.07	0.27	29 040
菌(一)	9 979	28	10.79	0.03	0.28	9 229
未痰检	3 694	10	3.99	0.01	0.27	4 695
仅培养阳性	47		0.05			51
伤寒、副伤寒	355	1	0.38	0	0.28	251
伤寒	84	1	0.09	0	1.19	76
副伤寒	271		0.29			175
流脑	49	5	0.05	0.01	10.20	96
百日咳	94		0.10			190
白喉						
新生儿破伤风	27	4	0.02	0	14.81	32
猩红热	1 324		1.43			874
布氏杆菌病	108		0.12			163
淋病	4 553		4.92			5 751
梅毒	2 352	1	2.54	0	0.04	2 161
Ⅰ期梅毒	783		0.85			744
Ⅱ期梅毒	860		0.93			868
Ⅲ期梅毒	16		0.02			16
胎传梅毒	71		0.08			53
隐性梅毒	622	1	0.67	0	0.16	480
钩体病	2		0			
血吸虫病	2		0			1
疟疾	137		0.15			124
间日疟	80		0.09			77
恶性疟	8		0.01			6
疟疾(未分型)	49		0.05			41

死亡数疫情分析报表统计表(发病日期统计)　　　　(续表)

去年死亡数	去年发病率(1/10万)	去年死亡率(1/10万)	去年病死率(%)	发病率增减(%)	死亡率增减(%)	病死率增减(%)
109	46.78	0.12	0.25	−9.71	−2.45	8.09
78	31.58	0.08	0.27	−13.23	−12.03	1.34
23	10.04	0.03	0.25	7.50	21.20	12.60
8	5.11	0.01	0.17	−21.78	24.14	58.86
	0.06			−8.47		
	0.27			40.62		
	0.08			9.79		
	0.19			53.97		
13	0.10	0.01	13.54	−49.23	−61.70	−24.65
1	0.21	0	0.53	−50.82	−100.00	−100.00
3	0.03	0	9.38	−17.16	32.00	58.02
	0.95			50.61		
	0.18			−34.12		
	6.25			−21.29		
3	2.35	0	0.14	8.21	−66.67	−69.38
1	0.81	0	0.13	4.63	−100.00	−100.00
1	0.94	0	0.12	−1.50	−100.00	−100.00
	0.02			−0.57		
1	0.06	0	1.89	33.33	−100.00	−100.00
	0.52			28.83		
	0			100.00		
1	0.13	0	0.81	9.79	−100.00	−100.00
	0.08			3.35		
1	0.01	0	16.67	33.85	−100.00	−100.00
	0.04			18.83		

2006 年山东省各市

报告地区	当年基础免疫累计应种人数													
	卡介苗	脊灰疫苗			百白破三联疫苗			麻疹疫苗	乙肝疫苗			流脑疫苗		乙脑疫苗
		1	2	3	1	2	3		1	2	3	1	2	
合计	**902 419**	**899 794**	**915 455**	**910 199**	**921 443**	**918 792**	**911 800**	**918 099**	**883 476**	**861 046**	**887 731**	**989 944**	**592 079**	**924 880**
济南市	58 604	57 908	59 522	58 356	60 374	60 184	58 787	58 456	58 224	57 544	56 895	72 762	64 336	68 876
青岛市	81 181	78 134	80 763	81 553	79 998	81 277	81 320	79 072	81 316	75 408	78 319	102 665	52 492	90 328
淄博市	41 045	37 947	38 540	38 672	40 239	40 046	39 619	38 994	40 491	36 645	37 150	40 788	16 327	40 531
枣庄市	36 791	34 826	35 606	35 691	36 327	36 464	35 761	36 419	36 256	33 579	35 602	34 046	16 961	29 044
东营市	16 742	15 421	15 759	15 881	15 706	15 703	15 837	16 289	16 839	15 612	16 202	21 315	20 253	18 415
烟台市	45 536	45 036	46 926	46 559	46 823	46 934	47 121	48 164	45 325	43 050	44 451	54 460	87 695	55 296
潍坊市	89 110	95 940	97 294	95 501	97 784	96 477	94 903	92 724	90 058	91 340	94 789	105 220	86 708	89 021
济宁市	91 007	90 856	91 493	91 955	91 004	90 860	91 294	94 296	89 432	90 087	91 386	93 456	51 203	97 416
泰安市	50 307	47 359	47 537	46 762	47 593	46 931	46 725	46 910	50 585	47 304	49 013	52 286	45 415	49 950
威海市	17 788	17 127	17 610	17 227	18 176	18 159	17 738	18 482	17 529	17 549	18 878	23 446	28 075	20 832
日照市	26 949	27 142	27 636	28 284	28 058	28 260	28 799	29 355	27 070	26 791	29 089	33 116	22 704	34 541
莱芜市	10 985	11 067	11 080	11 073	11 078	11 162	11 074	11 481	11 190	10 632	10 480	10 904	6 634	7 454
临沂市	103 813	104 505	106 407	105 937	108 709	108 363	108 311	112 200	101 529	103 697	106 651	115 303	26 651	105 770
德州市	58 138	56 876	57 742	57 017	57 921	57 336	55 717	54 779	56 283	53 666	53 878	65 402	27 531	67 920
聊城市	55 816	54 889	55 857	54 687	55 483	54 891	53 431	51 062	55 166	48 972	50 504	49 278	12 666	47 330
滨州市	36 892	39 113	40 288	39 909	40 314	40 275	40 424	40 805	37 107	36 531	39 986	47 843	26 428	38 421
菏泽市	81 715	85 648	85 395	85 135	85 856	85 470	84 939	88 611	69 076	72 639	74 458	67 654	0	63 735

基础免疫接种情况

当年基础免疫累计实种人数

卡介苗	脊灰疫苗			百白破三联疫苗			麻疹疫苗	乙肝疫苗				流脑疫苗		乙脑疫苗
	1	2	3	1	2	3		1	及时	2	3	1	2	
898 681	**894 473**	**910 925**	**905 609**	**916 657**	**914 853**	**907 525**	**912 096**	**881 378**	**851 194**	**858 764**	**885 036**	**963 053**	**583 594**	**908 027**
58 594	57 149	58 836	57 602	59 864	59 640	58 204	57 655	58 213	57 533	57 364	56 495	71764	61 871	66 006
81 108	78 079	80 705	81 498	79 926	81 212	81 258	78 960	81 242	79 637	75 364	78 299	10 2561	52 388	90 230
41 017	37 566	38 323	38 464	39 928	39 793	39 355	38 597	40 463	39 856	36 551	36 984	40 585	16 219	40 325
36 748	34 818	35 597	35 685	36 022	36 146	35 455	36 043	36 204	34 955	33 407	35 522	33 719	16 502	28 831
16 673	15 371	15 724	15 839	15 667	15 670	15 799	16 259	16 785	15 978	15 597	16 197	21 272	20 240	18 306
45 448	44 930	46 811	46 437	46 700	46 779	46 987	47 940	45 257	44 084	43 011	44 387	54 295	87 388	54 897
88 934	95 337	96 814	94 993	97 301	96 046	94 339	91 789	89 885	89 092	91 187	94 531	104 113	84 727	87 257
90 624	90 640	91 312	91 748	90 835	90 723	91 170	94 066	89 424	88 310	89 734	91 022	92 698	51 063	96 579
50 273	47 041	47 351	46 574	46 807	46 734	46 496	46 646	50 543	50 049	47 180	48 920	51 696	44 439	49 011
17 772	17 116	17 600	17 208	18 146	18 127	17 703	18 451	17 518	16 905	17 540	18 870	23 418	28 025	20 759
26 924	27 074	27 584	28 229	28 011	28 196	28 745	29 285	27 056	26 785	26 767	29 060	32 973	22 647	34 442
10 968	11 023	11 032	11 017	11 042	11 126	11 055	11 437	11 181	11 044	10 621	10 463	10 845	6 574	7 382
103 643	104 345	106 221	105 791	108 507	108 235	108 173	112 038	101 517	94 819	103 653	106 597	114 903	26 435	105 144
58 025	56 784	57 667	56 953	57 839	57 256	55 647	54 616	56 273	55 820	53 647	53 852	65 259	27 433	67 636
54 883	54 003	55 135	54 015	54 688	54 196	52 698	49 874	54 332	45 168	48 211	49 708	47 063	12 312	44 737
36 884	38 134	39 325	38 916	39 957	39 935	40 060	40 408	37 102	35 973	36 486	39 915	46 982	25 331	37 719
80 163	85 063	84 888	84 640	85 417	85 039	84 381	88 032	68 383	65 186	72 444	74 214	48 907	0	58 766

2006年山东省各市基础免疫接种率情况

报告地区	当年基础免疫报告接种率(%)														
	卡介苗	脊灰疫苗			百白破三联疫苗			麻疹疫苗	乙肝疫苗				流脑疫苗		乙脑疫苗
		1	2	3	1	2	3		1	及时	2	3	1	2	
合计	**99.59**	**99.41**	**99.51**	**99.50**	**99.48**	**99.57**	**99.53**	**99.35**	**99.76**	**96.58**	**99.73**	**99.70**	**97.28**	**98.57**	**98.18**
济南市	99.98	98.69	98.85	98.71	99.16	99.10	99.01	98.63	99.98	98.83	99.69	99.30	98.63	96.17	95.83
青岛市	99.91	99.93	99.93	99.93	99.91	99.92	99.92	99.86	99.91	98.02	99.94	99.97	99.90	99.80	99.89
淄博市	99.93	99.00	99.44	99.46	99.23	99.37	99.33	98.98	99.93	98.50	99.74	99.55	99.50	99.34	99.49
枣庄市	99.88	99.98	99.97	99.98	99.16	99.13	99.14	98.97	99.86	96.55	99.49	99.78	99.04	97.29	99.27
东营市	99.59	99.68	99.78	99.74	99.75	99.79	99.76	99.82	99.68	95.19	99.90	99.97	99.80	99.94	99.41
烟台市	99.81	99.76	99.75	99.74	99.74	99.67	99.72	99.53	99.85	97.41	99.91	99.86	99.70	99.65	99.28
潍坊市	99.80	99.37	99.51	99.47	99.51	99.55	99.41	98.99	99.81	99.12	99.83	99.73	98.95	97.72	98.02
济宁市	99.58	99.76	99.80	99.77	99.81	99.85	99.86	99.76	99.99	98.75	99.61	99.60	99.19	99.73	99.14
泰安市	99.93	99.33	99.61	99.60	98.35	99.58	99.51	99.44	99.92	99.02	99.74	99.81	98.87	97.85	98.12
威海市	99.91	99.94	99.94	99.89	99.83	99.82	99.80	99.83	99.94	96.50	99.95	99.96	99.88	99.82	99.65
日照市	99.91	99.75	99.81	99.81	99.83	99.77	99.81	99.76	99.95	99.00	99.91	99.90	99.57	99.75	99.71
莱芜市	99.85	99.60	99.57	99.49	99.68	99.68	99.83	99.62	99.92	98.77	99.90	99.84	99.46	99.10	99.03
临沂市	99.84	99.85	99.83	99.86	99.81	99.88	99.87	99.86	99.99	93.40	99.96	99.95	99.65	99.19	99.41
德州市	99.81	99.84	99.87	99.89	99.86	99.86	99.87	99.70	99.98	99.19	99.96	99.95	99.78	99.64	99.58
聊城市	98.33	98.39	98.71	98.77	98.57	98.73	98.63	97.67	98.49	83.13	98.45	98.42	95.51	97.21	94.52
滨州市	99.98	97.50	97.61	97.51	99.11	99.16	99.10	99.03	99.99	96.96	99.88	99.82	98.20	95.85	98.17
菏泽市	98.10	99.32	99.41	99.42	99.49	99.50	99.34	99.35	99.00	95.32	99.73	99.67	72.29		92.20

2006年山东省各市加强免疫接种率情况

报告地区	当年加强免疫报告接种率(%)								
	脊灰疫苗	麻疹疫苗		百白破三联疫苗	白破二联疫苗	乙脑疫苗		流脑疫苗	
		1	2			1	2	1	2
合计	**98.84**	**98.83**	**96.20**	**98.83**	**95.29**	**97.94**	**96.09**	**97.67**	**96.22**
济南市	97.79	97.09	94.55	97.16	94.91	96.96	96.51	96.77	93.44
青岛市	99.70	99.87	99.29	99.87	99.16	99.75	99.12	99.53	99.25
淄博市	96.39	97.17	98.48	97.72	99.91	99.72	98.62	96.97	96.90
枣庄市	99.16	98.28	94.71	98.01	92.18	99.53	99.93	97.46	97.03
东营市	99.67	99.72	99.69	99.72	98.95	99.21	98.37	99.67	99.50
烟台市	99.18	99.39	96.15	99.38	95.81	98.95	96.76	98.02	93.96
潍坊市	95.98	98.09	90.01	97.96	94.24	95.00	90.16	95.43	93.57
济宁市	99.22	99.53	96.32	99.66	94.87	98.21	98.24	98.86	97.92
泰安市	99.21	99.27	94.43	99.34	92.81	97.09	91.38	96.14	93.86
威海市	99.49	99.77	99.59	99.73	99.55	99.63	99.57	99.56	99.23
日照市	99.28	99.42	99.78	99.68	99.63	99.63	99.64	98.93	98.20
莱芜市	99.73	99.77	99.73	99.70	88.82	98.71	98.86	99.77	99.61
临沂市	99.91	99.89	99.73	99.85	100.00	99.11	98.53	99.70	99.44
德州市	99.86	99.66	99.91	99.64	99.66	99.52	98.61	98.43	98.87
聊城市	98.04	96.74	98.56	96.89	99.81	96.64	97.34	98.31	97.41
滨州市	98.25	94.59	93.37	95.07	78.66	93.05	84.73	90.58	88.30
菏泽市	99.68	99.27		99.26					

2006年山东省各市

报告地区	本年加强免疫累计应种人数								
	脊灰疫苗	麻疹疫苗		百白破三联	白破二联	乙脑疫苗		流脑疫苗	
		1	2			1	2	1	2
合　计	**850 373**	**985 958**	**511 854**	**929 325**	**510 951**	**705 347**	**505 756**	**632 611**	**447 918**
济南市	54 368	66 728	41 819	64 791	58 058	63 884	40 190	45 364	23 036
青岛市	67 616	79 457	25 982	81 379	22 823	72 298	32 484	64 171	33 256
淄博市	49 283	33 778	7 122	37 831	9 758	19 938	12 100	24 725	26 276
枣庄市	32 242	38 107	22 774	33 332	15 734	25 317	19 552	23 700	12 511
东营市	20 072	18 739	16 087	18 500	15 891	15 781	13 407	13 906	12 179
烟台市	59 059	59 096	76 010	53 635	64 659	60 902	48 017	45 204	49 097
潍坊市	64 620	83 334	56 645	82 983	51 459	70 711	47 440	55 890	31 245
济宁市	83 104	93 882	76 525	88 747	64 889	79 981	75 040	92 663	59 106
泰安市	51 986	55 019	26 727	55 924	35 808	45 324	40 178	42 770	40 332
威海市	20 138	24 448	25 947	19 206	26 050	20 782	19 867	16 238	18 444
日照市	34 465	30 687	25 839	30 066	28 491	30 891	27 179	26 994	23 762
莱芜市	9 109	10 343	8 495	9 944	6 772	7 770	7 619	9 417	8 777
临沂市	103 193	165 066	12 114	128 474	14 982	68 601	31 846	54 393	18 140
德州市	46 229	55 624	31 972	52 672	32 173	43 794	36 109	45 540	39 332
聊城市	37 670	42 707	25 583	43 827	31 677	39 549	23 146	33 378	22 254
滨州市	41 830	43 569	32 213	42 217	31 727	39 824	31 582	38 258	30 171
菏泽市	75 389	85 374	0	85 797	0	0	0	0	0

加强免疫接种情况

本年加强免疫累计实种人数								
脊灰疫苗	麻疹疫苗		百白破三联	白破二联	乙脑疫苗		流脑疫苗	
	1	2			1	2	1	2
840 467	**974 443**	**492 388**	**918 462**	**486 897**	**690 791**	**485 985**	**617 874**	**430 971**
53 168	64 784	39 540	62 950	55 102	61 945	38 789	43 901	21 524
67 411	79 352	25 797	81 270	22 632	72 115	32 199	63 870	33 006
47 504	32 821	7 014	36 970	9 749	19 883	11 933	23 976	25 461
31 971	37 453	21 569	32 670	14 503	25 199	19 538	23 099	12 140
20 005	18 686	16 037	18 449	15 724	15 657	13 188	13 860	12 118
58 575	58 736	73 085	53 304	61 949	60 261	46 459	44 311	46 130
62 024	81 739	50 988	81 290	48 494	67 173	42 774	53 337	29 237
82 452	93 439	73 711	88 442	61 559	78 550	73 719	91 610	57 874
51 577	54 616	25 238	55 556	33 234	44 003	36 713	41 117	37 856
20 036	24 391	25 841	19 154	25 932	20 706	19 782	16 167	18 302
34 216	30 508	25 781	29 969	28 387	30 776	27 080	26 706	23 334
9 084	10 319	8 472	9 914	6 015	7 670	7 532	9 395	8 743
103 099	164 888	120 81	128 283	14 982	67 991	31 379	54 230	18 039
46 165	55 435	31 943	52 480	32 063	43 584	35 608	44 827	38 889
36 930	41 314	25 214	42 466	31 616	38 220	22 531	32 814	21 678
41 099	41 212	30 077	40 134	24 956	37 058	26 761	34 654	26 640
75 151	84 750	0	85 161	0	0	0	0	0

2006 年山东省碘

地区	县数			人口数			供碘盐		销售碘盐数量		高碘地		
	合计（个）	基本消除县（个）	消除县（个）	合计（万人）	基本消除县（个）	消除县（个）	县数（个）	人口数（万人）	计划供应（吨）	实际销售（吨）	县数（个）	县人口数（万人）	村数（个）
济南历下区	1		1	59.14		59.14	1	59.14	3 000	3 000			
济南市中区	1		1	56.22		56.22	1	56.22	3 000	3 000			
济南槐荫区	1		1	35.84		35.84	1	35.84	3 000	3 000			
济南天桥区	1		1	49.21		49.21	1	49.21	3 000	3 000			
济南历城区	1		1	90.5		90.5	1	90.5	3 000	3 000			
济南章丘市	1		1	99.08		99.08	1	99.08	3 000	3 000			
济南长清区	1		1	55.08		55.08	1	55.08	3 000	3 000			
济南平阴县	1		1	36.37		36.37	1	36.37	3 000	3 000			
济南商河县	1			59.8			1	59.8			1	59.8	448
济南济阳县	1			53.04			1	53.04					
青岛市南区	1		1	57.2		57.2	1	57.2	3 000	3 263			
青岛市北区	1		1	56.79		56.79	1	56.79	2 000	2 000			
青岛四方区	1		1	37.59		37.59	1	37.59	1 000	1 000			
青岛李沧区	1		1	28.07		28.07	1	28.07	1 000	1 000			
青岛城阳区	1		1	29.95		29.95	1	29.95	1 000	1 000			
青岛崂山区	1		1	23.64		23.64	1	23.64	1 000	1 000			

缺乏病防治工作情况

区	特需人群补碘油制剂				现症病人			病情监测				居民户碘盐监测				
	已婚育龄妇女		0～2岁儿童					8～10岁儿童								
									甲肿人数							
村人口数（万人）	总数（人）	补碘油人数（人）	总数（人）	补碘油人数（人）	甲状腺肿人数（人）	Ⅱ°甲肿人数（人）	克汀病人数（人）	检查人数（人）	Ⅰ°（人）	Ⅱ°（人）	尿碘中位数（μg/L）	检测份数（份）	合格碘盐（份）	碘盐合格率（%）	合格碘盐食用率（%）	非碘盐检出率（%）
												288	283	98.26	98.26	
												288	288	100	99.56	0.44
												288	267	94.35	92.71	1.74
												288	284	98.61	98.61	
												288	286	99.31	99.31	
												288	286	99.31	99.31	
												288	281	99.29	97.57	1.39
												288	288	100	100	
19.97																
												288	277	97.54	96.18	1.39
												258	251	99.60	97.29	2.33
												299	293	98.32	97.99	0.33
												288	247	95.47	95.14	0.35
												128	127	99.22	99.22	0
												192	181	98.37	94.27	4.17

2006年山东省碘

地区	县数			人口数			供碘盐		销售碘盐数量		高碘地		
	合计（个）	基本消除县（个）	消除县（个）	合计（万人）	基本消除县（个）	消除县（个）	县数（个）	人口数（万人）	计划供应（吨）	实际销售（吨）	县数（个）	县人口数（万人）	村数（个）
青岛黄岛区	1		1	44.66		44.66	1	44.66	720	789			
青岛即墨市	1		1	107.51		107.51	1	107.51	3 300	2 154			
青岛胶州市	1		1	76.44		76.44	1	76.44	2 200	1 245			
青岛胶南市	1		1	83.8		83.8	1	83.8	2 400	1 718			
青岛莱西市	1		1	72.1		72.1	1	72.1	2 180	1 227			
青岛平度市	1		1	134.04		134.04	1	134.04	3 300	1 685			
淄博张店区	1		1	87		87	1	87	3 600	3 700			
淄博淄川区	1		1	67.2		67.2	1	67.2	3 850	3 900			
淄博博山区	1		1	47.2		47.2	1	47.2	2 800	2 900			
淄博周村区	1		1	31.3		31.3	1	31.3	2 100	2 150			
淄博临淄区	1		1	58.9		58.9	1	58.9	3 400	3 470			
淄博桓台县	1		1	48.8		48.8	1	48.8	2 400	2 420			
淄博沂源县	1		1	55.3		55.3	1	55.3	3 250	3 280			
淄博高青县	1			35.9			1	35.9			1	35.9	91
枣庄市中区	1		1	49		49	1	49	2 500	2 450			
枣庄薛城区	1		1	40.65		40.65	1	40.65	3 800	3 500			
枣庄峄城区	1		1	35.2		35.2	1	35.2	1 700	1 620			
枣庄台儿庄区	1		1	28.8		28.8	1	28.8	1 580	1 600			
枣庄山亭区	1		1	46.9		46.9	1	46.9	2 330	2 280			
枣庄滕州市	1		1	156		156	1	156	9 300	9 500			

缺乏病防治工作情况　　（续表）

区村人口数（万人）	特需人群补碘油制剂：已婚育龄妇女 总数（人）	已婚育龄妇女 补碘油人数（人）	0～2岁儿童 总数（人）	0～2岁儿童 补碘油人数（人）	现症病人：甲状腺肿人数（人）	Ⅱ°甲肿人数（人）	克汀病人数（人）	病情监测 8～10岁儿童：检查人数（人）	甲肿人数 Ⅰ°（人）	甲肿人数 Ⅱ°（人）	尿碘中位数（μg/L）	居民户碘盐监测：检测份数（份）	合格碘盐（份）	碘盐合格率（%）	合格碘盐食用率（%）	非碘盐检出率（%）
												256	241	97.57	94.14	3.52
												288	263	100	91.32	8.68
												288	260	93.53	90.28	3.47
												288	265	100	92.01	7.99
												288	279	98.24	96.88	1.39
												288	266	93.33	92.36	1.04
					668	58						288	253	87.8	95.4	3
					3 187	2 396						288	276	95.83	94.7	3
					1 046	582	225					288	271	94.09	93	2.7
												288	258	89.6	94.4	1.6
					2 471	1 963						288	281	97.56	95.8	1
												288	258	89.6	94.4	1
					1 107	786	100					288	266	92	96.88	
30.1																
												288	287	99.65	99.65	
												224	222	100	99.11	0.89
												224	219	97.77	97.77	
												192	174	92.06	90.63	1.56
												288	272	96.8	94.44	2.43
												288	239	82.99	93.4	

2006 年山东省碘

地区	县数			人口数			供碘盐		销售碘盐数量		高碘地		
	合计（个）	基本消除县（个）	消除县（个）	合计（万人）	基本消除县（个）	消除县（个）	县数（个）	人口数（万人）	计划供应（吨）	实际销售（吨）	县数（个）	县人口数（万人）	村数（个）
烟台芝罘区	1		1	68.68		68.68	1	68.68	4 000	6 250			
烟台福山区	1		1	25.04		25.04	1	25.04	3 000	4 633			
烟台牟平区	1		1	47.28		47.28	1	47.28	2 000	1 732			
烟台莱山区	1		1	19.27		19.27	1	19.27	1 600	2 130			
烟台海阳市	1		1	67.04		67.04	1	67.04	2 800	771			
烟台龙口市	1		1	62.88		62.88	1	62.88	3 200	3 793			
烟台莱阳市	1		1	87.83		87.83	1	87.83	5 000	6 225			
烟台莱州市	1		1	86.03		86.03	1	86.03	4 000	1 512			
烟台蓬莱市	1		1	44.6		44.6	1	44.6	3 200	3 322			
烟台招远市	1		1	56.55		56.55	1	56.55	3 000	3 715			
烟台栖霞市	1		1	63.6		63.6	1	63.6	3 500	1 891			
烟台长岛县	1		1	4.42		4.42	1	4.42	200	133			
潍坊潍城区	1		1	47		47	1	47	2 000	2 000			
潍坊奎文区	1		1	34.8		34.8	1	34.8	1 800	1 800			
潍坊昌邑市	1		1	68		68	1	68	3 200	3 170			
潍坊安丘市	1		1	104		104	1	104	5 875	7 232			
潍坊寒亭区	1		1	33.76		33.76	1	33.76	880	915			
潍坊青州市	1		1	90		90	1	90	4 900	5 000			
潍坊昌乐县	1		1	60		60	1	60	3 250	2 708			
潍坊坊子区	1		1	24		24	1	24	660	660			

缺乏病防治工作情况 （续表）

区	特需人群补碘油制剂				现症病人			病情监测				居民户碘盐监测				
	已婚育龄妇女		0～2岁儿童					8～10岁儿童								
村人口数（万人）	总数（人）	补碘油人数（人）	总数（人）	补碘油人数（人）	甲状腺肿人数（人）	Ⅱ°甲肿人数（人）	克汀病人数（人）	检查人数（人）	甲肿人数 Ⅰ°（人）	甲肿人数 Ⅱ°（人）	尿碘中位数（μg/L）	检测份数（份）	合格碘盐（份）	碘盐合格率（%）	合格碘盐食用率（%）	非碘盐检出率（%）
												128	124	98.41	96.88	1.56
												192	188	98.43	97.92	0.52
												288	284	100	98.61	1.39
												288	265	98.88	92.01	6.94
												288	271	99.27	94.1	5.21
												288	274	99.28	95.14	4.17
												288	260	95.9	81.25	15.28
												288	288	100	100	0
												288	288	100	100	0
												288	279	97.21	96.88	0.35
												192	189	98.44	98.44	0
	74 087		6 894									224	182	81.25	81.25	0.45
	3 000		10 400									288	286	99.3	99	
					32							288	234	97.1	81.25	15.32
	232 049		24 156									288	278	96.88	96.53	3.47
	3 525		9 684		3 387	976	27					288	265	96.01	92.01	4.17
	194 280		15 308		3 846		33					288	235	95	82	14
	121 833		15 872									288	274	95.13	95.13	4.87
	67 450		4 700		12 600	3 150						256	214	97.29	83.59	14.06

2006 年山东省碘

地区	县数			人口数			供碘盐		销售碘盐数量		高碘地		
	合计（个）	基本消除县（个）	消除县（个）	合计（万人）	基本消除县（个）	消除县（个）	县数（个）	人口数（万人）	计划供应（吨）	实际销售（吨）	县数（个）	县人口数（万人）	村数（个）
潍坊临朐县	1		1	85.2		85.2	1	85.2	4 800	4 765			
潍坊寿光市	1		1	102		102	1	102	3 000	2 000			
潍坊高密市	1		1	85.4		85.4	1	85.4	4 650	7 000			
潍坊诸城市	1		1	105		105	1	105	5 900	6 380			
济宁市中区	1		1	41.03		41.03	1	41.03	2 500	2 200			
济宁任城区	1		1	58.6		58.6	1	58.6	3 600	3 500			
济宁兖州市	1		1	60.83		60.83	1	60.83	3 300	2 920			
济宁曲阜市	1		1	62.78		62.78	1	62.78	3 240	3 260			
济宁邹城市	1		1	113		113	1	113	5 540	6 000			
济宁泗水县	1		1	59.1		59.1	1	59.1	3 300	3 000			
济宁嘉祥县	1		1	76.27		76.27	1	76.27	4 000	4 000	1	76.27	
济宁汶上县	1		1	73.12		73.12	1	73.12	4 200	4 020			
济宁梁山县	1			71			1	71			1	71	
济宁金乡县	1			60.27			1	60.27					
济宁鱼台县	1			43.83			1	43.83					
济宁微山县	1			66			1	66			1	66	
泰安岱岳区	1		1	96.33		96.33	1	96.33	3 970	4 105			
泰安东平县	1		1	77.05		77.05	1	77.05	3 675	3 875			
泰安肥城市	1		1	96.49		96.49	1	96.49	4 805	5 205			

缺乏病防治工作情况 （续表）

区	特需人群补碘油制剂				现症病人			病情监测				居民户碘盐监测				
	已婚育龄妇女		0～2岁儿童					8～10岁儿童								
村人口数（万人）	总数（人）	补碘油人数（人）	总数（人）	补碘油人数（人）	甲状腺肿人数（人）	Ⅱ°甲肿人数（人）	克汀病人数（人）	检查人数（人）	甲肿人数 Ⅰ°（人）	甲肿人数 Ⅱ°（人）	尿碘中位数（μg/L）	检测份数（份）	合格碘盐（份）	碘盐合格率（%）	合格碘盐食用率（%）	非碘盐检出率（%）
	172 010		20 715				4					288	244	84.72	84.72	
					3 692	28						288	259	90	52.43	33.33
												288	274	95.14	95.14	4.86
					2 137							288	276	96	96	3.82
					0	0	0					288	288	100	100	
					35	26	0					224	223	99.5	99.5	
					5 621	990	0					288	288	100	100	
					660	671	0					288	288	84.5	87.2	
					37 560	4 578	223					186	173	93.01	93.01	
					2 702	2 654	0					230	199	86.52	86.52	1.74
					0	0	0					278	277	99.8	99.8	
					13	2	0					288	288	100	100	2.25
												138	113	81.8		
												288	267	92.7	100	
												288	287	99	92.7	
					6 414	6	0					288	288	100	100	
					48 700	51	0					288	287	99	99	

2006 年山东省碘

地区	县数			人口数			供碘盐		销售碘盐数量		高碘地		
	合计（个）	基本消除县（个）	消除县（个）	合计（万人）	基本消除县（个）	消除县（个）	县数（个）	人口数（万人）	计划供应（吨）	实际销售（吨）	县数（个）	县人口数（万人）	村数（个）
泰安宁阳县	1		1	80.67		80.67	1	80.67	3 935	4 135			
泰安泰山区	1		1	62.07		62.07	1	62.07	3 805	4 105			
泰安新泰市	1		1	134.84		134.84	1	134.84	6 810	5 800			
威海环翠区	1		1	58.9		58.9	1	58.9	2 400	3 229			
威海荣成市	1		1	66		66	1	66	2 450	2 450			
威海文登市	1		1	66.8		66.8	1	66.8	2 000	2 000			
威海乳山市	1		1	57.65		57.65	1	57.65	2 580	2 650			
滨州邹平县	1		1	71.35		71.35	1	71.35	3 900	3 800	1	71.35	112
滨州博兴县	1		1	47.44		47.44	1	47.44	2 900	2 900	1	47.44	116
滨州滨城区	1			61.31			1	61.31	3 700	3 730	1	61.31	250
滨州惠民县	1			62			1	62	3 000	2 600	1	62	464
滨州阳信县	1			43.27			1	43.27	2 360	2 000	1	43.27	264
滨州无棣县	1			43.4			1	43.4	2 100	2 000	1	43.4	38
滨州沾化县	1			38.4			1	38.4	98	90			
临沂罗庄区	1		1	42		42	1	42	2 300	2 300			
临沂郯城县	1		1	97.6		97.6	1	97.6	5 000	55 000			
临沂兰山区	1		1	87		87	1	87	2 900	2 700			
临沂河东区	1		1	59.8		59.8	1	59.8	2 100	1 400			
临沂蒙阴县	1		1	63		53	1	53	2 900	3 340			

缺乏病防治工作情况 （续表）

区村人口数（万人）	特需人群补碘油制剂 已婚育龄妇女 总数（人）	补碘油人数（人）	0～2岁儿童 总数（人）	补碘油人数（人）	现症病人 甲状腺肿人数（人）	Ⅱ°甲肿人数（人）	克汀病人数（人）	病情监测 8～10岁儿童 检查人数（人）	甲肿人数 Ⅰ°（人）	Ⅱ°（人）	尿碘中位数（μg/L）	居民户碘盐监测 检测份数（份）	合格碘盐（份）	碘盐合格率（%）	合格碘盐食用率（%）	非碘盐检出率（%）
					3 664	4	0					288	288	100	100	
					1 064	2	0					256	249	97.26	97	1
					11 734	12	0					288	287	99.65	99	
												288	238	86.86	82.64	4.86
					43							288	270	95.07	93.75	1.39
					59							288	270	82.49	73.61	10.76
					51							288	267	92.7	92.7	3.47
8.53					3							288	282	97.92	97.92	
6.03												288	288	100	100	
9.96												20	20	100	100	
19.65												92	85	92.4	92.4	
14.71												135	126	94	94	
3.25												150	145	96.6	96.6	3.3
												198	190	95.96	95.96	
		0	0	0	0	0	0					288	256	89	89	0
		0	0	0	0	0	0					288	278	96.53	96.53	0
		83 600	0	0	0	0	0					288	266	87	87	0
		0	19 200	0	0	0	0					288	279	98.94	98.94	2.08
		0	0	0	0	0	0					288	274	95.1	95.1	1.3

2006 年山东省碘

地区	县数			人口数			供碘盐		销售碘盐数量		高碘地		
	合计（个）	基本消除县（个）	消除县（个）	合计（万人）	基本消除县（个）	消除县（个）	县数（个）	人口数（万人）	计划供应（吨）	实际销售（吨）	县数（个）	县人口数（万人）	村数（个）
临沂苍山县	1		1	118.02		118.02	1	118.02	4 127	4 127			
临沂平邑县	1		1	98.2		98.2	1	98.2	5 900	5 800			
临沂费县	1		1	92		92	1	92	5 000	4 800			
临沂临沭县	1		1	63.4		63.4	1	63.4	3 500	3 460			
临沂沂南县	1		1	91.5		91.5	1	91.5	2 800	2 750			
临沂沂水县	1		1	111.05		111.05	1	111.05	10 000	9 000			
临沂莒南县	1		1	99.2		99.2	1	99.2	5 350	5 600			
日照东港区	1		1	56.61		56.61	1	56.61	8 000	8 000			
日照莒县	1		1	110.15		110.15	1	110.15	4 500	4 000			
日照五莲市	1		1	50.91		50.91	1	50.91	3 200	32 086			
日照岚山区	1		1	41.3		41.3	1	41.3	2 000	2 000			
莱芜莱城区	1		1	100.23		100.23	1	100.23	5 200	5 200			
莱芜钢城区	1		1	23.1		23.1	1	23.1	1 700	1 700			
菏泽牡丹区	1			123					5 000	5 300	1	123	1 757
菏泽单县	1			116					5 000	4 500	1	116	2 548
菏泽成武县	1			62.9					2 800	2 600	1	62.9	1 100
菏泽曹县	1			142					5 500	5 400	1	142	1 418
菏泽定陶县	1			59.6					3 300	3 500	1	59.6	1 044
菏泽巨野县	1			90.06					4 800	4 860	1	90.06	1 060

缺乏病防治工作情况　　　　　　　　(续表)

区		特需人群补碘油制剂				现症病人			病情监测				居民户碘盐监测				
	村人口数（万人）	已婚育龄妇女		0～2岁儿童		甲状腺肿人数（人）	Ⅱ°甲肿人数（人）	克汀病人数（人）	8～10岁儿童				检测份数（份）	合格碘盐（份）	碘盐合格率（%）	合格碘盐食用率（%）	非碘盐检出率（%）
		总数（人）	补碘油人数（人）	总数（人）	补碘油人数（人）				检查人数（人）	甲肿人数 Ⅰ°（人）	甲肿人数 Ⅱ°（人）	尿碘中位数（μg/L）					
			0	0	0	0	0	0					288	275	95.49	95.49	0
			500	25 000	18 000	0	0	0					288	276	95.8	95.8	0
			0	0	0	0	0	0					288	280	97.22	97.22	2.08
			0	0	0	0	0						288	276	95.8	95.8	0
			0	25 000	7 500	0	0	0					288	272	94.4	94.4	0.174
			14 000	28 179	16 000	0	0	0					288	265	92	92	0
			0	18 200	14 600	0	0	0					288	287	99.65	99.65	0
						1 180							288	288	100	100	
						2 447		25					288	284	98.61	98.61	0
						4 008	195						288	273	94.79	94.79	1.04
													288	268	93	99.3	
													288	261	91	91	
	123																
	116																
	62.9																
	142																
	59.6																
	90.06																

2006 年山东省碘

地区	县数			人口数			供碘盐		销售碘盐数量		高碘地		
	合计（个）	基本消除县（个）	消除县（个）	合计（万人）	基本消除县（个）	消除县（个）	县数（个）	人口数（万人）	计划供应（吨）	实际销售（吨）	县数（个）	县人口数（万人）	村数（个）
菏泽郓城县	1			109					5 000	4 200	1	109	1 394
菏泽鄄城县	1			77					3 500	3 000	1	77	1 184
菏泽东明县	1			70.07					3 300	2 300	1	70.07	929
德州陵县	1			54.52			1	54.52	2 761	302	1	54.52	
德州宁津县	1			46.24			1		2 307	251	1	45.24	
德州庆云县	1			30.25			1	29.25	1 480	106	1	29.25	
德州临邑县	1			51.05			1	51.05	2 600	260			
德州齐河县	1			60.13			1	60.13	3 060	306	1	60.13	
德州平原县	1			44.13			1	44.13	2 244	246	1	44.13	
德州夏津县	1			48.02			1	48.02	2 448	268	1	48.02	
德州武城县	1			36.81			1	36.81	1 877	201	1	36.81	
德州乐陵市	1			63.39			1	63.39	3 213	300	1	63.39	
德州禹城市	1			49.98			1	49.98	2 548	301	1	49.98	
德州德城区	1			56.21			1		2 862	461	1	53.21	
东营东营区	1		1	49.4		49.4	1	49.4	470	530			
东营河口区	1		1	22.6		22.6	1	22.6	400	410			
东营垦利县	1		1	31		31	1	31	450	440			
东营利津县	1		1	20.8		20.8	1	20.8	400	405			
东营广饶县	1		1	47.95		46.65	1	46.65	480	515			

缺乏病防治工作情况　　（续表）

区	特需人群补碘油制剂				现症病人			病情监测				居民户碘盐监测				
	已婚育龄妇女		0～2 岁儿童					8～10 岁儿童								
村人口数（万人）	总数（人）	补碘油人数（人）	总数（人）	补碘油人数（人）	甲状腺肿人数（人）	Ⅱ°甲肿人数（人）	克汀病人数（人）	检查人数（人）	甲肿人数 Ⅰ°（人）	甲肿人数 Ⅱ°（人）	尿碘中位数（μg/L）	检测份数（份）	合格碘盐（份）	碘盐合格率（%）	合格碘盐食用率（%）	非碘盐检出率（%）
109																
77																
70.07																
												288	270	93.7	95.2	
												280	280	100	94.3	
												200	200	100	97.1	
												280	275	98.2	90	
												160	160	100	98	

2006 年山东省碘

地区	县数			人口数			供碘盐		销售碘盐数量		高碘地		
	合计（个）	基本消除县（个）	消除县（个）	合计（万人）	基本消除县（个）	消除县（个）	县数（个）	人口数（万人）	计划供应（吨）	实际销售（吨）	县数（个）	县人口数（万人）	村数（个）
聊城东昌府区	1			101.2							1	101.2	
聊城临清市	1			72.2							1	72.2	653
聊城阳谷县	1			74.5							1	74.5	
聊城莘县	1			42							1	42	
聊城茌平县	1			56							1	56	
聊城东阿县	1			41.79							1	41.79	
聊城冠县	1			74							1	74	
聊城高唐县	1			47.5							1	47.5	
合　计	140	0	100	9 032.77	0	6 483.7	123	7 559.2	394 570	442 387	38	2 481.24	

缺乏病防治工作情况　　（续表）

区	特需人群补碘油制剂				现症病人			病情监测				居民户碘盐监测					
村人口数（万人）	已婚育龄妇女		0～2岁儿童		甲状腺肿人数（人）	Ⅱ°甲肿人数（人）	克汀病人数（人）	8～10岁儿童				检测份数（份）	合格碘盐（份）	碘盐合格率（%）	合格碘盐食用率（%）	非碘盐检出率（%）
	总数（人）	补碘油人数（人）	总数（人）	补碘油人数（人）				检查人数（人）	甲肿人数 Ⅰ°（人）	甲肿人数 Ⅱ°（人）	尿碘中位数（μg/L）					
					160 131	19 130	637					27 480	26 051	94.8	91	4.1

2006 年山东省地方性氟中毒

地区	病区范围								现症病人					
	县数（个）	县人口数（万人）	村数（个）				村人口数（万人）	基本控制县数（个）	氟斑牙人数（人）	氟骨症人数（人）	当年			
			合计	轻病区	中病区	重病区					合计	轻病区	中病区	重病区
济南历城区	1	90.5	3	3	0	0	0.23	1		0	3	3		
济南章丘市	1	99.08	59	40	19	0	5.22	1	16 661	0				
济南长清区	1	55.08	46	45	1	0	2.86	1		0	46	45	1	
济南商河县	1	59.8												
济南济阳县	1	53.04	130	98	30	2	11.6				1		1	
青岛黄岛区	1	44.66	3	1	2		1.11	1	6 450					
青岛城阳区	1	29.95	39	15	12	12	6.457	1	31 037	13 387				
青岛即墨市	1	107.51	182	106	72	4	16.23	1	58 000	2 300				
青岛胶州市	1	76.44	118	48	54	16	8.463 5	1	35 200	3 454				
青岛胶南市	1	83.8	12	9	3		0.928 7	1	7 400	89				
青岛莱西市	1	72.1	114	24	69	21	8.92	1	62 300					
青岛平度市	1	134.04	697	76	485	136	51.71	1	243 000	279 000				
淄博张店区	1	87	21	19	2		2.12	1	1 480	5				
淄博博山区	1	47.2	3	2	1		0.45							
淄博周村区	1	31.3	10	10			1.26		3 600					
淄博临淄区	1	58.9	18	16	2		1.86		15 900					

(水型)防治工作情况

已改水村数(个)								病情监测				
	总计								病情			
									氟斑牙		氟骨症	
受益人口(万人)	合计	轻病区	中病区	重病区	正常使用村数	重病区正常使用村数	实际受益人口(万人)	监测点数(个)	检查人数(人)	病人数(人)	检查人数(人)	病人数(人)
0.23	3	3	0	0	2	0	0.2					
	48	34	14	0	20	0	2.46					
2.86	46	45	1	0	34	0	2.8					
		0		0		0						
3	1	0	1	0		0	0					
	3	1	2		3	0	1.111					
	39	15	12	12	39	12	6.457					
	182	106	72	4	182	4	16.23	1	4 586	510		
	110	48	54	16	118	16	8.463 5	1	3 516	704		
	12	9	3		12	0	0.928 7					
	114	24	69	21	114	21	8.92	1	931	352		
	697	79	485	136	679	136	51.71	1	6 793	3 073		
	21	19	2		12		1.39					
	2	2			1		0.2					
	10	10			2		0.26					
	18	16	2		6		0.97					

2006年山东省地方性氟中毒

地区	病区范围								现症病人		当年			
	县数（个）	县人口数（万人）	村数（个）				村人口数（万人）	基本控制县数（个）	氟斑牙人数（人）	氟骨症人数（人）				
			合计	轻病区	中病区	重病区					合计	轻病区	中病区	重病区
淄博桓台区	1	48.8	304	208	82	14	37.88	1	300 500	6 698				
淄博沂源县	1	55.3	17	15	2		0.75		3 100	2				
淄博高青县	1	35.9	120	89	31		6.96		200					
枣庄峄城区	1	35.2	59	12	15	32	3.6		800	120				
枣庄台儿庄区	1	28.8	62	28	29	5	3.16		20 400	254				
枣庄山亭区	1	46.9	2	2			0.22		1 010	5				
烟台牟平区	1	47.28	21	11	10		1.64	1	2 359	13				
烟台福山区	1	25.04	6	6			0.51	1	2 664					
烟台莱山区	1	19.27	1	1			0.12		0					
烟台蓬莱市	1	44.6	28	27	1		2.01	1	7 179	8				
烟台招远市	1	56.55	8	5	3		0.47	1	1 669	4				
烟台栖霞市	1	63.6	5	4	1		0.7	1	4 085	4				
烟台莱州市	1	86.03	13	4	9		1.46	1	3 076					
烟台莱阳市	1	87.83	23	16	7		2.08	1	8 102					
烟台龙口市	1	62.88	7	7			0.74	1	2 580					
潍坊潍城区	1	47	130	20	110		16.79	1	10					
潍坊昌邑市	1	68	591	411	166	14	44	1	7 600		6	6		
潍坊安丘市	1	104	20	12	8		1.09	1						
潍坊寒亭区	1	33.76	241	191	42	8	26.77	1	66 224	89	73	35	35	3
潍坊青州市	1	90	160	146	14		12	1	61 846					

(水型)防治工作情况 (续表)

	已改水村数(个)							病情监测				
	总计								病情			
									氟斑牙		氟骨症	
受益人口(万人)	合计	轻病区	中病区	重病区	正常使用村数	重病区正常使用村数	实际受益人口(万人)	监测点数(个)	检查人数(人)	病人数(人)	检查人数(人)	病人数(人)
	294	198	82	14	295	11	35.12	1	7 661	2 721		
	9	7	2		4		0.27					
	120	107	13		57		3.698 7					
	61	21	10	30	60	27	3.1					
	62	28	29	5				1	1 043	368		
	21	11	10		11		0.75					
	6	6			4		0.32					
	1	1			1		0.12					
	28	27	1		16		1.42					
	8	5	3		2		0.21					
	5	4	1		4		0.59					
	13	4	9		13		1.46					
	23	16	7		17		1.57					
	7	7			2		0.38					
	80	20	60		75		7.5					
1.5	438	273	151	14	390	13	32	1	18 354	4 384		
0.5	16	8	8		14		0.76					
	357	264	82	8	338	8	28.88	1	1 819	747		
5.3	131	117	14		125		11					

2006年山东省地方性氟中毒

地区	病区范围								现症病人					
			村数(个)								当年			
	县数(个)	县人口数(万人)	合计	轻病区	中病区	重病区	村人口数(万人)	基本控制县数(个)	氟斑牙人数(人)	氟骨症人数(人)	合计	轻病区	中病区	重病区
潍坊昌乐县	1	60	41	40	1		2.5	1						
潍坊坊子区	1	24	160	145	15		15	1						
潍坊寿光市	1	102	564	324	226	14	60	1	3 560	12	9		8	1
潍坊高密市	1	85.4	824	415	195	214	64.2	1	2 230	2 657	1	1		
潍坊诸城市	1	105	21	19	2		1.2	1	12 892		15	42	43	4
潍坊海化区	1	6.5	33		33		2.893 4							
潍坊奎文区	1	34.8	16	15	1		1.095							
济宁市中区	1	41.03	34	34			2.029 7		9 000	279				
济宁任城区	1	58.6	299	218	61	20	30.26		513	0				
济宁兖州市	1	60.83	64	61	3		5.953		5 534					
济宁曲阜市	1	62.78	12	7	5		1.67		7 034					
济宁邹城市	1	113	76	63	12	1	8.84	1	19 398	188				
济宁微山县	1	66	110	87	20	3	9.398 9	1						
济宁鱼台县	1	43.83	242	182	57	3	13.149 5		2 350	490				
济宁金乡县	1	60.27	316	291	54	1	23.536 5		44 000	1 600				
济宁嘉祥县	1	76.27	597	290	238	69	51.418 1		180 000	15 000				
济宁泗水县	1	59.1	20	20			1.199 5		5 316	161				
济宁汶上县	1	73.12	230	219	10	2	28.333		5 011	0				
济宁梁山县	1	71	220	83	108	29	17.707 2		74 732	788				
泰安岱岳区	1	96.33	37	22	13	2	3.716 3		31 006	2 240				
泰安东平县	1	77.05	7	7	0	0	0.87		0	0				

(水型)防治工作情况 (续表)

已改水村数(个)								病情监测				
	总计								病情			
									氟斑牙		氟骨症	
受益人口(万人)	合计	轻病区	中病区	重病区	正常使用村数	重病区正常使用村数	实际受益人口(万人)	监测点数(个)	检查人数(人)	病人数(人)	检查人数(人)	病人数(人)
	32	31	1		32		1.8					
	160	145	15		160		15					
2.2	645	231	130	284	541	244	40	1	4 353	1 894		
0.023	14	13	1		4		3 800	1	2 941	1 190		
9.7	1 873	1 002	462	306	1 678	265	137.32					
	33		33		33		6.292 1					
	7	6	1		5		0.449 1					
	34	34			34		2.124					
	283	206	58	19	206	18	25.519 7	1	2 019	125		
	64	61	3		64		6.492					
	12	7	5		5		0.118 2					
	72	60	11	1	54	1	8.610 8					
	110	87	20	3	72	3	9.398 9					
	144	100	41	3	34	0	3.6					
	162	107	54	1	29	1	1.565 1					
	343	151	134	58	131	45	24	1	19 011	6 505		
	19	18	1		6		1.148 2					
	111	103	8	0	71	0	12.865 2					
	180	90	65	25	61	25	12	1	1 785	636		
	31	20	9	2	23	2	4.325 1					
	7	7	0	0	7	0	0.818 2					

2006 年山东省地方性氟中毒

地区	病区范围								现症病人					
	县数（个）	县人口数（万人）	村数（个）				村人口数（万人）	基本控制县数（个）	氟斑牙人数（人）	氟骨症人数（人）	当年			
			合计	轻病区	中病区	重病区					合计	轻病区	中病区	重病区
泰安肥城市	1	96.49	68	53	13	2	4.325 1	1	31 006	2 240				
泰安宁阳县	1	80.67	76	47	29		6.871 7		51 500	1 700				
泰安新泰市	1	134.84	3	3	0	0	0.432 5		14 760	92				
威海环翠区	1	58.9	7	2	5		1.66	1	1 318					
威海文登市	1	66.8	3	2		1	0.183 8	1	345	6				
滨州邹平县	1	71.35	231	203	26	2	19.07	1						
滨州博兴县	1	47.44	77	27	18	32	10.12	1	11 255					
滨州滨城区	1	61.31	49	11	20	18	3.96	1	2 431					
滨州惠民县	1	62	167	41	107	19	10.8		31 000					
滨州阳信县	1	43.27	368	200	113	55	14.24				20	5	10	5
滨州无棣县	1	43.4	21	4	17	0	1.93				4		4	
滨州沾化县	1	38.4	94	29	31	34	28.57				94	29	31	34
德州陵县	1	54.52	17	7			1.056	1	232					
德州宁津县	1	46.24	12	8	4		0.651		140					
德州庆云县	1	30.25	19	14	5		2.419		531					
德州临邑县	1	51.05	32	7			0.826		181					
德州齐河县	1	60.13	10	7	3		0.62		136					
德州平原县	1	44.13	2	2			0.27		60					
德州夏津县	1	48.02	65	1	13	6	3.459		773					
德州武城县	1	36.81	20		10	10	5.194		1 142					

(水型)防治工作情况 （续表）

已改水村数(个)								病情监测				
	总计								病情			
									氟斑牙		氟骨症	
受益人口（万人）	合计	轻病区	中病区	重病区	正常使用村数	重病区正常使用村数	实际受益人口（万人）	监测点数（个）	检查人数（人）	病人数（人）	检查人数（人）	病人数（人）
	68	55	10	3	34	3	0.648 2	1	573	64		
	42	22	20	0	24	0	5.078 1					
	3	3	0	0	2	0	0.264 3					
	14	4	6	4	14	4	1.66					
	3	2		1	3	1	0.183 8					
	164	139	23	2	111	1	9.2					
	77	27	18	32	35	0	18.1	1	890	515		
	33	13	7	13	30	12	3.2					
						0		1	1 030	27		
0.75	65	30	30	20	72	20	11.75					
0.4	13	10	10		13	0	1.16					
10.6	91	30	30	33	91	33	9.9					
	7	7			6		0.477					
	12	8	4		5		0.295					
	19	14	5		12		1.515					
	7	7			7		0.826					
	10	7	3		6		0.463					
	2	2			2		0.27					
	3	1	2									
	9		9									

2006 年山东省地方性氟中毒

地区	病区范围								现症病人		当年			
	县数（个）	县人口数（万人）	村数（个） 合计	轻病区	中病区	重病区	村人口数（万人）	基本控制县数（个）	氟斑牙人数（人）	氟骨症人数（人）	合计	轻病区	中病区	重病区
德州乐陵市	1	63.39	21	19	1	1	1.268		278					
德州禹城市	1	49.98	2	2			0.43		94					
德州德城区	1	56.21	33		2	2	0.565		124					
聊城东昌府区	1	101.2	29	21	8		26.47		4 873	212				
聊城临清市	1	72.2	18	6	12		1.35	1	7 785	257				
聊城阳谷县	1	74.5	70	51	14	5	5.74		12 109	113				
聊城莘县	1	42	22	21	1		6.75		2 768	336				
聊城茌平县	1	56	26	17	9		1.79		4 675	25				
聊城东阿县	1	41.79	61	55	5	1	3.78		362	201				
聊城冠县	1	74	59	46	13		4.74		20 529	216				
聊城高唐县	1	47.5	36	11			1.32	1	4 936	237				
临沂兰山区	1	87	96	79	17	0	10.34	1	5 500	0	0	0	0	0
临沂河东区	1	59.8	112	72	36	4	14.3	0	0	0	0	0	0	0
临沂沂水县	1	111.05	4	1	3	0	2 328	1	568	0	4	1	3	0
临沂苍山县	1	118.02	36	20	16	0	2.06	0	7 800	446	0	0	0	0
临沂郯城县	1	97.6	12	8	4	0	1.662 2	0	5 463	147	0	0	0	0
临沂平邑县	1	98.2	1	1	0	0	0.1	1	700	15	0	0	0	0
临沂费县	1	92	5	4	1	0	0.67	1	1 015	0	0	0	0	0
临沂临沭县	1	63.4	18	14	4	0	1.6	0	2 040	73	0	0	0	0
临沂沂南县	1	91.5	12	7	1	4	1	0	0	0	12	7	1	4
临沂莒南县	1	99.2	57	48	9	0	5.3	1	123	4	0	0	0	0

(水型)防治工作情况　　　　(续表)

已改水村数(个)								病情监测				
	总计								病情			
								监测点数(个)	氟斑牙		氟骨症	
受益人口(万人)	合计	轻病区	中病区	重病区	正常使用村数	重病区正常使用村数	实际受益人口(万人)		检查人数(人)	病人数(人)	检查人数(人)	病人数(人)
	21	19	1	1	17		1.091					
	2	2										
	4		2	2								
	33	28	5		25		21.4					
	18	6	12		18		1.35					
	60	34	22	4	45	3	4.61					
	80	56	23	1	68	1	6.28					
	16	9	7		10		1.56					
	39	33	5	1	23	1	2.06					
	56	41	15		47		4.74					
	11	11			11		1.32					
0	36	28	8	0	6	0	0.9					
0	38	21	14	3	22		1.95	1	1 830	1 318		
20.34	4	1	3	0	4	0	2 034					
0	0	0	0	0	0	0	0					
0	0	0	0	0	0	0	0					
0	0	0	0	0	0	0	0					
0	4	3	1	0	3	0	0.5					
0	3	2	1	0	2	0	1.6					
1	12	7	1	4	8	3	0.65					
0	57	48	9	0	48	0	4.3					

2006年山东省地方性氟中毒

地区	病区范围								现症病人		当年			
	县数（个）	县人口数（万人）	村数（个）				村人口数（万人）	基本控制县数（个）	氟斑牙人数（人）	氟骨症人数（人）				
			合计	轻病区	中病区	重病区					合计	轻病区	中病区	重病区
菏泽牡丹区	1	123	237	102	137	4	24.85		2 877	357				
菏泽单县	1	116	389	218	133	38	27.35		113 869	3 820				
菏泽成武县	1	62.9	276	106	160	10	18.68		17 445	3				
菏泽曹县	1	142	140	93	24	23	9.57		10 186	525				
菏泽定陶县	1	59.6	98	36	54		9.6		10 576					
菏泽巨野县	1	90.06	176	81	90	5	12.2		15 800	825				
菏泽郓城县	1	109	471	193	265	13	41.4		45 975	2 326				
菏泽鄄城县	1	77	47	25	17	2	4.8		5 538	631				
菏泽东明县	1	70.07	52	27	25		4.07		9 216	488				
日照东港区	1	56.61	8	8			0.529 7	1	68		8	8		
日照莒县	1	110.15	2	1	1		0.097	1	470					
莱芜莱城区	1	100.23	2	2			0.086 7							
莱芜莱城区	1	23.1	1	1			0.058 2							
东营广饶县	1	47.95	361	226	96	39	27.432 6	1	273	12 588				
东营东营区	1	49.4	129	59	55	15	8.96		6 328	5 412				
合　计	113	7 603.68	11 656	7 102	3 840	714	1 036.43	35	1 844 181	350 628	296	182	137	51

(水型)防治工作情况 (续表)

已改水村数(个)								病情监测				
	总计								病情			
								监测点数(个)	氟斑牙		氟骨症	
受益人口(万人)	合计	轻病区	中病区	重病区	正常使用村数	重病区正常使用村数	实际受益人口(万人)		检查人数(人)	病人数(人)	检查人数(人)	病人数(人)
	103	32	67	4	33	1	4.1	1	6 859	5 375		
	273	59	143	73	132	19	13.49	1	2 838	1 623		
	107	37	68	2	96	2	7.81	1	8 843	795		
	53	14	33	6	14	3	3.21	1	9 153	3 080		
	53	19	34		30		2.87					
	114	52	62		39		4.94	1	1 677	1 107		
	213	70	138	5	85	2	15.18	1	22 581	9 174		
	31	11	18	2	8	1	1.87					
	41	20	21		21		1.69					
0.529 7	8	8			8		0.529 7					
	1		1		1		0.097					
	2	2			1		0.075					
	1	1			0		0					
	202	124	61	17	174	20	17.3	1	5 678	3 374		
	106	83	18	5	88	2	2.7					
	7 963	4 436	2 823	704	5 648	674	632.73	24	136 818	49 657	322 170	9 420

2006 年山东省克山病

地区	病区范围						潜在型病人数（人）	慢型病人数（人）
		县数（个）	县人口数（万人）	乡数（个）	乡人口数（万人）	已控制县数（个）		
淄博沂源县	1	55.4	3	10.9	1		3	
枣庄山亭区	1	46.9	10	37.1	1		4	
枣庄滕州市	1	156	21	145	1		1	
潍坊安丘市	1	104	1	3.66	1			
潍坊青州市	1	90	5	22	1	10		
潍坊临朐县	1	85.2	18	85.2	1	1		
济宁曲阜市	1	62.78	6	24.1	1	0	0	0
济宁泗水县	1	59.1	12	59.1	1	0	3	0
济宁邹城市	1	113	15	86	1	0	186	0
泰安岱岳区	1	96.33	2	6.3	1	2	0	
泰安新泰市	1	134.8	20	96	1		1	
临沂蒙阴县	1	53	3	9	1			
临沂平邑县	1	98.2	7	37.9	1	22	10	
临沂莒南县	1	99.2	4	22.5	1		5	
临沂沂水县	1	111.1	19	106	1	16	17	
日照东港区	1	56.61	3	19.9	1		0	
日照莒县	1	110.2	19	85	1	62	204	
日照五莲县	1	51.02	12	50.9	1	203	55	
日照岚山区	1	41.3	1	5.03	1		7	
合　计	19	1 624	115	911	19	316	496	0

2006 年山东省大骨节病

地区	病区范围				
	县数（个）	县人口数（万人）	乡数（个）	乡人口数（万人）	已控制县数（个）
潍坊青州市	1	90	4	18	1
合　计	1	90	4	18	1

防治工作情况

现症病人数					病情监测				
		其中本年度新发					检出病人数		
								其中	
急、亚急型（人）	死亡人数（人）	潜在型（人）	慢型（人）	急、亚急型（人）	监测点数（个）	检诊人数（人）	总数（人）	潜在型	慢型
	5				200				
0									
0	9			1	300			1	
0	0	0	0						
0	0	0	0						
4	0		0						
0									
1					400	46			
5									
	10		14	0	499	76	14	1	
2	18	0	8	1	540	55			
12	41	0	22	2	1 939	177	14	2	

防治工作情况

临床Ⅰ°以上病人数(包括Ⅰ°)		病情监测			
总数（人）	12岁以下病人数(人)	监测点数（个）	检诊人数（人）	监床Ⅰ°病人数(人)	X线阳性病人数(人)
856	1				
856	1				

2006年山东省寄生虫病

地区	业务培训	疟疾								
		发病情况		发热病人血检						
				当地未外出居民		当地外出返回居民		外来流		
	人数	发病人数	发病率（/10万）	血检人数	阳性人数	血检人数	阳性人数	血检人数	阳性人数	总血检人数
全省	**4 038**	**150**	**0.165**	**34 750**	**73**	**4 830**	**31**	**7 214**	**14**	**95 129**
济南市	348	4	0.066	6 283	0	582	1	426	1	7 291
青岛市	742	4	0.056	183	1	985	2	1 914	0	3 082
潍坊市	341	4	0.047	3 703	1	301	3	527	0	4 508
淄博市	0	6	0.15		1		0		2	3 497
枣庄市	248	26	0.72		18		5		1	6 972
泰安市	0	10	0.18	322	1	213	5	167	1	702
济宁市	400	29	0.38		19		4		0	22 162
菏泽市	395	24	0.27	18 765	19	239	2	523	0	19 527
莱芜市	0	0	0	871	0	596	0	1 102	0	2 569
临沂市	473	14	0.14		10		2		1	13 655
日照市	202	3	0.11	1 667	1	2	2	98	0	1 767
聊城市	0	2	0.035		2		0		0	2 058
烟台市	591	10	0.2	113	0	1 634	3	1 391	4	3 138
威海市	270	5	0.2	1 606	0	34	2	132	3	1 772
滨州市	0	7	0.19		0		0	170	1	170
东营市	37	2	0.11	270	0	200	0	385	0	865
德州市	79	0	0	967	0	44	0	379	0	1 390

防治工作有关情况

							肠道寄生虫病				
		休止期服药人数	流行季节预防服药人数	媒介调查			县数	驱虫服药人数（万）	监测点(1个)		
总阳性人数	总阳性率（%）			监测点数	扑获总蚊数	其中：中华按蚊数			监测人数	感染人数	总感染率（%）
118	**1.24**	**129**	**226**	**8**	**17 518**	**861**	**17**	**29.86**	**1 032**	**287**	**27.81**
2		10	0				8	10.9			
3		3	33								
4		3	30								
3		0	0				5	8.7			
24		28	0	2	3 304	172					
7		14	0				1	0.54			
23		17	0	2	8 390	598					
21		5	76	1	2 691	53					
0		0	0								
13		7	0	1	450	4					
3		2	0								
2		0	43	1	685	12					
7		3	0				1	0.72			
5		30	0	1	1 998	22					
1		6	34								
0		0	40				2	9			
0		1	0								

2006 年山东省健康

地区	健康教育机构数	专职人员	兼职人员	创建无烟单位/城市数		开展相约健康社区行	
				新增	累计	次数	参与人数
山东省	**155**	**505**	**201**	**1 495**	**10 074**	**1 439**	**488 762**
济南市	11	32	6	327	2 173	401	67 479
青岛市	13	31	4	6	63	484	78 800
淄博市	9	30	15	94	609	53	38 610
枣庄市	7	14	7	7	100	17	6 000
东营市	6	16	8	67	198	42	21 631
烟台市	12	29	11	205	742	46	15 960
潍坊市	13	41	8	115	1 268	77	34 600
济宁市	13	47	10	202	2 213	110	73 810
泰安市	7	25	9	53	458	29	4 560
威海市	4	13	0	48	58	27	20 000
日照市	5	13	4	17	50	33	35 030
莱芜市	3	11	0	35	56	2	3 000
临沂市	13	66	25	86	328	20	14 500
德州市	12	32	34	70	162	26	6 636
聊城市	9	40	24	65	993	31	29 346
滨州市	8	40	11	51	513	26	32 600
菏泽市	10	25	25	47	90	15	6 200

教育工作开展情况

应急活动		人员培训		发表文章		传单/小册子/折页制作（数量）	健康教育音像制品（数量）
次数	受众	次数	参与人数	期刊/报纸	论文		
532	**288 495**	**3 353**	**390 820**	**4 391**	**102**	**7 260 847**	**23 871**
22	6 008	109	17 504	1 119	5	310 700	327
21	22 900	308	20 480	6	10	759 800	10 071
11	9 400	82	3 821	2 045	1	918 200	38
10	10 400	131	7 858	13	1	206 000	
7	6 600	251	10 356	7	0	235 000	34
24	14 830	318	20 142	337	6	610 300	2 430
136	47 450	589	74 330	246	17	352 000	4 344
121	66 210	306	29 893	94	16	466 000	1 650
82	17 186	110	22 303	100	9	540 000	515
3	1 500	90	19 385	90	8	163 000	1 200
9	4 206	48	12 181	124	2	189 000	2
6	1 800	85	12 183	42	1	300 000	600
27	24 300	156	40 642	46	4	502 347	402
18	8 920	391	29 078	30	7	680 500	618
5	7 135	202	39 988	43	6	231 000	30
24	34 650	109	14 825	0	0	140 000	500
6	5 000	68	15 851	49	9	657 000	1 110

2006年山东省麻

分型		上年底现症病人数	上年底应化疗病人数	本年发现新病人数					本年发现复发病人数	
				总数	其中				总数	其中联合化疗复发
					0～14岁	男性	Ⅱ级畸残	迁入及流动人口		
（甲）	(1)	(2)	(3)	(4)	(5)	(6)	(7)	(8)	(9)	
合　计	**(1)**	**213**	**101**	**36**	**0**	**16**	**9**	**0**	**13**	**1**
临床少菌 少菌型治疗方案	(2)	2	0	1	0	1	0	0	0	0
临床少菌 多菌型治疗方案	(3)	23	11	6	0	3	3	0	0	0
临床多菌型	(4)	188	90	29	0	12	6	0	13	1

风病防治工作情况

年内接受联合化疗人数		年内接受单疗人数	年内未治疗人数	年内完成联合化疗人数	预期完成联合化疗人数	本年临愈病人数		本年死亡病人数	本年其他减少病人数	本年底现症病人数	本年底应化疗病人数
总数	其中本年新上联合化疗					总数	其中联合化疗临愈				
(21)	(10)	(11)	(12)	(13)	(14)	(15)	(16)	(17)	(18)	(19)	(20)
144	**49**	**0**	**0**	**43**	**43**	**43**	**43**	**4**	**0**	**215**	**106**
1	1	0	0	2	2	2	2	0	0	1	0
17	6	0	0	9	9	9	9	0	0	20	5
126	42	0	0	32	32	32	32	4	0	194	101

2006 年山东省结防机构就诊与检出情况

地区	人口数（万）	初诊病人								
		可疑者就诊人数	可疑者就诊率（‰）	胸透人数	摄胸片人数	胸片异常人数	查痰人数	查痰率（%）	涂阳人数	涂阳检出率（%）
全省	**9 143.1**	**184 957**	**2.02**	**158 441**	**95 718**	**62 062**	**65 042**	**35.17**	**30 234**	**46.48**
济南市	590.1	14 147	2.40	13 519	3 774	2 932	3 762	26.59	1 389	36.92
青岛市	731.3	8 148	1.11	7 221	6 363	3 681	5 118	62.81	1 495	29.21
淄博市	415.0	10 176	2.45	8 415	3 484	2 243	3 341	32.83	1 308	39.15
枣庄市	365.1	3 781	1.04	2 957	2 330	1 814	1 721	45.52	1 110	64.50
东营市	127.7	3 659	2.87	3 658	1 394	1 090	1 602	43.78	432	26.97
烟台市	646.4	14 300	2.21	14 057	7 022	4 441	4 492	31.41	1 645	36.62
潍坊市	848.9	22 495	2.65	19 523	8 683	5 179	5 995	26.65	2 214	36.93
济宁市	802.2	17 270	2.15	14 157	9 193	6 258	5 847	33.86	2 829	48.38
泰安市	550.0	11 385	2.07	7 467	5 589	3 996	3 933	34.55	2 272	57.77
威海市	248.4	2 877	1.16	2 229	2 724	2 351	2 212	76.89	460	20.80
日照市	269.4	4 807	1.78	4 750	4 502	2 342	1 805	37.55	846	46.87
莱芜市	118.0	678	0.57	669	629	607	534	78.76	331	61.99
滨州市	368.9	5 130	1.39	4 250	2 742	1 913	2 217	43.22	1 367	61.66
德州市	549.3	6 763	1.23	4 079	5 035	2 991	2 996	44.30	2 392	79.84
聊城市	566.7	9 183	1.62	5 333	4 971	3 332	3 786	41.23	2 243	59.24
临沂市	1 015.1	33 451	3.30	32 663	17 535	10 381	10 831	32.38	4 216	38.93
菏泽市	880.6	16 048	1.82	12 746	8 593	5 815	4 883	30.43	3 558	72.87
胜利油田	50.0	1 199	2.40	28	1 155	696	507	42.29	127	25.05

2006年山东省不同类型肺结核病人登记率

地区	人口（万人）	新涂阳		涂阳		涂阴		活动性	
		人数	1/10万	人数	1/10万	人数	1/10万	人数	1/10万
全省	**9 143.1**	**26 156**	**28.6**	**30 234**	**33.1**	**8 542**	**9.34**	**38 880**	**42.52**
济南市	590.1	1 241	21.0	1 389	23.5	376	6.37	1 769	29.98
青岛市	731.3	1 330	18.2	1 495	20.4	837	11.45	2 369	32.39
淄博市	415.0	1 180	28.4	1 308	31.5	410	9.88	1 724	41.54
枣庄市	365.1	924	25.3	1 110	30.4	193	5.29	1 307	35.80
东营市	127.7	374	29.3	432	33.8	163	12.76	595	46.59
烟台市	646.4	1 481	22.9	1 645	25.4	828	12.81	2 473	38.26
潍坊市	848.9	2 008	23.7	2 214	26.1	543	6.40	2 757	32.48
济宁市	802.2	2 356	29.4	2 829	35.3	657	8.19	3 492	43.53
泰安市	550.0	1 879	34.2	2 272	41.3	402	7.31	2 676	48.65
威海市	248.4	374	15.1	460	18.5	586	23.59	1 054	42.43
日照市	269.4	775	28.8	846	31.4	439	16.30	1 285	47.70
莱芜市	118.0	319	27.0	331	28.1	58	4.92	414	35.08
滨州市	368.9	1 221	33.1	1 367	37.1	205	5.56	1 582	42.88
德州市	549.3	1 964	35.8	2 392	43.5	437	7.96	2 830	51.52
聊城市	566.7	1 967	34.7	2 243	39.6	229	4.04	2 472	43.62
临沂市	1 015.1	3 626	35.7	4 216	41.5	1 343	13.23	5 560	54.77
菏泽市	880.6	3 024	34.3	3 558	40.4	706	8.02	4 264	48.42
胜利油田	50.0	113	22.6	127	25.4	130	26.00	257	51.40

2006年山东省各类结核病人登记情况

地区	涂阳					涂阴					未查痰					结核性胸膜炎	其他肺外结核
	初治		复治		小计	初治		复治		小计	初治		复治		小计		
	新病人	其他初治	复发	复发以外		新病人	其他初治	复发	复发以外		新病人	其他初治	复发	复发以外			
全省	**26 156**	**21**	**2 427**	**1 630**	**30 234**	**8 314**	**15**	**161**	**52**	**8 542**	**100**	**0**	**4**	**0**	**104**	**731**	**281**
济南市	1 241	0	110	38	1 389	376	0	0	0	376	4	0	0	0	4	14	1
青岛市	1 330	0	145	20	1 495	786	2	43	6	837	37	0	0	0	37	110	51
淄博市	1 180	17	104	7	1 308	405	2	3	0	410	6	0	0	0	6	40	1
枣庄市	924	0	91	95	1 110	191	1	0	1	193	4	0	0	0	4	10	7
东营市	374	0	41	17	432	142	0	6	15	163	0	0	0	0	0	25	3
烟台市	1 481	0	151	13	1 645	791	0	28	9	828	0	0	0	0	0	186	127
潍坊市	2 008	0	187	19	2 214	535	0	7	1	543	0	0	0	0	0	60	0
济宁市	2 356	0	311	162	2 829	649	0	8	0	657	6	0	0	0	6	17	6
泰安市	1 879	0	364	29	2 272	371	0	31	0	402	2	0	0	0	2	0	0
威海市	374	0	42	44	460	577	0	4	5	586	8	0	0	0	8	23	6
日照市	775	0	40	31	846	436	0	1	2	439	0	0	0	0	0	66	0
莱芜市	319	0	12	0	331	51	0	7	0	58	23	0	2	0	25	27	4
胜利油田	113	3	3	8	127	99	9	16	6	130	8	0	2	0	10	61	40
滨州市	1 221	0	107	39	1 367	204	1	0	0	205	1	0	0	0	1	45	17
德州市	1 964	0	160	268	2 392	423	0	7	7	437	0	0	0	0	0	36	17
聊城市	1 967	1	130	145	2 243	229	0	0	0	229	1	0	0	0	1	0	0
临沂市	3 626	0	243	347	4 216	1 343	0	0	0	1 343	0	0	0	0	0	11	0
菏泽市	3 024	0	186	348	3 558	706	0	0	0	706	0	0	0	0	0	0	1

2006年山东省新涂阳肺结核病人性别年龄分组

地区	0~		15~		25~		35~		45~		55~		65~		75~		合计	
	男	女	男	女	男	女	男	女	男	女	男	女	男	女	男	女	男	女
全省	**32**	**38**	**2 955**	**2 406**	**1 962**	**1 252**	**2 199**	**1 008**	**3 041**	**941**	**3 404**	**911**	**3 199**	**772**	**1 545**	**491**	**18 337**	**7 819**
济南市	0	4	131	89	104	66	120	50	134	40	136	55	136	48	82	46	843	398
青岛市	1	2	151	122	128	105	153	38	172	41	131	36	136	28	69	17	941	389
淄博市	1	4	110	81	85	78	114	60	136	57	129	52	144	44	59	26	778	402
枣庄市	1	3	106	65	59	37	62	36	104	24	149	29	143	29	59	18	683	241
东营市	0	0	33	20	32	15	30	8	41	13	58	12	57	20	25	10	276	98
烟台市	0	0	184	119	127	64	158	56	189	62	149	45	167	34	97	30	1 071	410
潍坊市	5	2	307	233	146	81	179	73	264	59	232	64	223	36	85	19	1 441	567
济宁市	2	2	258	255	173	112	166	90	251	70	330	70	319	71	148	39	1 647	709
泰安市	4	3	209	157	133	78	214	66	263	66	281	47	199	43	97	19	1 400	479
威海市	0	2	47	46	46	18	44	15	42	12	28	14	27	5	16	12	250	124
日照市	1	0	77	69	53	36	71	16	132	20	106	20	96	14	56	8	592	183
莱芜市	0	0	16	20	21	14	22	14	32	17	47	20	51	12	29	4	218	101
滨州市	0	2	165	129	93	53	75	44	141	42	137	45	137	69	65	24	813	408
德州市	1	1	161	161	144	110	139	113	198	110	274	83	230	84	108	47	1 255	709
聊城市	4	3	219	149	123	95	154	96	214	82	276	82	262	66	101	41	1 353	614
临沂市	1	4	369	292	241	135	264	133	421	145	508	144	518	108	269	74	2 591	1 035
菏泽市	11	6	398	394	238	145	218	97	296	79	422	87	346	60	174	53	2 103	921
胜利油田	0	0	14	5	16	10	16	3	11	2	11	6	8	1	6	4	82	31

2006年山东省各市新涂阳病人队列分析情况

地区	登记数	治疗转归													
		治愈		完成疗程		死亡		失败		丢失		迁出		其他	
		人数	%	人数	%	人数	%	人数	%	人数	%	人数	%	人数	%
全省	**26 447**	**25 389**	**96.0**	**159**	**0.6**	**342**	**1.3**	**79**	**0.3**	**49**	**0.2**	**153**	**0.6**	**276**	**1.0**
济南市	1 283	1 221	95.2	3	0.2	32	2.5	3	0.2	1	0.1	4	0.3	19	1.5
青岛市	1 229	1 196	97.3	1	0.1	15	1.2	1	0.1	4	0.3	7	0.6	5	0.4
淄博市	1 030	990	96.1	4	0.4	10	1.0	1	0.1	1	0.1	16	1.6	8	0.8
枣庄市	916	868	94.8	1	0.1	13	1.4	11	1.2	6	0.7	4	0.4	13	1.4
东营市	411	393	95.6	0	0.0	8	1.9	5	1.2	1	0.2	1	0.2	3	0.7
烟台市	1 242	1 132	91.1	2	0.2	30	2.4	6	0.5	2	0.2	49	3.9	21	1.7
潍坊市	1 984	1 884	95.0	21	1.1	36	1.8	9	0.5	7	0.4	9	0.5	18	0.9
济宁市	2 661	2 444	91.8	40	1.5	45	1.7	19	0.7	7	0.3	23	0.9	83	3.1
泰安市	1 784	1 747	97.9	0	0.0	10	0.6	7	0.4	10	0.6	5	0.3	5	0.3
威海市	380	347	91.3	12	3.2	5	1.3	1	0.3	3	0.8	5	1.3	7	1.8
日照市	932	922	98.9	0	0.0	4	0.4	3	0.3	0	0.0	0	0.0	3	0.3
莱芜市	305	294	96.4	0	0.0	0	0.0	1	0.3	0	0.0	1	0.3	9	3.0
滨州市	1 294	1 246	96.3	13	1.0	15	1.2	4	0.3	0	0.0	6	0.5	10	0.8
德州市	2 058	2 009	97.6	12	0.6	18	0.9	0	0.0	1	0.0	4	0.2	14	0.7
聊城市	2 139	2 063	96.4	35	1.6	29	1.4	0	0.0	2	0.1	4	0.2	6	0.3
临沂市	3 601	3 540	98.3	13	0.4	42	1.2	0	0.0	0	0.0	2	0.1	4	0.1
菏泽市	3 091	2 992	96.8	0	0.0	30	1.0	7	0.2	4	0.1	13	0.4	45	1.5
胜利油田	107	101	94.4	2	1.9	0	0.0	1	0.9	0	0.0	0	0.0	3	2.8

九、卫生监督

【简要说明】

1.本章反映我省卫生监督、监测、检验情况，主要包括食品卫生、职业卫生、公共场所卫生、化妆品卫生、生活饮用水卫生、放射卫生、学校卫生等监督、监测、检验情况。

2.本章数据来源于 2005 年卫生监督统计年报资料。

【主要统计指标解释】

食品卫生合格率 是指食品卫生抽检合格率，即食品卫生抽样监测合格件数/监测件数×100％。

生产环境职业危害测定率 是指生产环境职业危害测定点数与应测定点之比。确定生产环境职业危害测定点的依据是卫生部发布的《卫生防疫工作规范》，确定合格点的依据是卫生部发布的《工作场所有害因素职业接触限值》(GBZ2-2002)。

卫生监督合格学校数 按照学校卫生监督的具体实施细则要求，各分项监督总分达到规定总分的60％及以上，即可判定为监督合格学校。实际得分未达到标准总分的60％者，判为不合格学校。有下列情况之一者，亦判为不合格学校：①因校方责任发生集体性食物中毒；②因校方责任发生肠道传染病暴发流行；③校内生活饮用水污染事故；④学校组织学生劳动、体育等活动因责任使学生致残、死亡事故；⑤发现学校有超额学生班级。

2006年山东省公共场所企业、从业人员卫生监督情况

行业	基本情况			从业人员卫生监督							
	总户数	总发证数	本年度发证数	人员总数	应体检人数	实际体检人数	检出病人人数	调离人数	应培训人数	实际培训人数	培训合格人数
总　计	**44 125**	**42 229**	**14 339**	**268 310**	**214 668**	**210 154**	**1 436**	**1 436**	**214 668**	**207 786**	**203 645**
旅店业	10 455	10 315	3 393	74 342	61 096	60 096	409	409	61 096	59 437	58 336
文化娱乐场所	6 674	6 314	1 206	36 472	24 359	23 248	104	104	24 359	22 978	20 938
公共浴室	3 718	3 513	881	15 744	10 799	10 479	279	279	10 799	9 573	9 323
理发店、美容店	19 196	18 195	8 148	54 486	44 194	43 322	466	466	44 194	43 078	42 828
游泳场所	168	168	60	1 822	886	880	4	4	886	880	865
体育馆	29	29	1	930	147	143	0	0	147	147	142
图书、美术、博物、展览馆	95	95	16	2 060	1 073	1 050	0	0	1 073	1 070	1 054
商场(店)、书店	2 291	2 291	475	78 337	69 844	68 732	172	172	69 844	68 456	68 056
医院候诊室	1 065	945	8	1 845	1 097	1 056	0	0	1 097	1 053	1 033
公共交通等候室	87	71	26	401	297	288	0	0	297	260	244
公共交通工具	121	67	15	530	196	180	1	1	196	190	176
其他	226	226	110	1 341	680	680	1	1	680	664	650

2006年山东省食品卫生监督情况

			总计	生产加工业	批发零售业	饮食服务业	集体食堂	食品摊贩
经常性监督		生产经营户数	303 186	26 038	138 435	72 003	12 592	54 118
		从业人数	1 207 391	353 314	254 388	467 072	56 412	76 205
		实监督户数	301 086	25 738	137 263	71 615	12 574	53 896
		监督户次数	911 118	83 165	340 117	301 406	38 977	147 453
		合格户次数	747 582	73 463	292 455	252 687	33 358	95 619
		实培训人数	1 142 775	334 464	246 105	430 561	58 402	73 243
		培训合格数	1 138 782	334 404	244 201	428 967	58 272	72 938
		应体检人数	1 207 391	353 314	254 388	467 072	56 412	76 205
		实体检人数	1 184 996	350 617	250 277	453 968	55 719	74 415
		体检合格数	1 160 923	344 487	245 564	443 885	54 729	72 258
预防性监督	参与设计审查	审查数	33 481	4 479	16 506	10 638	1 179	679
		合格数	32 108	4 431	15 456	10 397	1 154	670
	参与竣工验收	验收数	33 250	4 592	15 693	11 099	1 192	674
		合格数	33 000	4 524	15 681	10 958	1 165	672

2006年山东省食品

类别		合计	粮食	植物油	肉及肉制品	消毒鲜乳	乳制品	水产品	罐头	食糖	冷食
合计	监测件数	90 350	7 419	5 791	9 853	2 527	3 814	1 657	2 687	583	2 750
	合格件数	84 426	6 895	5 419	8 905	2 337	3 521	1 490	2 542	515	2 471
	合格率%	93.44	92.94	93.58	90.38	92.48	92.32	89.92	94.60	88.34	89.85
生产加工业	监测件数	45 648	4 096	3 978	6 131	1 359	1 770	830	1 688	121	1 274
	合格件数	42 770	3 906	3 790	5 668	1 246	1 633	742	1 582	109	1 165
	合格率%	93.70	95.36	95.27	92.45	91.69	92.26	89.40	93.72	90.08	91.44
销售服务业	监测件数	44 702	3 323	1 813	3 722	1 168	2 044	827	999	462	1 476
	合格件数	41 656	2 989	1 629	3 237	1 091	1 888	748	960	406	1 306
	合格率%	93.19	89.95	89.85	86.97	93.41	92.37	90.45	96.10	87.88	88.48

2006年山东省食品卫生

类别	处罚总户数	依法				
		警告/责令改正户数	责令公告收回已售出的食品		没收违法所得	
			户数	重量(千克)	户数	金额(元)
合　计	**21 185**	**17 377**	**497**	**6 335**	**219**	**212 816.2**
生产加工业	1 900	1 496	23	1 280	26	24 513.5
批发零售业	4 853	3 442	80	4 856	39	47 757.2
饮食服务业	8 436	6 914	363	186	112	112 613
集体食堂	1 268	1 060	23	0	19	19 831.5
食品摊贩	4 728	4 465	8	13	23	8 101

卫生抽样监测情况

饮料	蒸馏酒配置酒	发酵酒	调味品	豆制品	糕点	糖果蜜饯	酱腌菜	保健食品	新资源食品	食品添加剂	其他食品
6 209	8 106	2 828	5 572	2 767	14 657	2 209	2 579	1 225	106	633	6 378
5 613	7 896	2 757	5 224	2 630	13 767	2 121	2 471	1 215	105	618	5 914
90.40	97.41	97.49	93.75	95.05	93.93	96.02	95.81	99.18	99.06	97.63	92.72
2 045	4 819	1 177	2 076	1 573	8 248	592	851	498	19	491	2 012
1 802	4 673	1 148	1 945	1 498	7 704	558	801	497	19	479	1 805
88.12	96.97	97.54	93.69	95.23	93.40	94.26	94.12	99.80	100.00	97.56	89.71
4 164	3 287	1 651	3 496	1 194	6 409	1 617	1 728	727	87	142	4 366
3 811	3 223	1 609	3 279	1 132	6 063	1 563	1 670	718	86	139	4 109
91.52	98.05	97.46	93.79	94.81	94.60	96.66	96.64	98.76	98.85	97.89	94.11

监督行政处罚情况

处罚情况

罚款		责令停产/停业户数	没收销毁食品		吊销卫生许可证户数	取缔非法经营活动户数
户数	金额(元)		户数	重量(千克)		
4 471	**5 159 443**	**513**	**1 162**	**90 020**	**72**	**1 030**
485	826 573.6	73	126	44 377	8	108
1 081	892 471.8	119	631	33 846	16	181
2 449	2 871 793	211	165	4 107	23	367
240	431 374.7	45	58	3 260	4	47
216	137 230	65	182	4 430	21	327

2006 年山东省各类职业病新病例、

工业部门	合计		尘肺		急性中毒	
	例数	构成%	新病例数	死亡数	病例数	死亡数
合计	**595**	**100**	**449**	**44**	**30**	**0**
煤炭	180	30.25	180	38	0	0
石油	0	0	0	0	0	0
电力	4	0.67	0	0	3	0
核工业	0	0	0	0	0	0
冶金	41	6.89	27	0	0	0
有色金属	14	2.35	2	0	0	0
机械	43	7.23	20	0	4	0
电子	6	1.01	1	0	5	0
兵器	0	0	0	0	0	0
船舶	7	1.18	3	0	0	0
化工	35	5.88	3	0	7	0
医药	3	0.50	0	0	1	0
铁道	0	0	0	0	0	0
交通	4	0.67	1	0	1	0
建材	92	15.46	91	0	0	0
建设	1	0.17	1	0	0	0
地质矿产	99	16.64	99	6	0	0
水利	0	0	0	0	0	0
农业	0	0	0	0	0	0
森林工业	0	0	0	0	0	0
轻工	25	4.20	9	0	8	0
纺织	2	0.34	0	0	0	0
航空航天	0	0	0	0	0	0
商业	0	0	0	0	0	0
邮电	0	0	0	0	0	0
司法	0	0	0	0	0	0
石化工业	21	3.53	0	0	1	0
其他	18	3.03	12	0	0	0

死亡病例的工业部门分布

慢性中毒例数	物理因素所致病例数	生物因素所致病例数	职业性皮肤病例数	职业性眼病例数	职业性耳鼻喉口腔疾病例数	职业性肿瘤	其他职业病例数
77	**6**	**0**	**1**	**4**	**22**	**0**	**6**
0	0	0	0	0	0	0	0
0	0	0	0	0	0	0	0
0	0	0	0	0	1	0	0
0	0	0	0	0	0	0	0
9	2	0	0	0	3	0	0
12	0	0	0	0	0	0	0
10	0	0	1	4	3	0	1
0	0	0	0	0	0	0	0
0	0	0	0	0	0	0	0
0	0	0	0	0	4	0	0
22	0	0	0	0	0	0	3
2	0	0	0	0	0	0	0
0	0	0	0	0	0	0	0
1	0	0	0	0	1	0	0
1	0	0	0	0	0	0	0
0	0	0	0	0	0	0	0
0	0	0	0	0	0	0	0
0	0	0	0	0	0	0	0
0	0	0	0	0	0	0	0
0	0	0	0	0	0	0	0
8	0	0	0	0	0	0	0
0	2	0	0	0	0	0	0
0	0	0	0	0	0	0	0
0	0	0	0	0	0	0	0
0	0	0	0	0	0	0	0
0	0	0	0	0	0	0	0
10	0	0	0	0	10	0	0
2	2	0	0	0	0	0	2

2006 年山东省发生食物中毒致病因素情况

类别		总计	生物性	农药及化学物	有毒动植物	原因不明
总计	中毒起数	76	30	14	3	29
	中毒人数	1 048	421	198	50	379
	死亡人数	4	0	2	2	0
集体食堂	中毒起数	20	6	4	1	9
	中毒人数	407	128	98	28	153
	死亡人数	0	0	0	0	0
饮食服务单位	中毒起数	42	18	5	1	18
	中毒人数	519	222	60	17	220
	死亡人数	0	0	0	0	0
食品摊贩	中毒起数	1	1	0	0	0
	中毒人数	16	16	0	0	0
	死亡人数	0	0	0	0	0
家庭	中毒起数	10	3	4	1	2
	中毒人数	52	18	23	5	6
	死亡人数	4	0	2	2	0
其他场所	中毒起数	3	2	1	0	0
	中毒人数	54	37	17	0	0
	死亡人数	0	0	0	0	0

2006年山东省生产环境职业危害情况(经济类型)

经济类型		2005年10月1日至2006年9月30日				2004年10月1日至2005年9月30日			
		合计	粉尘	化学	物理	合计	粉尘	化学	物理
总计	企业数	9 099				7 197			
	应测点	70 620	32 521	15 332	22 767	51 913	22 280	11 086	18 547
	测定点	59 826	28 265	13 558	18 003	42 973	18 350	9 497	15 126
	测定率%	84.72	86.91	88.43	79.07	82.78	82.36	85.67	81.55
	合格点	44 985	20 744	10 304	13 937	31 206	13 097	7 901	10 208
	合格率%	75.19	73.39	76.00	77.41	72.62	71.37	83.19	67.49
公有经济	企业数	1 895				1 467			
	应测点	15 689	6 423	2 759	6 507	14 887	6 174	2 766	5 947
	测定点	12 420	5 311	2 420	4 689	12 632	4 932	2 349	5 351
	测定率%	79.16	82.69	87.71	72.06	84.85	79.88	84.92	89.98
	合格点	11 202	4 489	2 143	4 570	10 488	4 189	2 114	4 185
	合格率%	90.19	84.52	88.55	97.46	83.03	84.94	90.00	78.21
非公有经济	企业数	7 204				5 730			
	应测点	54 931	26 098	12 573	16 260	37 026	16 106	8 320	12 600
	测定点	47 406	22 954	11 138	13 314	30 341	13 418	7 148	9 775
	测定率%	86.30	87.95	88.59	81.88	81.95	83.31	85.91	77.58
	合格点	33 783	16 255	8 161	9 367	20 718	8 908	5 787	6 023
	合格率%	71.26	70.82	73.27	70.35	68.28	66.39	80.96	61.62

2006年山东省有害作业工人职业性健康检查情况(经济类型)

企业类型		2005年9月30日至2006年10月1日						2004年9月30日至2005年10月1日					
		合计	粉尘	化学	物理	特殊管理	其他职业危害	合计	粉尘	化学	物理	特殊管理	其他职业危害
公有经济	职工总数	758 765						326 940					
	接触人数	349 518	153 881	60 787	128 734	1 987	4 129	130 585	63 037	18 781	45 308	1 512	1 947
	接触比	46.06						39.94					
	应检数	336 172	147 210	59 624	124 410	1 203	3 725	109 835	50 712	15 802	40 157	1 347	1 817
	应检率%	96.18	95.66	98.09	96.64	60.54	90.22	84.11	80.45	84.14	88.63	89.09	93.32
	受检数	226 717	90 351	46 853	87 287	624	1 602	76 806	35 766	13 223	25 391	1 204	1 222
	受检率%	67.44	61.38	78.58	70.16	51.87	43.01	69.93	70.53	83.68	63.23	89.38	67.25
	检出数	8 478	2 553	2 496	2 627	0	802	1 613	780	240	403	0	190
	检出率%	3.74	2.83	5.33	3.01	0	50.06	2.10	2.18	1.82	1.59	0	15.55
非公有经济	职工总数	1 798 178						639 338					
	接触人数	888 244	288 957	298 164	279 863	2 531	18 729	331 829	154 976	54 968	11 2275	4 694	4 916
	接触比	49.40						51.90					
	应检数	837 809	278 445	270 427	270 286	2 031	16 620	293 992	136 774	48 950	99 340	4 208	4 720
	应检率%	94.32	96.36	90.70	96.58	80.24	88.74	88.60	88.25	89.05	88.48	89.65	96.01
	受检数	370 305	97 116	141 710	125 299	1 874	4 306	179 594	71 505	35 559	65 462	2 655	4 413
	受检率%	44.20	34.88	52.40	46.36	92.27	25.91	61.09	52.28	72.64	65.90	63.09	93.50
	检出数	7 279	1 921	2 576	2 604	93	85	3 355	1 612	808	823	28	84
	检出率%	1.97	1.98	1.82	2.08	4.96	1.97	1.87	2.25	2.27	1.26	1.05	1.90

2006年山东省职业卫生被监督单位基本情况(行业汇总)

行业	在岗期间培训			上岗前培训			新、改、扩建项目				职业病报告	
							危害评价		控制度评价			
	应培训人数	实际培训人数	合格人数	体检人数	合格人数	实际培训人数	同意	不同意	同意	不同意	职业病人数	调离人数
总计	**1 052 763**	**757 138**	**742 041**	**219 563**	**216 120**	**213 431**	**31**	**58**	**39**	**39**	**464**	**303**
煤炭	87 052	38 498	38 398	4 995	4 671	4 666	5	0	4	0	168	101
石油	1 993	1 812	1 685	55	44	44	0	0	0	0	0	0
电力	25 800	23 300	23 274	2 319	2 215	2 188	0	1	5	1	17	9
核工业	0	0	0	0	0	0	0	0	0	0	0	0
冶金	32 834	19 510	19 450	1 309	1 202	1 189	0	0	0	0	8	7
有色金属	515	460	460	10	10	10	1	0	2	0	0	0
机械	95 901	67 319	67 054	17 458	17 202	16 123	1	15	3	13	46	50
电子	83 656	32 695	32 137	19 649	19 442	19 401	0	0	0	0	5	5
兵器	32 061	771	771	26	26	26	0	0	0	0	0	0
船舶	4 486	3 225	3 219	705	530	530	1	0	0	0	7	7
化工	60 922	51 665	50 803	9 940	9 561	9 530	6	2	6	2	56	40
医药	3 522	3 411	3 392	359	287	287	0	0	0	0	3	3
铁道	31	30	30	30	30	30	0	0	0	0	0	0
交通	1 665	1 334	1 328	103	103	103	0	0	0	0	4	2
建材	71 223	62 188	61 802	17 025	16 823	16 806	4	7	5	7	80	38
建设	4 645	3 914	3 714	973	871	871	0	0	0	0	0	0
地质矿产	4 773	4 180	4 125	1 283	1 191	1 141	0	0	0	0	3	3
水利	1 002	890	885	93	73	73	0	0	0	0	0	0
农业	0	0	0	0	0	0	0	0	0	0	0	0
森林工业	681	643	643	642	633	633	0	0	0	0	0	0
轻工	363 664	315 495	307 710	92 051	91 647	91 518	0	18	0	0	24	10
纺织	98 372	77 664	77 240	10 269	9 987	9 916	13	15	14	16	3	3

2006年山东省职业卫生被监督单位基本情况(行业汇总) (续表)

行业	在岗期间培训			上岗前培训			新、改、扩建项目				职业病报告	
							危害评价		控制度评价			
	应培训人数	实际培训人数	合格人数	体检人数	合格人数	实际培训人数	同意	不同意	同意	不同意	职业病人数	调离人数
航空航天	5	5	5	0	0	0	0	0	0	0	0	0
商业	711	638	638	238	224	194	0	0	0	0	0	0
邮电	15 010	875	875	164	144	144	0	0	0	0	0	0
司法	2 665	2 525	2 516	597	576	576	0	0	0	0	0	0
石化工业	12 802	6 162	4 593	1 768	1 762	1 672	0	0	0	0	31	20
其他	46 772	37 929	35 294	37 502	36 866	35 760	0	0	0	0	9	5
集体企业	79 626	76 655	75 740	22 085	10 363	10 273	2	3	2	3	4	4
私有企业	67 040	48 044	37 412	14 297	13 913	13 561	0	0	0	1	2	0
港澳台企业	6 976	5 305	5 296	1 308	1 147	1 129	0	0	0	0	0	0
外商企业	86 585	78 957	78 690	32 163	31 279	31 167	1	0	2	0	0	0

2006年山东省职业卫生被监督单位职业危害因素汇总

类别	合计	粉尘	化学	物理	特殊管理	其他职业危害
接触人数	1 237 762	442 838	358 951	408 597	4 518	22 858
应检人数	1 173 981	425 655	330 051	394 696	3 234	20 345
受检人数	597 022	187 467	188 563	212 586	2 498	5 908
检出人数	15 757	4 474	5 072	5 231	93	887
应测点	72 549	33 368	13 386	23 866	33	1 896
实测点	61 519	29 251	11 094	19 481	26	1 667
合格点	46 614	21 084	10 753	13 148	21	1 608

2006 年山东省职业卫生行政处罚情况(行业汇总)

行业	警告户次数	限期治理户次数	处罚		责令停产/停业户次数	没收销毁产品户次数	暂扣/吊销卫生许可户次数
			户次数	金额(万元)			
总计	**719**	**2 884**	**88**	**273.7**	**0**	**0**	**0**
煤炭	22	26	1	5	0	0	0
石油	1	4	0	0	0	0	0
电力	6	44	0	0	0	0	0
核工业	0	0	0	0	0	0	0
冶金	42	54	1	1.2	0	0	0
有色金属	4	6	1	8	0	0	0
机械	57	141	16	61.5	0	0	0
电子	16	264	6	25	0	0	0
兵器	0	1	0	0	0	0	0
船舶	0	1	0	0	0	0	0
化工	47	191	3	17	0	0	0
医药	0	3	0	0	0	0	0
铁道	0	0	0	0	0	0	0
交通	32	32	0	0	0	0	0
建材	79	183	5	14.5	0	0	0
建设	13	12	0	0	0	0	0
地质矿产	25	36	8	7	0	0	0
水利	0	0	0	0	0	0	0
农业	0	0	0	0	0	0	0
森林工业	0	0	0	0	0	0	0
轻工	197	376	32	78.1	0	0	0
纺织	71	76	7	43.1	0	0	0
航空航天	0	0	0	0	0	0	0
商业	0	1	0	0	0	0	0
邮电	0	0	0	0	0	0	0
司法	1	1	0	0	0	0	0
石化工业	5	7	0	0	0	0	0
其他	101	1425	8	13.3	0	0	0
集体企业	43	49	0	0	0	0	0
私有企业	130	151	1	0.2	0	0	0
港澳台企业	2	16	0	0	0	0	0
外商企业	51	69	8	19.9	0	0	0

2006 年山东省职业预防性卫生监督情况(行业汇总)

行业	新建	改建	扩建	选址				设计				卫生防护设备				竣工验收		
				合格	不合格	未审查	合格率(%)	合格	不合格	未审查	合格率(%)	合格	不合格	未审查	合格率(%)	合格	不合格	合格率(%)
总计	**258**	**33**	**43**	**271**	**24**	**39**	**91.86**	**275**	**18**	**41**	**93.86**	**279**	**17**	**38**	**94.26**	**290**	**23**	**92.65**
煤炭	7	0	1	8	0	0	100.00	8	0	0	100.00	8	0	0	100.00	8	0	100.00
石油	1	0	3	4	0	0	100.00	4	0	0	100.00	4	0	0	100.00	4	0	100.00
电力	18	2	5	19	0	6	100.00	19	0	6	100.00	19	0	6	100.00	23	2	92.00
核工业	0	0	0	0	0	0	0	0	0	0	0	0	0	0	0	0	0	0
冶金	18	1	6	19	0	6	100.00	19	0	6	100.00	19	0	6	100.00	21	4	84.00
有色金属	2	0	0	2	0	0	100.00	2	0	0	100.00	2	0	0	100.00	2	0	100.00
机械	35	7	3	37	4	4	90.24	37	4	4	90.24	37	4	4	90.24	40	4	90.91
电子	5	0	2	5	0	2	100.00	5	0	2	100.00	5	0	2	100.00	7	0	100.00
兵器	0	0	0	0	0	0	0	0	0	0	0	0	0	0	0	0	0	0
船舶	1	0	0	0	0	1	0	0	0	1	0	0	0	1	0	0	0	0
化工	18	7	7	22	5	5	81.48	22	5	5	81.48	22	5	5	81.48	22	5	81.48
医药	8	0	2	10	0	0	100.00	10	0	0	100.00	10	0	0	100.00	10	0	100.00
铁道	0	0	0	0	0	0	0	0	0	0	0	0	0	0	0	0	0	0
交通	0	0	0	0	0	0	0	0	0	0	0	0	0	0	0	0	0	0
建材	32	1	2	26	4	5	86.67	26	4	5	86.67	26	4	5	86.67	26	4	86.67
建设	1	0	0	1	0	0	100.00	1	0	0	100.00	1	0	0	100.00	1	0	100.00
地质矿产	0	1	0	1	0	0	100.00	1	0	0	100.00	1	0	0	100.00	1	0	100.00
水利	0	0	0	0	0	0	0	0	0	0	0	0	0	0	0	0	0	0
农业	0	0	0	0	0	0	0	0	0	0	0	0	0	0	0	0	0	0
森林工业	0	0	0	0	0	0	0	0	0	0	0	0	0	0	0	0	0	0
轻工	29	10	9	32	10	6	76.19	36	4	8	90.00	40	3	5	93.02	40	3	93.02
纺织	18	3	3	20	1	3	95.24	20	1	3	95.24	20	1	3	95.24	20	1	95.24
航空航天	0	0	0	0	0	0	0	0	0	0	0	0	0	0	0	0	0	0
商业	2	0	0	2	0	0	100.00	2	0	0	100.00	2	0	0	100.00	2	0	100.00
邮电	0	0	0	0	0	0	0	0	0	0	0	0	0	0	0	0	0	0
司法	0	0	0	0	0	0	0	0	0	0	0	0	0	0	0	0	0	0

2006年山东省职业预防性卫生监督情况(行业汇总)　(续表)

行业	新建	改建	扩建	选址				设计				卫生防护设备				竣工验收		
				合格	不合格	未审查	合格率(%)	合格	不合格	未审查	合格率(%)	合格	不合格	未审查	合格率(%)	合格	不合格	合格率(%)
石化工业	0	0	0	0	0	0	0	0	0	0	0	0	0	0	0	0	0	0
其他	63	1	0	63	0	1	100.00	63	0	1	100.00	63	0	1	100.00	63	0	100.00
集体企业	0	0	6	6	0	0	100.00	6	0	0	100.00	6	0	0	100.00	6	0	100.00
私有企业	0	0	0	0	0	0	0	0	0	0	0	0	0	0	0	0	0	0
港澳台企业	0	0	0	0	0	0	0	0	0	0	0	0	0	0	0	0	0	0
外商企业	3	0	1	4	0	0	100.00	4	0	0	100.00	4	0	0	100.00	4	0	100.00

2006年山东省各市重大急性职业中毒情况

地区	起数	接触人数	发病人数	确诊人数	中毒率(%)	其中	
						死亡数	病死率(%)
总　计	**2**	**19**	**4**	**4**	**21.05**	**0**	**0**
济南市	0	0	0	0	0	0	0
青岛市	2	19	4	4	21.05	0	0
淄博市	0	0	0	0	0	0	0
枣庄市	0	0	0	0	0	0	0
东营市	0	0	0	0	0	0	0
烟台市	0	0	0	0	0	0	0
潍坊市	0	0	0	0	0	0	0
济宁市	0	0	0	0	0	0	0
泰安市	0	0	0	0	0	0	0
威海市	0	0	0	0	0	0	0
日照市	0	0	0	0	0	0	0
莱芜市	0	0	0	0	0	0	0
临沂市	0	0	0	0	0	0	0
德州市	0	0	0	0	0	0	0
聊城市	0	0	0	0	0	0	0
滨州市	0	0	0	0	0	0	0
菏泽市	0	0	0	0	0	0	0

2006年山东省公共场所

行业	卫生监督				从业人员经常性监督				
	总户数	监督户数	无卫生许可证户数	合格户数	从业人员人数	有健康证人数	无健康证人数	有培训证人数	无培训证人数
总　计	**44 125**	**43 788**	**7 277**	**40 956**	**214 668**	**208 718**	**5 950**	**203 645**	**11 023**
旅店业	10 455	10 451	4 270	10 025	61 096	59 687	1 409	58 336	2 760
文化娱乐场所	6 674	6 581	1 408	6 430	24 359	23 144	1 215	20 938	3 421
公共浴室	3 718	3 705	675	3 685	10 799	10 200	599	9 323	1 476
理发店、美容店	19 196	19 032	850	17 262	44 194	42 856	1 338	42 828	1 366
游泳场所	168	168	0	139	886	876	10	865	21
体育馆	29	29	1	15	147	143	4	142	5
图书、美术、博物、展览馆	95	95	1	29	1 073	1 050	23	1 054	19
商场(店)、书店	2 291	2 243	21	1 971	69 844	68 560	1 284	68 056	1 788
医院候诊室	1 065	1 050	30	1 017	1 097	1 056	41	1 033	64
公共交通等候室	87	87	1	67	297	288	9	244	53
公共交通工具	121	121	3	118	196	179	17	176	20
其他	226	226	17	198	680	679	1	650	30

卫生监督情况(行业分类)

卫生检测				处罚情况					
					其中				
监测户数	合格户数	监测样品数	合格样品数	总处罚户数	警告户数	停业户数	吊销卫生许可证户数	罚款户数	罚款金额(万)
43 788	41 563	98 875	90 827	2 225	1 732	92	9	392	21.822
10 451	9 984	38 665	38 456	467	368	13	0	86	5.785
6 581	6 389	9 002	8 689	192	166	8	0	18	1.22
3 705	3 502	8 746	8 174	203	127	20	0	56	3.19
19 032	17 832	31 150	25 313	1 200	974	44	9	173	7.949
168	145	1 340	544	23	12	4	0	7	0.04
29	18	83	82	11	9	2	0	0	0
95	76	355	345	19	18	1	0	0	0
2 243	2 163	8 525	8 262	80	36	0	0	44	3.478
1 050	1 049	285	264	1	1	0	0	0	0
87	72	665	640	15	7	0	0	8	0.16
121	107	2	1	14	14	0	0	0	0
226	226	57	57	0	0	0	0	0	0

2006年山东省化妆品

		总计	合计		发用类		护肤类		美容修饰类		香水类	
			进口	国产	进口	国产	进口	国产	进口	国产	进口	国产
合计	检验件数	4 314	308	4 006	71	1 399	53	935	69	405	24	438
	合格件数	4 166	299	3 867	69	1 375	52	901	67	386	22	420
	合格率	96.57	97.08	96.53	97.18	98.28	98.11	96.36	97.10	95.31	91.67	95.89
生产企业	检验件数	79	0	79	0	20	0	54	0	0	0	2
	合格件数	79	0	79	0	20	0	54	0	0	0	2
	合格率	100.00	0.00	100.00	0.00	100.00	0.00	100.00	0.00	0.00	0.00	100.00
经营单位	检验件数	4 235	308	3 927	71	1 379	53	881	69	405	24	436
	合格件数	4 087	299	3 788	69	1 355	52	847	67	386	22	418
	合格率	96.51	97.08	96.46	97.18	98.26	98.11	96.14	97.10	95.31	91.67	95.87

2006年山东省化妆品企业、

类别	基本情况					
	总户数	总发证数	本年度发证数	产品总数	有许可证数	人员总数
总　　计	**2 977**	**2 635**	**386**	**130 764**	**8 949**	**7 320**
生产单位	167	167	5	258	167	409
经营单位	2 810	2 468	381	130 506	8 782	6 911

2006年山东省生活

类别	基本情况				
	总户数	总发证数	本年度发证数	人员总数	应体检人数
供水系统	13 703	4 681	1 776	33 427	11 855
市政供水	189	189	49	7 714	7 553
二次供水	882	756	88	21 040	1 582
分散式供水	10 766	3 441	1 463	3 262	1 309
同时存在	1 866	295	176	1 411	1 411

卫生监督情况

其他		特殊用途类										
			国产									
进口	国产	进口	小计	育发	染发	烫发	脱毛	美乳	健美	除臭	祛斑	防晒
10	69	81	760	96	124	112	44	71	21	59	81	152
10	68	79	717	90	111	108	41	70	21	57	77	142
100.00	98.55	97.53	94.34	93.75	89.52	96.43	93.18	98.59	100.00	96.61	95.06	93.42
0	1	0	2	0	2	0	0	0	0	0	0	0
0	1	0	2	0	2	0	0	0	0	0	0	0
0.00	100.00	0.00	100.00	0.00	100.00	0.00	0.00	0.00	0.00	0.00	0.00	0.00
10	68	81	758	96	122	112	44	71	21	59	81	152
10	67	79	715	90	109	108	41	70	21	57	77	142
100.00	98.53	97.53	94.33	93.75	89.34	96.43	93.18	98.59	100.00	96.61	95.06	93.42

从业人员卫生监督情况

从业人员卫生监督						
应体检人数	实际体检人数	检出病人数	调离人数	应培训人数	实际培训人数	培训合格人数
7 210	**7 111**	**21**	**21**	**7 028**	**6 845**	**6 678**
388	386	0	0	386	323	293
6 822	6 725	21	21	6 642	6 522	6 385

饮用水供水卫生监督情况

从业人员卫生监督					
实际体检人数	检出病人数	调离人数	应培训人数	实际培训人数	培训合格人数
10 442	19	19	11 855	10 268	10 268
7 540	9	9	7 553	7 534	7 534
1 503	5	5	1 582	1 293	1 293
972	4	4	1 309	30	30
427	1	1	1 411	1 411	1 411

2006 年山东省生活饮用水

类别	卫生监督			从业人员经常性监督					
	总户数	监督户数	无卫生许可证户数	合格户数	从业人员人数	有健康证人数	无健康证人数	有培训证人数	无培训证人数
供水系统	11 837	9 115	7 451	2 188	10 444	10 297	147	10 106	338
市政供水	189	188	0	184	7 553	7 534	19	7 534	19
二次供水	882	821	126	776	1 582	1 484	98	1 293	289
分散式供水	10 766	8 106	7 325	1 228	1 309	1 279	30	1 279	30
涉水产品	42	42	0	35	432	331	101	332	100
家用水处理器	0	0	0	0	0	0	0	0	0
集团用水处理器	2	2	0	2	25	20	5	20	5
输配水设备	27	27	0	27	375	279	96	280	95
防护涂料	0	0	0	0	0	0	0	0	0
水处理剂	13	13	0	6	32	32	0	32	0

2006 年山东省事故性

		污染发生原因						污			
		合计	工业污染	生物污染	公共场所	室内污染	其他污染	氯	氨	一氧化碳	硫化物
	总计	**0**	**0**	**0**	**0**	**0**	**0**	**0**	**0**	**0**	**0**
气	合计	0	0	0	0	0	0	0	0	0	0
	大气	0	0	0	0	0	0	0	0	0	0
	室内空气	0	0	0	0	0	0	0	0	0	0
	合计	0	0	0	0	0	0	0	0	0	0
	自来水管网	0	0	0	0	0	0	0	0	0	0
	二次供水系统	0	0	0	0	0	0	0	0	0	0
水	自来水水源	0	0	0	0	0	0	0	0	0	0
	分散供水	0	0	0	0	0	0	0	0	0	0
	土壤	0	0	0	0	0	0	0	0	0	0

卫生监督情况(分类汇总)

卫生监测				处罚情况					
					其中				
监测户数	合格户数	监测样品数	合格样品数	总处罚户数	警告户数	停业户数	吊销卫生许可证户数	罚款户数	罚款金额(万)
2 613	2 371	7 392	6 880	110	95	0	0	15	2.89
220	203	4 197	3 966	11	1	0	0	10	2.65
772	708	1 322	1 193	30	29	0	0	1	0.08
1 621	1 460	1 873	1 721	69	65	0	0	4	0.16
29	29	22	22	0	0	0	0	0	0
0	0	0	0	0	0	0	0	0	0
3	3	2	2	0	0	0	0	0	0
16	16	10	10	0	0	0	0	0	0
0	0	0	0	0	0	0	0	0	0
10	10	10	10	0	0	0	0	0	0

环境污染情况

染物				健康影响			处罚情况			
生活污水	医院污水	农药	其他	暴露人数	发病数	死亡人数	无处罚	警告	停业	罚款(元)
0	**0**	**0**	**0**	**0**	**0**	**0**	**0**	**0**	**0**	**0**
0	0	0	0	0	0	0	0	0	0	0
0	0	0	0	0	0	0	0	0	0	0
0	0	0	0	0	0	0	0	0	0	0
0	0	0	0	0	0	0	0	0	0	0
0	0	0	0	0	0	0	0	0	0	0
0	0	0	0	0	0	0	0	0	0	0
0	0	0	0	0	0	0	0	0	0	0
0	0	0	0	0	0	0	0	0	0	0
0	0	0	0	0	0	0	0	0	0	0

2006 年山东省放射卫生

类别	放射防护管理机构		安全管理规章制度		辐射源监控状况	
	健全单位数	不健全单位数	健全单位数	不健全单位数	基本安全单位数	不安全单位数
总　计	**2 947**	**144**	**2 948**	**141**	**2 852**	**239**
放射性同位素　合计	363	7	360	8	333	37
核医学	38	1	35	4	34	5
放射治疗	38	4	40	2	31	11
辐照应用	3	0	3	0	3	0
γ射线工业探伤	18	0	18	0	18	0
密封源其他应用	257	2	255	2	238	21
非密封源其他应用	4	0	4	0	4	0
生产	5	0	5	0	5	0
射线装置　合计	2 584	137	2 588	133	2 519	202
CT-X 射线诊断	382	8	378	12	379	11
X 射线诊断	1 981	125	2 001	105	1 919	187
X 射线治疗	26	0	26	0	26	0
医用加速器	77	0	70	7	77	0
非医用加速器	3	0	3	0	3	0
X 射线工业探伤	101	0	95	6	99	2
其他应用	12	0	12	0	12	0
生产	2	4	3	3	4	2
核设施	0	0	0	0	0	0

经常性监督情况

监督结论		处罚					
合格数	不合格数	警告户数	罚款		责令停产/停业数	没收销毁产品数	许可证吊销数
			户数	金额(万元)			
3 025	**66**	**48**	**0**	**0**	**0**	**0**	**0**
362	8	0	0	0	0	0	0
38	1	0	0	0	0	0	0
40	2	0	0	0	0	0	0
2	1	0	0	0	0	0	0
18	0	0	0	0	0	0	0
256	3	0	0	0	0	0	0
3	1	0	0	0	0	0	0
5	0	0	0	0	0	0	0
2 663	58	48	0	0	0	0	0
368	22	3	0	0	0	0	0
2 073	33	43	0	0	0	0	0
26	0	0	0	0	0	0	0
77	0	0	0	0	0	0	0
3	0	0	0	0	0	0	0
101	0	0	0	0	0	0	0
12	0	0	0	0	0	0	0
3	3	2	0	0	0	0	0
0	0	0	0	0	0	0	0

外照射个人剂量

类别	应监测人数	实监测人数	剂量分布(人数)			
			＜2mSv	⩾2mSv	⩾20mSv	＞50mSv
总　计	**8 389**	**5 445**	**5 056**	**290**	**99**	**0**
放射性同位素　合计	1 566	909	877	28	4	0
核医学	182	167	163	2	2	0
放射治疗	265	202	174	26	2	0
辐照应用	18	4	4	0	0	0
γ射线工业探伤	8	4	4	0	0	0
密封源其他应用	1 082	522	522	0	0	0
非密封源其他应用	11	10	10	0	0	0
生产	0	0	0	0	0	0
射线装置　合计	6 823	4 536	4 179	262	95	0
CT-X射线诊断	1 594	1 153	1 085	50	18	0
X射线诊断	4 187	2 693	2 425	193	75	0
X射线治疗	457	285	279	4	2	0
医用加速器	319	216	206	10	0	0
非医用加速器	50	38	38	0	0	0
X射线工业探伤	204	140	135	5	0	0
其他应用	12	11	11	0	0	0
生产	0	0	0	0	0	0
核设施	0	0	0	0	0	0

放射监测情况

监测		外照射水平监测		空气污染监测		表面污染监测	
实测集体剂量当量(人·Sv)	人均年剂量当量(mSv·a⁻¹)	监测次数	合格次数	监测次数	合格次数	监测次数	合格次数
3.105 602	**0.570 358 494**	**10 650**	**9 824**	**121**	**120**	**31**	**29**
0.406 482	0.447 174 917	2 141	2 064	7	7	10	10
0.087 05	0.521 257 485	155	152	3	3	10	10
0.213 81	1.058 465 347	183	165	4	4	0	0
0	0	8	7	0	0	0	0
0.003 94	0.985	0	0	0	0	0	0
0.093 77	0.179 636 015	1 795	1 740	0	0	0	0
0.007 912	0.791 2	0	0	0	0	0	0
0	0	0	0	0	0	0	0
2.699 112	0.595 042 328	8 509	7 760	114	113	21	19
0.789 44	0.684 683 435	1 156	1 065	7	7	3	3
1.609 61	0.597 701 448	6 621	6 000	103	102	18	16
0.02	0.070 175 439	8	8	0	0	0	0
0.227 3	1.052 314 815	323	307	4	4	0	0
0.003	0.078 947 368	29	26	0	0	0	0
0.043 53	0.310 928 571	363	345	0	0	0	0
0.006 24	0.567 272 727	9	9	0	0	0	0
0	0	0	0	0	0	0	0
0	0	0	0	0	0	0	0

2006 年山东省实施放射

类别	许可证数	设备数（台）	密封源数（枚）	放射性活度（TBq）	放射性等效活度（GBq）	放射工作人员数
总　计	**2 820**	**5 315**	**717**			**9 190**
放射性同位素　合计	234	646	705			904
核医学	35	43	9			162
放射治疗	41	120	109			202
辐照应用	2	26	28			6
γ 射线工业探伤	1	25	23			75
密封源其他应用	152	429	535			450
非密封源其他应用	3	3	1			9
生产	0	0	0			0
射线装置　合计	2 586	4 669	12			8 286
CT-X 射线诊断	346	393	0			1 263
X 射线诊断	2 035	3 756	0			6 389
X 射线治疗	32	264	0			50
医用加速器	64	79	4			333
非医用加速器	1	1	0			7
X 射线工业探伤	90	157	3			223
其他应用	12	13	0			21
生产	6	6	5			0
核设施	0	0	0			0

卫生监督单位情况

放射工作人员持证率(%)	培训人数	新就业人数	新就业人员就业前体检人数	就业后健康检查		
				应体检人数	实体检人数	放射病新病例数(例)
	6 452	**223**	**126**	**7 868**	**7 660**	**0**
	609	26	26	738	660	0
	154	3	3	127	121	0
	129	0	0	142	135	0
	4	0	0	6	2	0
	8	4	4	4	4	0
	306	19	19	450	389	0
	8	0	0	9	9	0
	0	0	0	0	0	0
	5 843	197	100	7 130	7 000	0
	844	106	15	865	837	0
	4 603	74	68	5 827	5 786	0
	28	0	0	62	57	0
	245	5	5	228	204	0
	0	0	0	0	0	0
	107	9	9	124	107	0
	16	3	3	18	9	0
	0	0	0	6	0	0
	0	0	0	0	0	0

2006 年山东省放射卫生

类别	新建项目数	改建项目数	扩建项目数	选址		
				应审查数	实审查数	审查合格数
总　计	**50**	**0**	**0**	**53**	**50**	**50**
放射性同位素　合计	4	0	0	4	4	4
核医学	1	0	0	1	1	1
放射治疗	1	0	0	1	1	1
辐照应用	0	0	0	0	0	0
γ射线工业探伤	0	0	0	0	0	0
密封源其他应用	2	0	0	2	2	2
非密封源其他应用	0	0	0	0	0	0
生产	0	0	0	0	0	0
射线装置 合计	46	0	0	49	46	46
CT-X 射线诊断	8	0	0	11	8	8
X 射线诊断	27	0	0	27	27	27
X 射线治疗	0	0	0	0	0	0
医用加速器	5	0	0	5	5	5
非医用加速器	0	0	0	0	0	0
X 射线工业探伤	6	0	0	6	6	6
其他应用	0	0	0	0	0	0
生产	0	0	0	0	0	0
核设施	0	0	0	0	0	0

预防性监督情况

设计			放射防护评价报告书		竣工验收	
应审查数	实审查数	审查合格数	编制报告书数	未编制数	验收数	合格数
53	**50**	**50**	**49**	**3**	**50**	**50**
4	4	4	4	0	4	4
1	1	1	1	0	1	1
1	1	1	1	0	1	1
0	0	0	0	0	0	0
0	0	0	0	0	0	0
2	2	2	2	0	2	2
0	0	0	0	0	0	0
0	0	0	0	0	0	0
49	46	46	45	3	46	46
11	8	8	7	3	8	8
27	27	27	27	0	27	27
0	0	0	0	0	0	0
5	5	5	5	0	5	5
0	0	0	0	0	0	0
6	6	6	6	0	6	6
0	0	0	0	0	0	0
0	0	0	0	0	0	0
0	0	0	0	0	0	0

2006 年山东省学校卫生

分项合

学校类别	实监督学校总数	实监督学校总次数	监督覆盖率%	监督合格学校数	监督合格率%	教室人均面积		课桌椅		黑板		教室照明		教室微小气候		环境噪音		厕所		生活饮用水	
						合格数	合格率%	合格数	合格率%	合格数	合格率%	合格数	合格率%	合格数	合格率%	合格数	合格率%	合格数	合格率%	合格数	合格率%
合计	**7 001**	**10 865**	**1.55**	**5 504**	**78.62**	**6 350**	**90.70**	**6 437**	**91.94**	**6 599**	**94.26**	**6 465**	**92.34**	**5 050**	**72.13**	**5 096**	**72.79**	**4 586**	**65.50**	**4 675**	**66.78**
普通高校	188	339	1.80	172	91.49	169	89.89	166	88.30	183	97.34	180	95.74	174	92.55	174	92.55	120	63.83	140	74.47
中专技校	279	622	2.23	214	76.70	205	73.48	193	69.18	263	94.27	232	83.15	227	81.36	248	88.89	203	72.76	186	66.67
市中学	292	721	2.47	233	79.79	292	100.00	292	100.00	292	100.00	292	100.00	290	99.32	275	94.18	241	82.53	211	72.26
市小学	412	573	1.39	291	70.63	397	96.36	410	99.51	303	73.54	368	89.32	313	75.97	315	76.46	365	88.59	248	60.19
县中学	1 505	2 610	1.73	1 117	74.22	1 255	83.39	1430	95.02	1 507	100.13	1 327	88.17	927	61.59	967	64.25	985	65.45	921	61.20
县小学	3 242	4 561	1.41	2 573	79.36	3 109	95.90	2 890	89.14	3 042	93.83	3 067	94.60	2 271	70.05	2 211	68.20	1 901	58.64	2 398	73.97
市中小学	112	217	1.94	112	100.00	112	100.00	106	94.64	112	100.00	112	100.00	102	91.07	98	87.50	101	90.18	79	70.54
县中小学	971	1 222	1.26	792	81.57	811	83.52	950	97.84	897	92.38	887	91.35	746	76.83	808	83.21	670	69.00	492	50.67

经常性监督情况(一)

格情况				学校公共场所监督项目																	
学校食品卫生		传染病管理		图书馆			学生宿舍			洗浴设施			旅馆招待所			娱乐场所			体育游泳池（馆）		
合格数	合格率%	合格数	合格率%	监督数	合格数	合格率%	监督数	合格数	合格率%	监督数	合格数	合格率%	监督数	合格数	合格率%	监督数	合格数	合格率%	监督数	合格数	合格率%
3 693	**52.75**	**4 984**	**71.19**	**1 885**	**1 630**	**86.47**	**1 453**	**1 284**	**88.37**	**200**	**196**	**98.00**	**55**	**54**	**98.18**	**9**	**8**	**88.89**	**62**	**53**	**85.48**
151	80.32	153	81.38	73	73	100.00	92	88	95.65	57	57	100.00	39	39	100.00	4	4	100.00	47	39	82.98
198	70.97	203	72.76	146	130	89.04	186	181	97.31	57	54	94.74	7	7	100.00	0	0		6	6	100.00
229	78.42	226	77.40	119	113	94.96	141	125	88.65	56	55	98.21	7	6	85.71	5	4	80.00	6	5	83.33
277	67.23	271	65.78	159	152	95.60	15	14	93.33	9	9	100.00	0	0		0	0		1	1	100.00
877	58.27	1 021	67.84	360	315	87.50	638	544	85.27	16	16	100.00	0	0		0	0		2	2	100.00
1 544	47.62	2 409	74.31	829	663	79.98	94	74	78.72	0	0		2	2	100.00	0	0		0	0	
76	67.86	95	84.82	19	16	84.21	25	24	96.00	4	4	100.00	0	0		0	0		0	0	
341	35.12	606	62.41	180	168	93.33	262	234	89.31	1	1	100.00	0	0		0	0		0	0	

2006 年山东省学校卫生

学校类别	监督学校总数	体检学校次数	学校体检率%	学生人数
总　计	**10 169**	**6 916**	**68.01**	**6 595 531**
普通高校	140	50	35.71	611 132
中专技校	271	170	62.73	274 123
市中学	325	228	70.15	387 022
市小学	790	465	58.86	518 612
县中学	1 791	1 453	81.13	1 955 667
县小学	5 403	3 552	65.74	1 595 386
市中小学	97	86	88.66	122 927
县中小学	1 352	912	67.46	1 130 662

2006 年山东省学校卫生

学校类别	新建	改建	扩建	选址			
				合格	不合格	未审查	合格率%
总　计	**206**	**62**	**65**	**302**	**26**	**5**	**92.07**
普通高校	17	4	8	21	4	4	84.00
中专、技工学校	9	8	2	17	2	0	89.47
市中学	16	7	6	27	2	0	93.10
市小学	23	1	5	25	3	1	89.29
县中学	74	12	33	110	9	0	92.44
县小学	22	16	9	44	3	0	93.62
市中小学	13	8	0	19	2	0	90.48
县中小学	32	6	2	39	1	0	97.50

经常性监督情况(二)

体检学生数	学生体检率%	体检单位情况		
		体检单位数	有资质认定数	%
5 611 107	**85.07**	**1 730**	**1 235**	**71.39**
315 861	51.68	43	38	88.37
188 198	68.65	76	48	63.16
369 492	95.47	79	70	88.61
472 668	91.14	93	39	41.94
1 934 604	98.92	557	466	83.66
1 311 851	82.23	577	457	79.20
107 902	87.78	81	25	30.86
910 531	80.53	224	92	41.07

预防性监督情况

设计				卫生防护设备				竣工验收		
合格	不合格	未审查	合格率%	合格	不合格	未审查	合格率%	合格	不合格	合格率%
296	**32**	**5**	**90.24**	**306**	**26**	**1**	**92.17**	**306**	**26**	**92.17**
21	4	4	84.00	25	4	0	86.21	25	4	86.21
17	2	0	89.47	17	2	0	89.47	17	2	89.47
28	1	0	96.55	26	3	0	89.66	26	3	89.66
24	4	1	85.71	26	2	1	92.86	26	2	92.86
110	9	0	92.44	110	9	0	92.44	110	9	92.44
40	7	0	85.11	45	2	0	95.74	45	2	95.74
18	3	0	85.71	19	2	0	90.48	19	2	90.48
38	2	0	95.00	38	2	0	95.00	38	2	95.00

十、医学教育与科研

【简要说明】

本章反映我省医学教育情况。主要包括全省中等学校、高等医学院校招生、在校及毕业情况等。

2006 年山东省医学

学校	毕业生数					
	合计	博士	硕士	本科	专科	合计
山东省						
山东中医药大学	1 449	51	206	1 073	119	3 242
潍坊医学院	1 644		132	1 332	180	2 883
泰山医学院	3 413		62	2 278	1 073	7 824
滨州医学院	1 395			1 059	336	3 502
济宁医学院	2 190			1 927	263	3 947
山东医学高等专科学校						
山东医学高等专科学校临沂校区	1 361				1 361	4 132
山东中医药高等专科学校	189				189	2 062
菏泽医学专科学校	1 051				1 051	2 333
山东万杰医学高等专科学校(民办)	1 652				1 652	2 576

高等教育情况

招生数				在校学生数					预计毕业生数				
博士	硕士	本科	专科	合计	博士	硕士	本科	专科	合计	博士	硕士	本科	专科
50	370	2 721	101	10 577	155	929	9 075	418	2 264	52	254	1 775	183
	217	2 573	93	14 290		564	12 727	999	2 387		154	1 753	480
	136	5 862	1 826	20 432		350	15 824	4 258	4 964		91	3 211	1 662
	25	2 907	570	13 836		53	12 533	1 250	1 787		10	1 625	152
		3 234	713	13 714			12 152	1 562	3 434			3 038	396
			4 132	9 674				9 674	2 859				2 859
			2 062	4 594				4 594	1 239				1 239
			2 333	6 534				6 534	1 913				1 913
			2 576	6 687				6 687	1 845				1 845

附录一　山东省社会与经济状况

2006年山东省行政区划

名称	区市县数	区市县名称	街道办事处（个）	乡（个）	镇（个）
济南市	6区1市3县	历下区　市中区　槐荫区　天桥区　历城区　长清区　章丘市　平阴县　济阳县　商河县	64	12	53
青岛市	7区5市	市南区　市北区　四方区　李沧区　黄岛区　崂山区　城阳区　胶州市　即墨市　平度市　胶南市　莱西市	99		79
淄博市	5区3县	张店区　淄川区　博山区　临淄区　周村区　桓台县　高青县　沂源县	23	8	76
枣庄市	5区1市	市中区　薛城区　峄城区　台儿庄区　山亭区　滕州市	17	3	44
东营市	2区3县	东营区　河口区　垦利县　利津县　广饶县	7	13	23
烟台市	4区7市1县	芝罘区　福山区　莱山区　牟平区　龙口市　莱阳市　莱州市　蓬莱市　招远市　栖霞市　海阳市　长岛县	48	6	94
潍坊市	4区6市2县	潍城区　寒亭区　坊子区　奎文区　青州市　诸城市　寿光市　安丘市　高密市　昌邑市　临朐县　昌乐县	49	7	134
济宁市	2区3市7县	市中区　任城区　曲阜市　兖州市　邹城市　微山县　鱼台县　金乡县　嘉祥县　汶上县　泗水县　梁山县	22	39	94
泰安市	2区2市2县	泰山区　岱岳区　新泰市　肥城市　宁阳县　东平县	10	15	61
威海市	1区3市	环翠区　文登市　荣成市　乳山市	18		50
日照市	2区2县	东港区　岚山区　五莲县　莒县	7	8	39
莱芜市	2区	莱城区　钢城区	5	1	14
临沂市	3区9县	兰山区　罗庄区　河东区　郯城县　苍山县　莒南县　沂水县　蒙阴县　平邑县　费　县　沂南县　临沭县	19	32	129
德州市	1区2市8县	德城区　乐陵市　禹城市　陵　县　平原县　夏津县　武城县　齐河县　临邑县　宁津县　庆云县	20	34	78
聊城市	1区1市6县	东昌府区　临清市　阳谷县　莘　县　茌平县　东阿县　冠　县　高唐县	28	40	66
滨州市	1区6县	滨城区　惠民县　阳信县　无棣县　沾化县　博兴县　邹平县	14	18	53
菏泽市	1区8县	牡丹区　曹　县　定陶县　成武县　单　县　巨野县　郓城县　鄄城县　东明县	10	41	107

2006年山东省各市主要指标(一)

地区	年末总人口数(万人)	土地面积(平方公里)	人口密度(人/平方公里)
全省总计	**9 308.91**	**157 126**	**592**
济南市	648.37	7 999	811
青岛市	829.42	11 175	742
淄博市	445.9	5 965	747
枣庄市	362.4	4 563	794
东营市	196.9	7 923	249
烟台市	696.17	13 746	506
潍坊市	877.49	16 005	548
济宁市	787.09	11 194	703
泰安市	540.9	7 762	697
威海市	279	5 698	490
日照市	270.98	5 348	507
莱芜市	126.42	2 246	563
临沂市	977.9	17 202	568
德州市	541.9	10 356	523
聊城市	550.38	8 715	632
滨州市	365.53	9 033	405
菏泽市	812.17	12 194	666

2006年山东省各市主要指标(二)

地区	城镇居民人均可支配收入(元)	比上年增长(%)	城镇居民人均消费支出(元)	比上年增长(%)	农民人均纯收入(元)	比上年增长(%)	农民人均生活消费支出(元)	比上年增长(%)
全省总计	**12 192**	**13.5**	**8 468**	**13.6**	**4 368.33**	**11.1**	**3 143.8**	**14.9**
济南市	15 340	13	10 713	16.1	5 479.99	13.9	3 415.22	17.7
青岛市	15 328	18.6	11 945	20.9	6 545.88	12.7	4 202.95	12.5
淄博市	13 794	14.6	9 545	15.6	5 640.54	12.5	3 751.68	14.1
枣庄市	11 020	11.5	6 304	8.1	4 687.3	10.5	2 908.49	11.9
东营市	16 742	12.1	10 698	11.2	5 157.13	12	3 507	10.5
烟台市	14 374	15.4	10 316	14.2	6 072.48	12.6	3 402.45	8.4
潍坊市	11 846	14.8	8 816	15.1	5 507.5	9.8	3 564.47	12.5
济宁市	12 111	12.8	7 151	5.7	4 590.25	11.2	2 834.63	12.5
泰安市	11 966	15.8	8 566	18.8	4 641.8	12.6	2 683.07	14.1
威海市	13 975	12.2	10 505	13.1	6 841.59	12.5	4 004.66	13.1
日照市	11 040	12.6	8 897	23.4	4 645.09	12.7	2 603.72	13
莱芜市	11 588	7.4	7 638	7.6	5 200.51	11.4	3 140.1	18.7
临沂市	12 355	14.1	8 795	17.2	4 083.42	13.4	2 457.69	12.7
德州市	10 257	13.3	7 229	7.3	4 279.42	12.6	1 876.37	8.3
聊城市	10 474	16.1	6 765	11	3 947.73	14.5	2 407.2	11
滨州市	11 726	14	7 989	13.1	4 370	14.5	2 968.54	18
菏泽市	8 137	10.8	5 946	11.1	3 480.25	12.5	2 154.87	20.3

2006年山东省城镇居民生活情况

指标名称	单位	2006年	比上年增长（%）
平均每户家庭人口	人	2.91	0.00
每一就业者负担系数（含本人）	人	1.70	−0.02
人均年可支配收入	元	12 192.00	13.50
人均年消费支出	元	8 468.00	13.60
食品	元	2 712.00	7.90
衣着	元	1 091.00	17.80
家庭设备用品及服务	元	526.00	4.60
医疗保健	元	624.00	7.80
交通和通信	元	1 176.00	30.30
教育文化娱乐服务	元	1 202.00	15.60
居住	元	838.00	11.50
杂项商品和服务	元	299.00	23.60
人均年购房与建房支出	元	937.00	97.20
人均年转移性支出	元	1 352.00	16.40
均年财产性支出	元	8.00	−20.2
人均年社会保障支出	元	951.00	21.30
人均年净存入银行款	元	1 312.00	−9.3
人均年末手存现金	元	649.00	20.00
年末人均现住房总使用面积	平方米	22.56	3.00

2006年山东省农村居民生活情况

指标名称	单位	2006年	比上年增长（%）
平均每户常住人口数	人	3.64	−0.05
每一劳动力负担系数（含本人）	人	1.35	−0.7
人均全年总收入	元	6 488.54	9
人均全年纯收入	元	4 368.33	11.1
人均全年总支出	元	5 090.48	11.6
人均生活消费支出	元	3 143.8	14.9
食品	元	1 191.32	9.5
衣着	元	198.12	24
住房	元	548.05	23
家庭设备及用品	元	158.73	16.3
交通和通讯	元	352.19	19.6
文教娱乐用品及服务	元	408.84	8.4
医疗保健	元	221.8	17.7
其他商品和服务	元	64.75	40.4
人均购置生产性固定资产支出	元	149.36	27.5
人均年末生活用房面积	平方米	30.69	3.5

2006年山东省地方财政一般预算收入情况

单位:亿元

指标名称	2006年	比上年增长(%)
地方财政一般预算收入	1 355.31	26.3
(一)税收收入	1 034.84	25.2
增值税	242.83	25.8
营业税	271.73	24.8
企业所得税	147.33	32.9
个人所得税	45.84	17.9
城市维护建设税	78.43	18.9
房产税	38.7	18
城镇土地使用税	35.97	22.2
耕地占用税	39.65	27.6
契税	66.14	27
其他税收	68.23	25
(二)非税收入	320.46	29.9
行政性收费收入	133.2	23.3
专项收入	60.88	22.5
其他非税收入	126.37	42.2

2006年山东省地方财政支出情况

指标名称	2006年	比上年增长(%)
地方财政支出	1 832.62	25
基本建设支出	82.29	16.7
企业挖潜改造资金	73.49	28.3
城市维护费	146.21	23.9
支农支出	107.74	20.3
教育支出	290.94	17
科技支出	36.65	35.4
抚恤和社保支出	116.66	17.3
工交、流通事业费	22.38	17.2
文体广播卫生事业费	51.77	15.2
卫生事业费	72.89	34
行政事业单位离退休支出	75.85	17.3
行政管理费	194.17	19.2
公检法司支出	116.85	14.4
其他部门事业费	83.6	18.4
政策性补贴支出	65.71	225.8
专项支出	56.2	24.3
其他各项支出	239.23	39.6

2006年山东省人口和劳动工资情况

指标名称	单位	2006年	比上年增长（%）
年末总人口	万人	9 308.91	
人口出生率	‰	11.6	
人口死亡率	‰	6.1	
人口自然增长率	‰	5.5	
在岗职工人数	万人	965.4	1.2
国有单位	万人	418.5	1
城镇集体	万人	80.3	1.5
其他单位	万人	466.6	1.7
在岗职工工资总额	亿元	1 783.3	10
国有单位	亿元	943.3	14.5
城镇集体	亿元	109.7	12.5
其他单位	亿元	730.3	8
在岗职工平均工资	元	18 856	13.5
国有单位	元	22 764	14.8
城镇集体	元	13 606	18.6
其他单位	元	16 202	15.6

2006年山东省价格指数

指标名称	全省	城市	农村
居民消费价格指数	101.0	101.0	101.0
食品类	102.1	102.3	101.9
粮食	102.8	102.3	103.3
烟酒及用品	100.8	101.3	100.4
衣着类	97.6	98.0	96.9
家庭设备用品及维修服务	101.1	101.7	100.1
医疗保健和个人用品	100.8	100.4	101.2
交通和通讯	98.7	97.7	100.1
娱乐教育文化用品及服务	100.0	99.7	100.3
居住	104.4	104.8	104.0
服务项目价格指数	101.8	101.7	101.9
商品零售价格指数	100.6	100.5	100.9
农产品生产价格总指数	103.4		
农业产品	103.2		
林业产品	104.3		
牧业产品	99.7		
渔业产品	111.6		
农业生产资料价格指数	103.0		
工业品出厂价格指数	102.3		
生活资料出厂价格指数	100.4		
原材料燃料动力购进价格指数	104.3		
固定资产投资价格指数	101.8		
建筑安装价格指数	102.1		
房屋销售价格指数	105.0		
房屋租赁价格指数	101.6		
土地交易价格指数	104.8		

2006 年山东省综合产值

指标名称	单位	2005 年	比上年增长(%)
地区生产总值	亿元	21 846.7	14.70
第一产业	亿元	2 138.9	5.20
第二产业	亿元	12 729	16.80
工业增加值	亿元	11 556	17.80
第三产业	亿元	6 978.8	14.20
地区生产总值构成			
第一产业	%	9.8	-0.80
第二产业	%	58.2	0.8 个
第三产业	%	32	持平
人均地区生产总值	%	23 546	13.90
非公有制增加值占 GDP 的比重	%	52	3.60
地方财政收入	亿元	1 355.3	26.30
地方财政收入占 GDP 的比重	%	6.2	0.4 个
全社会固定资产投资	亿元	11 134.6	19.60
固定资产投资率	%	51	5.9 个
进出口总值	亿美元	952.9	23.90
出口总值	亿美元	586.5	26.80
进出口总值占 GDP 的比重	%	34.8	0.8 个
出口总值占 GDP 的比重	%	21.4	0.9 个

2006 年山东省自然资源情况

指　　标	2006 年
(一)土地面积(万平方公里)	
各类土地所占比重(%)	15.71
农用地合计	73.74
耕地	47.76
园地	6.49
林地	8.67
牧草地	0.22
其他农用地	10.6
建设用地	15.67
居民点及工矿用地	13.02
交通运输用地	1.03
水利设施用地	1.63
末利用地	10.59
(二)森林	
森林覆盖率(%)	24
林木蓄积量(万立方米)	8 800
(三)水文、水利(亿立方米)	
1.多年平均水资源总量	308
地表水资源量	228
2.多年平均地下水资源量	157
年开采总量	123
3.大陆海岸线长度(公里)	3 024

附录二 山东省卫生状况与全国比较

2006 年全国各地区门诊病人和住院病人人均医疗费用

地区	人均医疗费用(元)			人均医疗费用(元)		
	合计	药费	检查治疗费	合计	药费	检查治疗费
总　计	**128.7**	**65.0**	**39.9**	**4 668.9**	**1 992.0**	**1 691.3**
北　京	259.5	164.5	57.9	12 551.7	4 510.6	4 998.7
天　津	170.3	89.6	41.0	7 849.9	3 395.1	2 338.4
河　北	116.9	46.4	47.0	3 427.0	1 469.7	1 292.4
山　西	127.7	50.3	51.5	3 934.4	1 478.3	1 453.5
内蒙古	103.6	40.0	43.4	3 669.9	1 608.8	1 351.1
辽　宁	133.0	63.2	46.4	4 623.5	1 981.4	1 668.2
吉　林	102.2	44.5	41.6	3 758.3	1 802.8	1 439.6
黑龙江	133.6	51.1	55.8	4 360.9	2 080.7	1 287.1
上　海	202.0	113.6	41.9	8 974.9	3 474.8	2 858.8
江　苏	136.2	790.9	38.8	6 298.9	2 922.9	2 019.5
浙　江	145.8	85.3	31.8	7 110.0	3 491.5	1 907.1
安　徽	115.9	54.6	39.7	3 933.5	1 822.8	1 341.9
福　建	109.6	54.6	35.2	4 487.0	2 036.9	1 576.2
江　西	97.5	47.6	33.1	3 147.2	1 435.0	1 189.0
山　东	131.8	63.6	46.1	4 052.7	1 858.5	1 544.9
河　南	83.7	35.3	34.0	2 934.9	1 312.0	1 166.8
湖　北	121.6	60.6	42.8	4 255.9	1 688.3	1 843.5
湖　南	135.1	61.1	45.7	4 172.6	1 753.7	1 385.0
广　东	123.7	59.6	41.2	6 440.4	2 395.0	2 719.5
广　西	83.9	39.6	28.1	3 457.8	1 286.4	1 396.8
海　南	115.9	55.3	41.0	4 485.4	1 824.8	1 808.2
重　庆	121.6	60.4	38.5	4 158.5	1 802.2	1 573.9
四　川	91.9	40.2	34.0	3 601.8	1 361.1	1 499.1
贵　州	120.4	52.4	43.8	3 655.4	1 465.4	1 521.3
云　南	89.4	42.3	33.0	3 558.3	1 530.5	1 355.4
西　藏	39.5	16.0	14.9	2 296.8	856.9	811.8
陕　西	110.5	50.7	40.4	3 770.2	1 601.4	1 289.3
甘　肃	64.2	31.2	21.1	2 730.0	117.0	1 042.6
青　海	79.3	37.1	26.3	3 292.4	1 577.9	793.1
宁　夏	108.1	57.9	35.8	3 826.9	1 727.6	1 587.2
新　疆	108.8	51.2	37.9	3 366.7	1 375.3	1 115.0

2006年全国各地区每千口卫生技术人员数

地区	合计			市			县		
	卫生技术人员			卫生技术人员			卫生技术人员		
	合计	职业(助理医师)	注册护士	合计	职业(助理医师)	注册护士	合计	职业(助理医师)	注册护士
总　计	**3.58**	**1.54**	**1.10**	**5.14**	**2.20**	**1.74**	**2.17**	**0.96**	**0.53**
北　京	10.58	4.40	3.80	10.88	4.51	3.94	5.71	2.69	1.65
天　津	6.52	2.65	2.10	7.06	2.82	2.40	4.06	1.88	0.75
河　北	3.37	1.53	0.84	5.34	2.44	1.59	2.24	1.00	0.40
山　西	4.47	2.04	1.34	6.92	3.07	2.38	2.88	1.37	0.66
内蒙古	4.30	2.12	1.16	7.13	3.39	2.30	2.74	1.42	0.53
辽　宁	5.14	2.24	1.82	6.17	2.66	2.31	2.64	1.23	0.65
吉　林	4.79	2.20	1.50	5.44	2.48	1.79	3.44	1.61	0.89
黑龙江	4.01	1.71	1.20	4.85	2.04	1.58	2.75	1.22	0.64
上　海	7.97	3.33	3.09	8.17	3.40	3.17	4.26	1.98	1.50
江　苏	3.76	1.57	1.17	4.62	1.92	1.47	2.00	0.84	0.56
浙　江	4.64	2.04	1.44	5.35	2.35	1.72	3.17	1.42	0.86
安　徽	2.57	1.05	0.76	4.31	1.79	1.52	1.71	0.69	0.40
福　建	3.13	1.35	1.05	3.89	1.66	1.42	2.33	1.03	0.67
江　西	2.69	1.15	0.85	4.07	1.70	1.46	1.99	0.88	0.54
山　东	3.36	1.58	1.12	4.60	2.01	1.51	2.35	1.01	0.60
河　南	2.95	1.13	0.81	4.82	1.93	1.57	1.99	0.73	0.43
湖　北	3.61	1.49	1.17	4.16	1.70	1.44	2.60	1.11	0.68
湖　南	3.00	1.29	0.86	4.66	1.99	1.53	2.15	0.93	0.51
广　东	4.14	1.62	1.42	5.17	2.03	1.84	1.98	0.77	0.55
广　西	2.69	1.14	0.94	4.29	1.74	1.58	1.82	0.81	0.59
海　南	3.69	1.46	1.38	4.29	1.68	1.66	2.74	1.12	0.93
重　庆	2.49	1.17	0.66	3.39	1.57	1.02	1.69	0.82	0.35
四　川	2.76	1.31	0.73	4.11	1.90	1.24	1.95	0.96	0.43
贵　州	2.10	1.05	0.60	4.56	2.25	1.53	1.26	0.64	0.29
云　南	2.81	1.31	0.92	6.04	2.74	2.17	1.84	0.88	0.55
西　藏	3.31	1.60	0.74	10.65	4.70	3.43	2.47	1.25	0.44
陕　西	3.72	1.62	1.09	6.12	2.62	2.08	2.44	1.09	0.56
甘　肃	3.27	1.38	0.88	5.37	2.31	1.77	2.28	0.94	0.45
青　海	3.94	1.68	1.32	9.84	3.70	3.92	2.49	1.18	0.68
宁　夏	3.93	1.83	1.27	6.04	2.67	2.11	1.88	1.02	0.46
新　疆	5.00	2.14	1.61	8.13	3.53	2.77	2.97	1.24	0.86

2006 年全国各地区每千口医疗机构床位数

地区	医疗机构床位数(张)	其中:医院、卫生院床位(张)			每千人口医疗机构床位(张)	每千人口医院和卫生院床位(张)			每千农业人口乡镇卫生院床位数(张)
		合计	市	县		合计	市	县	
总 计	**3 496 033**	**3 270 710**	**2 257 503**	**1 013 207**	**2.70**	**2.53**	**3.69**	**1.49**	**0.80**
北 京	81 440	78 588	76 552	2 036	6.79	6.55	6.78	2.88	1.29
天 津	43 600	38 893	35 997	2 896	4.58	4.08	4.61	1.69	0.59
河 北	173 024	163 986	95 272	68 714	2.49	2.36	3.75	1.56	0.78
山 西	112 105	106 450	63 723	42 727	3.36	3.19	4.84	2.11	0.97
内蒙古	69 753	64 816	39 833	24 983	2.93	2.72	4.72	1.62	0.92
辽 宁	179 425	164 943	141 211	23 732	4.26	3.92	4.74	1.93	1.02
吉 林	90 492	85 482	68 356	17 126	3.38	3.19	3.75	1.99	0.84
黑龙江	123 176	115 937	90 024	25 913	3.25	3.06	3.96	1.70	0.66
上 海	93 214	75 679	72 079	3 600	6.81	5.53	5.55	5.14	2.38
江 苏	208 902	195 790	160 847	34 943	2.85	2.68	3.26	1.46	1.29
浙 江	148 122	138 302	107 981	30 321	3.20	2.99	3.47	2.00	0.60
安 徽	133 321	126 580	70 842	55 738	2.02	1.92	3.28	1.26	0.74
福 建	84 536	77 665	52 431	25 234	2.48	2.28	3.02	1.51	0.78
江 西	88 061	81 585	43 340	38 245	1.98	1.83	2.89	1.29	0.61
山 东	258 425	242 365	180 244	62 121	2.78	2.61	3.41	1.55	0.90
河 南	223 810	212 287	127 372	84 915	2.20	2.09	3.69	1.26	0.67
湖 北	142 152	131 752	102 865	28 887	2.35	2.18	2.64	1.35	0.86
湖 南	159 377	149 732	85 449	64 283	2.34	2.20	3.69	1.43	0.75
广 东	220 315	204 091	174 647	29 444	2.74	2.54	3.21	1.13	0.96
广 西	96 765	90 183	51 796	38 387	1.95	1.18	2.96	1.19	0.55
海 南	19 927	18 630	13 359	5 271	2.39	2.24	2.60	1.65	0.93
重 庆	68 250	64 700	42 964	21 736	2.13	2.02	2.84	1.29	0.74
四 川	200 344	190 384	109 281	81 103	2.30	2.18	3.36	1.48	0.89
贵 州	66 152	62 585	34 833	27 752	1.69	1.60	3.50	0.95	0.47
云 南	109 895	102 144	47 610	54 534	2.55	2.37	4.77	1.64	0.69
西 藏	7 496	7 091	1 559	5 532	2.79	2.64	5.63	2.30	1.14
陕 西	110 943	104 835	60 295	44 540	2.97	2.80	4.62	1.83	0.76
甘 肃	65 988	62 451	35 169	27 282	2.53	2.39	4.18	1.54	0.68
青 海	15 470	15 209	7 510	7 699	3.03	2.98	7.47	1.88	0.59
宁 夏	18 260	17 485	13 925	3 560	3.04	2.91	4.17	1.17	0.46
新 疆	83 303	80 090	50 137	29 953	4.17	4.01	6.39	2.47	1.28

2006年全国各地区城乡居民医疗保健支出

地区	城镇居民			农村居民		
	人均年消费性支出(元)		医疗保健支出占消费性支出(%)	人均年生活消费性支出(元)		医疗保健支出占消费性支出(%)
	合计	人均医疗保健支出(元)		合计	人均医疗保健支出(元)	
总　计	**8 696.6**	**620.5**	**7.1**	**2 829.0**	**191.5**	**6.8**
北　京	13 244.2	1 295.8	9.8	5 315.7	504.2	9.5
天　津	9 653.3	996.4	10.3	3 036.0	179.2	5.9
河　北	6 699.7	642.7	9.6	2 165.7	134.8	6.2
山　西	6 342.6	538.7	8.5	1 877.7	102.9	5.5
内蒙古	6 928.6	533.4	7.7	2 446.2	176.4	7.2
辽　宁	7 369.3	751.2	10.2	2 805.9	233.5	8.3
吉　林	6 794.7	675.8	9.9	2 306.0	193.6	8.4
黑龙江	6 178.0	613.2	9.9	2 544.6	253.5	10.0
上　海	13 773.4	796.8	5.8	7 277.9	561.7	7.7
江　苏	8 621.8	579.3	6.7	3 567.1	198.6	5.6
浙　江	12 253.7	831.8	6.8	5 433.0	415.6	7.7
安　徽	6 367.7	400.3	6.3	2 196.2	133.7	6.1
福　建	8 794.4	478.4	5.4	3 292.6	154.0	4.7
江　西	6 109.4	326.5	5.3	2 483.7	154.7	6.2
山　东	7 457.3	579.0	7.8	2 735.8	188.5	6.9
河　南	6 038.0	472.3	7.8	1 891.6	123.4	6.5
湖　北	6 736.6	499.3	7.4	2 430.2	135.4	5.6
湖　南	7 505.0	601.3	8.0	2 756.4	168.2	6.1
广　东	11 809.9	704.9	6.0	3 707.7	203.9	5.5
广　西	7 032.8	466.0	6.6	2 349.6	123.4	5.3
海　南	5 928.8	351.1	5.9	1 969.1	93.0	4.7
重　庆	8 623.3	629.3	7.3	2 142.1	142.6	6.7
四　川	6 891.3	442.8	6.4	2 274.2	144.5	6.4
贵　州	6 159.3	403.4	6.5	1 552.4	71.8	4.6
云　南	6 996.9	663.0	9.5	1 789.0	122.3	6.8
西　藏	8 617.1	338.6	3.9	1 723.8	44.4	2.6
陕　西	6 656.5	605.3	9.1	1 896.5	165.8	8.7
甘　肃	6 529.2	492.2	7.5	1 819.6	114.0	6.3
青　海	6 245.3	554.1	8.9	1 976.0	152.3	7.7
宁　夏	6 404.3	535.9	8.4	2 094.5	198.8	9.5
新　疆	6 207.5	499.2	8.0	1 924.4	169.3	8.8

2006 年全国各地区人口期望寿命(岁)

地区	1990 年			2000 年		
	合计	男	女	合计	男	女
总　计	**68.55**	**66.84**	**70.47**	**71.40**	**69.63**	**73.33**
北　京	72.86	71.07	74.93	76.10	74.33	78.01
天　津	72.32	71.03	73.73	74.91	73.31	76.63
河　北	70.35	68.47	72.53	72.54	70.68	74.57
山　西	68.97	67.33	70.93	71.65	69.96	73.57
内蒙古	65.68	64.47	67.22	69.87	68.29	71.79
辽　宁	70.22	68.72	71.94	73.34	71.51	75.36
吉　林	67.95	66.65	69.49	73.10	71.38	75.04
黑龙江	66.97	65.50	68.73	72.37	70.39	74.66
上　海	74.90	72.77	77.02	78.14	76.22	80.04
江　苏	71.37	69.26	73.57	73.91	71.69	76.23
浙　江	71.78	69.66	74.24	74.70	72.50	77.21
安　徽	69.48	67.75	71.36	71.85	70.18	73.59
福　建	68.57	66.49	70.93	72.55	70.30	75.07
江　西	66.11	64.87	67.49	68.95	68.37	69.32
山　东	70.57	68.64	72.67	73.92	71.70	76.26
河　南	70.15	67.96	72.55	71.54	69.67	73.41
湖　北	67.25	65.51	69.23	71.08	69.31	73.02
湖　南	66.93	65.41	68.70	70.66	69.05	72.47
广　东	72.52	69.71	75.43	73.27	70.79	75.93
广　西	68.72	67.17	70.34	71.29	69.07	73.75
海　南	70.01	66.93	73.28	72.92	70.66	75.26
重　庆				71.73	69.84	73.89
四　川	66.33	65.06	67.70	71.20	69.25	73.39
贵　州	64.29	63.04	65.63	65.96	64.54	67.57
云　南	63.49	62.08	64.98	65.49	64.24	66.89
西　藏	59.64	57.64	61.57	64.37	62.52	66.15
陕　西	67.40	66.23	68.79	70.07	68.92	71.30
甘　肃	67.24	66.35	68.25	67.47	66.77	68.26
青　海	60.57	59.29	61.96	66.03	64.55	67.70
宁　夏	66.94	65.95	68.05	70.17	68.71	71.84
新　疆	62.59	61.95	63.26	67.41	65.98	69.14

2006年全国各地区孕产妇死亡率

地区	孕产妇死亡率(1/10万)		
	合计	市	县
总 计	**34.8**	**24.4**	**42.2**
北 京	7.9	7.6	8.5
天 津	6.6	7.9	5.4
河 北	23.3	16.5	26.3
山 西	39.3	28.6	44.5
内蒙古	38.6	29.3	43.5
辽 宁	19.3	17.7	22.3
吉 林	30.3	33.2	25.3
黑龙江	27.0	26.4	27.7
上 海	9.5	10.0	0.0
江 苏	11.2	9.3	14.3
浙 江	10.3	9.4	11.9
安 徽	26.9	23.4	28.4
福 建	24.6	22.2	27.0
江 西	31.4	27.1	33.4
山 东	15.7	14.5	17.3
河 南	41.2	37.6	42.7
湖 北	27.1	25.1	30.1
湖 南	34.6	32.8	35.5
广 东	17.3	16.4	19.1
广 西	29.0	24.0	31.8
海 南	41.0	40.2	42.0
重 庆	63.5	48.7	74.0
四 川	57.7	45.1	63.7
贵 州	79.3	67.4	82.9
云 南	64.0	47.4	65.9
西 藏	244.1	208.9	245.9
陕 西	32.9	27.3	35.4
甘 肃	64.8	37.3	76.4
青 海	88.5	0.0	99.6
宁 夏	44.7	36.7	50.7
新 疆	92.1	50.8	107.4

2006年全国各地区人口出生率、死亡率

地区	出生率(‰)				死亡率(‰)			
	1990年	2000年	2005年	2006年	1990年	2000年	2005年	2006年
总　计	**21.06**	**14.03**	**12.4**	**12.09**	**6.67**	**6.45**	**6.51**	**6.81**
北　京	13.01	8.39	6.29	6.26	5.81	6.99	5.20	4.97
天　津	15.61	7.50	7.44	7.67	5.78	6.67	6.01	6.07
河　北	20.46	13.86	12.84	12.82	6.82	6.65	6.75	6.59
山　西	22.54	21.36	12.02	11.48	6.56	7.32	6.00	5.73
内蒙古	21.19	12.65	10.08	9.87	7.21	6.84	5.46	5.91
辽　宁	16.30	10.67	7.01	6.40	6.59	6.74	6.04	5.30
吉　林	19.49	10.31	7.89	7.67	6.56	5.85	5.32	5.00
黑龙江	18.11	10.54	7.87	7.57	6.35	5.48	5.20	5.18
上　海	10.31	6.02	7.04	7.47	6.64	7.17	6.08	5.89
江　苏	20.54	11.83	9.24	9.36	6.53	6.68	7.03	7.08
浙　江	15.33	13.90	11.10	10.29	6.31	6.61	6.08	5.42
安　徽	24.47	13.06	12.43	12.60	6.25	5.53	6.23	6.30
福　建	24.44	16.96	11.60	12.00	6.71	6.08	5.62	5.75
江　西	24.59	16.85	13.79	13.80	7.54	5.29	5.96	6.01
山　东	18.21	11.38	12.14	11.60	6.96	6.70	6.31	6.10
河　南	24.92	11.60	11.55	11.59	6.52	5.58	6.30	6.27
湖　北	21.60	8.55	8.74	9.08	7.30	5.75	5.69	5.95
湖　南	23.93	10.40	11.90	11.92	7.23	5.94	6.75	6.73
广　东	22.26	18.20	11.70	11.78	5.76	5.43	4.68	4.49
广　西	20.20	16.47	14.26	14.44	6.60	5.06	6.09	6.10
海　南	24.86	26.12	14.65	14.59	6.26	4.74	5.72	5.73
重　庆	19.11	11.43	9.40	9.90	7.66	7.98	6.40	6.50
四　川		10.16	9.70	9.14		6.73	6.80	6.28
贵　州	23.09	20.30	14.59	13.97	7.90	6.29	7.21	6.71
云　南	23.60	17.06	14.72	13.20	7.92	6.60	6.75	6.30
西　藏	23.98	17.70	17.94	17.40	7.55	6.60	7.15	5.70
陕　西	23.48	11.00	10.02	10.19	6.52	5.92	6.01	6.15
甘　肃	20.68	13.23	12.59	12.86	6.20	5.92	6.57	6.62
青　海	24.34	19.85	15.70	15.24	7.47	7.35	6.21	6.27
宁　夏	24.34	15.42	15.93	15.53	5.52	4.92	4.95	4.84
新　疆	26.44	14.50	16.42	15.79	7.82	5.17	5.04	5.03

2006年全国各地区甲、乙类法定报告传染病发病率、死亡率及病死率

地区	总计		
	发病率(1/10万)	死亡率(1/10万)	病死率(1/10万)
总　计	**266.83**	**0.81**	**0.30**
北　京	448.66	1.09	0.24
天　津	304.56	0.34	0.11
河　北	225.19	0.29	0.13
山　西	258.15	0.43	0.17
内蒙古	319.99	0.48	0.15
辽　宁	222.89	0.46	0.21
吉　林	227.37	0.43	0.19
黑龙江	264.98	0.91	0.34
上　海	237.22	0.68	0.29
江　苏	180.37	0.55	0.30
浙　江	355.89	0.60	0.17
安　徽	245.57	0.56	0.23
福　建	273.60	0.55	0.20
江　西	242.07	0.79	0.33
山　东	129.56	0.39	0.30
河　南	331.09	0.99	0.30
湖　北	284.96	0.99	0.35
湖　南	191.24	1.15	0.60
广　东	298.21	1.03	0.35
广　西	325.46	2.26	0.70
海　南	339.66	0.52	0.15
重　庆	337.41	0.80	0.24
四　川	301.40	0.85	0.28
贵　州	312.28	2.61	0.84
云　南	239.48	0.98	0.41
西　藏	256.04	0.54	0.21
陕　西	261.66	0.47	0.18
甘　肃	464.26	0.60	0.13
青　海	390.96	0.59	0.15
宁　夏	408.32	0.32	0.08
新　疆	536.12	1.19	0.22

2006 年山东省各市卫生事业发展概况

济南市卫生事业发展概况

截止2006年底,全市共有医疗卫生机构4 666所,其中非营利性医疗机构3 606所(占77.28%)。二级以上综合医院55所,专科医院10所,妇幼保健机构13所,疾病预防控制机构12所,采供血机构2所。社区卫生服务机构126个,乡镇卫生院75个,村卫生室2 623个。共有医疗床位27 695张。卫生技术人员35 124人,市属医疗机构及各县(市)区注册的执业(助理)医师14 866人。平均每千人口拥有医院(卫生院)病床4.57床,每千人口拥有卫生技术人员5.80人。

一、农村卫生工作

加强乡镇卫生院建设。按照市政府确定的"高起点规划、高标准建设、高效能管理"的原则和"一年试点,两年全面完成"的建设目标,对全市75所乡镇卫生院进行分类规划,选择章丘市和商河县先行试点。全市投入7 091万元,对两个试点县(市)34所乡镇卫生院实施全面改造,总建筑面积6.1万平方米。同时根据功能定位,为试点县(市)每所乡镇卫生院配备了500毫安X光机、彩超、生化分析仪、血球计数仪、救护车等设备,培训技术骨干112名。积极推进新型农村合作医疗制度。试点范围扩大至9个县(市)区75个乡镇,参合农民约310万人,占全市农业人口的96%,人均筹资达50元。三是加大卫生支农力度。积极推进城市医疗机构承办乡镇卫生院工作,市级医院承办的3所乡镇卫生院2所已启用,1所正在积极建设中。严格执行晋升副高级职称前必须到农村工作一年的政策,实施万名医师支援农村卫生工程。积极推进乡镇卫生院人员、业务、经费上划县级卫生行政部门管理工作,上划率达93%。推行乡村卫生服务管理一体化,95.7%的村卫生室建设纳入有序、规范的管理轨道。以农村改水改厕为重点,大力开展农村爱国卫生专项整治,农村环境卫生面貌有了较大改善,农村改水普及率达80.4%,改厕普及率71.73%。

二、社区卫生服务

到目前为止,全市城区内已建成126个社区卫生服务机构,覆盖了市区全部办事处202万居民。历下区、市中区、槐荫区成为全国社区卫生服务示范区,我市在全国社区卫生服务工作会议上做了典型发言。2006年我市社区卫生服务门诊150余万人次,巡诊约50万人次。大力开展"惠民社区"活动。为20万60岁以上的老人进行了慢性病普查,建立了健康档案。继续开展医疗助困、帮残、扶贫等"爱心救助"活动。累计发放"爱心服务卡"37 548张,救助2.2万人次,为特困户减免诊疗费和优惠药品费计60万元,接受爱心救助者平均每次节省费用22.98元,积极发展全科医学教育,培训全科医护人员1 881名。

三、公共卫生和预防保健

济南市公共卫生"两个体系"建设项目已基本完成,市公共卫生大厦和10个县(市)区"两个体系"建设项目已全部投入使用,市传染病医院主体工程已封顶,传染病防治和医疗救治条件明显改善。建立了传染病与突发公共卫生事件直报网络,直报率达到100%,报告完整率和及时率达到98%以上。强化对全市511个公共卫生综合监测点的管理,重大疾病预测预警能力明显提高。加强重点传染病防治,在全国率先开通艾滋病防治咨询热线——"小阮热线"和"小阮在线",年接受咨询4 600余人次。积极开展艾滋病防治宣传教育"五进"活动(进社区、进农村、进学校、进家庭、进重点场所),在全市建立艾滋病病毒抗体筛查实验室60个,2006年检测30余万人次。加强结核病防治工作,结核病人发现指标率100%,DOTS覆盖率以县(市)区为单位达100%,治愈率85%以上。2006年全市甲乙类法定报告传染病发病率为195.42/10万,低于全国平均水平(266.83/10万)。认真做好计划免疫工作,儿童计划免疫“五苗”接种覆盖率以乡镇为单位稳定在98%以上。强化保健基地建设，成立了亚健康中心。大力开展全民健康宣教活动，健康知识知晓率和健康行为形成率大大提高。以创建国家卫生城市为重点，开展了城市环境卫生综合整治，我市通过了省爱卫会对我市创建国家卫生城市的调研考核。

四、卫生监督执法

一是加强队伍建设，提高人员素质。举办了全市卫生监督员骨干规范化培训班，对80名卫生监督骨干进行了准军事化封闭培训。设立了卫生监督举报投诉电话，全年受理举报案件92起，及时处理率达100%，提高了卫生监督执法的社会公信力。二是开展专项整治活动，建立良好的医疗市场秩序。在民营医疗机构中开展以“诚信医疗、规范服务”为内容的专项整治工作，对98家违法单位给予行政处罚，取缔非法诊所28家。与41家公立医疗机构签订了“依法行医，从我做起”十项诚信服务承诺书。对采供血机构、医疗美容机构进行了专项整治行动，有力地维护了人民群众健康权益。三是加强食品卫生监督，保障群众饮食安全。推进食品卫生监督量化分级管理，查处制售假冒伪劣食品行为。将专项整治与日常卫生监督相结合，依法查处了一批违法案件。我市食品安全状况明显改善，全年无重大食物中毒事件发生，圆满完成了市“两会”、煤炭会、文博会及重大节假日期间的食品卫生监督保障任务。四是完善审批机制，提高审批效能。加强政务公开大厅建设，实行首问责任制，逐步扩大网上受理审批事项和咨询范围，建立“卫生许可申请表”网上下载栏目，为群众提供方便、快捷的服务。全年共受理各类卫生行政许可事项578件，及时办结率100%。五是做好普法和政务热线工作。组织了局机关及局直单位法律法规知识考试7 000余人次，考试合格率达100%。参与了3期政务监督热线节目，现场接受群众咨询8起，受理投诉事项10起，均给予合理答复，受到群众的好评。

五、医疗服务

加强医疗急救网络建设，全市现有1个现代化急救指挥调度中心和21个急救分中心，网络急救车54辆，与“110”、“119”形成了一套协调高效的联动机制。急救反应时间平均为12分钟，年急救出车7.3万辆次。改善医疗服务环境，简化服务环节和流程。推行开放式门诊、“病人选医生”、母婴温馨病房等便民服务和“一站式”、“医卡通”等人性化服务新举措。制定了《关于加强单病种质量管理与费用控制的实施意见》，对20种住院病种实行质量管理和费用控制，同时还实行了常见病专家建议处方制度，并在34家二级以上医院实行了医学检验、医学影像检查结果互认制度，有效地遏制了过度医疗、重复检查行为。实施“惠民医疗工程”。从2005年底开始，全市卫生系统对就医的优抚对象、特困职工、特困居民和农民，实行收费减、免优惠。目前已启动了44个惠民门诊、21个惠民病房和51个惠民社区。济南市卫生局与济南慈善总会在市立四院建立了全省第一家慈善医院，对城市低保、困难企业人员及军转干部等三类对象实施医疗救助。在市民族医院建立了全省第一家惠民医院，在市立一院和口腔医院分别建立了由公司托管的惠民大药房和药品超市，平阴县在全省率先推行了医院药房托管改革，降低药品价格，让利于民，收到了较好效果。

六、中医工作

一是强化中医药队伍建设。加强中医专业人员培训，组织1 064人参加经典著作学习活动，强化了中医药人员的理论基础。举办50种适宜技术培训班26期，培训6 005人，使人民群众得到简、便、廉、验的中医药服务。组织开展了济南市中医药传统技能大赛活动，18名优秀选手被市总工会授予“建功立业先进个人”荣誉称号。在全省卫生系统中医药传统技能大赛中，我市代表队获得中药、针灸两个第一名的好成绩。二是大力实施“三名工程”，打造中医药服务品牌。组织开展了名老中医、名中医、优秀青年中医评选工作，各评选出20名分别授予了荣誉称号。加强重点中医专科建设，章丘市中医医院骨伤科被国家中医药管理局确定为国家级重点专科。建成了省级重点中医专科3个，市级重点专科18个，市中医医院中医药治疗保健康复中心被国家中医药管理局、世界中医药学会联合会授予“亚健康事业特殊贡献单位”称号。积极组织我市中医医疗机构申报高等中医药院校教学基地工作，长清区、平阴县、济阳县中医医院通过了教学基地评估，被确定为山东中医药大学临床教学基地，促进了中医医院教学和医疗技术水平的提高。三是积极推进中医药参与新型农村合作医疗工作。平阴县作为全省试点，制定了中医药参与程度、中医药服务标准、提高中医药费用报销比例与监督考核等配套措施，提高中医药使用率，减轻了农民医药费用负担。四是充分发挥中医药优势，开展“惠民医疗工程”。组织中医药专家针对门诊常见的42种疾病，制定了《常见病中医药专家建议处方用药规范》，指导医生因病施治，合理用药，有效降低了医药费用，提高了诊疗水平。

七、卫生科技与人才强医

一是加强卫生科技管理。制定了《济南市卫生科技“十一五”发展计划》。对全市医学重点专业进行重新评审，确定了25个医学重点专业。抓好医学重点实验室建设，首批建设重点实验室2个，为加快科技创新体系建设、培养医学科技人才奠定了基础。促进医学科研和科技成果转化，承担省以上科技项目11项，其中1项被卫生部确定为“十年百项”项目，科研成果在全国得以推广。获得市科学技术进步奖一等奖1项，二等奖4项，三等奖14项。市立四院、儿童医院分别在济南市科技攻关计划项目中中标。二是加强医学教育工作。深入实施“泉城卫生学者565工程”，已评出三批18人，实行重点培养。完善继续医学教育体制，实行继续医学教育“四挂钩”。在全省率先试用住院医师规范化培训管理系统，组织191名住院医师参加了考试。举办全科医学培训班，培训学员186名。三是抓好人才培养和引进。加强管理干部的培训，60名EMBA学员获得了美国蒙东那大学管理硕士学位。积极协调有关部门，引进硕士、博士等高层次人才96名。卫生人才水平明显提高，全年SCI收入论文14篇。四是加强对外交流，开展管理干部、医学科技重点人才境外培训工作，组团29批97人次。派出6名中医推拿医生赴俄罗斯开展技术劳务工作。市立二院、儿童医院、妇幼保健院等多家医院与国际学术界、国外医疗机构建立了稳定、长期的学术交流渠道，为卫生事业发展提供了科技支撑和人才保证。

八、卫生行风建设

结合开展社会主义荣辱观教育和精神文明建设，在全系统推出了刘振华、张华等一批先进典型。以纠正部门和行业不正之风为重点，大力推行药械集中招标采购，实施全程监督，确保公平、公正、公开。2006年药品集中招标采购3.5亿元，让利群众2 463.15万元，药品集中采购率达90.1%。广泛开展向社会服务承诺活动，积极推行医疗行为“五条禁令”和“五项规定”，以落实惩防体系《实施纲要》为重点，在全省卫生系统创新性地推出行业作风巡视制度，受到卫生部督导组好评。加大治理商业贿赂工作力度，建立了防治商业贿赂的长效机制。

青岛市卫生事业发展概况

2006年，青岛市卫生系统认真贯彻党的十六届五中、六中全会精神，从维护人民群众健康利益的高度，加强领导，增加投入，着力加强公共卫生、农村卫生和城市社区卫生建设，强化医疗服务质量管理，努力缓解群众“看病难、看病贵”的问题，全市卫生工作取得了显著成效。

一、公共卫生服务体系进一步完善

公共卫生基础设施建设取得新进展。辖区内李沧、崂山、黄岛、胶南相继启动了公共卫生中心建设，总建筑面积达7.3万平方米。全市设立了114个镇级卫生监督与疾病预防控制工作站(科)，选拔了5 724名兼职乡村医生承担村级公共卫生工作。两级政府按照人均15元的标准设立了社区公共卫生专项补助经费，并对乡医每月给予100元补助，促进了公共卫生工作在基层的落实。

突发公共卫生事件应急处置能力进一步提高。市卫生局成立了应急办公室，制定并完善了各种应急预案，明确了职责任务和应急程序。各区市积极争取编制，设立了应急办公室，有计划地组织了应急培训、演练，加强了应急物资储备。去年，我市及时处置各种疑似公共卫生事件12起。城阳、李沧、市南、市北、即墨等区市及时有效地控制了麻疹、风疹、流行性腮腺炎等传染病的局部暴发以及崂山水污染事件。在“长城3号”反恐演练中，卫生参演人员表现出色，得到了演习导调组领导和专家的充分肯定和高度评价。

疾病预防控制工作成效显著。进一步落实了一类疫苗免费接种政策，“七苗”接种率稳定在95%以上，有40个接种门诊达到了省级示范标准；对艾滋病高发地区的外来妇女和其他高危人群的检测机制不断健全；结核病防治水平不断提高，超额完成了国家下达的新发涂阳病人发现任务，病人治愈率达到98.3%；与畜牧部门建立了人畜共患传染病防治合作机制，人禽流感、霍乱等传染病防治工作有序开展，确保了无重大传染病的暴发和流行。

妇幼卫生工作继续保持全国领先。全市孕产妇死亡率为5.2/10万，婴儿死亡率为4.7‰，在国务院组织的“两纲”中期评估检查中，有91%的主办指标提前5年达标。

采供血工作再上新水平。初步理顺了采供血管理体系，坚持采供血统一管理、集中检测，实行全程质量控制。在中华骨髓库组织配型实验室质控项目检查中，我市综合成绩列全国第2名。无偿献血工作再创佳绩，在第五届全国无偿献血工作推荐表彰统计中，我市符合无偿献血奉献奖和促进奖资格献血者分别较上届提高32%和424%，占全省推荐总数的37%和74.6%。

二、农村卫生服务体系建设全面推进

新型农村合作医疗不断完善，进一步强化政府主导作用，将补助标准增加1倍，使全市平均筹资水平达到61.25元，提高70%。到2006年底，全市参合人口达到436.77万人，参合率达到96%，受益率达到38%，住院费用补偿率达到33%。近四年来，有324.76万农民从中受益，共得到医疗费用补偿2.6亿元，深受农民群众欢迎。即墨市被评为全国新农合先进试点市。黄岛区和即墨市还探索建立了城镇非医保居民合作医疗制度，实现了医疗保障制度的无缝隙、全覆盖。农村卫生设施条件进一步改善，两级政府投入8 600多万元，对90个卫生院配齐了X光机、B超等五大件，对3 119个村卫生室进行了示范化达标，提前全面达到省政府提出的“360”工程要求。农村卫生队伍建设走向规范化，启动了卫生院骨干和乡村医生培训制度，培训中心卫生院技术骨干56名、乡医7 946名；进一步实施了新型支农服务工程，全市共组织672名中、高级卫生技术人员开展了支农服务，援助技术项目50个，对加快提升农村卫生服务水平发挥了积极作用。同时，我们还健全了卫生院经常性经费保障机制，由财政给予补助建立了职工医疗、养老、失业等社会保险，一些长期影响卫生院生存发展的政策问题正在逐步得到解决。

三、构建新型城市卫生服务体系步伐加快

市政府进一步完善了社区卫生服务发展政策，加强组织领导，并将社区卫生服务机构建设列为实事，两级政府投入1 400万元对60个社区卫生服务中心（站）进行了标准化改造。目前，我市已有两个区建成全国社区卫生服务示范区，在市内四区建成社区卫生服务中心（站）101个，90%以上的居民到最近的卫生服务点的步行距离在15分钟以内，市内四区社区卫生服务人次达179.82万，占辖区总门诊服务人次的27.11%。进一步加快了区域性医疗集团建设，完成了市立医院与人民医院重组工作，投资近5亿元的东部医院门诊病房楼投入使用，市第八人民医院病房楼、传染病医院病房楼、北九水疗养院一期工程相继建成投入使用；市海慈医疗集团国医堂奠基，市中心血站业务楼改扩建和中心医疗集团病房楼建设工程已列入2007年市政府建设计划。

四、缓解群众“看病难、看病贵”初见成效

进一步加强医生处方、大型设备检查和医院收费管理，推行“辅助检查结果互认制度”，完善医药费用“总额均费双控”措施。2006年，全市二级以上医疗机构医药费用增幅降至11.07%，同比增幅下降6.53个百分点，远远低于GDP和城乡居民收入增长幅度，共为群众减少医药费用开支约2.48亿元。同时，发动各级医疗机构，开展惠民医疗服务活动和中医特色治疗病种控费、大众绿色医疗工程，确定了102家定点机构和57个控费病种，面向农民和城市低收入人群，实行门诊和住院费用减免，开展爱心医疗救助等，共为群众累计节约和减免医药费用2 000多万元。

五、卫生依法行政工作全面推进

卫生许可、日常监督和执法稽查三权分离改革进一步深化，卫生综合执法力度持续加大。深入开展了医院管理年和打击非法行医活动，共监督检查医疗单位1.7万家(次)，处理违法单位911家，其中取缔无证行医270家，注销医疗机构60家，注销执业科目150个，吊销或暂停医生执业资格12人，罚没270多万元；针对社会关心的食品安全等热点、难点问题，开展了112次卫生专项整治活动，全面推行食品卫生信誉度管理，深入开展健康校园、食品、公共场所和职业卫生示范单位、餐巾纸绿色消费示范街区等各种创建活动，较好地保障了群众的健康安全。

六、"科教兴医"力度不断加强

各级医疗卫生单位采取积极措施，加大经费投入，加强人才队伍建设，积极开展重大课题研究。青医附院、市立医院、海慈医疗集团、中心医院和妇儿中心按照医院总收入1%～2%的标准设立了科技发展专项经费。全系统共引进学科带头人12名、博士42名、硕士221名，选派2批共31名学科带头人和学科骨干赴德国培训。我市承担的世界糖尿病基金会课题项目和市直单位承担的26项省级以上课题研究进展顺利，其中承担的科技部"十五"国家食品安全项目达到国内领先水平。同时，转化国家、省和市级科技成果11项，完成国家、省、市继续教育项目150余项。

七、中医药事业快速发展

进一步落实党和国家中医药政策，在新农合中提高了中医药服务的报销比例，组织7 000余名乡医参加中医药知识培训；在全省率先开展中医特色乡镇卫生院和中医特色社区卫生服务中心(站)建设；试行了中医住院医师导师制培养，开展了中医医院医疗质量信誉等级评定工作和"国医堂"杯中医药专业技能大赛。

八、精神文明创建工作取得新进展

结合卫生行业特点，积极开展创建活动，培育先进典型，全系统新增省级文明单位3个，市级以上文明单位比例占到87%。市立医疗集团的"生命绿洲"和海慈医疗集团的"温馨海慈"被评为青岛市服务名牌。市妇女儿童医疗保健中心心脏中心获得全国五一劳动奖状，被省卫生厅树为"健康卫士先模集体"，该中心首席专家邢泉生同志入选感动青岛10佳人物。纠正行业不正之风长效机制初步建立，组织行风稽查300余次；治理商业贿赂工作深入开展，收缴"治贿"钱款近45万元。在市政府纠风办组织的行风评议中满意率达98.48 %，较2005年又提高5.48个百分点。

淄博市卫生事业发展概况

2006年，淄博市卫生系统以党的十六届六中全会精神为指导，认真贯彻全国、全省卫生工作会议精神，以防病治病为中心，把构建城乡基本医疗保障体系为着力点，积极推进各项卫生工作健康有序发展，为保障人民群众身体健康、促进全市经济社会和谐发展发挥了积极作用。至年底，全市共有卫生医疗机构1 277处，病床1 5482张，千人占有3.7张，卫生技术人员21 439人，千人占有5.12人。

一、加强城乡基层卫生服务机构、队伍、设施建设，构建城乡基层医疗服务保障体系

扎实推进农村新型合作医疗试点工作。制定出台《淄博市人民政府关于进一步加强农村卫生工作的意见》，完善新农合工作体系，落实基金监管措施，农村卫生工作顺利进展。淄博市有临淄、桓台、张店(含高新区)、周村、博山五区县列为省级新农合试点

单位，淄川、高青、沂源三区县的25个镇列为市级新农合试点乡镇，覆盖人口210.24万人。全市参加农村合作医疗农民188.81万人，参合率89.81%。筹集新农合资金8 819.27万元，支出新农合资金5 148.53万元，182万人次享受合作医疗补助，参加农村合作医疗的农民受益率96.24%，其中获得5 000～10 000补助的758人，1万元以上的421人，最高补偿的2万元。桓台县被表彰为全省新农合试点工作先进县。

完成列入全省“360”工程建设任务。投资280万元，重点建设16处卫生院业务用房项目2个，总建筑面积3 560平方米，通过省财政评估中心的评估。投资632万元，为16处乡镇卫生院购置X光机等设备47台(件)。确定淄博市中心医院等4家单位为“360”工程技术骨干培训基地，首批培训44名。市、区县、乡镇三级投资1 922万元，完成400处规范村卫生室的改造。

加强城市基层医疗保障体系建设，发展社区卫生服务。市政府成立城市社区卫生服务工作领导小组，制定出台《关于发展城市社区卫生服务的实施意见》和《社区卫生服务发展规划》，明确财政补助政策和医保等扶持措施，投资100万元，重点投入中心城区社区卫生服务工作，巩固省级社区卫生服务示范区成果。至2006年底，全市社区卫生服务机构已发展到112处，覆盖城区人口103.36万人，基本形成城市社区卫生服务网络和“六位一体”的服务。2006年，淄博市代表山东省迎接了国务院对社区卫生工作的督导检查。在全省卫生工作会议上，淄博市作了城市社区卫生服务工作的典型发言。

二、深化疾病预防控制和卫生监督体制改革，促进疾病控制、卫生执法监督工作和卫生应急能力

在市级疾病控制和卫生监督体制改革的基础上，全面推进区县级体制改革。年内，艾滋病、结核病、人禽流感等重大传染病和地方病防治工作规范运行，无重大疫病暴发流行。五苗接种率和儿童免疫保偿率保持在95%以上，相关传染病得到有效控制，全市已连续32年无白喉、15年无脊髓灰质炎病例发生。市疾病控制中心被国家卫生部评为“全国结核病防治先进集体”。加强卫生监督执法，针对社会关注的食品卫生、学校卫生、医疗市场、公共场所、化妆品、生活饮用水等热点、难点问题，深入进行专项整治，对138家食品卫生违法案件予以警告、罚款处罚。查收过期卫生许可证72个，公告取缔33家；检查保健食品68种类，对10种保健食品责令撤柜停销。与市高教工委、市教育局联合对55家各级各类学校的食品卫生、饮用水卫生、传染病防治、卫生室建设等进行督导检查，下达整改意见书15份，对11家违法单位进行了行政处罚。监督检查医疗机构2 600余户次，下达监督文书1 249份，受理非法行医案件73件，取缔非法义诊80余户次，没收药品、器械价值25.6万元。监测医疗广告2 426条次，对发布违法广告的24家医疗机构及时移交工商部门处理。对192家公共场所经营单位进行2次以上日常性监督，抽查公共场所集中空调通风系统46家；检查化妆品生产经营单位128户以上，检查化妆品13 864品种次。对38起公共场所、化妆品违法案件予以警告、罚款处罚。检查产生职业病危害企业1 709家，完成11个建设项目的职业病危害预评价、设计审查和竣工验收。有1家企业被评为“国家职业卫生示范企业”，4家企业被评为“山东省职业卫生示范企业”。检查消毒产品生产企业23家，经营单位30家，对3家非法消毒产品生产企业给予罚款处罚。淄博市卫生监督所被评为全省卫生监督工作考核第一名。加强职业病防治和精神卫生工作，职业病防治和精神卫生工作有突破性进展。成立卫生应急工作领导小组和专家咨询委员会，组建淄博市卫生应急办公室。加强全市急救指挥网络建设，提高重大事故抢救成功率。

三、加强医院管理，规范医疗服务行为

深入开展“医院管理年”和“医疗质量管理效益年”活动，制定下发《关于在全市开展惠民医疗服务的意见》，在区县以上公立医院和城市社区卫生服务机构中开展惠民医疗服务，实行“三免九减”等优惠政策。严格医疗服务要素准入，完成全市医疗机构校验及执业注册，完成2 085名医师和1 573名护士执业资格考试，对8 841名护士和832名医师进行执业注册和变更注册，建立医疗机构、医师执业注册档案管理暨移交工作制度。加强护理工作管理，提高护理质量和技术水平。加强麻醉药品管理和药品不良反应监测，成立淄博市医院药学质控委员会，统一全市麻醉药品增补计划审批程序，确保群众用药

安全，淄博市卫生局被省食品药品监督管理局、省卫生厅授予“全省药品不良反应监测工作先进集体”。

四、顺利通过“国家卫生城市”复审，巩固发展“国家卫生城市”、“爱婴市”、“无偿献血先进城市”创建成果

以迎接国家卫生城市复审为主线，大力开展爱国卫生运动。实行市政府分管市长包区、包部门责任制和市直有关部门集中办公制度。各司其职、各尽其责、密切配合、确保任务的完成，加大投入、强化管理、综合整治，城市卫生整体水平得到提高，顺利通过全国爱卫会对我市的复审，淄博市被重新命名为“国家卫生城市”称号。

继续加强妇幼保健机构和队伍建设，规范妇幼管理行为。开展助产技术服务机构级别认定，首批确定一级助产机构 11 个，二级 24 个，三级 3 个，取消 31 家达不到标准的助产机构的助产技术服务资格。全年共筛查新生儿 41 420 例，筛查率与血生合格率达 99%，筛查出 113 名先天缺陷患儿(PKU42、CH73)，进行了系统管理和免费治疗。妇科查体 23 542人，查出的疾病得到有效医治。实行孕产妇、儿童死亡和出生缺陷报告制度。2006 年全市孕产妇死亡率 13.17/10 万、婴儿死亡率 5.69‰、5 岁以下儿童死亡率 6.88‰，在全省均处较低水平。市卫生局被市委、市政府授予“人口与计划生育工作先进单位”。加强无偿献血工作，实现无偿献血工作“四个转移、一个延伸”，即由随机、自愿献血向固定、预约自愿献血转移，由一次、偶然自愿献血向多次、重复自愿献血转移，由献全血向献成分血转移，由一次献血量 200ml 向一次献血量 400ml 转移。无偿献血由城市向农村延伸。利用“电话招募”、“网络招募”、“短信群呼血源信息”，开辟招募血源途径。为救助患白血病台胞采集造血干细胞血样 2 853 份，保质保量地完成省红十字会布置的紧急任务。为无偿献血者查体26 116 人次，采供血总量 14 860 205ml，其中 Rh 阴性稀有血型供给，除保证我市临床需要，还多次支援其他省、市。血液供应及时、安全、有效。经用血单位满意度调查，满意度达到 98%以上。年内投资 120 余万元，用于基础设施和设备更新。10 月份顺利通过全省采供血机构执业验收评审。淄博市中心血站在全省 17 个地市血站质量管理检查中成绩列全省第一，连续第五次荣获“全国无偿献血先进城市”称号。

五、坚持中西医并重，大力实施“三名战略”

狠抓中医重点专科（专病）建设，建成省级重点中医专科 2 个，市级 16 个。加强基层中医药工作，在全省率先启动中医药特色乡镇卫生院、村卫生室和社区卫生机构创建活动，区县以上中医院全部列入新农合定点医疗服务机构。继续实施“三名战略”，实行名科、名医动态管理，对全市首批名医、培养对象及名科进行年度考核，发挥名牌效益和名牌带动作用。整合各类资源，开展重大科技创新研究，获得省市科技进步奖 26 项，其中省级 1 项，市级二等奖 9 项、三等奖 16 项。16 项医学科研课题列入淄博市科学技术发展计划，《产前超生诊断胎儿先天缺陷》列入山东省卫生厅“五年百项”推广项目，14 项获奖医学科研成果，在全市推广。加强继续医学教育管理，建立组织管理、培训实施、政策保障三位一体的继续医学教育体系。开展 40 余项省市级继续医学教育项目，培训人员 4 000 余人次，9 所医院内的 12 个学科列为省级培训基地。圆满完成第 20 批援坦医疗队员选审工作。

六、加强行业作风建设，深入开展治理商业贿赂工作

对 2001 年以来卫生系统基本建设、设备购置、药品采购等 9 个方面内容进行重点查处，通过自查、自纠，标本兼治、综合治理，共查处、上缴不正当交易钱款达 360 152 元。巩固发展“医德医风示范医院”、“星级医院”创建成果，规范和完善住院病人费用“一日清单”制度和住院费用查询制度，增强医疗收费的透明度，继续推行药品集中招标采购制度。9 月份，淄博市卫生局联合市纠风办、市工商局、市物价局、市药检局等部门对全市 35 个县级以上医院采购和使用中标药品情况进行全面检查，及时整改发现的问题。据统计全年采购中标药品 4 亿多元，药品平均降幅 20%，让利患者 4 000 多万元。做好“政风行风热线”的上线工作，卫生局领导及有关人员两次走进“政风行风热线”直播间，直面群众，解答群众咨询、投诉电话 36 个，短信投诉 1 个，群众得到了满意的答复。经问卷调查，病人对卫生服务满意度达 95%以上。2006 年，淄博市卫生局被市政府授予“行风和机关效能建设先进单位”，市第一医院被省卫生厅和省纠风办授予“全省卫

生系统医德医风示范医院”。全市20家医院被评为“全市卫生系统医德医风示范医院”。

枣庄市卫生事业发展概况

2006年,是全市卫生系统求真务实、真抓实干的一年,是立足当前、谋划长远的一年,是为今后发展打下坚实基础的一年。一年来,在各有关部门密切配合下,经过全市各级卫生部门和广大医疗卫生工作者的共同努力,全市卫生改革与发展呈现出良好的发展势头,在一些重点工作领域取得突破性进展,较好地完成了全年各项工作任务。

一、农村卫生工作全面加强

新型农村合作医疗试点稳步推进。各级政府把新型农村合作医疗制度建设作为建设社会主义新农村和构建和谐社会的一项重要任务,精心组织,周密安排,积极推进,稳步实施,取得了明显成效。全市已有2 000个行政村、149.63万人参加新农合,分别占全市行政村总数、农业人口总数的83.82%和59.4%;已筹集资金6 355.64万元,报销医药费3 936.26万元,受益农民达253.23万人次。新农合试点减轻了农民医疗费用负担,缓解了困难群众因病致贫、因病返贫的矛盾。农村卫生服务体系建设不断加强。全市投入2 768.41万元,对列入市级改造的20所、列入省“360工程”的15所和列入国债建设项目的6所乡镇卫生院进行了改造建设。广大农民群众的医疗保健条件得到一定改善。认真做好卫生支农、卫生下乡工作,组织医疗卫生专家和医护人员到偏远农村开展卫生知识宣传教育和送医送药,为基层培养卫生技术人员,提高了农村医疗机构的服务功能和业务技术水平,保证了农民群众的医疗保健需求。

二、医疗服务质量和效益明显提高

深入开展“医院管理年”活动,严格医疗质量管理,强化质量安全教育,健全质量监控体系,实行医疗质量公示制度,医疗质量逐步提高;加强医药费用管理,坚持合理检查、合理用药、因病施治,门诊、住院费用进一步降低。2006年,全市二级以上医院门诊、住院病人人均费用分别为73.77元、2 530.66元,较2005年分别降低了2.65%和6.87%,患者就医负担进一步减轻。

三、卫生监督执法工作进一步强化

积极推进卫生监督与疾病预防控制体制改革,市、区(市)一体、政令畅通、运转协调的卫生监督与疾病预防控制工作体系已经建立,各项卫生监督工作均衡开展,疾病预防控制工作取得突破性进展。规范行政审批行为,加大卫生监督执法力度,如期完成了健康相关产品卫生质量抽检任务。实行食品卫生监督量化分级管理,深入开展食品放心工程和食品安全专项整治活动,食品安全状况明显改善。大力推进职业危害项目整治工作,重点开展了职业卫生监督、职业危害项目申报、危害控制效果评价等工作,实施了全市乡镇企业、农村个体工商户职业病危害专项整治活动。严厉打击非法行医,严格医疗服务要素准入,集中开展非法行医、无证行医和非法医疗广告专项治理。卫生监督执法力度和社会影响力显著增强。

四、预防保健工作成绩显著

认真落实疾病综合防治措施,加强公共卫生预警机制建设,应对突发公共卫生事件的能力显著增强,重点传染病得到有效控制,全市法定传染病疫情保持平稳。认真落实免疫规划政策,扎实开展计划免疫工作,全市已建成16个省级示范接种门诊,规范化门诊覆盖率达到100%,“七苗”免疫接种率保持在95%以上。采取切实有效措施,及时控制了麻疹疫情。加强艾滋病防治工作,健全艾滋病监测体系,已建立初筛实验室12个,初筛中心实验室1个,覆盖全市的艾滋病筛查网络已经形成。高危人群重点检测措施有力，“四免一关怀”政策得到认真落实。认真落实结核病防治措施，五区一市全部完成新涂阳病人发现任务。积极实施出生缺陷干预，启动新生儿视力筛查工作，巩固新生儿“两病”和听力筛查成果，强化妇幼信息管理和专业人员妇幼保健知识培训，妇幼保健水平进一步提高。

五、中医事业和医学科技教育取得新进展

认真贯彻落实《中医药条例》和省政府《关于进一步加强中医药事业的意见》，重点中医专科建设取得明显成效。全市已建设国家级重点中医专科1个，省级重点中医专科3个，市级重点中医专科16个。全市中医药技能大赛成功举办，中医适宜技术推广和全国优秀临床人才研修项目、全国老中医药学术专家学术经验继承工作进展顺利。坚持科教兴医战略，积极引进、推广医学适宜新技术，一批医学新技术在我市得到推广应用，并取得了初步的社会效益、经济效益和技术效益，医学科技水平进一步提高。

六、卫生行业作风和精神文明建设取得新突破

坚持“两手抓、两手都要硬”的方针，紧紧围绕解决广大群众关注的突出问题，狠抓纠正行业不正之风工作。全市各级各类医院严格执行国家核定的药品和医疗收费价格，全部实行了明码标价，22家二级以上医疗机构开展了单病种限价收费，11家医院列入了医学检验、医学影像检查结果相互认可全省“一单通”范围，39家医院实行了住院费用一日清单制度，48家医院实行了处方公示制度，28家县级以上医疗机构全部实行了药品、医疗器械集中招标采购，有效控制了医药费用增长，切实减轻了患者负担。

深入开展创建“百姓满意医院”活动，组织开展民主评议行风、优化经济环境和民主评议医院活动，促进了行业风气的明显好转，群众满意度进一步提高，得到了社会各界和广大群众的赞誉，树立了卫生行业的良好形象。按照中央和省、市要求，认真组织开展治理商业贿赂专项整治活动，对在自查自纠工作中发现的六个方面的问题，制定了切实可行的整改措施，逐步建立健全了治理医药购销领域商业贿赂长效机制。

东营市卫生事业发展概况

2006年以来，在东营市委、市政府的正确领导下，全市卫生工作认真贯彻落实科学发展观，围绕保障群众健康、解决群众看病难、看病贵问题“一个目标”，实施卫生基础设施建设和健康关爱“两项工程”，突出农村卫生、公共卫生、社区卫生“三个重点”，强化以人为本、城乡统筹、预防为主、深化改革“四项措施”，全市卫生事业得到快速协调发展，实现了“十一五”的良好开局。

一、完善城乡医疗保障制度，提高城乡居民健康保障水平

按照为民、便民、利民的原则，组织开展了全市城乡居民医疗保险工作基线调查，各县区根据参保居民医疗消费需求和财政补助资金变化情况，重新修订了补偿方案，合理确定了补偿模式、起付线、封顶线和补偿比例，加强了对定点医疗机构的规范化管理，严格控制参保居民医药费用的不合理增长，东营区、广饶县城乡医保工作已实行网络化管理。从2006年起，中央、省财政对我市农民医保的补助资金由以往的人均3元提高到8元，县区补助资金全部提高到10元以上，农民医保制度的保障能力进一步增强。各县区利用广播、电视、大病救助现场会等形式，加大城乡医疗保险的宣传力度，城乡居民参保的积极性显著提高。全市参保农民达93万人，参保率为95%，共筹集农民医疗保险资金3 427万元，已

补偿资金2 632.79万元，受益农民71万人次；全市参保城镇居民达8.2万人，参保率为71%，共筹集城镇居民医疗保险资金376万元，已补偿资金170万元，受益城镇居民2.09万人次，有效地缓解了群众的因病致贫、因病返贫问题。

二、加强城乡卫生服务体系建设，改善群众就医条件

2006年，市委、市政府将卫生基础设施建设工程列为全市"双十"工程之中，强化政府主导职责，集中财力，加大投入，城乡医疗卫生服务体系得到进一步完善，各项工程建设进展顺利，在实施省"360"工程的基础上，重点加强乡镇卫生院建设。2006年我市又增加两处重点卫生院，并将东营区龙居卫生院、河口区新户卫生院、广饶县大码头卫生院等10处重点卫生院全部纳入建设范围。按照每处乡镇卫生院业务用房"达两千"、设备配备"五个必备"、技术骨干培训"七个一"的省级标准进行建设，共规划新建、整修业务用房面积达19 464平方米，设备配备57台件，培训专业技术人员70名。到目前为止，10所重点卫生院业务用房整修项目主体已全部完工，业务用房面积全部达到2 000 m^2 以上。10月29日至11月2日，我市的"360工程"业务用房整修项目顺利通过了省财政厅评审组的评审。第一期39名乡镇卫生院业务技术骨干已完成培训，第二期31名技术骨干按教学计划开展培训。设备购置省级补助资金控制指标156万元已到位，根据各单位提报的需配备设备情况，目前正在组织统一招标。

三、深化卫生体制改革，增强医疗卫生机构的可持续发展能力

一是按照依法行政、政事分开、综合管理的原则进行体制改革。经市委常委会议同意、市编委批准，6月17日，我市市级卫生监督和疾病预防控制体制改革顺利完成。撤销原市卫生防疫站，组建市卫生监督执法局，承担综合卫生监督执法任务，经费实行财政拨款，这是全省首家以局建制成立的卫生监督执法机构。市级卫生监督改革的完成，进一步规范了执法行为，提高了依法行政水平。二是在深入调研的基础上，积极稳妥地推进卫生院人员、业务、经费等上划县级卫生行政部门按职责管理。经市政府常务会议同意，全市乡镇卫生院上划县、区管理试点工作于6月份全面展开。目前，河口区、广饶县已完成上划工作，东营区、垦利县的上划工作即将完成，利津县的上划工作正在积极运行中。三是深化卫生行政审批制度改革，提高工作效能。按照政府工作提速的要求，我局将所有市级卫生行政审批、许可、备案、资格认定等19项业务全部纳入市行政审批中心办理，实行一口对外、集中办理、限时办结，方便了服务对象，提高了工作效率。四是积极协调，主动参与在市人民医院开展的事业单位改革试点工作进展顺利，先后多次与市人事部门进行座谈、调研、论证，改革试点工作方案正在逐步完善之中。

四、加强重点传染病防治，关爱弱势群体身心健康

坚持预防为主、防治结合，加大对艾滋病、结核病、乙型肝炎等重点传染病的防控力度。2006年1～10月份，全市报告乙类传染病2 906例，较去年同期下降10.64%；丙类传染病1 073例，无甲类传染病发生，全市未发生重点传染病暴发流行；深入开展艾滋病防治知识"五进"、100%安全套推广和重点人群抗体检测三项活动，加强艾滋病疫情报告管理制度，所有县级以上医疗机构、疾病控制机构全部建立了艾滋病初筛实验室，举办了全市艾滋病高危行为干预工作培训班，开展了重点人群的健康教育和抗体检测工作，全市共发放艾滋病宣传材料37 000余份；加强结核病防治工作，建立健全疾病控制机构与医疗机构的合作机制，我市顺利通过全国结核病防治规划(2001～2010)中期评估，全市结核病人的发现率、治愈率明显提高。1～10月，全市共发现活动性肺结核病人522例，其中新发涂阳病人320例，完成全年任务的94.7%，对符合免费治疗的483例结核病人全部给予正规化治疗管理。加强计划免疫工作，按照《疫苗流通和预防接种管理条例》的要求，全市一类疫苗接种所需经费全部列入市级财政预算，"五苗"接种率稳定在98%以上。为有效遏制乙型肝炎的传播与流行，我市将全市乙型肝炎感染高危人群疫苗接种列入全市"双十"工程之中，市财政投资700万元，对全市辖区内56万名具有东营常驻户口、年龄在16～50岁之间、肝功能正常人群免费进行乙型肝炎疫苗全程免疫接种，增强了群众抵御乙型肝炎的免疫能力。

五、完善突发公共卫生事件应急机制，提高公共卫生处置能力

市卫生局成立了应急工作领导小组，修订完善了《东营市突发公共卫生事件应急预案》，组织开展了突发公共卫生事件应急演练，提高了突发公共卫生事件的应急处置和医疗救护实战能力。按照“资源整合、统一指挥、运转协调、救治有力”的急救工作原则，整合全市“120”院前急救资源，对全市院前急救工作实行统一受理、统一调度指挥。目前，全市加入120院前急救网络的医疗机构共19家，急救车41部，急救从业人员400多人，服务范围覆盖全市。近期，广饶县丁庄卫生院、花官中心卫生院、大码头中心卫生院、垦利县董集卫生院（董集乡）和东营鸿港医院等5家单位被批准为第三批院前急救网络建设单位，进一步缩短了急救半径和急救时间，提高了应急救护能力和水平。自2006年1月1日零时至12月5日零时，指挥中心接警178 568次，调度出车22 963次，抢救伤病员21 245人（次），无投诉现象发生。

六、加强社区卫生服务工作，构建新型医疗服务体系

把发展社区卫生服务作为深化卫生体制改革和解决群众看病难、看病贵的突破口来抓，以建设社会主义新农村和创建文明城市为契机，实施卫生便民工程，组织开展了全市社区卫生服务调查，初步拟定了社区卫生服务发展规划，按照“网络共建、资源共享、盘活资源、节约成本”的思路，整合社区卫生服务资源，以现有医疗卫生机构改造、转型为主、新建为辅，全市社区卫生服务工作得到全面加强，在去年371处社区卫生服务站的基础上，今年全市又新建成68处社区卫生服务站，居民就医贵而不便的问题得到缓解。截至目前，全市已建成城市社区卫生服务中心12处、社区卫生服务站26处，农村社区卫生服务站389处，社区卫生服务覆盖率达到100%。

七、以人为本，多措并举，缓解群众看病难、看病贵问题

强化卫生事业的公益性质，立足卫生行业职能，采取多种行之有效的措施，减轻群众就医负担。一是扎实开展惠民医疗服务。自4月10日起，在全市9家公立医疗机构、12处社区卫生服务机构中开展了惠民医疗服务活动，开设了惠民病房、惠民门诊，设立惠民病床219张，对具有本市常住户口的城乡特困居民、低保人员、残疾人、烈军属实行就医费用减免优惠。截至目前，已为困难群体提供惠民医疗服务121 154人次，减免医药费用178万元。二是推行医疗辅助检查“一单通”制度。按照省卫生厅的统一要求，对我市列入全省临床检验“一单通”范围的15家医疗机构，在不影响正常诊断治疗，检验单据或复印件又能随同病历保存的情况下，全市各级各类医疗机构都互相认可，避免了患者的重复检查，减轻了患者负担。一年来共为1 106人（次）节省检查费用45 268元。三是推行单病种限价收费。我市在全市二级以上公立医疗机构全面开展单病种限价收费，规定综合性医疗机构开展的限价收费病种不少于20种，专科医院不少于5种，限价后较原来价格平均降幅不低于25%。目前，已有东营区人民医院等9家二级以上医院对30类、187种疾病进行了限价，并在媒体进行了公示，自觉接受社会监督。四是开展药品集中招标采购。在推行县及县以上医疗机构药品招标采购的基础上，进一步扩大范围，将乡镇卫生院、农村社区卫生服务站所需的常用药品一并纳入集中招标采购范围，加强农村药品配送网络建设，规范了药品购进渠道，降低了药品价格。2006年，共组织招标采购药品耗材2 873种，签订合同金额1 400万元，药品降幅14.6%，让利患者209.97万元，减轻了群众的医药费用负担。五是深化卫生支农工作，统筹城乡卫生事业发展。深入实施卫生系统“突破利津”工作，加大城市卫生反哺农村卫生力度，严格执行城市卫生技术人员在晋升中高级职称前到基层工作一年的规定。2006年，全市22家县及县以上医疗卫生机构与17家受援单位建立了对口帮扶关系，共有136名卫生技术人员到基层服务1年，接诊9 311人次，开展手术115例，举办培训、讲座73期，开展新技术9次，支援设备18台件、价值23.1万元，提供无偿资金20.5万元，乡镇卫生院的综合服务能力得到增强。

八、加强卫生行业监管，提高依法行政水平

深入开展医院管理年和医疗质量管理效益年活

动。一是加强对医院处方、病案管理、临床检验质量、医学影像、急救等工作的督导、检查。成立了13个临床专业质控中心，依法做好交接后麻醉和精神药品的管理工作，医疗质量和服务水平得到提高。二是加大打击非法行医工作力度，严格医疗市场准入和监管，严把医疗广告初审关，对医疗美容市场、性病诊疗、医疗机构出租承包科室等开展专项执法检查。全市共出动检查车454辆次，检查人员1 740人次，检查单位786家，责令改正231户，取缔无证行医63家，没收器械73件、药品233箱，没收违法所得3.92万元，罚款5.2万元，清除医疗机构户外性病广告3家，医疗市场秩序得到进一步净化。三是加强血液安全管理，对市中心血站的采供血及10家二级以上医疗机构（包括民营医疗机构）的输血科建设、输血管理等情况进行了全面检查，发现问题，及时整改，确保了全市血液安全。10月17～19日，顺利通过了全省采供血机构质量评价和血液安全检查。四是加强卫生监督执法工作。先后组织开展了春节、“五一”、“十一”黄金周、夏季食品卫生监督检查和食品添加剂生产使用情况、生活饮用水等和桶装饮用水专项整治等活动，圆满完成全市“两会”、中高考、上级领导来访期间的食品安全保障工作，全市无重大食物中毒事件发生。积极推行现代食品卫生监督管理模式，扎实推进食品卫生监督量化分级管理，召开了全市食品卫生监督量化分级管理A级单位新闻发布会，今年我市又有17家食品卫生单位通过省卫生厅A级单位验收。

九、加强妇幼保健、无偿献血、爱国卫生、工会群团、招商引资、信息宣传等工作，统筹各项卫生事业发展

一是今年，我市将农村育龄妇女“两病”筛查列入全市“双十”工程之中，市财政投资300万元，对全市农村年龄在35～49岁之间的13.5万名已婚育龄妇女免费进行乳腺癌、宫颈癌筛查。全市共查体妇女137 823人，查体完成率为10%，查出妇科病人数53 435人，乳腺疾病人数15 816人，确诊宫颈癌82例、乳腺癌34例，提高了癌症的早期发现率，减轻了重大疾病对妇女群体的危害和给社会造成的负担。推行儿童及孕产妇系统化保健工作，全市儿童系统化管理率、孕产妇系统化管理率分别达到98%、92%。11月17～19日，山东省妇幼保健机构第十一届市级院长座谈会暨第六届院长年会在我市召开。二是加强无偿献血工作。组织召开了全市血液安全工作会议，加大无偿献血宣传力度，强化血液质量管理，积极创建全国无偿献血先进城市。今年以来全市共采集无偿献血16 319人次，完成年计划采血人数的163.2%，成分用血占临床用血的99.5%。三是加强爱国卫生工作，深入开展城乡环境综合整治，巩固提高国家卫生城市成果。积极参与社会主义新农村建设，集中开展村容村貌整治、农村畜禽管理、主要交通干线卫生整治、农村卫生管理制度等方面的治理，农村卫生面貌得到明显改观。深入开展卫生乡村创建活动，制定了《东营市卫生乡村创建规划》，对“十一五”时期卫生村创建活动作出总体安排部署。仙河镇通过国家卫生镇复查，大王镇创建国家卫生镇工作通过考核验收。加强卫生科教工作，落实继续医学教育全行业管理和属地管理，组织开展了市级重点专科和重点学科评选、年度住院医师规范化培训考试、省级公共课程考试等工作。四是加强医务工会组织建设，市卫生局医务工会、市人民医院完成了工会换届选举，非公有制医疗机构建会步伐加快，积极组织开展“职工之家”建设和多种形式的文体活动，增强了单位的凝聚力和向心力，丰富了干部职工的业余文化生活。5月29日，全省民营医疗机构建立工会工作座谈会在我市召开，市医务工会在会上作了典型发言。五是招商引资工作进展顺利。截至目前，市卫生局已引进外来投资项目17个，到位外来资金5 200万元，完成全年任务数的200%。六是积极做好卫生信息宣传工作。召开全市卫生系统信息宣传工作会议，开通了市卫生局门户网站，编发《东营卫生》33期，在省、市新闻媒体刊登信息30篇（条），在《东营信息》、《东营政务信息》刊发信息40条。与东营广播电台合办的《卫生与健康》栏目已播发12期，社会反响良好。

十、加强卫生行风建设，提高卫生服务水平

我局把2006年作为全市卫生系统行风建设年。在医疗卫生行业开展各种形式的反腐倡廉教育和“八荣八耻”社会主义荣辱观教育，开展行风宣传教育月、行业廉政文化建设、创建群众满意站所等主题活动。在全系统培养树立了全国优秀乡村医生——韩凤祥等先模人物，组织健康卫士先模事迹报告会

等专题活动16次，更新宣传板面3 262平方米。在全市卫生系统中组织开展了“树行业新风、创文明城市”主题活动，进一步规范服务行为，改善服务设施，提高职工素质，推动文明城市、文明行业的创建步伐，有19家医疗卫生单位通过全市“诚信单位”认定。今年，我局被省精神文明建设委员会授予全省文明机关称号。在深入开展卫生行业治理商业贿赂工作中，市及各县区卫生局、市直卫生单位、油田卫生处、石油大学层层成立了治理商业贿赂领导小组和办公室，制定了实施方案和工作制度，举行了全市卫生行业治理商业贿赂法制教育报告会，组织全系统5 223名干部职工参加了治贿法制知识考试。设立了财物收缴专用账户，深入开展自查自纠，共组织全市性的督导检查5次，专题调研2次，召开各类协调会、调度会议6次，编发工作简报12期，有关人员主动上缴不正当交易款项30.25万元。组织开展了廉洁从政、廉洁执业谈话和“进基层、访社区、万人征求意见”活动，发放问卷15 000份，收集社会各界对卫生工作的意见和建议32条，全部进行及时整改。制发了《东营市卫生局关于进一步加强和规范卫生投诉处理工作的通知》，设立了公开投诉举报电话和投诉信箱，畅通投诉渠道，完善投诉程序，健全投诉处理机制。通过活动的开展，进一步强化了社会监督，优化了发展环境，卫生行风建设得到切实加强。

烟台市卫生事业发展概况

2006年，烟台市卫生局在烟台市委、市政府的正确领导下，坚持以“三个代表”重要思想为指导，全面落实科学发展观，按照“又好又快、赶超发展、走在前面”的要求，着力推进卫生事业发展，努力满足人民群众日益增长的医疗卫生服务需求。全市医疗卫生机构发展到1 824处，从业人员29 576人，床位总数17 677张，千人口拥有医生和病床数分别达到1.66人和2.7张，比全省平均水平高出0.11人和0.12张。全系统固定资产总值达到42.79亿元，同比增长16%(市直医疗卫生单位固定资产总值23.4亿元，同比增长13%)。孕产妇死亡率和婴儿死亡率控制在11.37/10万和5.39‰，到11月底全市法定报告传染病发病率为119.49/10万，同比下降6.94%，主要健康指标达到全省全国先进水平。一年来，我们不仅圆满地完成了各项工作指标，而且有些方面的工作得到了市委、市政府和上级的表彰，我市再次荣获全国无偿献血先进市称号，市卫生局被省文明委授予省级文明机关称号，荣获其他省级以上表彰奖励9项、市级9项。

一、加强公共卫生服务体系建设，预防保健工作取得新成绩

我们大力加强公共卫生工作，为保障人民群众健康安全，更好地巩固发展全国文明城市、国家卫生城市成果，发挥了积极作用。

1. 健全完善突发公共卫生事件处置长效机制，卫生应急工作成效明显。全面完成“两个体系”基本建设，市疾病控制中心大楼和传染病医院发热呼吸道病房大楼等22个项目全部顺利竣工并投入使用，全市建立起了717个公共卫生综合监测点，293个医疗卫生单位实行了法定传染病网络直报，疫情报告及时率达到99.52%，实现全市城乡疫情监测无缝覆盖。切实加强了突发公共卫生事件指挥与决策系统建设，出台了《烟台市突发公共卫生事件应急办法》，健全完善了突发公共卫生事件监测预警、应急报告处理等各项规章制度。调整充实了市级突发公共卫生事件专家咨询委员会，进一步加强了市县两级传染病疫情、食物中毒、职业中毒应急机动队和应急专家组建设，应急物资、设备、设施等储备到位，机动队24小时待命，定期演练，确保一旦突发公共卫生事件，能够迅速出击，及时组织控制和救治。今年上半年，个别地方和单位发现麻疹、风疹和结核病，我们及时启动传染病防控预案，组织防控队伍第一时间赶赴现场，迅速扑灭，有力保障了群众的健康安全，市委、市政府领导给予了充分肯定。

2. 依法落实综合防控措施，重点传染病得到有效控制。我们全面贯彻实施《传染病防治法》，加大

了传染病防治工作力度。始终把艾滋病防治摆上疾控工作的重要位置，积极开展艾滋病防治知识宣传教育，重点公共场所服务人员艾滋病防治知识知晓率达到了90%以上，干预措施覆盖率达到了87%。大力加强了艾滋病防治能力建设，建立艾滋病筛查实验室37个，设立国家监测哨点1个、省级监测哨点3个、综合监测点2个。全面开展高危人群HIV抗体检测工作，现已累计检测既往有偿供血人员、监管场所被监管人员、外来人口58 139人，累计为17 000余人次提供了自愿咨询检测服务，检出HIV感染者31例。符合条件的艾滋病病人全部落实了“四免一关怀”政策。结核病防治工作提前五年完成了全国防治规划目标任务，到11月底，结核病人发现指标完成率达到146.8%，居全省前列。病毒性肝炎、流行性出血热控制效果明显，发病率分别比去年同期下降32.77%和46%。大力开展计划免疫工作，全市原有的165处接种门诊达到了规范化标准，其中省级示范化门诊占60%，为方便群众免疫接种，今年又新增了17处预防接种门诊。全市13个县市区全部实行一类疫苗免费接种，“七苗”免疫接种率达到了97%，居全省第一，保持了连续24年无白喉、23年无脊髓灰质炎的好成绩。

3.全力抓好国家卫生城市迎检工作，爱国卫生运动有了新的发展。认真落实《烟台市爱国卫生管理办法》，加强了爱国卫生长效机制建设，着力巩固和发展了我市国家卫生城市建设成果。6月份顺利通过了省级考核验收，11月份全国爱卫办对我市进行了暗访检查。大力开展农村环境卫生综合整治活动，制定了《烟台市农村爱国卫生专项整治活动实施方案》，积极开展创建卫生镇、村活动，制定了《烟台市卫生镇、村标准》和《烟台市卫生镇、村考核与监督管理办法》，共申报专项整治先进镇11个，先进村79个，省级卫生村14个，市级卫生村58个。进一步加大了农村改厕工作力度，出台了《烟台市加强农村改厕工作意见》，每个县市区选择2个乡镇，每个乡镇选择2个村，开展了改厕示范工作。招远、莱阳、龙口3个市同时完成国家改厕项目。农村卫生厕所普及率较去年提高了2.5个百分点。

4.妇幼保健工作成绩显著。认真贯彻落实《母婴保健法》和妇女儿童发展两个《纲要》，制定实施了《烟台市降低孕产妇死亡率和婴儿死亡率行动方案》，在全市建立了孕产妇和儿童危急重症急救网络，保证了产儿科急重症患者的及时救治。孕产妇死亡率和婴儿死亡率控制在11.37/10万和5.39‰，分别比全省平均水平低49.5个和58个百分点，接近发达国家水平。

二、紧密配合社会主义新农村建设，农村卫生工作迈上新台阶

我们把加强农村卫生工作作为促进社会主义新农村建设的重要举措来抓，加大投入，加强基础建设，理顺管理机制，农村医疗卫生水平不断提高。

1.进一步加强了乡镇卫生院建设改造。我们在对全市乡镇卫生院状况全面调查摸底的基础上，制定了具体改造规划，并积极协调和督导有关部门和各县市区认真实施。目前，全市乡镇卫生院建设共投入3 232.7万元，完成改造39 071平方米，配套价值651.44万元的专业设备。其中，列入“360工程”的18处中心卫生院业务用房整修项目，全部提前完工，通过省级验收。我们积极响应市委、市政府的号召，大力帮扶栖霞卫生工作。争取各级支持资金、物资836.44万元，其中，省、市支持资金224万元，中国初保基金会支持设备、药物236.44万元，卫生系统对口支援376万元，栖霞农村卫生工作状况明显改观。

2.乡村卫生一体化管理不断推向深入。通过大力推广莱阳、海阳的乡村卫生一体化管理经验，推动了面上的工作。全市乡村卫生一体化管理已覆盖100%的乡镇。同时，努力拓展农村社区卫生服务，在农村建起社区卫生服务中心(站)407个，农村卫生服务功能进一步加强。

3.全国农村中医工作先进市创建工作扎实推进。去年底，我市被国家中医药管理局确定为全国农村中医工作先进市创建单位和全国农村中医药适宜技术推广示范区建设单位，我们按市政府的要求制定了创建规划和方案，召开了全市创建农村中医工作先进市电视会议，迅速在全市上下掀起了创建工作热潮。突出重点，全面实施了“农村中医药适宜技术推广、中医龙头建设和重点专科建设”三大工程。目前，我市中医适宜技术推广县级覆盖率已达100%，能中会西的乡村医生占到总数的70%。我市在全国农村中医药适宜技术推广工作会议上交流了工作经验，得到了大会的充分肯定。中医药在新农合中的独特优势不断巩固，中医医疗机构列入新农合定点服务机构及中医药纳入补偿范围的比率达

100%。我们重视和加强了中医院基础建设，稳步推进“名院、名科、名医”中医发展战略，塑造特色突出的中医名牌，全市在建国家特色专科2个，建成省级重点专科5个，另有3个省级在建专科做好了评估准备。通过实施国家中医药管理局“优秀中医临床人才研修项目”和“山东省百名优秀中医临床人才培养计划”，狠抓优秀基层中医临床人才培养工作，有10人被确定为省级以上农村基层优秀中医。

三、努力缓解群众看病难、看病贵问题，为和谐社会建设做出了积极贡献

我们将工作思路由加快行业自身发展，向服务群众、让群众满意方面转变，努力让群众看得起病、看得好病。

1. 稳步推进新型农村合作医疗。目前，新农合已覆盖8个市区、253.8万农民，参合率达到了85.1%，筹资8 818.1万元。到11月底，有215.5万人次农民受益，最高补偿5万元，报销医药费用7 083.42万元。为顺利推进新农合试点，提高参合农民保障水平，我们着重加强了四个方面的工作：一是加大补助力度。各级政府对每个农民的补助标准达到了30元，市县两级22元的补助经费全部到位，莱山、福山、招远的县级补助超过了20元。二是努力提高农民受益幅度。各试点单位将门诊报销提高到20%，镇、县、市三级最高住院报销比例分别达到60%、45%和30%，使农民得到实实在在的实惠。三是加强组织机构建设，保障平稳运行。各试点市区均成立了新农合管理办公室，落实了人员和经费，实行了网络管理，管理质量和工作效率不断提高。四是加强定点医疗机构监管。我们严格控制定点医疗机构药品价格，原则上不高于当地药店的零售价，平均住院费用不高于新农合前，使合作医疗资金在农民身上发挥出更大效益。王军民副省长来烟进行卫生工作调研时，对我市的新农合工作给予了充分肯定。

2. 扎实开展社区卫生服务。我们把发展社区卫生服务作为深化城市卫生改革的重点和方向，摆上重要位置，市及各县市对社区卫生服务机构进行了规划设置，努力为社区居民提供安全、有效、方便、价廉的基本医疗服务。目前，全市已建成社区卫生服务中心、服务站139个。其中，五区建成社区卫生服务中心9处，社区卫生服务站68处，覆盖75%以上的居民，逐步实现“小病在社区，大病住医院”的目标。

3. 力推多种形式的惠民医疗。我们连续7年坚持“错层下沉”卫生支农工作，累计派出2轮9批278个工作队1 145名专业技术人员深入到80处乡镇卫生院和200多处农村卫生室开展工作，接诊43.5万人次，手术5 500多台次，抢救危重病人2 200多例，不仅让农村群众在家门口享受到城市大医院专家们的医疗服务，而且为他们节省各种费用9 100多万元。我们在市中心区确定了15家医院作为城市特困居民医疗减免优惠定点医院，城市低保对象到定点医院看病，可享受30%到70%的有关费用减免优惠。各县市区都按照市里的做法，落实了优惠减免定点医院。我们指定市中医医院为老年人就医优惠定点医院，老年人就医享受多种优惠。从今年开始，大力推行单病种限价工作。市直10所医院带头公布了限价病种，综合医院限价病种20个，专科医院5个病种。我市连续6年开展药品集中招标采购，今年共涉及4 340个品种规格，让利社会1.714亿元。定期举办“健康教育大课堂”活动，普及防病健康知识，今年已经开展了13次，听课群众1万多人次。在全市范围开展了“卫生健康进社区”大型义诊、咨询、送医送药系列活动，县及县以上医疗卫生单位全部参加，选派1 200多人次的医疗卫生专家参加了为期1个月的进社区活动，发放宣传资料1.8万多份，为2.9万多人次的群众提供了义诊、咨询。我们还积极采取了医疗收费项目和收费标准规范调整等措施，都为缓解看病难、看病贵问题发挥了积极作用。前3季度，市直医疗单位业务收入和去年同期对比增幅回落了10.4个百分点，其中药品收入增幅回落14.33个百分点。每门诊、床日收费增幅分别回落20.11和26.08个百分点。

四、以深化医院管理年活动为抓手，医疗服务质量和水平明显提高

我们连续4年扎实推进医疗质量管理效益年和医院管理年活动，把医疗质量作为医院管理的核心工作，紧抓不放，在全市二级以上医院实施了临床路径管理，健全了医疗安全预警制度、临床药师制度和手术分级管理等核心制度，强化了抗生素的合理使用，规范了临床诊疗行为，医疗安全得到有效保障。省级鉴定的医疗事故由去年的9例下降到了今年的4例。依法加强血液质量管理，持续推进无偿献血

工作，每年临床所需14吨血全部来自自愿无偿献血，临床成分血使用率达到99%以上。市中心血站在全省率先实现了“三体系认证”，为稳定提高血液质量提供了有力保障。科技兴医战略成绩显著。全市建成5个省级特色专科，微创技术、介入疗法、器官移植等先进医疗技术，以及一批具有国际水平的医疗设备，广泛应用于临床诊疗。毓璜顶医院中心实验室在承担两个国家“863”科技攻关项目、一项国家自然科学基金项目的基础上，今年又承担了一项国家“973”基础科学研究课题，消化内科、泌尿外科居国内先进水平，多次在国内、国际会议上演示推广，得到国内外专家同行的高度评价。烟台山医院成功开展了计算机导航关节置换手术，进一步巩固了省A级特色专科优势。市传染病医院自体骨髓干细胞移植填补省内空白，达到国内领先水平。今年市直卫生系统获国家、省(部)级科研成果奖3项，获省直部门科研成果奖2项，市级科研成果奖38项，承担国家、省(部)级科研项目6项、市级项目28项。

五、进一步加大依法监督治理力度，医疗卫生环境管理取得明显实效

我们认真履行部门职责，强化行业管理，改进作风，提高效率，为优化政务环境做出了积极贡献。坚持集中整治与专项治理相结合，下大气力整治医疗市场、食品卫生以及公共场所方面存在的问题，维护文明城市形象。市卫生局联合八部门开展了打击非法行医专项行动，先后检查医疗机构1 687户次，查处违法违规案件394件，重大案件查处率达到100%，无证行医、超范围执业、出租承包科室等问题得到惩处。严格医疗机构监管，对不具备条件的诊疗科目进行了注销和限制。积极探索建立医疗机构诚信建设机制，医疗市场秩序进一步规范。全面实施“食品放心工程”，积极推行食品监督量化分级管理制度。全市已有78个食品经营生产企业被省卫生厅确定为食品监督量化分级管理A级单位，今年又有51个单位上报省卫生厅并接受验收。我们按省里的统一部署，实施了卫生监督执法系列行动，对食品添加剂、饮用水卫生、集体用餐和小型餐饮单位实施了专项整顿，监督检查75 600多户次，行政处罚994起，取缔161户，严肃查处了一批假冒伪劣食品。2006年以来，全市无重大集体性食物中毒事故发生。在全省食品安全检查中，我市食品安全位居全省第一。依法加强职业卫生监督和技术服务工作，监测职业病危害因素单位和作业点1 300多个，完成11个建设项目的职业病危害预评价，全年无重大职业中毒事故发生。对“五小单位”开展了拉网式梳理整顿，及时查处和纠正了两证不全、消毒措施不到位等问题。我们强化大局意识、服务意识，为21届省运会、第八届国际果蔬博览会及亚欧旅游合作论坛等重大活动，提供了安全可靠的医疗卫生保障，被市委、市政府授予“三项重大活动承办工作先进单位”。

我们积极稳妥地推进卫生监督体制改革，重新整合卫生监督、传染病防治、职业病防治、结核病防治、卫生检疫职能，撤销了市卫生防疫站和卫生检疫站，成立了烟台市疾病预防控制中心、烟台市卫生局卫生监督所。

六、巩固和发展全国文明城市工作，精神文明创建活动和行风建设呈现出新特点

我们在全系统大力开展文明行业、文明机关、文明单位创建活动，取得了突出成绩。市卫生局荣获省级文明机关和全省卫生行业文明创建活动先进集体称号，烟台毓璜顶医院被中央文明委授予全国精神文明建设先进集体称号，该院和烟台山医院被省文明委确定为全省精神文明建设示范点，还有14个市直卫生单位获市级以上文明单位，县市区77个单位荣获文明单位称号，烟台山医院等9个单位被评为省级以上青年文明号。市直卫生系统积极参与“爱心捐助”和“包帮扶贫”活动，今年广大干部职工共捐款191.628万元，个人捐款列全市各行业前列，受到市委、市政府的表彰。在造血干细胞捐献自愿者活动中，烟台市捐献总量占全省1/5，名列第一。

我们始终坚持把行风建设作为“一把手”工程，列入岗位目标责任制考核的重要内容。在全系统广泛开展了“八荣八耻”为核心内容的社会主义荣辱观教育和医德医风教育，着力提高卫生队伍的整体素质。深入开展了“优化政务环境，提高政府公信力”大讨论活动，在提高思想认识的基础上，加强了机关效能建设。针对市纠风办反馈的社会各界对卫生部门提出的7个问题，局党委高度重视，专题部署，进行了集中整改，得到了市纪委领导的高度评价。孙永春书记专门作出重要批示，市纪委进行了深度报道。积极参与“万人评机关”、“万人评窗口”活动，充分利用电视台、广播电台、胶东在线网站等平台，广

泛开展与群众对话。对群众网上投诉，局领导亲自把关，逐一落实到科室、个人，认真处理，及时回复，回复率达到了100%，受到网民好评。广泛深入地开展了“廉洁行医树新风”、“五无医德医风示范医院”创建活动，不断完善“一满意、四规范”、“一日清单”、“医疗卫生服务承诺制”等制度，赢得了广大群众的理解和信任。深化行政审批制度改革，将13个卫生许可项目全部纳入行政审批窗口办理，实行“一站式”办公、“一条龙”服务，简化办事程序，提高工作效率。今年共办理行政审批项目1 621个，群众满意率100%。大力推行政务公开、院（校、站、所）务公开、办事公开和医疗卫生服务公开，主动邀请人大代表、政协委员和社会监督员检查指导，虚心接受监督，有力推进了各项工作的健康发展。

七、进一步加强党的建设，为卫生事业健康发展提供了坚强保障

我们坚持巩固发展党的先进性教育成果，高度重视和加强了党的组织建设，坚持把领导班子和干部队伍建设摆在突出位置，常抓不懈。在思想建设方面，认真组织学习十六届六中全会精神，自觉在思想上、政治上、行动上与党中央保持高度一致。深入开展了“学党章、知荣辱、彰先进、促发展”的学习教育，在全系统广大干部职工中营造了践行社会主义荣辱观、做人民健康卫士的浓厚氛围，激发出强烈的赶超发展意识。局领导班子团结一心，共同努力，积极争取省级资金3 143万元，有力促进了卫生工作的快速发展。在作风建设方面，认真落实领导干部谈话制度，对个别考核位次居后的领导班子及领导干部进行了谈话教育，收到了较好效果。在市直卫生系统领导干部读书会上，邀请市纪委、检察院、审计局的领导，举办了廉洁自律、民主集中制、预防职务犯罪、遵守财经纪律等方面的专题讲座，进一步增强了广大党员干部遵纪守法的自律意识，干事创业的责任意识。在组织建设方面，认真学习贯彻《党政领导干部选拔任用工作条例》，选调了10名县级干部、3名科级干部、3名高级知识分子和2名党外干部参加了市委党校干部脱产培训班。为使新任领导干部尽快适应角色转变、开阔工作思路，专门召开了市直卫生单位新任县级领导干部座谈会，受到了市委组织部的充分肯定和好评。进一步深化了干部人事制度改革，配合组织部门对6个单位领导班子进行了考察，对3个单位的部分科级领导干部进行了调整。后备干部队伍建设步入了科学发展轨道，经过多年考察培养的一批既懂业务、又善管理的专家型年轻后备干部走上领导岗位，有11个单位顺利实现了新老交替，基层卫生单位领导班子的结构进一步优化，活力进一步增强，年轻化、知识化、专业化水平上了一个大台阶。我们抓党建工作的做法得到了市委组织部的充分肯定，局机关党支部被市直机关工委授予“先进基层党组织”荣誉称号。

局党委始终把党风廉政建设和反腐纠风工作作为一把手工程，摆到突出位置，每年的全市卫生工作会议都进行专门强调部署，每年都以市政府的名义召开全市卫生系统党风廉政建设和反腐败工作会议，层层签订党风廉政建设责任状，明确任务、落实责任。在党员干部中广泛开展了学习贯彻党章活动和7次大规模的警示教育活动，积极推进“廉政文化建设年”活动，邀请省卫生厅、市纪委、市检察院、市工商局的领导为干部职工作报告，营造出了崇廉、尚廉的浓厚氛围。严格执行《中国共产党党员领导干部廉洁从政若干准则（试行）》，认真落实领导干部廉洁从政各项规定，重点抓好“四大纪律八项要求”和“五个不许”规定的落实，严格遵守党政机关、企事业单位领导干部调换、购买、建设住房和公务用小汽车的规定，没有违反纪律规定现象的发生。认真执行领导干部个人重大事项报告制度、个人收入申报制度、公务活动收受礼品登记制度，市直医疗卫生单位60多名领导班子成员全部建立了廉政档案，加强了对领导干部廉洁自律各项规定落实的情况的监督检查，进一步规范领导干部的从政行为。

深入扎实地开展了治理商业贿赂专项工作，各级各单位都成立了治理商业贿赂领导小组，设立了专门的工作机构，严格按照上级的统一部署开展工作。在自查自纠阶段，我们强化措施，精心组织，加强宣传教育，各级领导靠上去逐个做干部群众的工作。这期间共发放学习材料2万多份，调查问卷5 000多份，干部群众知晓率达100%。各单位还对2001年以来的基本建设、药品购销等方面的情况进行全面调查，摸清了底数，抓好重点岗位、重点人员的教育帮扶工作。同时对外公开了举报电话、电子信箱，市卫生局设立了不正当收入上缴专用账户。目前，专用账户已收到103.094 2万元。对上级转交的案件线索全部调查核实并办结，制定完善了治理商业贿赂的长效机制，以正式文件下发到基层。

我们的工作得到了卫生部督导组、卫生厅领导和市治理商业贿赂领导小组的充分肯定。

工会、共青团和妇女组织在卫生改革与发展中发挥了积极的推进作用，市直医疗卫生单位全部建立工会组织，健全了职代会和民主管理制度，各单位重大事项都通过职代会和院（校、站、所）务公开，接受群众监督。共青团组织在加强自身建设的同时，着力抓好创建青年文明号和志愿者活动，得到了团市委及省卫生厅团组织的充分肯定。信访稳定工作成效显著，接访率、处结率均达100％，未发生一起集体上访案件，市信访局在全市推广了我们的信访工作经验。安全生产工作成绩突出，在全市安全生产考核中，市卫生局获先进单位称号。

潍坊市卫生事业发展概况

2006年，全市卫生系统认真贯彻落实中共潍坊市委、潍坊市人民政府《关于进一步加快卫生事业发展与改革的意见》，深入实施“大众卫生”理念，以确保全市人民健康水平和健康保障水平不断提高、确保卫生事业运行良好为目标，重点解决群众关心的“看病难、看病贵、看病不放心和防保不到位”问题，全面抓发展，突出抓改革，重点抓管理，卫生事业发展与改革并举、齐头共进，各项工作取得了较好的成绩，实现了潍坊市卫生系统第十一个五年规划的开门红。

卫生事业良好发展，卫生资源总量和服务能力稳步提高，卫生费用得到有效控制，群众健康水平提高，疾病控制效果显著，群众健康保障水平大幅提高，多种形式的健康保障网络逐步完善。

卫生改革平稳推进，取消公立医院行政级别、改革干部制度、改革用人制度、改革分配制度、改革国有资产监管制度等一系列改革得到社会、政府和卫生系统员工的充分肯定，在全国、全省引起较大反响。我市的做法，完全符合十六届六中全会《关于构建社会主义和谐社会若干重大问题的决定》和中央政治局第三十五次集体学习时胡锦涛总书记的讲话精神。“公立医院改革”、“卫生监督体制改革”和“120紧急救援”，成为全国（国家卫生部）认可的三个“潍坊模式”；坚持公共医疗卫生公益性、坚持政府主导、坚持卫生体制管办职能分开的做法，为中央、国家卫生部有关决策制订提供了借鉴；“大众卫生”理念被认可为代表了我国卫生事业的发展方向。国务院深化医药卫生体制改革部际协调工作小组2次对潍坊进行调研；全国政协副主席张梅颖，国家卫生部原副部长、中国医院管理协会会长曹荣桂，副省长王军民，省卫生厅厅长王天瑞等先后来潍视察；人民日报、健康报、新华社等各级媒体纷纷报道予以肯定；全国9个省、市、县考察团来潍考察学习。2006年，我市还被国家卫生部定为全国农村卫生改革试点和全国公共卫生量化分级管理试点，被国家卫生部向国务院推荐为全国城市医疗体制改革试点城市。

一、卫生事业发展良好

1.卫生资源总量稳步提高，服务能力持续增强，卫生费用开始下降。

一是卫生机构总数相对稳定，卫生技术人员数、床位数和固定资产总值稳中有升。2006年末，全市拥有各类卫生机构1 738个，其中：医院85个，疗养院2个，社区卫生服务中心（站）44个，卫生院180个，诊所787处，卫生所、医务室590处，采供血机构1处，妇幼保健机构14处，专科疾病防治院（所、站）15处，疾病预防控制中心（防疫站）15处，其他卫生机构5处；全市卫生技术人员29 753人，其中执业医师10 335人，执业助理医师2 878人，注册护士9 845人；全市卫生机构实有床位24 176张，其中：医院16 019张，卫生院6 602张；卫生机构建筑面积2 643 212平方米，其中：医院1 531 753平方米，卫生院860 282平方米；业务用房1 625 879平方米，其中：医院967 097平方米，卫生院498 124平方米；拥有资产总额91亿元，其中：医院77亿元，卫生院8.6亿元；固定资产33.7亿元，其中：医院23.1亿元，卫生院6.5亿元。

二是医疗卫生机构服务能力增强，卫生资源利用效率提高。2006年，全市医疗机构共完成诊疗人次1 254万人次，比2005年增加56万人次，增长4.7%。全年累计入院66.68万人次，出院66.72万人次，完成住院手术15.38万例。与2005年比较，入院人数增长11.1%，出院人数增长11.4%，手术例数增长1.3%。2006年，全市医疗机构病床使用率平均69.42%，比2005年提高2.48个百分点。出院病人平均住院天数7.69天，比2005年缩短0.25天。

三是医疗费用得到有效控制，首次出现下降。2006年全市卫生部门直属医院平均每门诊人次收费83.38元，平均每出院病人收费2 822.37元，比2005年减少162.49元，下降5.4%。

2.疾病控制效果显著，未发生重大传染病疫情。

传染病控制方面。在2006年，全面加强了传染病各项综合防治措施的落实，总发病率与2005年相比下降7.79%，没有出现重大传染病暴发流行。

地方病防治方面。2006年全市居民合格碘盐食用率达85.74%，碘缺乏病监测县12个，累计消除（基本消除）县12个；克山病病区县3个，24个乡镇，基本控制县3个；大骨节病病区县1个，4个乡镇，基本控制县1个。

3.新型农村合作医疗又有新突破。

截止到2006年底，全市12个县市区全部列入新型农村合作医疗试点县（市、区），其中省级试点7个，市级试点5个。184个乡镇全部实施，以乡镇为单位覆盖率100%，以行政村为单位覆盖率99.05%。参合人口576.73万人，参合率88.2%。全市参合农民受益488.7万人次，受益率84.7%。

二、公立医院改革平稳推进、效果显著

在潍坊市委、潍坊市人民政府《关于进一步加快卫生事业发展与改革的意见》（潍发[2005]33号文件）指导下，潍坊市公立医院改革稳步推进。

1.医院管理体制改革。

一是改革公立医院管理体制。按照“管人管事管资产”三位一体的原则，由市财政（国有资产）局代表市政府委托市卫生局代行公立医院出资人职能。市卫生局内部实行“管办分开不分家”，依法行政和内部管理的职能由不同科室负责。

二是改革公立医院运行机制。改革干部制度，取消了公立医院行政级别，实行院长聘任制、任期制和考评制；改革用人制度，按照“老人老办法，新人新办法”的原则，除高层次专业人员外，新进人员全部实行聘任制，原有人员也实行了内部聘任制；改革分配办法，实行了工资总额制，试点岗位工资制；加强公立医院监督，实行了总会计师制度和事业发展审批制。

三是探索符合推向市场条件的公立医院改制。市肿瘤医院、潍坊口腔医院、昌乐县中医医院等一些符合推向市场条件的公立医院实行了股份制改造，不仅引进了资金，而且引入了新的机制，多数改制医院发展更有活力。

通过改革，“两增、两控、三满意”的目标基本实现。一是工作数量和卫生投资实现“两增”。2006年，7处市属医疗机构门诊人次、出院人数、住院手术例数分别同比增长10.4%、7.7%和8.8%；从节余中提取事业发展基金0.6亿元，通过其他渠道筹资0.8亿元，用于事业发展。市直医疗机构的资产负债率为24.8%，资产运行状况良好。二是业务收入和医疗费用实现“两控”。单位业务收入增幅大幅度下降，同比下降1.9%，而业务收支节余增幅提高；每门诊人次费用、每床日费用和每出院病人费用同比分别下降2.0%、10.3%和14.3%，单位收费水平10年来首次下降，降幅达到10.0%。

2.卫生监督体制改革。

2005年12月，潍坊市卫生局卫生监督处和潍坊市疾病预防控制中心成立，潍坊市卫生防疫站同时撤销，标志着潍坊市级卫生监督体制改革完成。卫生监督处系市卫生局直属事业单位，设置综合科、稽查科和卫生监督一、二、三、四科，实行局处一体、三段分开、综合执法、专业推动运行模式，承担卫生行政许可、公共卫生监督、医疗卫生监督和卫生监督稽查工作。在职能配置、内设机构和人员配置上，实行准入、监管、稽查总体分开、有机结合。综合科负责所有行政许可的受理、现场核查、审核和办证工作。监督科室实行划片包干、综合执法、轮流监管。稽查科负责对许可和监督科室所有工作以及全市卫生监督工作进行二级监督。这一改革模式在全国卫生系统是第一家，得到了国家卫生部的肯定。市级卫生监督体制改革一年，卫生监督工作开创了新局面。卫生监督量化分级管理经验在全省交流，潍坊被省卫生厅确定为全省卫生监督员培训基地，在全省第一个实行了卫生监督巡查制度，卫生法制工作受到国家卫生部和省卫生厅表彰。市卫生局被评为全市行政执法十佳单位，市公共行政服务审批中心

卫生局窗口连续3年被评为“红旗窗口”。

三、下一步打算

1.坚持一个理念。以“大众卫生”理念为方向，全面推进我市卫生事业发展与改革。

2.落实两个确保。以“两个确保”(确保全市人民健康水平和健康保障水平不断提高，确保全市卫生事业良好运行)为目标，努力做好各项卫生工作。

3.突出三个原则。在加快全市卫生发展与改革的进程中，要牢牢把握好以下三个原则。即坚持公共医疗卫生公益性质，坚持政府主导与引入市场机制相结合，坚持卫生体制管办职能分开形式。

4.实现四项突破。以解决“看病难、看病贵、看病不放心、防保不到位”为出发点和落脚点，努力实现以下四个方面的突破。一是全面落实市委《意见》，实现公立医院管理体制和内部运行机制改革的新突破；二是进一步整合区域卫生资源，实现卫生全行业属地管理的新突破；三是不断完善各项健康保障制度，实现基本卫生服务制度建设的新突破；四是加快完善社区卫生服务体系，实现社区卫生服务工作的新突破。

济宁市卫生事业发展概况

2006年，在济宁市委、市政府的正确领导下，全市各级卫生部门和医疗机构紧紧围绕解决群众“看病难、看病贵”的问题，抢抓机遇，扎实工作，全市卫生事业得到持续健康快速发展，群众健康保障水平稳步提高，受到上级领导和社会群众的充分肯定和较高评价。在全省重点卫生工作年度考核评比中，我市位次有了大幅前移。

一、公共卫生工作不断加强

进一步加大疾病预防控制力度，全市未发生重点传染病暴发流行。艾滋病、结核病等重点传染病继续得到有效控制，全年累计检测各类重点人群18万人次，检出艾滋病抗体阳性43人；发现结核涂阳病人2 923例，完成省下达计划指标的120.5%，继续保持全省先进水平，兖州市、任城区被评为省级结防工作示范县；对发现的病人及时落实了治疗、帮扶政策。强化应急人员培训和重大疫情处置模拟演练，妥善应对、有效防控了麻疹、布鲁菌病等突发传染病，圆满完成“10·4金茂大厦火灾”等突发事件的卫生应急救援工作。各地认真贯彻《疫苗流通和预防接种管理条例》，健全经费补偿机制，全市规划免疫“七苗”接种率继续稳定在95%以上。汶上县落实预防接种补助经费140万元。公共卫生“两个体系”建设任务全面完成，建成启用了1.8万平方米的市疾控中心大楼，硬件设施、实验室装备均达到先进水平，成为市区标志性建筑。进一步加强孕产妇和婴儿保健管理工作，全市孕产妇、婴儿死亡率和新生儿出生缺陷发生率继续稳定在较低水平。兖州市实行了免费婚检，婚检率提高到95%。扎实推进爱国卫生运动。大力开展农村改水改厕工作，全市农村自来水普及率达到82%，卫生厕所普及率超过60%；圆满完成四个省级卫生县城的复核工作；全市新增省级卫生先进单位14个、市级卫生先进单位84个；创建成省级卫生镇(乡)、村、户41个，市级卫生镇(乡)、村(居)43个。

二、农村卫生工作稳步推进

全面推开新型农村合作医疗试点工作，省级试点县(市区)筹资标准提高到每人40元，全市参合农业人口374.72万人，参合率达到87.8%，覆盖率达到65.6%；筹集资金14 112.79万元，报销补偿6 080.87万元，受益人口173.47万人次。对年度内未使用资金的参合农民进行了健康查体，建立了家庭健康档案，真正使群众得到实惠。嘉祥县坚持政府主导，探索出了经济欠发达县成功开展新农合工作的新路子，卫生部高强部长专门批示“嘉祥的经验值得推广”，并在全国新农合工作会议上做了经验交流。市中区创造性地开展了“新型城市合作医疗”试点工作，增强了城区困难群众抵御大病经济风险的能力。曲阜市在规范管理的基础上，开展了“一证通”和利用无线网络下村报销工作，简化了审批环节，方便了群众就诊。泗水县利用公安户籍管理系统开展参合农民信息录入、确认工作，有效堵塞了管理漏洞。

继续加大农村医疗机构基础设施建设力度。圆满完成了列入省“360 工程”的 36 处乡镇卫生院房屋建设和 121 名业务骨干的培训考核工作，并顺利通过省达标验收。曲阜市每新建、改建一处规范化卫生所，分别奖励 1 万元和 5 000 元，共建成规范化卫生所 100 处；邹城市投入 1 700 多万元用于乡镇卫生院、村卫生室建设；兖州市在完成 100 所甲级卫生室建设基础上，确定今明两年再建设 200 所甲级村卫生室；任城区投入 200 万元用于乡镇卫生院医疗设备购置；泗水县开展了卫生系统“建设年”活动，投入 380 余万元用于县乡医疗卫生单位基础建设，改善了群众就医环境。

积极推进乡镇卫生院上划和乡村卫生服务一体化管理工作，全市乡镇卫生院上划率达到 77.8%，一体化管理率达到 95%。坚持开展“城市医疗单位对口支援乡镇卫生院”等卫生支农活动，全市参加支农医疗卫生机构 60 个，派驻技术人员 410 人，援助卫生院 88 个。兖州市人民医院领办了兖州铁路医院和漕河卫生院，实行了“二级医院服务水平、一级医院收费标准”的经营模式，让利群众 600 余万元。

三、卫生行业监管工作成效明显

严格监管医疗机构服务行为。深入开展医疗质量管理效益年活动，继续对全市 15 家二级以上综合医疗机构和 13 家县级以上中医机构进行医疗服务质量和价格考评公示，统一赋分排序、通报结果，在新闻媒体公示考核情况，使医疗机构自觉接受社会监督，改进服务质量。理顺了济宁高新区卫生执业许可、计划免疫管理体制，明确了区域划分和职责任务。合并重组了邹城血站，建成启用了 7 000 平方米的市中心血站大楼，全市连续六年临床用血全部来自自愿无偿献血，成分血使用率提高到 94%。进一步扩大药品集中招标采购范围，市药品招标领导小组对全市 38 家二级以上医疗机构，统一组织竞标招标、合同签订，药品价格进一步降低。2006 年，全市招标药品采购金额达到 2.8 亿元，占用药总金额的 87%，让利患者 3 000 余万元。市第一人民医院在门诊、出院人次同比增长 11%和 16%的前提下，门诊、住院药品收入分别下降了 14%和 7%，让利患者 2 900 余万元。市综治办、公安、卫生、司法四部门联合出台了《关于维护医疗机构正常医疗秩序的通告》，制定了 10 项严厉打击“医闹”行为的具体措施，有力维护了正常医疗服务秩序。

严格落实惠民医疗服务政策。深入开展了城区居民惠民医疗服务工程、健康快车 2006 济宁光明行、单病种限价收费等一系列活动，全市共设立惠民医疗服务机构 86 家、省级医疗救助医院 11 家，惠民病床 1 180 张；完成惠民医疗服务门诊 9 万余人次，住院 4 300 余人次；为群众减免医疗费用 4 100 余万元。市政府在全省卫生工作会议上作了典型发言，介绍了我市开展惠民医疗服务活动、缓解群众看病难看病贵问题的经验做法。市第一人民医院成立了 100 张床位的惠民病房，开展了八次大型惠民义诊活动，减免医疗费用 114 万元。济宁医学院附属医院在继续规范实施 128 个病种限价工作的基础上，免费治疗了 100 例先天性心脏病患儿、165 名贫困唇腭裂和 70 名贫困白内障患者，减免费用 520 万元。微山县开展了创建“白内障无障碍县”活动，为全县近千例贫困白内障患者免费实施了复明手术。

四、城市社区卫生服务工作进展顺利

市政府常务会议专题听取全市城市社区卫生工作情况汇报，成立了城市社区卫生服务工作领导小组，召开了全市城市社区卫生工作会议，下发了《关于加快发展我市城市社区卫生服务的意见》和《城市社区卫生服务发展规划（2006～2010 年）》，明确了指导思想、目标任务和工作措施。市中区和兖州、曲阜、邹城三市结合自身实际，建立健全领导组织和办事机构，制定落实发展规划和工作方案。全市已设立社区卫生服务机构 62 处，覆盖人口 41 万人，覆盖率达到 79%；有 52 处社区卫生服务机构纳入城镇职工基本医疗保险定点范围。驻鲁全国人大代表专题调研并充分肯定了我市的城市社区卫生工作。市中区在全省城市社区卫生工作会议上做了典型发言。

五、卫生法制监督工作深入推进

县级卫生监督体制改革进展顺利，有 11 个县市区政府批复了当地改革方案。继续开展“窗口”集中行政审批工作，共办结审批事项1 244项，按时办结率达到100%，市卫生局窗口连续三年被评为“优秀服务窗口”。认真贯彻执行《行政处罚法》，对适用一般程序但罚款数额较大的6个案件实行了公开听证，保证了执法的公平公正。先后举办“食品安全宣传月”、“职业病防治法宣传周”、“食品卫生法宣传周”等活动，进一步提高群众的健康观念和维权意识。设立了投诉受理中心，深入开展打击非法行医、食品卫生、化妆品、生活饮用水等专项整治活动，全市共查处违法案件492件，取缔非法行医机构164家、无证个体商贩96个，吊销《医疗机构执业许可证》19家、《执业医师证》24人。继续规范实施食品卫生监督量化分级管理，全市新认定A级单位24家、B级单位116家。

六、中医药服务能力进一步增强

充分发挥中医药在新农合中的作用，全市13家县级以上中医机构全部将中药饮片、制剂和适宜技术纳入新农合补偿范围，提高了报销比例。进一步加大中医药人才培养力度，共有1.07万名乡村医生参加了中医药适宜技术规范化培训。积极开展中青年名中医评选、中医药传统技能大赛、乡村医生学历教育和学习经典著作等活动，进一步提升了全市中医药服务水平。中医机构建设步伐进一步加快。邹城市将中医医院门诊病房楼建设列为政府为民办的八件好事之一；兖州市把设立中医平价医院列入全市十大好事行列；金乡县、汶上县分别建成启用了中医医院新病房楼，为患者提供了良好的就医环境。市中医医院成为全省中医药高等专科学校临床教学基地(医院)；曲阜中医药学校被确定为全省乡村中医药中专学历教育培训基地。

七、卫生科技教育水平进一步提高

继续健全完善“三位一体”(组织管理、培训实施、政策保障)的继续医学教育体系，参加人数连续六年居全省首位。不断加强卫生科研工作，共承担国家级科研项目1项、省(部)级17项、市级113项，获省科技二等奖3项、三等奖5项，市科技进步奖57项。加快发展学科建设，全市共建成4个省级、2个市级特色专科和3个市级重点学科。积极开展住院医师规范化、全科医学和乡村医生在岗培训工作。选举产生市医学会新一届理事会，专业委员会增加到38个。充分发挥医患之外第三方协调作用，联合司法部门在全省率先成立了医患关系维权协会，成功调处了49起医疗纠纷。

八、卫生行业作风建设继续加强

认真开展治理商业贿赂专项工作，全系统共上缴资金135.6万元、物品75件。市卫生局连续两次在全市治理商业贿赂有关会议上作了经验介绍，并代表全市通过了省督导组检查。抓住药品采购、行业管理、公开公示、服务理念等重点，加快建立治理商业贿赂长效机制，有效巩固治理成果。泗水县人民医院探索开展了医院药房托管工作，取得了较好成效。联合市纠风办开展了“优化医疗服务、优化就医环境‘双优’服务”活动，成功举办了廉政文化卫生专场演出。进一步加大精神文明建设力度，全市卫生系统共建成市级及以上文明单位29个，有27个单位、48人次受到市级以上党委、政府和省级以上卫生行政部门的表彰奖励；市卫生局被评为市级“文明单位”，连续2年在全市行风民主评议中位次前移。继续加强职工民主管理，积极开展“院务公开民主管理星级”创建活动，有25家医疗卫生单位被命名为“三星级”先进单位，数量居全市各行业首位。

泰安市卫生事业发展概况

2006年，泰安市卫生系统在市委、市政府的正确领导和省卫生厅的关心支持下，坚持以“三个代表”重要思想和党的十六届四中、五中、六中全会精神为指导，牢固树立和落实科学的发展观，紧紧围绕构建和谐社会目标，按照全国全省卫生工作会议的部署和要求，求真务实，干事创业，全市卫生工作取得了新的成就。市卫生局被授予“省级文明机关”称号；市卫生系统连续7年被评为“全市十大文明行业”。全市卫生系统拥有国家级文明单位4个，省级文明单位7个，市级文明单位20个，“共产党员先锋岗”187个，国家级青年文明号2个，省级青年文明号11个，市级青年文明号12个。

一、新型农村合作医疗工作健康运行，农村卫生服务体系进一步完善

一是新型农村合作医疗健康发展。按照市政府提出的“2006年，全市85%以上的农民参加新型农村合作医疗，形成制度完善、运行规范、保障得力的新型农村合作医疗制度”的工作目标，全市上下精心组织，深入宣传，新农合工作取得显著成效。今年，全市6个县市区全部纳入省级试点管理，乡镇和行政村覆盖率均达到100%，全市共有354.3万农民参加，占农业人口的91.2%。整个新农合工作运作规范、健康发展。截止11月底，全市共报销新型农村合作医疗费7 256.8万元，受益农民368.05万人次，其中获1万元以上补助的126人。8月份，卫生部在我市举办全国新型农村合作医疗方案设计培训班，宁阳县作为新农合方案设计的典型案例，在培训班上进行了交流。符合我市实际的“市、县、乡财政和农民个人四方筹资，市、县、乡三级管理，县、乡、村三级报销”的新型农村合作医疗管理体制和运行机制并不断完善。二是深化配套改革，完善农村卫生服务体系。我市在积极推进新型农村合作医疗的同时，结合实际，对农村卫生管理体制、运行机制和服务模式等进行了一系列改革。大力推行以“三制、四管、五统一”为主要内容的乡村卫生一体化管理，全市所有乡镇都通过了初级卫生保健考核验收，94.21%的村卫生室实行了乡村卫生服务管理一体化，其中61%的村卫生室达到了规范一体化管理，95%的乡镇开展了农村社区卫生服务，51.2%的乡镇卫生院实现了人员、业务、经费全部上划县级管理，为新型农村合作医疗工作的顺利开展创造了条件。三是加快“360工程”项目建设。为解决乡镇卫生院技术设施陈旧落后、医护技术人才缺乏、自我发展能力低下等问题，我市将22所乡镇中心卫生院纳入省“360工程”，成立了“360工程”领导小组，多次召开专题会议进行研究部署，加强调度和指导，在财政经费比较紧张的情况下，通过努力，22所中心卫生院的业务用房扩建工程已按时全部竣工。第一批40名技术骨干，正在县以上医院进行业务技术培训；所需设备今年底或明年初将全部到位。四是深入开展健康教育工作。建立和完善适应社会发展的健康教育与健康促进工作体系，加强健康教育专业机构人员和能力建设，完善健康教育工作网络。积极推进全国亿万农民健康促进行动。继续加强以公共场所为基础的健康教育与健康促进。

二、加快了城市社区卫生服务站建设，方便城市居民就医

2006年以来，我市将发展社区卫生服务作为深化城市医疗卫生体制改革、有效解决城市居民看病难、看病贵问题的重要举措来抓，一手抓建设，一手抓规范，大力推动城市社区卫生服务向纵深发展。市政府高度重视，成立了由分管市长任组长、各有关部门负责人参加的城市社区卫生服务领导小组，加强了领导，明确了责任，制定了《泰安市城市社区卫生服务2006～2010规划》和《泰安市城市社区卫生服务机构设置规划》。全市共设立16个城市社区卫生服务中心，88个社区卫生服务站。其中泰城设立7个社区卫生服务中心，60个社区卫生服务站。其

中已设置27个社区卫生服务站，需再设置33个社区卫生服务站。9月6日，泰山区对尚未设置的33个社区卫生服务站召开了信息发布会，向社会公开招标，辖区内所有二级以下公立医疗卫生机构和国有企事业单位的医疗机构均可报名参加。目前，正在进行提交报告阶段。

三、公共卫生网络体系进一步完善

加强了对全市355个公共卫生综合监测点的规范管理，全市138个医疗机构达到了疫情网络直报技术要求，基本实现了市县乡三级网络化管理，完善了疫情报告网络，建立健全了疫情预警预报体系。建立健全卫生应急队伍，组织开展了对专业技术人员的应急技术培训，积极组织演练，努力提高队伍的实战水平和应急处置能力，做了必要的应急物资准备。启动运行了全市120指挥调度中心，健全了覆盖全市的120急救调度指挥体系，对全市急救工作实行了集中统一指挥调度。加强了农村防保力量。各县市区都将原来的乡镇卫生院防疫股调整为防保站，按乡镇总人口万分之三点五的比例配齐了防保人员，加强了防保力量。

四、预防保健工作取得新成效

坚持预防为主方针，建立健全了疾病预防控制、传染病医疗救治、疫情监测报告等三大体系，形成了纵到底、横到边的防、控、治网络。坚持“四早”原则，突出非典、人禽流感、病毒性肝炎、艾滋病、结核病、流行性出血热、手足口病等重点传染病、地方病的防治，有效控制了严重影响和危害群众健康的重大传染病的暴发流行。取得了明显成效。做好流感、人禽流感防控工作。健全流感、人禽流感监测网络，加强疫情监测。严格执行疫情24小时值班制度和疫情日报告、零报告制度，加强了网络直报管理，保证疫情信息的及时和畅通。提高了免疫接种率。全市共接种流感疫苗约4万余份，提高了流感易感人群的免疫能力。狠抓艾滋病防治工作，认真贯彻落实上级关于防治艾滋病的一系列方针政策，大力开展以大众健康教育、重点人群监测、高危人群行为干预以及落实“四免一关怀”政策等为主的综合性防治措施，大力开展宣传艾滋病防治知识“五进”活动和送电影下乡活动，强化既往献血、在押人员，外来媳妇等高危人群的监测工作。全市建立了艾滋病初筛实验室28处，县以上疾控机构和各县的综合医院都建立了艾滋病初筛实验室，基本满足了艾滋病监测工作的需要。结核病防治工作取得显著成效，全面加强了四级防痨网建设，形成了市、县、乡、村现代结核病控制新体系，达到了“高发现率、高治愈率”的现代结核病控制策略目标。2006年1～11月份，全市确诊活动性肺结核病人2 450例，其中，新发涂阳病人1 767例，病人治疗好转率达到100%，宁阳县被表彰为全省结核病防治示范县。新泰市是今年我市创建山东省结核病防治示范县的重点市。结核病防治工作受到世界卫生组织和国家结防中心有关领导和专家的充分肯定。计划免疫工作以巩固无脊髓灰质炎和加速麻疹控制成果为重点，规范免疫预防行为，提高了适龄儿童免疫接种率，“七苗”基础免疫接种率在96%以上。自去年下半年以来，我市风疹发病不断上升，疫情形势十分严峻。疫情发生后，我市迅速采取应急免疫控制措施，有效阻断风疹疫情进一步扩散。妇幼卫生工作，以贯彻“一纲两法”为抓手，继续巩固爱婴医院成果，建立健全了全市妇幼保健信息网络，实施降低孕产妇和婴儿死亡率行动计划，狠抓了婚前检查、产前筛查、产科管理、母婴保健专项技术服务管理工作。干部保健工作，完善了保健对象和保健专家数据库，确定了干部保健定点医院，组织了健康查体工作。

五、卫生执法监督工作取得新进展

积极稳妥地推进卫生监督体制改革，市卫生局卫生监督所和市疾病预防控制中心全面正常开展工作，泰山区、宁阳县完成了县级卫生监督体制改革，肥城市卫生监督体制改革方案已报肥城市编办待批，全市的卫生监督体制进一步理顺，卫生监督体系进一步完善。研究制定了《关于进一步加强市级监督体制改革的意见》，强化了市级卫生监督执法工作。加大卫生执法监督力度，采取常规性监督与专项整治相结合，深入开展卫生监督执法1～8号行动，在全市深入开展了食品卫生、职业病危害及公共场所卫生专项整治活动。食品卫生工作，全市共监督食品生产经营单位25 501户次，合格24 368户次；健康检查和培训食品从业人员43 676人；检测食品38 225件，合格34 512件；行政处罚380户次，其中罚款62户次，罚款额18万元，责令停止生产经营11户次；销毁不合格食品3 645公斤。我市连续10年没有发生群体性食物中毒事件和重大传染性疾病的暴发流行，在全国也是少有的。开展了保障劳动者健康权益活动的卫生监督4号行动和职业病危害建设项目专项监督检查的卫监5号行动，监督覆盖率100%。做好了重大活动、重要接待任务、节假日及高、中考期间的食品卫生安全监督工作。以打击非法行医为重点，强化医疗质量管理，规范和净化医疗服务市场。全市共出动执法人员2 100人次，出动车辆626辆次，监督检查医疗机构1 307户次，罚款50余万元，没收违法所得26万元，取缔无证行医102户，限期整改47户，查处出租外包科室3户，聘用非卫生专业技术人员12户。实现了无群体性食物中毒事件、无急性职业中毒事件、无重大非法行医事件的"三无"目标。

六、医政管理工作进一步加强

医疗质量管理初见成效。在全市继续开展了"以病人为中心，以提高医疗服务质量为主题"的医院管理年活动，完善了全市二级医院医疗质量公示指标检查方案和信息发布制度，加强了对辖区内医疗机构的主动评估和监督，建立健全了院内、外质量监控体系。采供血机构及血液管理工作继续强化。加强了对采供血机构和医疗机构的监督管理，规范采供血行为，进一步提高血液质量，血液安全管理水平不断提高。自愿捐献全血和机采成分血无偿献血率达到100%。切实做好医疗废物处理工作。结合创建环境保护模范卫生城活动，加大对医疗废物的处理力度，泰城城区医疗机构的医疗废物全部实行了无害化集中处置，有效地预防和避免了医疗废物对人体健康和环境的污染，防止疾病的医源性传播。认真做好医疗事故鉴定工作。全市共受理医疗事故鉴定申请43起，鉴定40起，10起鉴定为医疗事故，较好地化解了矛盾，维护了医患双方的权利。积极开展惠民医疗服务。2006年4月份起，在全市开展了济困医疗服务，市直医疗机构共开设济困医疗服务病床226张。全市二级以上医疗机构接诊济困对象7 849人次，其中住院病人5 652人次，优惠医疗费用567.99万元，在一定程度上缓解了困难群众的就医难、看病贵问题。卫生支农工作得到积极落实。落实"万名医师支援农村卫生工程"，开展对口支援农村卫生工作，一年来，支援医疗设备及药品33万余元，办医务人员培训班65次，为农村培训医务人员809人次，向农村派驻医疗队24支，到农村进行义诊，共诊治农民患者4万余人次。

七、做好人才培养和医学科技教育工作

继续抓好"151岱下英才"和第七批拔尖人才的培养管理工作，推荐申报2006年政府特殊津贴人员1人、省突出贡献中青年专家1名、市突出人才贡献奖1名。医疗从业人员准入管理进一步加强。组织完成了2006年度护士执业资格报名及考试工作，2 212名护士参加了执业资格考试；组织完成护士首次注册1 048余人；组织完成了2006年度执业医师资格实践技能考试和综合笔试工作，共有2 573人报名参加了考试，其中2 174人报名参加了西医医师资格考试。医学科研整体水平稳步提高。今年有17项科研课题获得市科技进步奖，其中二等奖4项、三等奖13项。全年共获得市科委立项课题11项，科研经费11万元。获省自然科学基金立项1项，科研经费5万元。有13项自选课题通过了专家鉴定，其中两项达到国际先进水平。

八、坚持中西医并重，鼓励扶持中医药事业发展

一是加强了对中医医疗机构的管理工作。本着"调整、完善、巩固、提高"的原则，加强了县级中医院基础设施建设和以中医专科、急诊急救等增强综合服务功能为重点的内涵建设，中医整体能力和服务水平大幅度提高。二是切实加强农村中医工作先进县、先进乡镇创建工作。肥城市被列入全国农村中医工作先进县创建单位，新泰市被列入全省农村中医工作先进县创建单位。三是做好人才培养和中医学历教育工作。认真落实全省实施农村中医药人才培养"5155"工程，大力培养面向社区、农村的擅长中西医结合的乡医人才。全市共完成乡村医生中医药知识技能培训2 000余人，乡镇覆盖面达90%以上。做好中专学历教育、中医药继续教育和师承教育工作。认真组织完成了中医执业医师报名审核考务工作。四是大力推广中医适宜技术。2006年我市被省卫生厅确定为全省中医适宜技术推广试点市，下发了《泰安市推广普及中医适宜技术试点工作实施方案》（泰政办发[2006]26号），继续面向农村和社

区推广了50项适宜技术，组织了中医适宜技术大比武活动，开展了第二批市级农村中医工作先进乡镇建设单位和中医适宜技术推广普及示范单位申报工作。目前，中医适宜技术推广县和乡镇覆盖率均达100％，村卫生室中医药应用率达25％。五是加强中医重点专科建设。近年来，全市卫生系统不断加大科技投入，加强重点学科培植名科、名院，医疗科技水平不断提高，有力地带动了全市卫生事业的发展。目前，我市拥有国家级重点中医专科及建设单位2个、省级6个、市级19个。

九、"红十字"工作取得优异成绩

2006年以来，向上级红十字会争取面粉、药品、消杀用品、棉衣等支援东平、宁阳等地灾区群众和特困家庭。深入开展造血干细胞捐献和遗体捐献的宣传工作，全市共有800多人报名捐献造血干细胞。组织开展了新型农村合作医疗救助基金募捐活动，用于资助特困农民参加新型农村合作医疗。

十、大力加强行业作风建设，进一步提升卫生行业形象

高度重视"创建文明平安卫生行业"工作，制定下发了《关于2006年创建文明平安卫生行业实施意见》，深入开展"创建文明平安卫生行业"活动。积极参加"行风热线"直播节目，广泛听取群众意见，督导各卫生执法单位和医疗单位做好整改工作。进一步加强反腐纠风工作，组织召开了全市卫生系统纪检监察暨纠风工作会议，建立完善了市直科级以上领导干部廉政档案，认真治理和纠正医药购销和医疗服务中的不正之风。狠抓治理商业贿赂工作。结合自身行业特点，强化领导，把握大局，精心组织，深入推进，积极稳妥地开展了治理商业贿赂专项工作，初步建立起了教育、监督、管理和惩处并重的长效机制，取得了阶段性成果。通过自查自纠工作发现问题126件，制定整改措施263条，通过整改措施解决问题126件，查结案件6件。其中，与市治贿办联合查办案件1件，独立办案5件，查结率100％。全市卫生系统已上缴钱物118万余元(不完全统计)。

十一、卫生宣传工作取得显著成效

紧紧围绕卫生工作中心，把握正确的宣传方向，不断提高卫生宣传质量和服务效能。据不完全统计，全市在《健康报》、《中国卫生》、《中国农村卫生事业管理》、《大众日报》、《山东卫生》、《齐鲁晚报》等国家级、省级报刊、杂志上发表稿件200多篇，在全国、全省产生了积极的影响。其中市卫生局医务工会摄制的专题片《悬壶济世好医生——赵学印》在第四届全国劳动模范和先进工作者电视片评选展播活动中荣获二等奖和第十届中国行业电视节目展评专题片类三等奖；《人民日报》、《经济观察报》、《大众日报》等先后对宁阳医疗卫生事业改革发展经验进行系列报道，"宁阳组建党员心系农民医疗服务队扎根农村送温暖"和"宁阳县多策并举标本兼治缓解农民看病难的做法"，先后在中央电视台《新闻联播》播放，在全国引起强烈反响；市中心医院对外宣传工作不断加强，在全省、全国的知名度不断提高。市卫生局机关被评为全省卫生新闻宣传先进集体，4名同志被评为全省卫生新闻宣传先进个人。

十二、认真做好人大建议和政协提案办理工作

办理人大建议4件、政协提案23件，办结率100％。积极稳妥地做好人民来信来访工作，做到了件件有着落、事事有回音。抓好卫生安全生产工作，全市各医疗卫生机构未发生安全生产事故。进一步规范和清理了行政审批项目，精简审批事项4项，保留的18项审批项目(含备案项目)和11项收费项目，全部归口进入市行政审批服务中心，审批项目办结率达100％。计划生育、老干部、工会、档案管理等工作取得优异成绩。

2006年我市卫生工作在取得优异成绩的同时，还存在一些困难和问题：一是由于资金不到位，影响了卫生监督体制改革进程；二是新型农村合作医疗和"两个体系"建设进展不平衡；三是药品购销、医疗服务、医德医风和卫生执法监督等许多方面，群众还有不满意的地方。对上述问题，在今后的工作中我们将努力加以解决。

威海市卫生事业发展概况

2006年,威海市卫生系统在市委、市政府的正确领导下,认真落实科学发展观,以优先满足群众基本卫生服务需求为目标,突出农村卫生、公共卫生、社区卫生和行业作风建设,全力解决社会关注的“看病贵”问题,推动了全市卫生事业快速、健康、和谐发展。

一、新型农村合作医疗保障能力明显提升

各市区都加强了新农合工作的组织领导,三市一区全部纳入了省级合作医疗试点县。全市71个镇(办事处)2 712个行政村,125万农民参加了合作医疗,行政村覆盖率达到了100%,人口覆盖率达到了95.3%,比2005年上升了5个百分点。环翠区和两个开发区还推行了城镇合作医疗制度,为既没城镇职工医疗保险又没参加新农合的农转非、外来务工、下岗失业等人群提供了医疗保障;合作医疗人均筹资额由2005年的20元提高到64.22元(最高的市区达88.3元),各级财政人均补助40元,分别高出全省平均水平24.22元和10元;各市区统一调整了年度合作医疗运行周期,取消了住院报销起付线,提高了封顶线,最低封顶线1万元,最高达到5万元。大病报销比例由2005年的20%上升到近40%,最高达到了60%。去年全市筹集合作医疗基金8 100万元,补偿医药费用5 751.3万元,分别比2005年增长了1.5倍和1.36倍,农民“看不起病”问题得到了初步解决。环翠区政府在以往每年拿出100万元大病统筹基金的基础上,去年又增加到200万元,用于医药费用5 000元以上的大病补偿;各市区普遍规范了新农合管理机构建设,建立了公开、公正、公平的监督机制,严格了基金管理,方便了群众转诊和报销,有针对性地推出了以规范用药、规范检查、规范收费为主要内容的一系列控费措施。镇卫生院全面推行医疗服务承诺制和就诊优惠制度,参合农民就诊,减免10%以上药费和10%～30%的B超、X射线及三大常规检查费用。荣成市取消了市内医院转诊审批,文登市全面启动了网上转院审批,乳山市实行了门诊当场减免和住院即时报销,高技区免费为参合农民健康查体,经技区与市级大医院签订纵向联合服务合同,为参合农民就医提供了优惠。全市参合农民对新农合基本满意和满意率达到了100%,没有发生一起因新农合引发的农民投诉、上访事件。

二、农村卫生基本服务功能明显改善

结合实施省“360”工程,组织开展了镇卫生院和中心卫生室上档升级建设,改善了镇村卫生机构服务条件。2006年,省、市、县财政共投入1 286万元,改造10处镇卫生院业务用房13 500多平方米,购置救护车、X光机等设备22台件。文登市还自筹资金1 089万元,改造镇卫生院业务用房10 000多平方米,整修院容院貌,配套基础设施设备;高技区自筹资金520万元,完成了近4 900平方米的初村医院改造工程。启动了农村社区卫生服务,拓展了镇村卫生机构服务领域。全市共有144处中心卫生室改造转型为农村社区卫生服务站,实行社区医生联村联户责任制,开展医疗、预防、保健、康复、健康教育和计划生育技术指导“六位一体”的综合卫生服务,为农民健康查体62 000多人次,建立健康档案5万多份,强化了公共卫生和基本医疗服务功能。落实卫生支农政策,提高了镇村卫生机构技术水平。全市15处县级以上医院与28处镇卫生院开展了对口支援活动,下派专家350人次,进行技术指导和会诊,组织镇村卫生技术人员业务培训13 421人次;我们还投入10多万元,举办了为期7个月的全市卫生院院长培训班,100多名镇卫生院院长参加了培训。从而,提高了镇卫生院技术水平和管理水平。去年,全市村卫生室接诊227多万人次,比2005年增长了3个百分点;镇卫生院出院人次比2005年上升了16.7%,卫生院基本实现了收支平衡或略有盈余,收入结构趋向合理,步入了良性发展轨道。

三、公共卫生管理明显加强

规划实施了疾控机构、传染病救治机构和紧急救援机构的设备装备和人才队伍建设，投资120多万元改善了市疾控中心的基础设施和实验室条件。完善了疫情信息网络和预警系统，规范设置公共卫生综合监测点200个，每年每个监测点补助300元。完成了不明原因肺炎病例、流感病例等主动搜索监测，加强了食物中毒、一氧化碳中毒、职业病等突发公共卫生事件的监测报告管理，增强了应急处置能力。全面落实艾滋病、结核病等重点传染病的综合防治措施，无重大疫情发生。艾滋病防治，市政府先后出台了《防治艾滋病工作委员会成员单位职责》等系列文件，成立了艾滋病行为干预领导小组和高危人群干预工作队，广泛开展了艾滋病防治知识宣传“五进”活动。先后主办了大型防艾电视文艺晚会和2万青年参加的防艾知识竞赛，印发防艾宣传画3万张、宣传册1万余本，全市初中以上学校普遍开展了学生“换水试验”，在城市社区、农村和建筑工地开设讲座、发放宣传材料，放映科普电影300多场；加强了艾滋病检测能力建设。全市设立艾滋病初筛实验室13处，县级以上疾病控制机构均设立了自愿咨询检测门诊，公开了咨询电话；加大了艾滋病监测力度，检测HIV抗体50 468人，既往有偿献血人员、在押人员、外来媳妇等高危人群检测率100%；开展了重点场所高危人群干预工作，落实了“四免一关怀”政策，艾滋病疫情及时报告率和随访率均100%。结核病防治，市财政拨专款84万元，组织进行了学校和结核病高发乡镇35万多人的结核病流行病学调查，超额完成了省厅下达的结核病人发现指标。规划免疫，预防接种机构全部达到规范化建设标准，全年接种42万多人次，“七苗”接种率均在99%以上，一类疫苗全部实行免费接种。推行健康促进和卫生干预项目，抽样调查12个镇72个行政村20 300多人，形成了《全市居民健康状况及健康相关因素监测报告》，研究课题处于国内领先水平。在全省率先开通了“12320”健康热线，为全市居民提供疾病防治、寻医问药、医疗保健等方面的咨询服务，提供咨询3 400多个。健康热线还与电视台联合举办了“每周健康进社区”活动，医疗专家走进社区为群众健康查体和咨询1 000多人次，深受城乡居民好评。建立了妇幼卫生政策支持和经费投入机制，规范实施了妇女儿童两个系统化保健。全市孕产妇零死亡，婴儿死亡率4.68‰，出生缺陷发生率为58/万。

四、卫生监督执法效能明显增强

2002年，我们完成了市级卫生监督和疾病预防控制体制改革，成立了独立的卫生监督所和疾病预防控制中心；2006年，各市也都理顺了卫生监督和疾病预防控制体制。在农村，镇卫生院全部设立3～5人的防保组，配置相应设施设备，行政村设卫生监督员，初步建立了县、镇、村三级管理，疾病控制和卫生执法监督“两网合一”的农村公共卫生长效机制；在城市，开展了“卫生监督进社区”活动，提高了疾病监测和监督执法覆盖率。职业卫生监督实现了新突破，开展了建设项目职业病危害预评价和效果评价，职业健康监护数量同比增加31%。组织开展了采供血机构专项整治，依法处罚3家违规单位；开展了打击非法行医专项整治，检查各类医疗机构763家，责令整改271家，关闭出租承包科室10家，实施行政处罚213户次；开展了“五小单位”专项整治，检查各类“五小”单位7 357家，实施行政处罚327户次，取缔76家；开展了食品卫生量化分级管理，全市学校食堂、大型餐饮单位、食品生产企业量化分级管理率达到100%，其他食品生产经营单位达到80%，无重大食物中毒事故发生。

五、公立医院医疗服务质量明显提高

在全市开展了以“提高质量、降低费用、构建和谐医患关系”为主题的医院管理年活动，建立健全了医院评价和监管长效机制。一是加强基础质量管理，保证了医疗安全。建立了病理、院内感染等5个市级质控中心，组织对全市二级以上医院急诊、检验病理、护理质量等情况进行了专项检查，将全市二级以上医院全部纳入医院管理年活动考核，督查评价率达100%。各级各类医院健全了管理组织，强化“三基三严”训练，完善了质控体系，提高了医疗服务的安全性。医疗事故发生率同比下降了15个百分点。二是推进重点专科建设，促进了技术进步。去年，确定市级重点专科6个，推荐上报2个学科参加省级第三批医药重点专科评选。承担省级科研项目2项，承担市级科研项目11项，获省级科技进步奖二等奖1项、三等奖2项，获市科技进步奖一等奖3项、二等奖20项、三等奖19项，推广卫生厅“五年百项”项目2项，推广转化本市科研项目32项。三是增强服务意识，改善了医患关系。各医疗机构普遍推行了无假日医院、导医、住院病人联系卡等措施，推行了群众满意度、医疗质量和费用等公示制度，改进服务流程，完善了便民措施，建立了医患沟通制度，提高了医疗服务的群众满意度。四是加大控费力度，减轻了患者医药费用负担。2006年，二级以上综合医院单病种质量费用控制扩大到20种，专科医院不少15种。与2005年相比，单病种人均住院费用下降了491元，降幅13.3%，减少群众医药费用160余万元。全市县以上医院门诊人次费用135.2元，与2005年基本持平，每床日费用380.4元，同比下降8个百分点。积极推行济困医疗。医疗机构对城乡低保人员、企业军转干部、城市困难职工，普遍实行了门诊“五免、五减”和济困病房“五免、八减”。全市共设立济困门诊173个、济困病床365张，济困医疗服务开展率达到了100%，政策落实率100%；共减免贫困患者75 820人次，减免金额256.79万元。

六、中医事业持续发展

注重发挥中医药在新农合中的作用，各市区都把中医药纳入了新农合医药费用补偿，中医药的报销比例增加10%～20%。继续开展中医适宜技术培训和推广。中医适宜技术推广县、镇覆盖率为100%，村卫生室中药饮片和中医适宜技术使用率超过20%。实施了中医药人才培养项目。依托省卫生厅《山东省高层次优秀中医临床人才培养计划》，启动了威海市优秀中医临床人才培养计划。已有10名中医专业人员被确定为培养对象，其中2人为省级学科带头人和省级学科骨干培养对象。有20名镇卫生院中医业务骨干参加了省卫生厅组织的培训。开展了市级中医特色卫生院建设，产生了很好的品牌效应。全市镇卫生院中医床位、中医门诊和急诊量、中医药收入分别占总数的18%、35%、33%。

七、国家卫生城市成果得到巩固

2006年，全国爱卫办按照新颁布的《国家卫生城市标准》，对2005年底前命名满三年的全国50多个国家卫生城市进行复审。在山东省命名满3年的11个国家卫生城市中，经省爱卫会优先推荐，全国爱卫办对青岛和威海两市进行调研督导，其他9个城市由全国爱卫办进行明察暗访。我们主动组织协调有关部门和单位，开展了全市性的环境卫生综合整治，健全了基层爱国卫生组织，建立了爱国卫生长效管理机制，城市卫生面貌发生了深刻变化，顺利通过了全国爱卫会国家卫生城市复审，为全市人民赢得了荣誉。

八、卫生行业作风建设逐步深入

按照省、市统一部署，在全市卫生系统开展了治理商业贿赂专项工作。强化了重点岗位、重点人群的自警、自律意识，组织各单位对基本建设、物资采购、药品和医疗设备及耗材购销、行政许可等重点环节进行了认真整改，健全制度，堵塞漏洞，建立起了预防不正之风滋生蔓延的防控体系。深入开展了行风社会民主评议活动。发放调查问卷5 000余份，电话回访1万多人次。建立了行风社会监督员制度，二级以上医疗机构至少聘请社会监督员10～20人，广泛听取群众的意见和建议；定期邀请党代表、人大代表、政协委员及市民代表视察督导工作。我们还在全系统组织开展了“加强医德建设，争当医德标兵”活动、社会主义荣辱观教育活动，强化医德医风和法制教育，提高干部职工思想道德素质；加强医院民主管理工作，落实了职代会制度，全面推行了院(站、所、校)务公开制度，改善了党群干群关系，促进了党风廉政建设。

日照市卫生事业发展概况

一年来，在日照市委、市政府的正确领导下，日照市卫生系统广大干部职工，坚持以“三个代表”重要思想和科学发展观为指导，团结拼搏，干事创业，实现了各项工作的新突破。

一、圆满实现“创卫”目标

全市卫生系统特别是市直医疗卫生单位，坚持把“创卫”工作作为推动卫生事业整体跨越的重要载体来抓，突出“五小”单位的综合整治，组织开展大规模专项整治活动，督查“五小”单位5 000余家，取缔违法经营单位40余家，食品卫生、公共场所卫生持证率、合格率分别达到95%以上。加强对除“四害”工作的检查指导，加大消杀力度，有效控制了城区蚊蝇密度和鼠害的发生，巩固了全国除“四害”先进城市成果。认真贯彻《传染病防治法》，着力加强对霍乱、艾滋病、结核病等重点传染性疾病防治，保持了我市连续25年无重大传染性疾病暴发流行的控制水平。认真开展卫生先进单位创建活动，高标准、高质量地完成了600座无害化卫生厕所改造工作，有47个单位分别申报全国、省和市级卫生先进单位，21个单位分别申报省级和市级卫生镇、村。大力开展健康教育与健康促进工作，共印发各类宣传材料2万余份，22个单位被授予创建国家卫生城市健康教育示范单位称号，全市居民健康行为形成率达到了72%，中小学生健康知识知晓率和健康行为形成率达83%以上，群众的自我保健意识和防病能力显著提高。今年5月中旬顺利通过了全国爱卫会的考核验收，并于7月份举行了国家卫生城市授牌仪式。在2007年全省卫生工作会议上，市政府作了题为《以“创卫”为载体，全力加快公共卫生事业发展》的典型发言，得到与会人员的充分肯定。

二、“新农合”试点工作卓有成效

立足于服务百姓，把实事办好，深入宣传，规范管理，及时报销，充分调动了广大农民群众的参合积极性。目前，全市所有区县均被列为省级试点县，区域覆盖率达100%。全市现有参合农民达196.56万人，参合率达92.09%，比全省高15个百分点；共筹集资金8 082.95万元，已报销2 553.33万元，受益人口达149万人次，其中报销万元以上的42人，5 000元以上的224人，1 000元以上的3 528人，使更多的农民得到了实惠。

三、卫生执法监督规范有力

严把卫生许可准入关，严格卫生许可证发放标准和程序，全年共受理卫生许可3 250件次，发放卫生许可证1 494件，监督检查“五小”单位13 000余户次，下达限期整改意见书5 000余份，取缔违法经营单位71余户次，没收加工经营工具800多件，行政处罚1200余户次，处罚33.88余万元。认真抓好食品卫生监督量化分级管理工作，102家食品生产经营单位获得了B级牌匾。严厉打击各种非法行医行为，共出动执法人员1 700余人次，检查了859余家医疗机构，取缔非法医疗机构136家，进一步规范了医疗市场。加强血液质量和采供血机构监管，自愿无偿献血比例达100%，成分输血比例达95%，维护了人民群众的健康权益和医疗安全。

四、医疗服务水平明显提高

大力实施科教兴医战略，积极开展名医、名科、名院创建活动，共创建省级特色专科2个、市级重点专科15个、市级重点专科建设单位26个；共评出市首批名医10人，确定名医培养对象29人；承担市以上医疗卫生科研项目30余项，承担省青年科技基金项目1项；共安排80余名业务骨干到省以上医院进修学习，有300余人参加国内外学术交流，有61名以色列、荷兰等国外医疗专家学者来我市访问考察；成功开展了冠状动脉搭桥手术、肝移植等70余项高新技术，其中有20余项填补我市空白。加强医疗质量管理，严格控制医药费用，群众的医药负担明显下降。2006年全市药品招标采购总额达2.09亿元，药品招标率达88.7%，降价让利患者2 327万元。大力开展卫生支农活动，从市直医疗单位选派61名医师对口支援25处基层医院，帮助全市五个新农村建设试点示范乡镇卫生院完善了工作制度，进一步提高乡镇卫生院的医疗技术水平和服务能力。认真实施“农民健康促进工程”，圆满完成“360”工程重点卫生院建设任务。深入开展千名医务人员下乡义诊活动，共派出下乡义诊小分队65批次、800余人次，为农村群众义诊1.1万余人次，免费发放药品价值6.5万元，发放各种宣传材料3.9万份，深受群众欢迎。2006年全市医疗卫生保健机构共诊疗病人324.9万人次，收治病人21.2万人次，手术3.9万人次，治愈好转率达98.2%。综合医院病床使用率为85.6%，中医院为74.8%，专科医院为79.25%，乡镇卫生院为34.1%。

五、切实加强疾病预防控制、传染病救治和紧急救援三大体系建设

积极推进卫生监督与疾病预防控制体制改革，健全完善疫情信息网络，疾病预防控制和传染病救治能力明显提高。认真抓好第一类疫苗免费接种工作，狠抓免疫工作质量，全市基础免疫冷链运转36次，“七苗”接种117.7余万人次，基础免疫接种率达95.6%，无疫苗针对传染病的暴发流行。免费检查可疑结核病人4 208人次，筛查高校、中等职业学校在校学生3万余人，结核病治愈率达98.86%。积极开展监管羁押场所被监管人员和外来妇女艾滋病病毒抗体检测筛查工作，共检测被监管人员800余人，外来妇女2 000余名。认真开展职业病防治工作，对全市304名放射工作人员进行了职业性健康查体，日照森博浆纸有限责任公司被评为全省职业卫生示范企业。加强卫生应急指挥体系建设，组建启动了市“120”紧急救援指挥中心，成立了市卫生应急办公室，并制定出台了《日照市突发公共事件卫生应急总预案(试行)》及突发传染病疫情、食物中毒事故、医疗救援等7个单项应急预案，初步建立起了市级卫生应急管理体系网络，卫生应急处置能力得到了切实加强。

六、治理商业贿赂专项工作扎实稳妥

坚持把治理商业贿赂专项工作列入全市卫生工作的重点内容，组织召开了动员部署会、专题调度会和行业作风建设工作会议，研究出台了《关于治理医药购销领域商业贿赂专项工作的实施方案》，并邀请市纠风办领导作治理商业贿赂工作专题报告。积极开展社会主义荣辱观教育，在全市卫生系统营造了“以廉为荣、以贪为耻，以拒收商业贿赂为荣、以收受商业贿赂为耻，以维护病人利益为荣、以侵占病人利益为耻”的良好氛围。组织全市卫生系统5 900余人参加了法律知识全员考试，深化了法律学习成果，增强全市卫生系统干部职工的廉洁从医意识和自觉抵制商业贿赂的自觉性。认真抓好涉及商业贿赂案件的查处工作，全年共受理来信投诉案件35起，已全部办结，办结率达100%。

莱芜市卫生事业发展概况

2006年，在山东省卫生厅和莱芜市委、市政府的正确领导下，全市卫生系统紧紧围绕构建和谐社会的总目标，全面落实科学发展观，解放思想，真抓实干，各项工作都取得了较好成绩。

一、农村卫生服务体系日臻完善

莱芜市委、市政府高度重视农村卫生工作，将其列为全市重点工作和为民办的实事之一，从政策、资金等方面予以重点扶持。各级各单位认真贯彻落实

市委、市政府的决策，真正把农村卫生工作当作建设和谐社会和建设社会主义新农村的重要内容来抓。一是狠抓了农村卫生基础设施建设。市、区政府成立了乡镇卫生院建设领导小组，建立了责任、指标、考核体系和联席会议制度，形成了政府组织、部门配合、社会支持、群众参与的工作格局。8处重点卫生院建设总投资1 293.9万元，其中省补助362.5万元，市区镇配套931.4万元，新建、整修业务用房16 291平方米，采购仪器设备36台件。截止2006年年底，计划项目全部建设完成，基本达到了“基础设施完善、医疗设备配套、服务功能健全”的目标。与此同时，结合社会主义新农村建设，启动了重点村卫生室规范化建设。莱城区实行院、村、个人联动，多方筹资，改造建设村卫生室106处，建设总面积1.25万平方米，总投资245万元；钢城区实行以奖代补政策，对验收合格的52处规范化村卫生室由区财政每处奖励3 000元的仪器设备，每年补助500元的公共卫生经费。二是狠抓了农村卫生技术队伍建设。通过建立卫生支农的长效机制，先后派46名医师“错层下沉”至乡镇卫生院开展对口支援，提高了基层卫生人员的诊疗水平；组织乡镇卫生院40名技术骨干，在市人民医院、莱钢医院等5处省、市培训基地进行临床技术培训；抽调技术骨干巡回到各乡镇对全市1 820名乡村医生进行了结核病防治知识、合理用药知识和50项中医适宜技术培训，提高了农村卫生人员素质和技术服务水平。三是狠抓了新型农村合作医疗制度的完善。2006年，全市新农合行政村覆盖率达100%，参合农民76.23万人，参合率83.97%；全年为参合农民报销医药费用2 183.29万元，受益农民达46.51万人次，受益率61.02%。农村卫生服务体系的日臻完善，有效地改善了农民群众的就医条件，缓解了看病贵、看病难和因病致贫、因病返贫问题，真正让农民群众得到了实惠。

二、公共卫生服务水平显著提升

在继续加强公共卫生体系硬件建设的同时，注重内涵建设，使“三网一体化”管理规范、高效运行。全年共报告法定传染病2 067例，报告发病率为163.52/10万，低于全省平均水平，其中乙类1 308例，丙类759例，发病率居前五位的传染病依次是肝炎、肺结核、痢疾、出血热、猩红热。艾滋病防治工作不断创新宣传形式，加大宣传深度和广度，深入开展了“进百村入万户”宣传活动，使艾滋病防治知识走进了农村、社区、学校、家庭和公共场所，逐步形成了社会参与的良好氛围；落实了高危行为干预措施，健全了艾滋病监测长效机制，全市共完成艾滋病抗体监测26 698份，未发现本地艾滋病病毒(HIV)感染者。结核病防控工作，加大归口管理，实施集中推荐，发现能力有了较大提高，全年发现新涂阳病人320例，完成全年任务的105.96%，是历年来最好成绩。认真实施免疫规划，加强了预防接种门诊规范化建设，保持了较高水平的接种率，疫苗针对传染病得到较好的控制。卫生应急工作以完善预案、强化演练为重点，成立了突发公共卫生事件专家咨询委员会和卫生应急处置队伍，先后处置9起突发公共卫生事件，做到了疫情报告和应急处置及时准确，反应灵敏。大力开展爱国卫生运动，不断加大城市卫生综合治理，国家卫生城市荣誉称号得到全国爱卫会的重新确认；开展了以改水改厕和环境综合整治为重点的农村爱国卫生工作，建成省级卫生镇2个、卫生村6个。坚持保健与临床相结合，围绕降低孕产妇死亡率和婴儿死亡率，加大了母婴保健监管力度，提高了妇幼保健水平，全市孕产妇死亡率为9.96/10万，婴儿死亡率降为4.48‰。公共卫生服务能力的增强，确保了连续八年实现“无重大传染病暴发流行”的目标。

三、医疗质量管理日趋完善

深入开展医院管理年、医疗质量管理效益年活动，进一步加强了医院内涵建设，简化了服务流程，规范了服务行为。活动中，各级卫生行政部门和医疗机构狠抓了药事、急诊急救、实验室质控、医院感染等重点科室、重点环节的管理，定期通报医疗质量检查情况，及时改进工作措施，尽力避免医疗差错、事故的发生；继续实行药品动态监测和超常预警制度，加大药品集中招标采购力度，共采购中标药品3 600多个品种、价值1.15亿元，占临床用药的92.9%，让利群众3 000多万元，该项工作居于全省前列；单病种限价收费病种由2005年的6种扩大到20种，单病种费用平均降幅5%，最高降幅达30%，全年让利群众900多万元；继续实行“十全免、七减免、一优惠”政策和临床检验“一单通”制度，共为980名患者减免医疗费用26万元；无偿献血工作实现了“四个转移”、“一个延伸”，巩固了全国无偿献血先进城市成果，杨庄镇陈徐村被授予“全市农村献血第一村”荣誉称号。

四、卫生执法监督成效显著

在抓好日常执法工作的同时，着重开展了卫生监督执法1～8号专项行动，确保了公共卫生安全。实施了食品放心工程，全面推行食品量化分级管理制度，命名14家A级单位、50家B级单位；采取经常性监督和突击检查相结合，开展了打击非法行医专项整治行动，有效规范了医疗秩序；加强职业卫生监管，树立了一批职业卫生先进典型，莱城发电厂被省卫生厅等4部门评为“山东省职业卫生示范企业”；设立了市卫生局举报投诉受理中心，实行24小时值班制度，认真受理社会举报案件，对经查实的案件及时进行了处理。

五、行风建设深入扎实

根据各级纪检监察和卫生行政部门的部署，我们标本兼治，纠建并举，狠抓了以治理医药购销领域商业贿赂为重点的行风建设工作。以宣传教育为切入点，举办了卫生系统纪检干部培训班，每个党员和中层以上干部人手一册《反腐败工作学习资料汇编》，先后邀请市委讲师团、市委党校教授到市直各单位作专题报告10余场，使广大干部职工受到了深刻教育；开展了以药品招标、工程建设、耗材和医疗设备采购、物资管理、质量监督、财务会计等环节为重点的自查自纠工作，制定了《商业贿赂财务收缴办法》，设立了廉政账户；促使各医院制订了廉政建设工作规定，与药品供应商签订了《药品购销廉政合同》，一定程度上阻止了在药品、器械购销过程中的商业贿赂行为；继续实行了民主评议医生、专家评审处方、处方公示和有奖举报制度，建立了行风档案，设立了举报箱，公开了投诉电话。通过这些措施的实施，卫生系统行业作风有了明显好转。在全市行风评比中，卫生系统较2005年提升了12个位次；连续三年在全省卫生系统保持了领先位次。

六、中医药综合服务能力进一步增强

以实施“3321”中医药特色项目建设系列工程为抓手，突出抓好农村中医药工作、中医医疗机构规范化建设、中医药人才培养等重点工作，推广了20项中医适宜技术，培训覆盖面达100%，将中药、中医适宜技术纳入了新农合的补偿范围，提高了补偿比例。加快了中医院规范化、标准化和科学化管理步伐。

七、其他工作都取得好成绩

一是卫生事业发展水平进一步提高。到2006年底，我市共有医疗卫生机构939个，其中，医疗机构918个、公共卫生机构6个、其他卫生机构21个。总床位4 047张，每千人拥有床位3.25张；卫生技术人员7 109人，每千人拥有卫生技术人员5.71人；拥有万元以上医疗设备1 672台，其中100万元以上的设备42台。市人民医院保健病房楼、市中分院综合楼、市中医院病房综合楼都完成了主体工程建设，近期将投入使用。二是卫生科教工作成效显著。2006年卫生系统承担国家级科研项目1项，省(部)级2项，推广转化科技成果18项，获得省级科技奖励12项，市科技进步二等奖4项，三等奖22项。市人民医院新开展的心脏搭桥手术，填补了我市空白。卫生职业教育、住院医师规范化培训都取得了明显成效。三是医务工会工作取得新成绩。全面推行了院务公开，加强了职工民主管理和基层工会组织建设，大力开展劳动竞赛、技术创新、帮扶救助和职工文体活动，有效发挥了工会职能。四是学会工作扎实深入。充分发挥学会优势，广泛开展了学术交流和科普宣传等活动；认真做好医疗事故技术鉴定，维护了医患双方的合法权益。

临沂市卫生事业发展概况

一、2006年工作情况

2006年，临沂市卫生系统坚持以邓小平理论和“三个代表”重要思想为指导，认真贯彻落实市委、市政府的一系列决策部署，明确目标，突出重点，强化措施，狠抓落实，较好地完成了年度各项工作任务。

1.农村卫生工作实现新突破

一是新农合试点工作健康发展。在沂水、莒南、苍山三个省级试点县的基础上，新增平邑、费县、沂南三个省级试点县。6个省级试点县和其他县区16个市级试点乡镇共覆盖农业人口608.31万人，参合农民514.71万人，参合率84.61%。共筹集新农合基金2.088亿元，其中农民个人筹资6 183.47万元，各级财政补助1.452亿元。截至目前，已有558.23万人次农民享受到医疗补助，补偿金额9 175万元。其中补助1 000元以上的7 659人，5 000元以上的1 240人，10 000以上的79人。覆盖农业人口数、参合人数、筹资总额、补偿金额及享受补助人数均列全省第一。

二是农村卫生基础建设迈出新步伐。全市有42处乡镇卫生院列入了省“360工程”建设项目(其中16处卫生院同时被列入国债建设项目)，计划改扩建业务用房48 491平方米，总投资2 732万元。9月底，列入业务用房整修范围的29处乡镇卫生院全部完成建设任务，完成率100%。至10月底，已到位建设资金2 168万元，其中国债资金600万元，省补助600万元，地方配套及单位自筹968万元。根据省里的要求，市县财政配套“360工程”的建设资金分别为80万元和104万元，我市实际到位资金110万元和220万元，到位率为179%。

三是基层卫生人才培训得到加强。按照省里统一要求，对9处“360技术骨干培训基地”进行严格初审，遴选导师292名，第一批123名业务技术骨干经过技能培训，通过了实践技能操作考核和理论考试，取得了结业证书。第二批171名业务技术骨干学员已通过资格审核。按照《乡村医生从业管理条例》、《山东省初级卫生保健条例》和省卫生厅的统一部署，全面开展乡村医生执业考核培训和注册工作，组织专家编写了《临沂市乡村医生培训教材》，建立了规范的乡村医生考核培训机制。

四是农村卫生改革不断深化。按照市政府关于乡镇卫生院上划管理的有关规定，已有11个县区完成乡镇卫生院上划县级管理任务，上划乡镇卫生院185处。积极推进乡村卫生一体化，农村卫生管理水平明显提高。结合新农村建设和国家卫生城创建工作，集中开展农村环境卫生综合整治，投资2亿元开展农村改水改厕工作，全市农村自来水普及率达到61.2%，卫生厕所普及率达到69.3%。

2.疾病预防控制成绩优异

2006年1～11月，全市法定报告传染病总发病率同比下降16%，孕产妇死亡率已降至13.53/10万，婴儿死亡率降至9.68‰，新生儿出生缺陷发生率降至6.1‰。

一是计划免疫管理走向规范。“七苗”免疫接种率达95%以上，年内未发生与之相应传染病的流行。沂水、临沭两县全面落实了计划免疫工作经费，沂南、莒南、平邑、郯城、费县部分落实了工作经费。全市共鉴定4起一类疫苗预防接种异常反应，其中2起(麻疹疫苗、脊髓灰质炎疫苗)申请了省级鉴定。农村公共卫生综合监测点财政补助经费到位率为80%，综合监测点工作人员培训率达80%以上。

二是重点疾病防治工作力度加大。艾滋病防治方面，狠抓了宣传教育和初筛实验室建设，市县两级疾控机构均添置了艾滋病初筛监测设备。对献血人员、在押人员、外来妇女三类人群检测率均为100%。各县区建成了规范化自愿检测门诊。对重点场所、高危人群采取了积极的干预措施，在10家重点宾馆设置了自动安全套售套机，临沂电视台制作防艾专题节目5期播出25次，播出防艾公益广告281次。重点场所服务人员的艾滋病知识知晓率为85%以上。认真落实“四免一关怀”政策，全市艾滋病及时报告率为90%，艾滋病感染者和病人随访率100%，符合条件的艾滋病人免费抗病毒治疗率100%，预防服药阻断母婴传播率100%。结核病防治方面，病人发现指标全年完成率108.7%，治愈率达95%以上。

三是突发公共卫生事件应急能力增强。设立了卫生应急办公室，并由专人专职负责。成立了卫生应急领导小组，组建了应急队伍，添置了设备，制定了培训和演练计划，年内组织了培训和演练，效果良好。制定了应急物资储备目录和计划，在市疾控中心、市传染病医院和市急救中心等单位做了储备。拟定了指挥与决策系统规划及实施计划，年度建设资金全部到位。

3.卫生监督执法进一步加强

一是加大食品卫生监督力度。在春节、五一、中秋、国庆等重大节日里，认真组织开展食品卫生监督，采集各类食品样品55种，认定B级食品卫生信誉单位226家，向省卫生厅推荐A级食品信誉单位65家。全市已有A级食品卫生单位57家。二是加强对集体用餐单位的卫生监管。监督检查市管学校39所、幼儿园13家，下达限期整改意见书22份，督促整改22家，处罚1家；检查学生营养餐配送单位和建筑工地69家，责令限期整改17家，行政处罚2家。三是开展保健食品专项整治活动，对6家保健食品生产企业执行GMP情况进行检查。四是集中开展食品添加剂卫生监管。检查食品添加剂生产企业12家，责令限期整改6家，对17家桶(瓶)装饮用水、53家集中式供水和12家二次供水单位进行了检查，责令限期整改4家。五是加强医疗市场监管，查处了一批非法行医和医疗广告，规范了医疗秩序。同时，全面完成省卫生厅下达的检测样品采集计划和健康相关产品抽检任务，抽检各类消毒剂36份，合格率97.2%，三类药品15份，合格率100%。积极配合省抽检化妆品19份，合格率100%。

4.中医药事业有了新发展

全市中药材种植面积已发展到80万亩，建设中药饮片加工企业16家，中药物流中心两处，中药材、中成药销售总额近10亿元。加快中医药人才培养。认真实施“5155工程”，培训中医药人员5 000余人次，组织541人参加了乡村医生中医专业中专学历教育。举行了中医药传统技能大赛，有14个代表队41人参加了比赛。组织650多人参加了中医类执业医师资格考试。加强重点中医专科建设。全市已创建成国家级重点中医专科1个，省级重点中医专科2个，市级重点中医专科11个。全市二级以上中医院全部列入了新型农村合作医疗定点服务机构，中医药纳入了新农合报销补偿范围，提高了中药补偿和中医适宜技术补偿标准。中医适宜技术推广工作覆盖了全部县区和80%以上的乡镇，村卫生室、社区卫生服务机构覆盖率达到60%以上。

5.卫生全行业管理迈出重要步伐

一是深入开展管理年活动。制定了《临沂市医院管理考核评价标准》，对各级医疗机构的医疗质量进行了量化考核。各级医院成立了以院长为第一责任人的医疗质量管理领导小组，科室设有医疗质控小组，全面加强基础质量、环节质量和终末质量管理，严格实行了医疗质量和医疗安全责任追究制。全市医院门诊、住院医疗费用降幅较大，医疗事故明显减少。自愿捐献全血比例和自愿无偿捐献机采成分血比例均达到100%。

二是积极推进惠民服务工程。印发了《关于在全市推行惠民医疗服务的意见》，对持有相应证件的复退军人、残疾人、特困职工、城市低收入者实行10%～20%的优惠，共减免费用236.33万元。市县级医院开设惠民病床722张，全部实行了单病种限价收费，其中二级以上综合性医院开展限价收费病种20种左右，专科医院不少于5种，共减免费用132.36万元。下发了《关于医疗机构间推行医学检验、医学影像检查互证互认的意见》，全市30家二级以上医院实行了临床检验结果“一单通”，为8 813名患者减少医疗费用267.76万元。

三是加快社区卫生服务发展。成立了临沂市发展城市社区卫生服务领导小组，出台了相关配套制度，完善了社区卫生服务网络。市驻地三区共建设城市社区卫生服务机构51处，其中社区卫生服务中心17处，社区卫生服务站34处，全部纳入了城镇职工医疗保险定点范围，有6处社区卫生服务机构创建为省级示范社区卫生服务中心(站)。

四是加强医师护士考试工作。依据《执业医师法》和《护士管理条例》，严格执业资格审核、考试、注册工作，加强考务管理，严肃考试纪律，提高了医疗队伍的整体素质。全市共有3 503人参加了年度实践技能考试，2 588人参加了理论考试，2 338人参加了护士执业考试。

6.医学科教工作取得新成绩

继续医学教育方面，各级医疗卫生单位坚持把医务人员继续教育成绩与职称晋升、聘任、执业再注册及年度考核紧密挂钩。建立和完善了继续医学教育档案，并通过公共课程考试、山东卫生刊授、远程继续医学教育及院内学术活动等形式，对全市2万多名在职卫生技术人员进行了继续教育。全市连续三年继续医学教育达标率超过90%，《山东继续医学教育学分登记册》使用率达95%。组织评审了本年度市级继续医学教育项目，开展了2007年度国家级、省级继续医学教育项目申报工作，认真开展本年度继续医学教育任期、注册期学分审核工作，对拟晋升专业技术职务的600余人进行了任期考核，对7 000余名护士进行了注册期考核。组织卫生专业大学毕业生参加了市直卫生系统就业招聘考试，经过严格的笔试、面试和政审，有91名毕业生进入市直卫生单位就业。加强专业技术职务评聘工作，390人通过竞争上岗走上了聘任岗位。1 042人参加了副高以上职称评聘考试和评审。年内，有95项科研项目获得市级科技进步奖，新批准立项市级科研项目112项。

7.创建国家卫生城市工作实现了阶段性目标

全面启动创建国家卫生城市工作，围绕国家卫生城市标准和十个入门条件，坚持整体推进、重点突破，以公厕改造、垃圾粪便无害化处理、绿化美化、污水处理厂建设为重点，以除四害达标、“五小”场所整治、农贸市场改造、城中村及城乡结合部卫生整治为抓手，投入资金1 300多万元，经过一年的努力，市区环境卫生面貌发生了显著变化，主要指标基本达到了国家级卫生城市的标准，于9月份顺利通过了除四害达标验收和省级考核验收，并向全国爱卫会进行了申报。

8.行风建设、精神文明建设取得新成果

深入推进行风建设，下发了《关于加强行风建设优化服务环境的实施意见》、《关于治理商业贿赂工作的实施意见》和《关于开展平安卫生行业创建活动的实施意见》等文件，召开两次专题会议进行动员部署。强化了教育、制度、监督等措施，大力实施“人性化”服务工程，群众对医疗卫生服务满意度明显提高，其中出院病人随机调查满意度达到90.2%。健全政务公开、医务公开制度，完善了市政务大厅卫生服务窗口，在各级医疗卫生单位中强化了院务事务公开，加强规范化建设，增加了决策透明度，实施了医疗服务“阳光工程”，完善了社会监督机制。进一步规范药品集中招标采购，53家县级以上公立医院全部参加了集中招标采购工作，中标候选品种2 756个，规格剂型4 764个，中标药品总采购额为2.89亿元，让利患者总金额约6 000万元，药品平均降价20%。推进治理商业贿赂工作，建立了工作责任制，设立治贿专项账户，收缴钱款21.04万元。积极参与“行风热线”，与电视台继续举办“健康连线”节目，树立了卫生行业新形象。开展多种形式的精神文明创建活动，市胸科医院、费县结防所被卫生部授予“全国结核病防治工作先进集体”，沂水中心医院获得“全省卫生系统诚信建设先进单位”荣誉称号，4家卫生单位创建为市直文明单位，9个县区卫生局建成市、县级文明单位，160多个单位科室荣获全市职业道德示范岗或省、市、县巾帼示范岗、市级青年文明号等荣誉称号，一大批同志当选为全国和市级劳模或荣获富民兴鲁、振兴沂蒙劳动奖章。

2006年我市卫生工作虽然取得了较好的成绩，但也存在一些薄弱环节和问题。主要是农村卫生事业仍较薄弱，城乡差距较大。受多种因素的影响，县级卫生监督体制改革进展不理想，卫生行风建设的长效机制还没有完全建立起来。

二、2007年工作打算

1.加快农村卫生机构建设步伐。认真实施省里安排的乡镇卫生院建设项目即“1127工程”，利用国债项目、省财政资金和地方财政配套、单位自筹，投入6 800万元，搞好136处乡镇卫生院的改造提升，完善业务用房和基本医疗设施。组织县、乡、村共同投入，力争再改造1 000处农村卫生室，抓好乡村医生规范化培训，进一步提升农村医疗卫生服务水平。

2.普及新型农村合作医疗制度。将省级农村合作医疗试点覆盖所有县区和全部行政村，力争参合农民达到650万，参合率80%以上。加快县、乡合作医疗经办机构建设，落实人员编制和经费，完善管理制度，提高管理水平。进一步扩大慢性病治疗报销范围，将大病报销封顶线提高到2万元以上，逐步从根本上解决农民因病致贫问题。

3.进一步加强公共卫生工作。一是强化疾病预防控制工作。完善计划免疫门诊，加强免疫管理，“七苗”接种率保持在95%以上，确保与之相应传染病不流行。突出抓好艾滋病、结核病、伤寒与副伤寒、狂犬病等重点疾病预防工作，力争疫情稳中有降。二是推进卫生监督执法。重点加强食品卫生、保健品卫生、学校卫生、职业卫生、公共场所卫生监督，努力提升公共卫生质量。三是提升突发公共卫生应急水平。加强120急救工作，完善应急组织和物资储备，提高应急能力。

4.继续深化卫生改革。全面完成乡镇卫生院上划县级管理任务。大力推行县区级卫生监督体制改革，理顺县区级卫生监督和疾病控制工作关系，划清工作职能。进一步完善乡村卫生组织一体化管理，提高农村卫生服务质量。强化技术人员职称评聘、竞争上岗、岗位考核措施，激发卫生单位内部活力。加快发展城市社区卫生服务，完善功能，提高水平，方便城市基层群众就医。

5.加快中医药发展步伐。继续搞好市县中医机构基础建设、内涵建设和重点专科建设，提高中医药在整个医疗服务中的比重。抓好中医药人才培养，通过送上级医院进修、名老中医带徒等形式，逐步培养造就一支高素质的中医药技术队伍。加强农村中医工作，全面普及中医药适宜技术，组织中医药更广泛地参与合作医疗服务。加快农村中医先进县建设，为创建中医先进市打好基础。大力推进中药产业化建设，努力扩大中药种植面积，完善中药材加工和销售机制。

6.提升卫生事业管理水平。着力抓好医疗质量、科技教育、医德医风管理，加大精神文明建设和行业作风建设力度，推动卫生事业协调发展。同时要加快公共卫生大楼、临沂大学附属医院、市妇幼保健院南扩等重点工程建设，完善卫生服务体系，增强服务能力。

德州市卫生事业发展概况

2006年，在德州市委、市政府的正确领导下，全市卫生系统高举邓小平理论和“三个代表”重要思想伟大旗帜，认真贯彻党的十六届五中、六中全会精神，坚持以科学发展观为指导，以“一个目标”、“三大重点”、“六项任务”为重点，不断推进卫生改革与发展，全市卫生事业继续保持了持续、快速、健康、和谐发展的良好势头，为构建和谐德州发挥了应有的作用。

一、加强领导，加大投入，促进卫生事业与全市经济社会协调发展

德州市委、市政府坚持把发展卫生事业作为全面落实科学发展观、构建和谐社会、保持经济可持续发展、提高人民生活水平的一项重大战略举措，围绕建立适应全市经济社会发展的新型城乡卫生服务体系这一目标，逐步解决影响长远的一些重大卫生政策问题，全市卫生事业有了长足发展，广大群众实实在在地分享到了卫生改革与发展的成果。

全市卫生事业财政拨款2004年6 995万元、2005年12 657万元，分别比2003年增长26个百分点、128个百分点，成为我市卫生事业历史上财政投入最多的时期。全市总投资5 400万元、建筑面积3.81万平方米的11个传染病院(区)、12个疾病控制中心和市紧急救援中心建设任务在全省第一批完成任务。其中，12个疾控项目全部受到省的奖励。市财政投资130万元的市120医疗急救指挥调度中心正在进行房屋装修和设备安装，计划明年1月份正式启动运行。市财政投资3 000万元，市县乡总投资5 200万元，集中建设了37个中心卫生院，新建建筑面积达7.25万平方米，不到一年全面完成任务。所有中心卫生院其他乡镇卫生院防保人员全部纳入县级管理。今年又利用1 480万元上级专项资金，对37处中心卫生院每处再投10万～15万元，用于完善医疗设备；新扩建12处重点卫生院，每处一次性补助80万元，目前建设任务已基本完成。

二、强化城乡基层卫生工作，提高广大群众健康保障水平

1.加快推进新型农村合作医疗制度建设。全市已有7个省级试点县(市)、10个市、县级试点乡镇，261.4万农民参合，占全市农民总数的62.4%。已累计报销126.40万人次、6 751.54万元。2006年，

中央和省财政补助 5 800 万元、市财政补助 840 万元、县财政补助 970 万元,各级财政补助占农村合作医疗资金的 74.6%。省市试点单位个人缴费标准仍为人均 10 元。2006 年省级试点县筹资额年人均 40 元,其中市财政补助 3 元;市级试点乡镇筹资额年人均 30 元,其中市财政补助 8 元。

2.全面完成“360 工程”建设任务,并实施新一批重点卫生院建设。2005 年我市规划建设的 37 处中心卫生院已于当年底全面完成,今年我市又重点扶持建设了 12 处一般乡镇卫生院。到目前,我市“360 工程”已全部完成建设,共计投资 4 432 万元,总建筑面积达 6 万平方米。目前,37 处中心卫生院人员总数 2 115 人,5 000 元以上设备 335 台件,设备总价值 2 044.93 万元。与建设前业务收入同期比增幅 63.21%,平均人均业务收入 22 440 元,

3.加强村卫生室建设与管理力度。市卫生局制定了《关于加强村级卫生组织建设的意见》,推广平原县村卫生室建设的经验,以创建甲级卫生室活动带动村卫生室建设与管理水平的提高。仅今年就有 791 处卫生室达到了甲级标准,总数达到了 2 370 处,占村卫生室总数的 58%。特别是禹城、武城、乐陵甲室率高达 80%以上。为提高乡医水平,我局制定了《关于加强村级卫生技术人员培训考核工作的通知》,全市统一制定培训计划和培训内容,7 070 名乡村医生全部培训一遍。

4.积极开展卫生支农。市级医院卫生支农工作今年已经启动,首批 4 家市属医疗的 14 名专家已到 5 个县的 7 个中心卫生院工作;县级综合医院全部以医疗集团的形式与中心卫生院形成固定帮扶关系,中心卫生院一般都要加挂县级医院分院的牌子,县级医院负责中心卫生院的科室建设、人才培养。为帮助贫困农民能够参加新型农村合作医疗,全市卫生系统捐款 39 万元。与市直机关工委和团市委联合组织“建设社会主义新农村卫生工作团”,先后为农民群众义务查体近 3 000 余人次,免费赠送药品价值 10 余万元。

5.努力创造城镇社区卫生服务工作的良好开局。在抓好农村卫生工作的同时,我们也注意把城镇社区卫生服务逐步纳入了议事日程。目前,我市已按照标准建设社区卫生服务中心 4 处,社区卫生服务站 29 处,覆盖人口 35 万人,占城镇居民的 24.1%,所有社区卫生服务机构全部纳入城镇职工医疗保险定点。

三、提升公共卫生服务能力,确保不发生重大传染病暴发流行

1.全面加强重点传染病防治措施。截止 11 月底,全市报告法定传染病 5 706 例,同比下降2.53%,发病较多的有肺结核、病毒性肝炎、麻疹和痢疾,狂犬病、HIV 阳性、病毒性肝炎、伤寒等呈上升趋势。在今年的工作中,一是突出抓好日常防控,做到责任到人,监测到位。二是做好突发公共卫生事件应急工作。三是开展了农民工疾病预防控制工作。

2.狠抓计划免疫不放松。1 月 6～11 日组织了全市免疫预防检查评比与预防接种门诊考核验收,全市调查儿童 976 人,建卡率、建证率都为 100%,卡证相符率为 94.1%;“五苗”全程合格接种率和乙肝疫苗首针及时率、儿童 18～24 月龄百白破和麻疹疫苗加强免疫、乙脑和流脑疫苗基础免疫接种率都达到 95%以上;2005/2006 年度两轮脊灰强化免疫调查接种率都达到 95%以上。全年冷链运转正常,全市共完成 280 余万人次的接种任务。

3.稳步推进艾滋病、结核病防治工作。2004 年以前全市有艾滋病 8 例,2005 年 14 例,2006 年 1～11 月份报告 13 例,截至目前累计 35 例,死亡 11 人,艾滋病发病率呈逐步上升趋势。我们一是开展了农民工预防艾滋病的宣传教育。根据农民工工作特点和文化背景,针对性地开展预防艾滋病宣传教育活动。二是对外来妇女进行艾滋病监测。三是继续对被司法监管人员进行检测,今年共检测新入监人员 1 119 人,没有发现艾滋病病毒感染者。四是根据艾滋病防治工作需要,深入全市各大娱乐场所对性服务人员进行艾滋病、性传播疾病防治知识培训,推广使用安全套 2 万多只。五是对新发现的 13 例感染者全部进行了流行病学调查,及时给予健康教育和生活指导,落实“四免一关怀”政策;对我市现存活的艾滋病病毒感染者和艾滋病病人进行了基线调查,对符合治疗条件的给予免费抗病毒治疗。六是全市已建立艾滋病筛查实验室 30 个,达到了每个县(市、区)至少有一所艾滋病筛查实验室的目标。七是认真做好性病门诊工作,就诊者实行免费自愿咨询检测,免费检测 HIV 抗体 1 281 人份。八是广泛开展艾滋病抗体筛查,2006 年全市已筛查 24 万人次。

认真贯彻全国、全省结核病防治工作会议精神,出台了《全市结核病防治工作行动计划(2006～

2010)》，进一步规范了结核病人的发现、治疗、转诊、管理和追踪办法，强化了对各县市区的检查督导工作。新发涂阳病人去年超额完成省下达的任务指标，今年1～11月份发现1 821人，已完成指标的99%。2006年中央补助地方公共卫生结核病防治经费落实顺利，市级结防经费已列入年度财政预算，绝大部分县市区也及时落实了财政补助经费。

4.进一步做好妇幼保健工作。一是完善《出生医学证明》发放管理工作。全市实现了《医学出生证明》的网络管理，专人负责，按号发放，杜绝了假证的出现，全市办证率已达94.85%。二是积极推行优生优育。全市新生儿疾病筛查率和听力筛查率分别达到91%和71.21%。三是全面开展生殖健康服务。全市孕产妇系统化管理率达到87.79%，3岁以下儿童系统管理率提高到92.37%。

四、严格卫生监督执法，努力保障群众生命安全

我们不断加大卫生监督力度，注重落实各项管理措施，严厉查处公共卫生违法行为。自2004年，我们连续开展净化医疗市场、规范执业秩序活动。组织了全市打击非法行医专项行动督导检查，重点检查医疗机构违法出租科室、超范围执业、无执业资格人员从事诊疗活动以及违规发布医疗广告等现象。2006年出动执法人员4 800余人次，车辆650台次，检查各级各类医疗机构1 300余家，取缔无证行医287家，行政处罚362家，责令整改192家。

我市自2004年取消计划献血，2005年即实现了临床用血100%来自自愿无偿献血。截至目前，今年采血19 181人次，采集全血6 135 670ml，同比增长0.7%。已向全市各医疗机构提供全血198 800ml、血细胞28 476个单位、机采成分血501人份、血浆1 776 900ml，成分血使用率达到98%以上。中心血站已顺利通过ISO9000质量管理体系认证，今年有望被国家有关部门授予无偿献血先进市称号。

五、强化行风建设与医疗服务监管，促进卫生事业健康发展

为认真贯彻上级治理商业贿赂专项工作会议精神，切实纠正行业不正之风，按照卫生部、省卫生厅的文件精神和实施方案的具体要求，我们主要从改革医疗机构内部运行机制、倡导文明服务新风和加强医疗服务质量监管三个方面进行自我改造，以期缓解群众看病难、看病贵的问题。

1.药品集中招标采购更加规范。为保证药品质量，降低药品价格，全市村卫生室和乡镇卫生院用药已全部实行以县市区为单位进行联合集中招标采购，全市县以上医院全部实行市级统一联合集中招标采购。今年的集中招标采购除毒麻药品和精神药品外，临床所有用药均纳入招标和备案采购，有125家药品生产和经营企业投标药品1 006个品种、5 058个规格；备案2 231个品种、6 590个规格。网上采购中标药品1.3亿元，让利患者800万元。

2.单病种限价收费全面施行。5月1日，单病种限价收费改革在全市24家医院推行。各医院共确定限价病种486种，涵盖了临床科室和常见病种。初步统计，限价病种医疗费用平均下降30%，已有上千余病人从单病种限价收费改革中受益。

3.实行大型临床检查结果互认。5月份组织专家对全市二级及以上医疗机构医学检验、医学影像两个专业科室的建设、技术、管理等情况进行了验收，其出具的检查结果和检查资料，在本市范围内予以互认，减少了重复检查和多头检查，减轻了患者负担。

4.开展了"医疗质量管理效益年"活动。以加强医院"质量、安全、服务、费用"管理为重点，依法规范职业行为，加强行业自律。各医院简化服务流程，调整科室布局，增加服务窗口，开设惠民门诊、惠民病房，坚持用药公示和住院费用一日清等制度，做到了合理用药、合理检查、合理收费，医药费用占总收入的比例已控制在历史最低水平，据统计，全市县及县以上医院为37%，市人民医院从去年的55%下降到了目前的46%。

5.连续开展创建百姓满意医院活动。我局与市纠风办、市人事局、市文明办连续三年在全市卫生系统开展"树文明行业新风，创百姓满意医院"活动，旨在树立先进典型，倡导行业新风。各级成立了组织，制定了活动方案和考核标准，强化了督导检查。

近几年是我市卫生事业发展投入最大、发展最快、形势最好的时期，发展成就是非常显著的。但与全省先进地区相比，与全市人民日益增长的卫生保健需求相比，仍然存在着历史欠账多、基础设施薄弱、整体工作水平不高、应对突发公共卫生事件能力较差等问题。今后，我们将按照党的六中全会决议

和省委关于构建和谐社会的决定的要求，坚持公共医疗卫生的公益性质，严格监督管理，努力健全完善覆盖城乡居民的卫生服务体系和基本卫生保健制度，为群众提供安全、有效、方便、价廉的公共卫生和基本医疗服务。为促进全市经济社会发展、构建和谐德州做出更大的贡献。

聊城市卫生事业发展概况

2006年以来，在聊城市委、市政府和山东省卫生厅的正确领导下，我们紧紧围绕省卫生厅的工作部署，解放思想，抢抓机遇，突出重点，狠抓落实，2006年各项工作任务已基本完成，全市卫生事业得到又快又好发展，全市人民健康水平有了新的提高。

一、农村卫生服务体系建设取得显著成果

2006年年初，我们把"360工程"和国债项目建设任务，以及我市乡镇卫生院和村卫生室建设现状，向市政府第38次常务会议作了汇报，会议研究决定，在完成"360工程"和国债项目建设任务的基础上，扩大农村卫生机构建设项目，力争使我市农村卫生机构建设走在全省前列。一是继续实施中心卫生院建设"333工程"(2003年市政府研究决定，从2004年起，用三年的时间，市、县两级财政投资3 000万元，重点扶持建设30所中心卫生院)。在2004年和2005年已完成20所中心卫生院建设任务的基础上，2006年全部完成中心卫生院建设任务。二是加快一般卫生院建设。全市共有43所需要改造的一般卫生院，用三年的时间进行改造，每所各级财政投资80万元；三是加快农村卫生室建设，从2006年开始，利用三年时间，改造建设600所村卫生室(农村社区卫生服务站)，每年改造200所。改造建设资金由市、县、乡三级筹措，每所村卫生室补助4万元。我市把"360工程"、国债项目与中心卫生院建设"333"工程、一般卫生院改造、村卫生室建设进行了有机整合，实行统一规划、统一部署、统一实施。市政府制定了《关于加强乡村卫生机构建设的意见》，提出了具体的目标任务、建设标准、资金来源和保障措施。同时，市政府成立了乡村卫生机构建设工作领导小组，市政府与各县(市、区)政府签订了责任书，各县(市、区)政府对农村卫生机构建设资金的落实和实现的目标做出了承诺。截至目前，我市农村卫生机构建设取得丰硕成果，农村卫生面貌有了巨大改观。在"360工程"项目建设方面，我市共25个建设项目，其中房屋整修项目21个，21个房屋整修项目全部完工，项目完工率100%；改扩建业务用房总面积达39 618平方米，使21房屋整修项目单位的业务用房总面积达到58 022平方米，平均2 763平方米，全部达到了规定建设标准。落实中央补助资金180万元，省级补助资金626万元，中央、省级补助资金及时拨付率100%；落实市级配套资金345万元，县级配套资金650万元，市、县配套资金到位率100%；建设单位自筹资金346万元；各级财政和建设单位累计完成投资2 220万元，占计划投资的102.3%。在国债项目建设方面，我市乡镇卫生院国债项目共11个，目前全部完工，改扩建业务用房总面积达18 289平方米。落实中央补助资金220万元，省级补助资金170万元，中央、省级补助资金及时拨付率100%；落实市级配套资金220万元，县级配套资金420万元，市、县配套资金到位率100%；单位自筹30万元；各级财政和建设单位累计完成投资1 186万元，占计划投资的115%。另外，我市还完成了16所一般卫生院改造任务，新建了241所高标准的村卫生室。

在加强农村卫生基础设施建设的同时，我市加快了农村卫生技术队伍建设，制定了《聊城市农村卫生技术队伍建设实施方案》，成立了农村卫生技术人员培训中心。2006年，全市有800余名农村卫生技术人员参加了成人高考，其中500余人被录取，有1 132名农村卫生技术人员接受了大专学历教育，3 500余人参加了在岗培训。目前，我市农村卫生基础设施条件得到彻底改善，农村卫生技术服务水平有了明显提高，农民健康保障能力有了显著增强，农民看病"小病不出村、常见病不出乡"的目标即将得

以实现,农民“看病难、看病贵”问题得到有效缓解。

二、新型农村合作医疗试点工作进展顺利

自2003年我市开展新农合试点工作以来,我们深刻体会到,建立新型农村合作医疗制度不仅是解决农民因病致贫、因病返贫的重要举措,而且是发展农村卫生事业的良好契机,通过开展新农合试点,能够带动整个农村卫生工作的开展。为此,我们一方面狠抓新型农村合作医疗的经办机构建设、宣传发动、资金的筹集和监管等工作,对新型农村合作医疗试点实施科学化、规范化管理;另一方面借开展新农合试点之力,狠抓乡镇卫生院上划、乡村卫生组织一体化管理、农村卫生基础设施和技术队伍建设,积极推动农村卫生事业全面发展。

目前,临清市、东阿县、高唐县、茌平县、东昌府区和开发区开展了省级新农合试点,共有193.63万农民参加,试点县(市、区)的3 667个行政村全部覆盖,覆盖率达100%。市级财政补助资金470.38万元,县(市、区)财政补助资金779.76万元,共计1 250.14万元。其中,高唐县财政对参合农民每人每年补助标准增加了3元,市、县两级新型农村合作医疗补助资金到位率超过了100%。截止12月8日,全市享受补助的参合农民达165.3万人次,共计支出新型农村合作医疗资金8 089.43万元,新型农村合作医疗参合农民受益率和基金使用率分别为85%和90%。

为了让农民得到更多的实惠,我们主要采取了以下措施:

一是简化了报销程序。针对工作中参合农民提出的报销不方便的问题,我市设计了网络直接报销程序,参合农民在定点医疗机构就诊时,定点医疗机构在网上按照网络设定的报销范围、报销比例直接报销,然后每月到县级合管办结算,大大减少了参合农民的往返次数,简化了报销程序,受到了广大农民群众的欢迎。

二是简化了繁琐的转诊手续。试点初期,参合农民因病情需要到上级医院就诊,必须经过县级合管办同意,群众需往返多次,费时费力,对此颇有怨言。按照农民意愿,我市取消了定点医疗机构之间的繁琐转诊手续,参合农民可根据病情需要直接到任何一家定点医疗机构就诊,出院时由定点医疗机构直接给予垫付结算。

三是实行了大额医药费审核制度。为有效防止操作过程中可能出现的“暗箱操作”、“诱导服务”、“大处方”等违规现象,我市实行了大额医药费审核制度,即参合农民在市、县、乡级定点医疗机构一次花费总额超过1.5万元、1万元和0.5万元的,必须上报市合管办,由市合管办在网上进行审核,审核无误后,方可列入报销范围。该制度的实施,实现了医药费用报销“三级审核”,即定点医疗机构初审、县级合管办复审和市合管办大额审核,有效防止了工作过程中的违规行为。

四是实行了单病种限额收费。我市研究确定了单纯性阑尾炎等37种疾病的单病种限额收费标准,对在定点医疗机构住院治疗的参合农民实行单病种限额收费,控制了医疗费用的过度支出,减轻了参合农民的医药负担,使参合农民感受到了新型农村合作医疗带来的实惠。

五是扩大了定点医疗机构范围。为满足参合农民多层次的医疗需求,我市在把达到要求的县级医疗保健机构和乡镇卫生院全部定为定点医疗机构的基础上,进一步扩大了定点医疗机构范围,一方面把符合要求的市直医疗机构和部分条件较好的专科医院纳入了定点医疗机构范围,另一方面把部分符合要求的村级卫生室确定为定点医疗机构,参保农民不出村就可以就医、报销。

六是降低了药品价格。为降低药品价格,我们进一步规范了药品集中招标采购。有的县(市、区)对管辖的所有医疗保健机构的药品零售价格实行统一定价,大大降低了药品价格。

三、发展城市社区卫生服务的政策得到充分落实

为贯彻落实全国、全省城市社区卫生工作会议精神,市政府召开第四十三次常务会议,专题研究了城市社区卫生工作,市政府成立了聊城市城市社区卫生工作领导小组,出台了《关于发展城市社区卫生服务的实施意见》,制定了《聊城市城市社区卫生服务发展规划》,明确了城市社区卫生服务工作的原则、目标和任务,确定了发展城市社区卫生服务的政策措施,特别是在财政投入方面作了详细规定。一是对政府或国有医疗机构设立的社区卫生服务站给予每站每年5万元补助,用于设备设施购置的补助。其中,市财政每站每年补助2万元,其余3万元由县

(市、区)承担。二是对政府或国有医疗机构举办的社区卫生服务站(除无偿使用公共设施用房外),每年给予房租补贴2万元,其中,聊城建成区的社区卫生服务站,市财政每站每年补助1万元,其余1万元由区财政承担;县(市)举办的,由所在县(市)财政承担。三是政府举办的社区卫生服务站工作人员的工资,由当地财政全额拨付,其中,聊城建成区的社区卫生服务站工作人员的工资,按照市、区两级财政1∶1的比例拨付。四是社区卫生服务站的公共卫生经费按每站每年5万元的标准进行补贴,其中市直和聊城建成区社会力量举办的由市财政全部承担;东昌府区或经济开发区举办的由市、区两级财政按1∶1比例拨付;县(市)举办的,由县(市)承担,经济条件好的县(市)可适当提高补助标准,市财政并给予一定补助。目前,我们正在组织人员对今年申报的城市社区卫生服务机构进行验收。

四、医疗质量管理效益年活动取得良好成效

今年,我市继续开展了医疗质量管理效益年活动,制定了《2006年全市医疗质量管理效益年活动方案》,确定今年医疗质量管理效益年活动的主题是:倡导优良医德医风,构建和谐医患关系。在活动中,我们突出医疗质量全程控制、医疗服务行为全面规范、抗菌药物合理应用三大重点,坚持把追求社会效益,维护群众利益、构建和谐医患关系放在第一位,督促各级医疗机构建立健全了“质量、安全、服务、费用”等项管理制度,落实了医疗卫生法律法规、各种规章制度和诊疗、护理操作规程。

1.健全医疗质量管理与标准体系,加强督导检查。为切实加强对医疗质量的监管,我们在成立聊城市临床检验中心的基础上,又成立了聊城市护理、医院感染、病理质量、影像等专业控制中心,完善了《聊城市医疗质量管理示范科室(岗)评选标准》、《聊城市医学重点学科(特色专科)评选标准》,制定了《聊城市医疗质量管理效益年活动评价细则》,对各级各类医疗机构进行了督导检查。一年来,我们进行了麻醉和精神药品贮存与实用、实验室生物安全、医疗废物管理、合理用药、急诊科建设等五次专题检查,两次全面质量检查,全市医疗质量管理效益年督查评价率达100%,有效地提升了全市医疗质量。

2.实行综合治理,严格控降医药费用。一是坚持合理用药。我市对抗菌药物实行了分级管理,全市统一把抗菌药物分为一、二、三线药物,严格执行住院医师只能开一线药物、主治医师只能开二线药物、经会诊后副主任医师以上职称和科主任用三线药物。建立健全了医疗机构临床合理用药三项公示(药物名称、价格、用药数量)通报制度及“黑色预警”制度。2006年,我市抗菌药物收入平均占药品总收入的20%左右,药品总收入平均占医院总收入的40%以下。二是坚持合理检查。推行并完善了大型医用设备单台件审批和收费许可制度,全市各级医疗机构检验结果实行了“一单通”。三是坚持控制平均住院日。全市各级医院实行了无节假日、全天候手术,缩短了病人住院天数,病人住院日三级医院平均8天左右、二级医院平均6天左右。四是坚持开展单病种限价收费。全市二级以上医院对白内障、单纯性阑尾炎等50余种单一性的疾病实行了单病种限额收费,二级以上综合性医疗机构限价收费病种都在20种以上,专科医院限价收费病种在5种以上,并将各医院单病种的限价在《聊城晚报》上进行了公示。

3.加强血液管理,积极开展无偿献血活动。认真组织开展了非法采供血和单采血浆专项督查活动,对聊城市中心血站和莘县、阳谷单采血浆站和医疗机构进行了专题检查,杜绝了自采自用血液等违法现象。同时,我们认真组织开展了无偿献血工作,保障了临床用血需要。今年1～11月份,全市无偿献血17 085人次,采血量33 998.8单位,街头群众自愿无偿献血率保持在100%,成分血使用率维持在97%以上,无偿机采血小板使用率达到了100%的目标要求。

4.开展惠民服务,解决弱势群体看病难、看病贵问题。我市按照“布局合理、数量适宜、满足要求、方便就近”的原则,在全市扎实开展了惠民医疗服务工作,对惠民医疗服务对象实行了“四免、六减”政策,并要求惠民医疗服务机构做到保证医疗质量、保证服务水平“两保证”和使患者满意、职工满意、社会满意、政府满意“四满意”。据不完全统计,自开展惠民医疗工作以来,惠民医疗机构共优抚住院病人5 200余人次,为优抚对象减免医药费用1 300余万元。

5.建立了120医疗急救指挥网络。我市120医疗急救指挥调度中心装有程控交换机系统、计算机信息系统、大屏幕系统、集中控制显示系统、录音录时系统、地理信息系统、卫星定位系统、领导指挥查

询系统等，通过宽带网络与各医院急救站终端计算机相连接，形成了120急救专用网，对急救工作实现了从受理、指挥、调度、现场救治、院内救治的全过程信息化管理。制定了《聊城市医疗急救站设置原则和建设标准》、《聊城市院前急救工作管理规章制度》、《关于加强院前急救网络单位和120特服电话号码管理的意见》、《关于统一院前急救标识的通知》、《关于规范院前急救网络单位通讯装备的意见》等文件，对急救工作进行了规范。目前，我市只有一个急救电话号码，全市急救车辆全部由120医疗急救指挥调度中心统一指挥调度。

五、公共卫生工作得到进一步加强

一年来，我们始终坚持预防为主的方针，突出重点，强化措施，公共卫生工作取得了新的成绩。

1.卫生监督执法工作得到进一步加强。2006年，我市深入开展了打击非法行医专项行动，下发了《关于开展打击非法行医专项行动的通知》，各县（市区）对医疗市场进行了拉网式检查，取缔了非法医疗机构，进一步规范了规范医疗服务市场秩序。同时，我们对省卫生厅交办的重大案件进行了认真查处。截止12月11日，我们共收到省卫生厅交办的案件9件，全部进行了及时查处，并向省厅作了汇报，重大案件查处率达100%。为进一步加强公共卫生监督执法工作，我市于8月10日至9月10日在全市范围内开展了“公共卫生强化执法月”活动，并举行了隆重的启动仪式，各县（市区）卫生局长、监督科长、市局监督所和参加活动的卫生监督员代表百余人参加，还邀请聊城电视台、聊城日报、晚报等新闻媒体对强化执法活动进行追踪报道。活动期间全市共检查餐饮单位2 248家、副食品批发零售单位790家、食品生产企业53家，下达卫生监督意见3 200余条，实施各类行政处罚111家，取得了良好的社会效果。同时，根据省卫生厅下发的《公共卫生抽查计划》，制定了我市监测抽检计划，按要求完成了年度任务。

2.疾病预防控制工作取得显著成绩。2006年以来，我市以霍乱、艾滋病、结核病、非典、人禽流感、流行性出血热等传染病为重点，落实了一系列综合性防治措施，实现了无重点传染病暴发流行的目标。

在艾滋病防治方面，扎实开展艾滋病防治知识“五进”活动，利用广播、电视、报刊等新闻媒体，广泛宣传艾滋病的危害和科学防治知识，在世界艾滋病日举办了艾滋病防治知识大型宣传活动，市人大、市政府、市政协的领导应邀参加，并亲自向群众发放宣传材料、避孕套等，同时在宣传现场设立了免费监测咨询台。一年来，共发放艾滋病宣传画5万余张，艾滋病宣传小册子10万余本，电台宣传10余次，制作展板100余块。全市大中院校和中学把艾滋病防治知识纳入了教学计划。市人民医院、市中心血站和8个县（市、区）疾控中心等共14家机构建立了艾滋病初筛实验室，市疾控中心建立了艾滋病筛查中心实验室，近日又有5家二级以上综合医院顺利通过了省疾控中心的验收。成立了高危人群干预工作队，对全市1990～1998年所有有偿献血人员进行了摸底登记，并进行了艾滋病抗体监测；对全市监狱及劳教所3 000多名羁押人员进行了艾滋病抗体筛查；对2 403名外来妇女艾滋病病毒感染状况进行监测，已确认一名外来妇女为HIV感染者。今年3月份开通了聊城市红丝带咨询热线（0635－8211120），截止11月30日，已接热线电话500余个。各县（市、区）在疾控中心或综合医院也建立了咨询监测门诊，开展了咨询检测工作。全面落实了“四免一关怀”政策，疫情及时报告率达100%，艾滋病感染者和病人随访率达到90%以上，符合条件的艾滋病病人免费抗病毒治疗率达100%。在结核病防治方面，今年1～11月份，我市共发现新涂阳病人1 887人，完成了全年计划1 833人的102.95%，新涂阳病人登记率为31.09/10万。在规划免疫接种方面，今年8月20～24日组织20名专业人员对所辖八个县（市、区）计划免疫工作进行了综合考核，考核结果表明“七苗”单苗接种率均在95%以上，儿童建卡率达到100%，流动儿童达到99.17%；儿童建证率达到98.75%，流动儿童达到98.33%。

3.爱国卫生运动得到深入开展。2006年，我市创建国家卫生城市取得显著成果，顺利通过了全国爱卫会组织的暗访检查，目前正在积极准备迎接全国爱卫会对我市的技术考核验收。2006年，我们制定了《聊城市农村爱国卫生专项整治工作实施方案》，层层召开动员会议，广泛组织发动，农村环境卫生得到显著改观，共创建市级卫生乡镇8个，市级卫生村42个，新增自来水受益人口82.83万人，改造卫生厕所3.2万座，卫生厕所普及率比去年提高了2.66个百分点。同时，我市积极开展了创建卫生先进单位活动，今年共创建省级卫生先进单位10个，市级卫生先进单位46个。

4.卫生应急工作取得新突破。市卫生局成立了卫生应急领导小组，并下设应急办公室，明确专人负责应急办日常工作，并组建了聊城市突发公共卫生事件应急处置专家咨询委员会，初步建立了以市级专家技术咨询委员会为技术支撑、市卫生局应急工作领导小组决策、市卫生局应急办具体组织实施的突发公共卫生事件应急处置指挥体系。制定了《聊城市突发公共卫生事件应急处置预案》、《聊城市突发公共卫生事件医疗救治预案》、《聊城市食物中毒处置预案》、《聊城市禽流感防治工作预案》等一系列突发事件处置预案，建立了市级卫生应急处置队伍，组织开展了专题培训，并进行了传染病控制、突发伤亡事件医疗救治、食物中毒处置演练，并储备了相应的应急物资。

5.妇幼保健工作有了新进展。2006年，我们以降低孕产妇死亡率、婴儿死亡率和出生缺陷发生率为核心，以提高出生人口素质为重点，从加强网络建设，强化队伍管理，拓宽服务范围，提升服务能力入手，强化措施，狠抓落实，巩固和发展了妇幼保健工作成果。目前，我市孕产妇死亡率和婴儿死亡率分别为40.33/10万、9.77‰。

六、中医药事业得到快速发展

今年，我市认真贯彻落实鲁卫中发[2005]2号文件精神，将所有中医医疗机构全部被定为新农合定点医院，把中医药纳入了报销补偿范围，并将中药饮片、中药制剂、中成药的报销补偿标准提高了10%，针灸、推拿等中医适宜技术治疗的报销补偿标准提高了20%。下发了《关于开展中医适宜技术推广工作的通知》，各县(市、区)广泛开展了中医适宜技术培训。据统计，全市共有4 655人参加了培训，中医适宜技术推广乡镇覆盖率达100%。

七、医学科技教育取得明显成效

今年以来，我市大力实施“科技兴医”战略，鼓励医务人员开展医学科研活动，采取多种形式开展医学科技教育，并将继续医学教育与卫生技术人员年度考核、专业技术职务晋升、聘任和执业注册进行了挂钩，激发了医务人员参加继续医学教育的积极性。目前，我市举办了《科研与信息利用》、《麻醉与精神药品管理与实用》等培训班，有4 000余人参加了网上学习；3 000余人次参加了《山东卫生》刊授教育；120余人次参加了住院医师规范化培训考试；完成了4 000余人的继续医学教育考核。同时，我们制定了《聊城市医疗卫生科研项目立项评审标准》、《聊城市医疗卫生科研项目鉴定评审标准》，对科研项目的立项、鉴定工作加以规范和积极引导。近年来，各级医疗机构认真贯彻落实“科技兴医”战略，采取多种措施鼓励医务人员开展医学科研活动。市卫生局制定了《聊城市医疗卫生科研项目立项评审标准》、《聊城市医疗卫生科研项目鉴定评审标准》，对科研项目的立项、鉴定工作加以规范和积极引导。

八、行业作风有了新的好转

2006年以来，我们积极开展了治理商业贿赂专项活动，加强了卫生行业精神文明建设、平安卫生建设和工会建设，行业作风有了新的好转。在全市卫生系统开展了向市传染病医院医务科主任商玉光同志学习的活动，通过报告会、演讲会、座谈会等形式，把商玉光同志全心全意为病人服务的事迹和精神宣传到每个医疗卫生单位，号召全市卫生系统干部职工以商玉光为榜样，牢固树立正确的世界观、人生观、价值观，树立全心全意为人民服务的宗旨观念，增强以病人为中心的服务意识，倡导和弘扬卫生行业风尚，树立和维护人民健康忠诚卫士的良好形象。同时，我们积极开展了治理商业贿赂专项工作，通过举办法制教育报告会、在《聊城卫生》开辟专栏、层层召开会议等形式，广泛宣传，动员医务人员积极参与，扎扎实实地开展自查自纠，对群众举报的商业贿赂案件认真查处，对发现的问题认真整改，并逐步建立了防治商业贿赂的长效机制。继续开展了药品集中招标采购工作，县级以上23家医院全部参加了市级的药品集中招标采购，除国家规定不招标以外的所有品种，全部纳入了招标采购范围，推广实施了药品网上采购。截止11月30日，县级以上医疗机构药品集中招标采购总额达2.5亿元，集中招标采购药品占临床使用药品的比率在90%以上。

滨州市卫生事业发展概况

2006年，滨州市卫生工作以科学发展观统领全局，建立健全公共卫生“两个”体系建设，稳步扩大新型农村合作医疗试点，重点加强乡镇卫生院改造建设，加大卫生监督执法和预防保健工作力度，全市医疗服务质量明显提高，卫生行业形象全面提升。

一、农村卫生工作实现新突破

稳步扩大新农合试点。4个省级试点和1个市级试点参合农民达150.01万人，参合率86.03%。补偿参合农民医药费用3 507.15万元，受益人口54.48万人次。加强乡镇卫生院改造建设。各级投入资金1 471.5万元完成22家卫生院的改造任务。86.3%的村卫生室实现了乡村卫生一体化管理。认真开展健康扶贫工程。开展了妇科疾病普查和“健康面对面——乡村行”活动，完成免费查体13.1万人。

二、公共卫生体系日臻完善

各级投入资金6 653.3万元完成公共卫生“两个体系”16个项目，建筑总面积2.8万平方米。继续以艾滋病、霍乱等重点传染病为重点，落实疾病控制措施，全年没有发生重点传染病的暴发流行。加快卫生监督执法体系建设步伐，进一步整顿和规范医疗服务市场秩序，加强血液管理，保证临床用血安全。食品卫生、公共场所、学校卫生、放射卫生、职业卫生等公共卫生监督工作得到进一步强化。巩固了“爱婴市”成果，孕产妇死亡率和婴儿死亡率分别控制在15.7/10万和10.24‰以下。巩固发展国家卫生城市。顺利通过省爱卫会国家卫生城市复核团的检查验收。

三、医疗服务水平不断提高

探索建立市县乡三级医疗机构纵向联合，62家基层医院与上级医疗机构签订了对口支援协议。认真开展医院管理年活动，各级医疗机构入、出院诊断符合率、手术前后诊断符合率均高于90%。卫生科技创新取得成果，2006年获省、市级科技进步奖163项。

四、卫生行业形象逐步提升

组织开展卫生行风教育活动，层层召开了动员会，多种形式搞好宣传活动。顺利启动本年度药品集中招标采购工作，全市23家县级以上医院签定招标合同1.54亿元，医疗机构集中招标药品采购支出额占医疗机构药品采购总支出额的80.35%。

截至2006年末，全市卫生机构143个，其中医院27个、卫生院74个、卫生防疫防治机构(含卫生监督所和检验所)18个、妇幼卫生机构7个。卫生技术人员10 538人。医院6 618人，其中执业医师2 238人，执业助理医师408人，注册护士2 427人；卫生院2 842人，其中执业医师789人，执业助理医师547人，注册护士597人；卫生防疫防治机构533人，妇幼卫生机构270人。各级卫生机构实有床位8 204张，其中医院6 101张，卫生院1 718张，妇幼卫生机构108张。74个乡镇卫生院，拥有床位1 718张，医务人员3 109人，乡村医生和卫生员3 974人。全市卫生机构总资产23.29亿元，万元以上设备3 903台(件)。房屋建筑面积106.19万平方米，其中业务用房面积53.49万平方米。卫生机构总收入11.94亿元，总支出11.44亿元。各级医疗机构完成诊疗人数353万人次，收治住院20.62万人。

菏泽市卫生事业发展概况

一、农村卫生工作取得重大进展

一是新农合试点工作稳步推进。按照山东省政府先行试点、逐步推进的总体部署，继东明县之后，菏泽市牡丹区、定陶县、单县3县区2006年被省政府列为省级试点。对于这项工作，市委、市政府高度重视，专门成立了领导小组和专家技术指导组，出台了一系列文件。在2006年3月16日召开的全市卫生暨新型农村合作医疗工作会议上，陈光书记、赵润田市长专门致信对新农合工作重点安排。4个试点县区，都建立了完善的组织管理体系，实行县区长办公会和县区委、政府联席会制度，专题研究新农合工作，设置了编委批复的新农合管理办公室，配备了工作人员，落实了经费，制定了切合实际的实施方案，并实行了严格的新农合管理工作责任制，逐级层层签定责任书，将新农合各项工作落到了实处。列入2006年试点的单县、牡丹区和定陶县，召开动员会都是书记、县区长讲话作报告。动员会后，4县区都强化措施，加大力度抓紧调度、检查、督导，确保了工作的顺利开展。普遍运用各种形式和手段，加大宣传力度，营造浓厚氛围。由于领导重视，措施得力，宣传到位，4个县区的农民参合积极性空前高涨。截止2006年底，全市有283万农民自愿加入了新农合，试点县区行政村覆盖率达到100%，参合率达到88.75%，高于省定目标近8个百分点。为确保参合群众享受到党和政府关怀的成果，各试点县区严格按上级有关规定操作，确保其规范运行。普遍做到了落实财政补助资金，加强基金监管；健全完善定点医疗机构服务收费和行为监管机制，大力推广应用适宜技术，控制医疗费用不合理增长，确保医疗质量和基金安全；提高服务质量和水平，方便农民就医、转诊和报销，提高参合农民受益水平和覆盖范围。同时，为解决五保户、特困户等弱势群体参合资金问题，市红十字会和试点县区组织发动了社会捐助活动，共募集资金近110万元。不少参合群众得到了实实在在的好处。据4县区不完全统计，至2006年底，有139万人次农民受益，补偿药费5 617.5万元。为113万农民进行了免费查体，并逐步为农民建立了健康档案，农民受益率89%。此外，为在2007年全市建立新农合制度，市委、市政府决定在我市未实行省级试点的各县进行市级新农合试点工作，郓城、巨野、鄄城、曹县、成武5县按照政策规定，在调查摸底的基础上，根据实际，每县选择一个乡镇为市级试点，参合农民约20万人。这项工作运作平稳，逐步规范，卫生服务水平不断提高，农民医疗负担有所减轻，因病致贫有所缓解。二是村卫生室规范化建设工作圆满完成。针对村卫生室普遍存在的设施落后、条件简陋、消毒不严等方面的问题，我们把加强村卫生室规范化建设，改善基本条件，提高整体服务功能，作为加快农村卫生事业发展的重要一环，结合我市实际，制订了《菏泽市村卫生室基本标准》，并提出了规范村卫生室服务“六统一”标准。全市6 750所卫生室已全部通过验收并完成了规范化改造任务，为新型农村合作医疗工作的开展打下坚实的基础。前一段到基层调研，看到村卫生室从外观到室内确确实实有了很大的改观，感触很深：发达地区不少是政府加大投入搞村卫生室建设，我们这里财政紧张拿不出钱来，乡医们毫无怨言，靠自我积累搞发展。省卫生厅领导对我市的这一做法给予了高度评价。三是乡镇卫生院建设得到加强。我市被列入省“360工程”的卫生院40处，规划总面积55 094平方米，房屋建设总投资2 517万元。为确保建设项目优质、安全、高效地如期完成，市和各县区都成立了领导小组，建立健全了项目法人责任、招投标、工程质量监理、竣工验收、项目审计等一系列制度。同时普遍以实现“资金安全、工程优质、干部优秀”为目标，研究和采取了预防工程犯罪的措施，比如邀请纪检监察部门同志进行警示教育，吸收纪检部门同志参加工程招投标等重要环节，确保了所有工程顺利进展。40个工程项目全部如期竣工，不少已投入使用，开始产生效益。四是“三夏”支农工作成效显著。我们借鉴2005年成功组织医生下乡支农的经验，2006年6月份，采取市、县、乡、村四级医疗机构联动的方式，组织1 000多支医疗小分队、万名医务工作者，在麦收大忙期间进村入户，为群众免费义诊、送医送药，开展健康咨询、防病知识宣传活动，解决农民“三夏”期间看病难的问题。各级医疗单位都把这项活动看作锻炼队伍、扩大宣传、为民办实事的难得机会，在保证医院正常运转的同时，派出一定数量的技术人员参加这项活动。据不完全统计，全市参加支农活动的医务工作者约有12 000余人次，为群众免费发放“卫生防病科普知识”小册子及各类健康处方10万余份，免费接诊农民群众达140余万人次，发放药品价值40余万元，社会反响良好，既让医务工作者得到了一次实践锻炼，也给老百姓送去了党和政府的关怀和温暖。中央及省级媒体报道了我们的做法，省卫生厅王天瑞厅长在全省卫生系统读书会上肯定和表扬了我们的“三夏”支农工作。

二、农村改厕工作创全省、全国一流

2006年以来，我们将农村改厕作为新农村建设的突破口和爱国卫生运动的重要内容，下大力气，扎扎实实抓。通过政府倡导、政策引导、宣传发动、技术培训、典型示范，全市的农村改厕工作取得了显著成绩。通过年底考核验收，全市共新建和改建卫生厕所25万余座，各县区都完成和超额完成了年初与市政府签定的责任目标。为将农村改厕这项造福于人民的工程做好，市、县区卫生局和爱卫办的同志们付出了极大的努力，积极出主意、想办法，千方百计当好党委、政府的参谋和助手，下大气力解决干部群众的思想认识问题，努力使政府的主张变为群众的自觉行动。突出表现在“五个抓”上。一是抓宣传发动。全市上下层层召开动员会，讲旧厕的危害，谈新厕的优越，特别强调农村改厕是控制疾病传播，提高农民健康素质，从根本上解决看病难、看病贵的有效途径，使人们从思想上认识到改厕的积极意义。充分发挥报刊、广播、电视、网站等媒体和市、县区工作简报导向作用，使之上下互动，配合联动。市卫生局、爱卫办精心策划了“五个一”工程（一册资料书、一部电视片、一张科普报、一套宣传版、一系列口号标语）。另外，还组织开展了“千场电影送农村、进社区”活动，将健康教育和宣传动员推向高潮，收到了强烈的轰动效应。卓有成效的宣传发动工作，激发了农民群众改厕的积极性。二是抓技术培训。为确保新型厕所“建设一个，成功一个，管好一个，用好一个”，全市上下着力抓了技术人员的培训和施工各个环节上的技术指导。采取请进来、走出去的办法，多次请国家有关部门的专家、教授讲课，并到改厕现场具体指导，培训一线技术骨干。组织市、县区爱卫办主任到省外考察参观，学习借鉴兄弟市的改厕经验。市卫生局、爱卫办集中半月的时间，到各县区巡回举办大规模的改厕技术培训班。各县区都以乡镇为单位，举办一系列培训班，对乡镇分管领导、卫生院长、防保站长、新农村建设示范村的支部书记、泥瓦匠普遍进行了全面系统的技术培训。通过一系列的技术培训和施工实践，不少群众在干中学、学中干，很快成为土生土长的改厕行家里手。目前全市技术娴熟、操作规范的专业技术人员已达万余名，遍及全市的大部分村庄。三是抓典型带动。市委、市政府领导强调，改厕工作涉及千家万户，事关农民切身利益，应先试点，后推广。因此，在具体工作中，我们十分注重发挥典型的示范带动作用，基本上做到了层层有典型、级级有示范，县有示范乡、乡有示范村、村有示范户。四是抓落实督导。各县区都强化了督导检查力度，普遍组织专门监督班子和人员，督促各项措施的落实。不少县区实行日报告、周检查、半月评估通报制度，使整个面上的改厕工作保质保量，扎实推进。市里先后召开两次调度会和两次现场会，市委高木斗常委、市政府何茂远副市长现场解决工作进展中的困难和问题。五是抓以城促乡。市委、市政府两办印发文件，号召全市各级党政机关、事业单位干部职工，采取多种方式，帮助农民建造卫生厕所。广大机关干部职工认识到这既是解决“三农”问题的具体举措，也是对家在农村父老乡亲、兄弟姐妹的回报，纷纷自愿捐款捐物，大力支持农村改厕工作。我市的农村改厕工作引起了省政府、省卫生厅领导的关注，王军民副省长批示，要求在全省推广菏泽的经验。7月18日，王天瑞厅长在我市主持召开了“全省农村改厕工作现场交流会”，总结推广我们的做法；10月28日，我市的农村改厕工作被“2006第二届全国全面小康论坛组委会”推选为“中国十大政府创新典型”。市领导、卫生局和市爱卫办负责同志应邀到北京人民大会堂参加了颁奖仪式。我们以辛勤的工作，为我们菏泽获得了荣誉，这也标志着我市的农村改厕工作跨入了全省乃至全国的先进行列。

三、医疗质量管理日趋深入

2006年以来，继续深入开展了医疗质量管理效益年活动。围绕影响医疗质量的关键环节和主要因素，健全管理组织，建立院长考核评价制度，进一步制定措施，明确责任，医疗服务水平有了新的提高。10月份，组织有关专家，对全市48所医院医疗质量服务指标及解决病人看病难、看病贵情况进行了检查督导，并将结果进行了公示，为群众择医提供依据。同时，结合医疗质量管理效益年活动，在全市医疗单位开展惠民医疗服务活动及“我为病人节省医药费用了吗”大讨论活动，实行了向社会公示群众普遍关注的单病种诊疗费用、诊断符合率、治愈率、就诊流程等重要指标公示制度，在县级以上医院全面推行了一日费用清单制度、单病种限价制度。

为加强不设床位医疗机构(含门诊部、诊所、医务室)管理，组织进行了不设床位医疗机构的规范化建设，要求不设床位医疗机构要达到“八统一”(医疗机构标识统一、规章制度统一、各室布局统一、卫生技术人员工作服统一、卫生技术人员挂牌统一、就诊登记统一、处方统一、收款凭据统一)、“六规范”(医疗机构名称规范、病人诊疗登记规范、医疗广告宣传规范、服务用语规范、药品使用规范、诊疗操作规范)、“五公示”(公示《医疗机构执业许可证》、接诊时间、从业人员资格、收费项目和标准、监督电话)，以规范其执业行为，提高医疗质量和服务质量，保障群众身体健康。这些工作，已初见成效。血液安全管理进一步加强，全年完成自愿无偿献血52 939人次，计10.05吨，确保了自愿无偿献血满足临床供应。我市输血工作实现了3个百分之百，即临床用血100%来源于无偿献血，自愿捐献全血比例100%，自愿无偿捐献机采成分血100%，因而将第五次被中国红十字会、卫生部授予“全国无偿献血先进城市”奖。

四、中医药工作得到加强

我们认真贯彻落实《山东省委、省政府关于进一步加强中医工作的意见》，积极探索中医药参与社区卫生服务的方式和模式，配合新农合推广中医药知识与技能培训及50项中医适宜技术，更好地为群众提供简、便、验、廉的中医药服务，取得了一些成效。4个新农合省级试点县区，都把中医药纳入了新农合报销补偿范围，中医补偿标准和中医药适宜补偿比例提高到了10%以上，促进了新农合工作的进展。为发展中医事业，加强中医人才培养，市卫生局在县区选拔的基础上，4月份组织了“全市中医药传统技能大赛”，并组队进省参赛，取得了团体比赛第八名的好成绩。各中医医疗单位，都注重进行中医专科特色建设，努力做到“院有专科、科有专病、病有专药、人有专长”，带动中医药特色优势的发挥。单县中医院骨伤专科、郓城县中医院糖尿病专科、巨野县中医院肿瘤专科被确定为市级重点专科建设单位。

五、艾滋病、结核病防治工作走在全省前列

艾滋病防治工作卓有成效地开展。完善了防治工作体系，巩固和完善了艾滋病防治队伍；加大了宣传培训，力度、深度、广度上都有进展，特别是开展了艾滋病防治“一二三四五”(一个学生将艾滋病防治知识宣传给父母二人、三个朋友、四个邻居、五个亲属)活动，在世界艾滋病日，利用组织演出、万人签名活动，提高了公众艾滋病防治知识知晓率；加强了监测网络建设和筛查实验室建设，9县区除巨野县外，都建立起了艾滋病实验室；加强了感染者和病人管理，尽力实现社会关怀，有病人的县区均成立了“温馨家园”，为病人提供活动及交流的场所。对所有艾滋病病毒感染者和病人建立档案，明确专人进行管理，每季度对病人进行随访，对感染者和病人及时报告，定期随访率达100%；对符合治疗条件的均给予规范的免费抗病毒治疗，治疗率达100%。2006年以来，国家、省有关部门多次到我市检查艾滋病防治工作，都给予了高度评价。结核病防治工作，我们认真抓好结核病控制项目县管理，带动整个结核病防治工作的开展。继续实施了省级结核病控制项目、结防机构与综合医院合作试点项目和中央补助公共卫生资金结核病控制项目，坚持定期督导和通报制度，同时利用“3.24”结核病日，深入偏远农村和人口密集集镇，采取街头散发传单、咨询、义诊等形式，广泛宣传结核病防治知识。全市新发现涂阳病人2 780例，高出全年任务数4个百分点。计划免疫和应急工作也取得了新进展。全市共完成疫苗运转12次，接种“七苗”230万人次，平均接种率达95%以上，监测系统显示未发现一类疫苗接种异常反应事故。2006年，市成立了应急办公室，各县区也建

立健全了相应组织。同时加强了市级应急队伍建设，成立了3支疾病控制队、5支医疗救治队、1支卫生执法监督队，都配备了相应的通讯、交通设备、防护用品和药品器械。举办了全市卫生应急管理培训班和重点传染病防治知识培训班。组织了食物中毒和重点传染病控制技术演练，提高了专业队伍的应急工作能力，为应急工作的顺利开展提供了保障。一年来，未发现各类突发公共卫生事件。

六、卫生执法监督工作取得明显成效

市、县区卫生监督部门配合联动，以食品卫生、职业卫生、打击非法行医为重点，积极开展专项检查。一是食品卫生专项整治。全市共组织规模以上专项检查92次，出动车辆8 450辆次，检查食品生产经营单位56 280户次，处理违法食品生产经营行为1 830户次，立案查处违法案件194件，没收销毁不卫生、不安全食品7 414公斤，罚款65万元，移送司法机关案件32起，有力打击了各类违法犯罪行为。二是打击非法行医专项行动。积极贯彻全国电视电话会议精神，把打击非法行医作为整顿医疗秩序的重点来抓。全市查处各类医疗违法案件2 997起，吊销医疗机构执业许可证1家，吊销医师执业证书3人。受理投诉举报案件784件，转办案件79件，共立案534件，结案518件。严厉打击了各类非法行医行为，有效遏止了非法行医势头，维护了群众的生命安全和健康权益。

七、治理商业贿赂成效明显

按照山东省卫生厅和菏泽市委、市政府的部署，我市卫生系统治理商业贿赂专项工作有序展开。各级各单位都成立了一把手任组长的领导小组，加强组织领导，抽调精干力量集中办公，落实了工作制度，制定了实施方案，并根据卫生系统不正当交易和商业贿赂行为的重点环节、重点岗位、重点人员和主要表现形式，多措并举，扎实稳步推进治理工作。截止到2006年底，全市卫生系统，个人上缴不正当交易款达28.8万元。重点做到了“五抓”：一抓以身示范。把治理商业贿赂工作纳入了党委班子民主生活会内容，党委成员在专题生活会上带头查摆问题。二抓责任制。市局党委8名成员分别联系9个局属单位，参加单位自查自纠动员会，宣讲治理商业贿赂政策法规，对所包单位自查自纠工作负总责。三抓廉政谈话。2006年7月份，市卫生局党委召集局属单位党政负责人，进行了治理商业贿赂专项工作集体廉政谈话，要求大家学习政策法规，明确治理商业贿赂的政策界限，带头搞好自查，同时认真组织好本单位的自查自纠工作，切实履行好“第一责任人的责任”。四抓重点教育。对从事基建、仪器设备、药品采购、财务等工作的管理人员进行专题教育，对有群众反映的人员，由所在单位主要负责人逐个进行谈话，动员其说清问题，主动上缴商业贿赂款项，争取从轻处理。五抓制度建设。针对在自查中发现的易发多发商业贿赂的环节和岗位，建立健全了各项规章制度。在自查自纠工作中，全市共有24 658人参加了自查自纠，有4人被执法执纪机关查处。通过整改，查出的91个问题全部得到解决，11个商业贿赂案件全部结案。既有力遏止和刹住了商业贿赂不法行为，又最大限度保护了绝大多数医务工作者，基本达到了上级的要求。

八、行风建设成效显著

2006年以来，我们围绕缓解“群众看病难、看病贵”，构建和谐医患关系，着力抓了行业作风建设和纠风工作。一是加强医德医风和法律法规教育。汇编《执业医师法》、《执业护士管理办法》等法律法规小册子，共印制3万余份，全市医务人员人手一册。二是树立先进典型，加强示范教育。2006年6月，我们在全市卫生系统自下而上开展了评选“卫生行业作风建设标兵”活动，评出20名行业作风建设标兵，举行了隆重的表彰大会，并选出5名优秀代表组成报告团，分别到9区县进行巡回报告，直接听众达1万余人，取得了较好的教育效果。三是落实医德医风建设措施。2006年9月，我们组织16家驻菏医疗机构向全市人民作出“廉洁行医”的公开承诺，取得了良好的社会效果。我们积极参与“行风热线”活动，全年共解答群众咨询116件，办理市长热线、领导批件152件，极大提高了医疗卫生服务在人民群众中的满意度。四是加大了对卫生行风案件的查处力度。2006年，我们在各级各类医疗机构门诊和病区的明显位置张贴了1 000余份“救死扶伤、治病救人，坚决制止损害患者利益行为”的条幅，并公布了监督投诉电话，截止年底，共受理群众举报87起，都及时进行了处理。同时，我们注重加强了卫生文化建设，取得显著成效。2006 年以来，我们先后举办了纪念护士节大型文艺演出、全市护理大赛、全市中医药技能大赛、全市十佳护士评选、全市卫生系统春季运动会、全市卫生系统庆元旦歌咏大赛等一系列文化体育活动。通过这些活动，增强了全系统凝聚力和向心力，使广大医务工作者在潜移默化中陶冶情操、爱岗敬业，人人为构建和谐卫生贡献力量。

九、母婴保健工作水平有所提高

各县区以贯彻“一法两个纲要”为中心，开展了新生儿疾病、听力筛查和出生医学证明工作，加强妇幼保健机构队伍建设，严格机构、人员准入，加强对母婴保健专业人员的培训，提高妇幼保健工作水平。3 月份进行了全年孕产妇死亡评审，9 月份举办了全市妇幼信息培训班。通过开展扎实有效的工作，有效地降低了孕产妇死亡率和婴儿死亡率。2006 年，全市孕产妇死亡率 25.01/10 万；婴儿死亡率 9.05/千人，比 2005 年(分别是 26.8/10 万、9.74/千人)有所下降。

十、其他卫生工作也都有新进展、新突破

卫校工作走在全省前列。全年招生 2 300 名，列全省第一，毕业生就业率达到 100%，家政学院创建工作全面启动。医学科技教育工作进一步强化。全市继续教育开展率达到 100%，继续医学教育对象年度学分达标率 95%。学会活动非常活跃，2006 年共开展学术活动 40 次，聘请省以上专家 42 人讲学 50 余次，2 000 人受益，交流论文 500 余篇。2006 年组织事故技术鉴定 66 例。由于做到了公开、公平、公正，对减少医患纠纷、保护医患双方合法权益、稳定医疗市场起到了重要作用。由红十字会牵头组织开展了多种形式的送温暖和救灾救助活动，部分缓解了一些弱势家庭的生活困难，收到较好的社会效应。干部医疗保健工作逐步走向规范化。平安卫生建设工作扎扎实实，整个卫生系统全年没有发生重大安全稳定事故和集体上访事件。

编 后 语

《山东卫生统计年鉴》2007卷，是山东省卫生统计信息中心受省卫生厅委托编辑出版的。该书是山东卫生事业发展的数字化体现，是资料性、权威性的工具书，是山东省委、省政府和社会各界了解山东卫生的重要途径，是政府决策和医疗卫生单位发展的重要参考文献。

该书在编辑过程中，得到了省直有关部门、各级卫生行政部门、广大医疗卫生单位的大力支持，凝结了山东卫生系统广大统计人员的心血和汗水，在此，年鉴编辑部表示衷心的感谢！

愿《山东卫生统计年鉴》能给您的工作带来帮助！

山东省卫生统计信息中心

图书在版编目(CIP)数据

山东卫生统计年鉴.2007/山东省卫生厅编.—济南:
山东科学技术出版社,2007.9
ISBN 978-7-5331-4788-4

Ⅰ.山...　Ⅱ.山...　Ⅲ.卫生统计—山东省—2007—年鉴
Ⅳ.R195-54

中国版本图书馆 CIP 数据核字(2007)第 128463 号

2007

山东卫生统计年鉴

山东省卫生厅　编

出版者:山东科学技术出版社
地址:济南市玉函路 16 号
邮编:250002　电话:(0531)82098088
网址:www.lkj.com.cn
电子邮件:sdkj@sdpress.com.cn
发行者:山东科学技术出版社
地址:济南市玉函路 16 号
邮编:250002　电话:(0531)82098071
印刷者:山东新华印刷厂
地址:济南市胜利大街 56 号
邮编:250001　电话:(0531)82079112

开本:889mm×1194mm　1/16
印张:17.75
插页:60 码
字数:600 千字
版次:2007 年 9 月第 1 版第 1 次印刷

ISBN 978-7-5331-4788-4
定价:150.00 元

山东中医药大学第二附属医院

新病房楼全景

山东中医药大学第二附属医院（原济南铁路局中心医院）成立于1904年，“三级甲等”医院，“国际爱婴医院”；是济南市基本医疗保险、工伤保险、生育保险和省、市属企业离休人员医疗保险定点医院；是山东省首批八家农民工工伤定点医院；山东省医疗救助定点医院。医院先后获得“山东省百佳医院”、“山东省卫生系统精神文明先进单位”、“诚信医院建设先进单位”等称号。

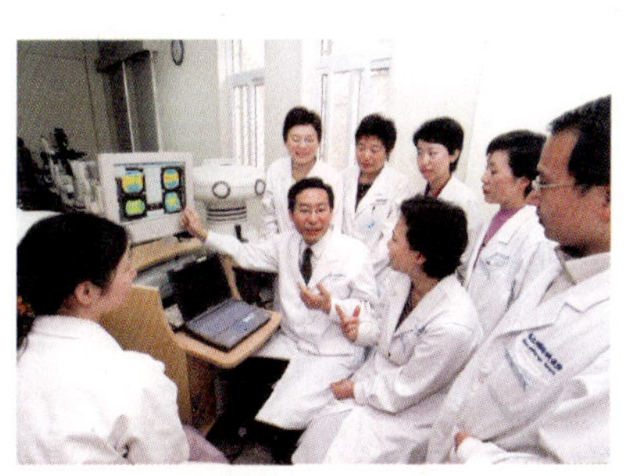
济南施尔明眼科医院（眼科中心），在山东省乃至全国的眼科界享有很高的知名度和学术地位

医院占地总面积4.82万m^2，建筑面积6.43万m^2，开放床位800余张，设有39个临床医技科室、一所合资眼科医院和遍布济南市的23个社区卫生服务中心，是一所集医疗、教学、科研、预防、保健为一体的现代化综合性医院。医院有职工1 300人，技术人员占82%，其中高级职称163人，有医学博士、硕士120人，教授、副教授126人，博士生导师2人，硕士生导师16人，享受国务院特殊津贴专家5人，山东省名中医专家1人，山东省中医优秀学科带头人1人，山东省优秀学科带头人1人。

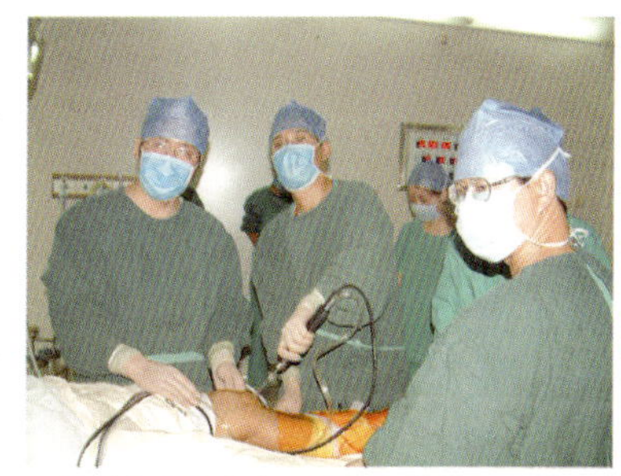
骨外科专业技术水平居山东省先进行列

医院领导班子

医院重点、特色专科有施尔明眼科医院、生殖医学科、康复医疗中心、骨外科、神经外科、肾脏内科、内分泌科、小儿科、中医科、心外科、泌尿外科、妇产科、心血管内科、职业病科等；并设有120急救分中心、脑血管病抢救治疗中心、血液净化中心、睡眠呼吸障碍治疗中心、健康查体中心、健康保健中心等。

生殖医学科在中西医结合治疗不孕不育症方面达到国内先进水平

医院坚持“健康医疗产业和教学科研基地”的自身定位，坚持以“病人为中心、质量为核心”的服务理念，坚持“以西医为主，突出中医特色，中西医相结合”的办院方向，竭诚为社会提供优质、高效的医疗服务。

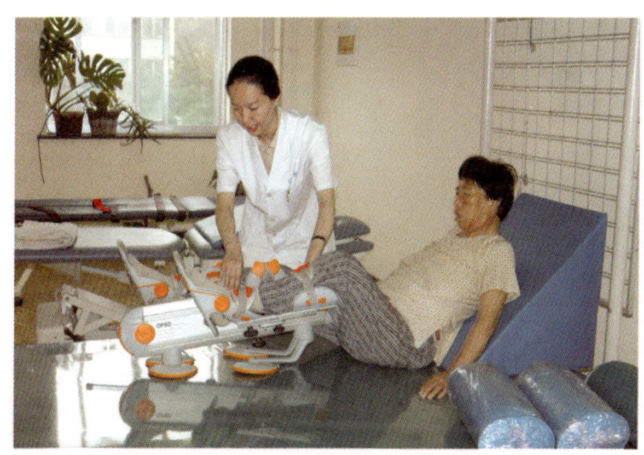
济南市职工工伤医疗康复中心是济南市唯一的工伤定点康复中心

青岛市海慈医疗集团

团结奋进的集团领导班子

青岛市海慈医疗集团成立于1999年12月，是在原青岛市第二人民医院、青岛市中医医院、青岛市黄海疗养院基础上成立的山东省首家集医疗、科研、教学及预防保健、康复为一体的国有大型综合性医院集团，目前由青岛市海慈医院、青岛市中医医院、青岛市黄海医院三所医院组成。

集团党委秦璞副书记在青岛市服务名牌授牌仪式上接受奖牌

集团本部落座于青岛市四方区人民路4号，毗邻海泊河公园，占地39.4亩，建筑面积5.6万m^2，开放床位1 000余张，年门诊量63万余人次，年出院病人2.3万余人次。拥有职工1 500余人，其中博士生导师、硕士生导师26名，博士18名，硕士168名，省市专业技术拔尖人才8名，国家级、省级名老中医5人，青岛市中医药名家8人。拥有省、市级重点学科、专科8个，市级特色专科5个。集团开设的"青岛市著名中医专家门诊"汇聚了岛城20余名著名资深中医专家坐诊，受到病人的欢迎和好评。

青岛市市委副书记、市长夏耕在副市长臧爱民、市卫生局局长曹勇、集团总院长吉中强陪同下来集团调研"国医堂"项目

2006年是集团发展史上具有里程碑意义的一年。青岛市第十三届人民代表大会第四次会议议案——"国医堂"建设项目于12月27日举行了隆重奠基仪式，2～3年后一座地上25层、地下3层、建筑面积达6.5万m^2的综合病房大楼将拔地而起，为集团的发展提供了新的发展空间和机遇。

2006年也是满载荣誉的一年。集团先后获得全国医院文化建设先进单位、山东省卫生系统科教先进单位、山东省医保定点医院目标规范化管理先进单位、山东省中医药传统技能大赛团体三等奖、青岛市行风建设示范窗口、青岛市卫生系统医院管理年先进集体、青岛市第九届"国医堂杯"中医药专业技能大赛团体冠军、青岛市"知荣辱、树新风、促和谐"大合唱比赛第一名等称号，并通过了省文明单位的复审。

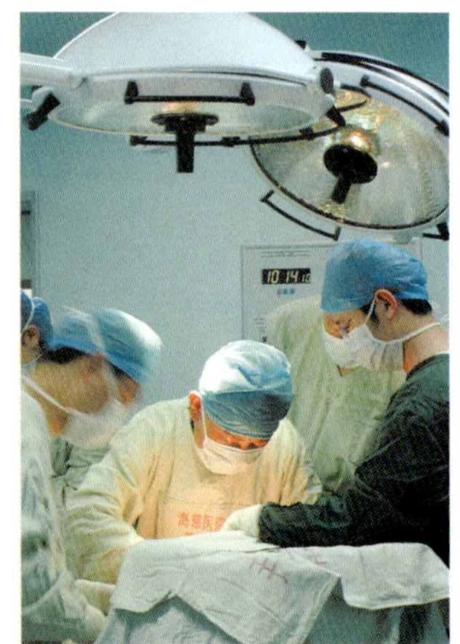

集团高度重视学科建设，成绩斐然，目前拥有省市级重点、特色学科（专科）13个

青岛市"知荣辱、树新风、促和谐"大合唱比赛

集团合唱团代表青岛市卫生局参加全市合唱比赛，荣获第一名

沾化县人民医院

门诊楼前景

沾化县人民医院始建于1946年10月，是一所集医疗、科研、教学、康复、急诊急救和预防保健为一体的现代化综合二级医院，是滨州医学院教学医院。医院占地65 000m^2，建筑面积43 193m^2，固定资产7 000万元，开放床位250张，在职职工342人（其中高级职称人员38人，中级119人）；建制46个科室，包括6处县直门诊部和1处分院，配置了全进口磁共振、螺旋CT、彩超、化验、拍片等设备。

党总支书记、院长　侯月智

医院把人才建设作为促进发展的中心工作，高、中级人员均在省级以上医院进修学习过，并与301医院、北京医科大学、省立医院、齐鲁医院、肿瘤医院建立起了良好的业务关系，通过学术讲座、技术指导、手术带教等方式，促进了学术交流，使医院的技术水平很快得到提高，新成立了椎间盘治疗中心、肛肠泌尿外科、内分泌科、介入科，在关节镜、腹腔镜手术和介入治疗上取得了突破性进展。

医院严格按照国家、省规定标准规范收费，2004年以来实行的大病种包干收费政策，在全市同级医院收费最低，比群众到院外看病要节省6 000～30 000元的费用，尤其是聘请专家到县医院手术比患者外出治疗要节约2～4倍的费用；2006年以来多次实行药品降价，让利患者60多万元；自2007年1月16日起，凡是在县医院妇产科出生的新生儿，在出生后1个月内到本院就诊可享受免费治疗，住院期间可免除检查费、住院费及诊疗费，仅收药费和材料费，累计将减免新生患儿全部医疗费用的70%～80%。为积极配合全县新农合的开展，医院将陆续制定更多的优惠措施，使患者在县医院的治疗费用报销比例最高，切实让百姓享受新农合带来的实惠，减轻群众的就医负担。

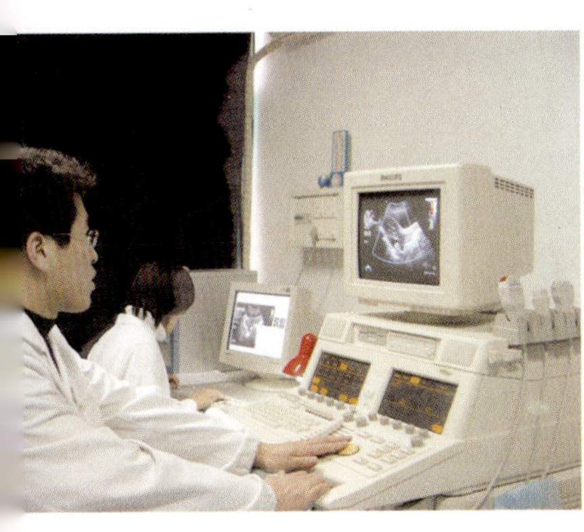

奥林巴斯全自动大型生化分析仪

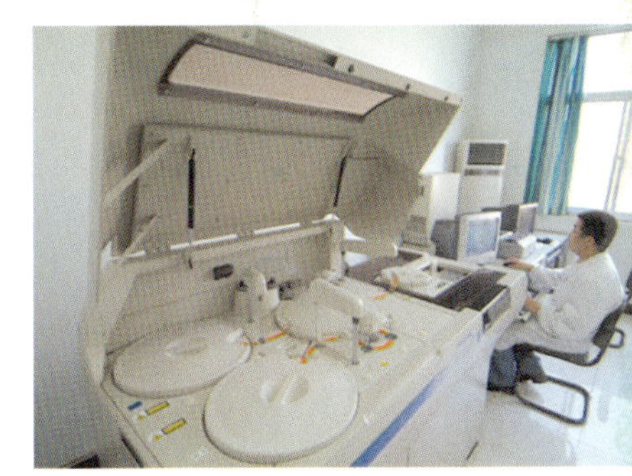

7500彩超

优惠的措施，人性化的服务，得到了患者及社会的一致好评，自1998年以来医院已连续8年被评为“省级文明单位”，并被市工商局、市消协连续3年授予“消费者满意单位”，2006年被省卫生厅评为“全省卫生系统诚信建设先进单位”。

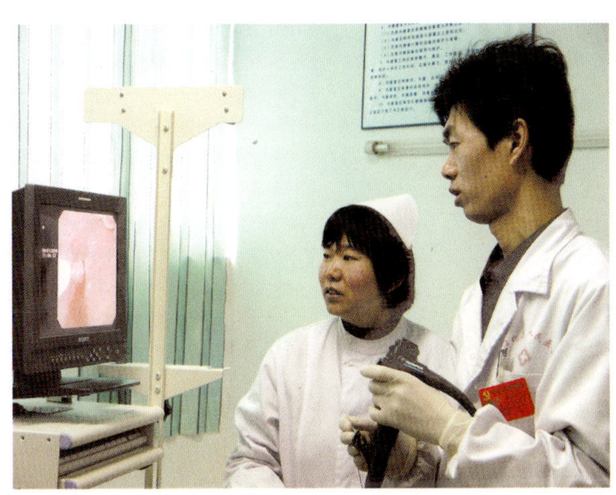

奥林巴斯电子内窥镜

济宁医学院附属医院

附院全景图

济宁医学院附属医院是省属大型综合性医院，始建于1951年。医院占地面积达到61 724m²，建筑面积109 739m²，固定资产总值6.8亿元，开放床位1 600张，有50多个临床医技科室，6个省、市级重点学科，其中心血管疾病研究诊疗中心、神经内科为省级医药卫生重点学科。医院具有雄厚的医疗技术及管理能力，现有职工1 475人，卫生技术人员1 170人，其中高级职称206人。新医疗大楼面积6.4万m²，该楼配有中央空调、中心供氧、楼宇监控、影像传输等智能化自动控制系统，是全省规模最大、功能最齐全、最人性化的医疗大楼之一。

山东省副省长王军民来院视察工作

医院在心脑血管、泌尿外、胸外、肝胆、胃肠、糖尿病、烧伤整形、手足外科、生殖医学、肿瘤、急危重症病人抢救监护、人工肾等专业疾病的诊疗及影像病理诊断方面具有较高水平，其中心脏外科和心脏内科2006年全年手术量均名列全省第一，分别名列全国第六和第四。1999年5月27日医院成功开展了山东省首例同位异体心脏移植手术。2002年12月13日开展了鲁西南首例肝脏移植手术。

全国人大常委会副委员长成思危为武广华院长颁发"3·15"特别贡献奖

医院坚持以病人为中心，以质量求发展，全方位开展了以方便、快捷、优质、价廉为主题的承诺服务。自2005年以来面向全国开展"爱心医疗救助工程"，面向全国每年免费救治100位特困家庭的先心病患儿，现已完成200余例，受到社会各界的广泛赞誉和广大人民群众的热烈欢迎。

山东省医院协会和附院联合举办"限价·减负——病种质量管理和单病种限价报告会"

医院先后被评为省、市级文明单位，全省卫生系统先进单位，全省医德医风示范医院，被山东省总工会授予"富民兴鲁"劳动奖状，被中华医院管理学会推荐为全国首批"百姓放心示范医院"。医院党委被评为全国先进基层党组织。

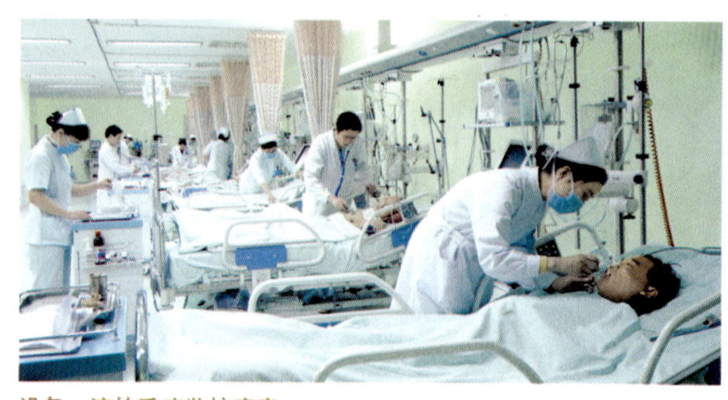

设备一流的重症监护病房

青岛市胶州中心医院

医院外景

眼科超声乳化仪、美国stryker腹腔镜及关节镜等国际一流设备。

该院始终贯彻“科技兴院”的指导方针，不断加强重点专科和专业的建设，医院共有11项科研课题分别达国际和国内先进水平，其中2项科研课题获青岛市科技进步二等奖，2项获青岛市自然科学三等奖，4项科获青岛市科技进步三等奖。

该院为潍坊医学院附属医院、青岛大学医学院教学医院、潍坊医学院研究生教育基地，并与国内多家知名医学院校、医疗科研单位开展了广泛的学术交流与技术合作，每年外派20余名专业技术人员进修学习，100余人次参加短期培训及学术交流。

青岛胶州中心医院正以“一流的服务、一流的质量、一流的水平、一流的信誉”为宗旨，朝着“数字化医院管理、人性化医疗流程、高水平科技创新、低成本高效经营”的新时期办院目标阔步前进，努力实现青岛西部新区医疗中心医院的目标。

青岛市胶州中心医院地处黄海之滨、胶州湾畔的胶州市，医院始建于1943年，历经60余年的发展，现已成为集医疗、教学、科研、预防保健于一体的青岛市卫生局直属综合性三级医院。医院占地面积4万余m^2，建筑总面积8万余m^2，其中2万m^2的现代化外科病房楼，全层流净化手术室达国内一流水平。医院开放床位600张，设有临床科室23个，医技科室13个，年门诊量达31余万人次，年收治住院病人2万余人次，开展各种手术近6 000例。

医院在职职工664人，其中高级职称专业技术人员90人、中级职称专业技术人员160多人，硕士研究生以上学历人员30余人，青岛市卫生专业技术拔尖人才3人，硕士研究生导师6名。医院有10余名专业技术人员担任了青岛市各医学专业委员会的主任或副主任委员职务。青岛市介入放射研究所、青岛市抗癌协会大肠肿瘤专业委员会、胶州市抗癌协会及司法鉴定所等科研学术团体均设在该院。

医院医疗、科研仪器设备先进，拥有日本岛津螺旋CT、法国产ECT、日本日立MRI、德国西门子直线加速器、美国GE公司DSA、体内γ刀、数字彩色B超、鹰视准分子激光、

医院荣获山东省消费者满意单位等荣誉称号

禹城市人民医院

设施先进，功能齐全的门诊楼

禹城市人民医院是一所集医疗、教学、科研、预防保健多功能于一体的综合性医院，是禹城市唯一一家二级甲等医院。该院始建于1945年8月，占地面积8万余m²，固定资产8 000万元，开设34个科室，编制床位450张，年门诊量达到12万人次，年出院病人1 8000人次，年住院手术6 000余例次。

院长、书记 刘方平

医院常年与国家、省部级医院保持技术协作关系。选派年轻业务骨干到北京、天津、上海等地医院进修深造，同时为提高整体服务水平，先后推出了"医务人员五要五不得"、"护理首席护士选聘制"、"医护人员感动服务"、"出院病人随访制"、"病人满意度调查"等一系列活动，使医院整体医疗技术与服务水平显著提高，逐渐形成了院有特色、科有重点、人有绝活、服务争先的良好格局，目前已形成了以内、外、妇、儿四大专业为主的12个病区，另外成立了肿瘤治疗中心、血液净化中心、重症监护病房等专业治疗区。开展了断臂再植，每年有10余项新技术、新项目获地市级科研成果奖，有4～6项获省科技进步奖。

丰富多采的文艺活动

为了保证优质高效的医疗服务，本院近几年引进了德国产西门子磁共振、美国GE螺旋CT、美国GE四维彩超、日本富士CR、日本日立全自动生化分析系统等大中型设备50余台套。改造升级计算机网络信息系统。新建了10 000余m²的门诊楼。

近年来该院始终坚持以病人为中心，以质量为核心，美化服务环境，改善服务态度，改革服务模式，努力为病人提供高效、便捷、优质、热情的医疗服务。医院社会和经济效益显著提高，多次受到禹城市委、市政府的表彰，连续获得"德州市文明单位"、"德州市文明医院"、"文明示范窗口单位"，并被多次评为"山东省百佳医院"、"山东省卫生先进集体"、"质量服务双佳医院"、"省卫生行业文明单位"、"全国卫生先进集体"等荣誉称号。

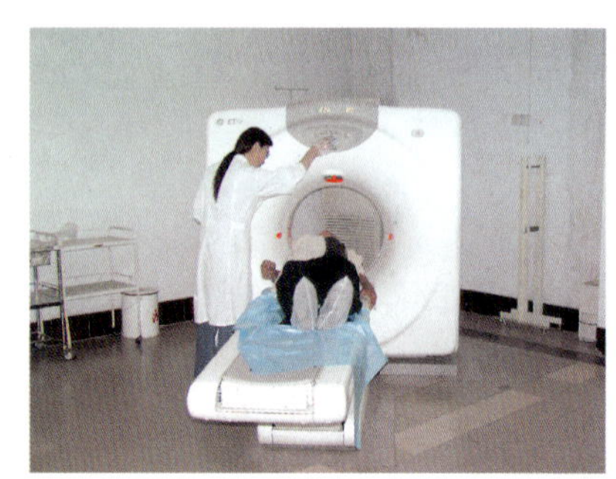

美国GE-CT

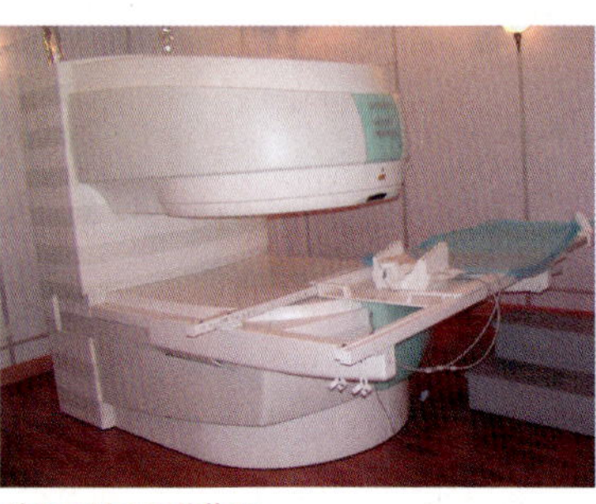

德国西门子磁共振

肥城市人民医院

肥城市人民医院建于1949年，是全市唯一的二级综合性医院，承担着全市及周边地区共计100万人的医疗保健任务，同时还承担着泰山医学院、泰安卫校等院校的临床教学任务和全市乡镇医院、厂矿企业的技术指导任务，是泰山医学院教学医院和国家"爱婴医院"、山东省肿瘤防治研究基地，泰安市食管癌研究所设在该院。

医院设备先进，配有医用直线加速器、核磁共振诊断系统、螺旋CT机、数字胃肠机、电子胃镜、血液透析机等百万元以上的大型设备10台（件），设备总值4 266万元，总资产1.6亿元。医院医疗环境优化，建有一流的综合病房大楼、传染病救援中心和功能齐全，设施先进的综合服务楼，医院实现了院区"四化"，被授予"泰安市花园式"单位。

优美的医院环境

医院坚持以人为本，制定优惠政策，积极引进高科技医学人才，培养学科带头人，鼓励开展新技术、新项目。2006年新开展了食管癌"伽贝"吻合术、体外循环机下心脏手术、妇科腹腔镜手术、经皮气管切开术、机械通气有创与无创序贯治疗术、半肝切除术、心脏起博器植入术等创新项目。新购置了国内最先进的放疗设备，建成了放疗中心、扩大了肿瘤病房，新建成了新生儿重症监护病房，开展了呼吸管理和支持心电监护等新技术；并承担了国家"十一五"科技支撑计划《常见恶性肿瘤预防早诊早治及综合治疗》、《食管癌筛查及早诊早治方案评价研究》两个科研课题，这是该院首次承担国家级重大科研课题。

春节联欢会

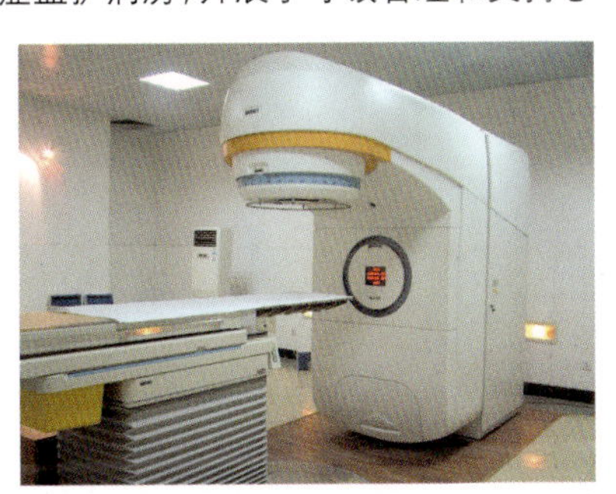

多年来，医院始终坚持"病人至上、质量第一"的办院方针，努力为病人创造良好的就医条件。医院连续6年荣获"泰安市文明单位"，2006年，又荣获"泰安市医德医风示范医院"、"山东省卫生先进单位"等荣誉称号。

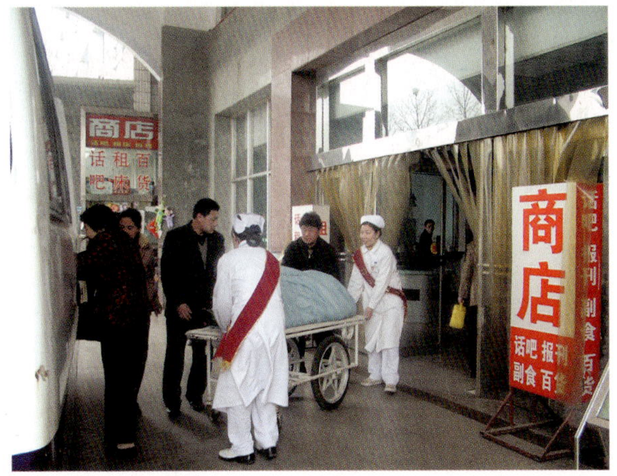

为病人提供完备的服务

即墨市人民医院

医院全景

即墨市人民医院创建于1949年，是一所集医疗、科研、教学、保健等功能于一体的综合性二级甲等医院，是即墨市的医疗和急救中心。2006年门诊人次49.3万人次，住院患者3.06万余人次，开展手术1.36万台次，业务总收入2.1亿元。医院现为北京大学人民医院技术协作单位、北京中日友好医院合作医院、滨洲医学院教学医院、青岛大学医学院教学医院、泰山医学院教学医院、潍坊医学院教学医院以及青岛大学医学院研究生教学基地。2006年荣获"山东省文明单位"、"全国第三届卫生产业企业先进单位"、"山东省县级医院经济管理先进单位"、"青岛市医院管理年先进单位"。迟河德院长被中国医院协会授予"2006年度中国医院优秀院长"称号。

门诊楼

医院现占地面积54 000m²，建筑面积50 000m²，总固定资产2亿元。共有职工1 000余人，开放床位826张，科室分类齐全，有40多个临床医技科室。医院拥有核磁共振、40排螺旋CT、C型臂X光机、直线加速器、X－刀、大生化分析仪、全自动免疫分析仪、体外碎石机、血液透析仪，人工肝、白内障超声乳化仪等各类大型先进医疗仪器200多台，设备总值达9 000多万元。

正在建设中的16层外科病房大楼

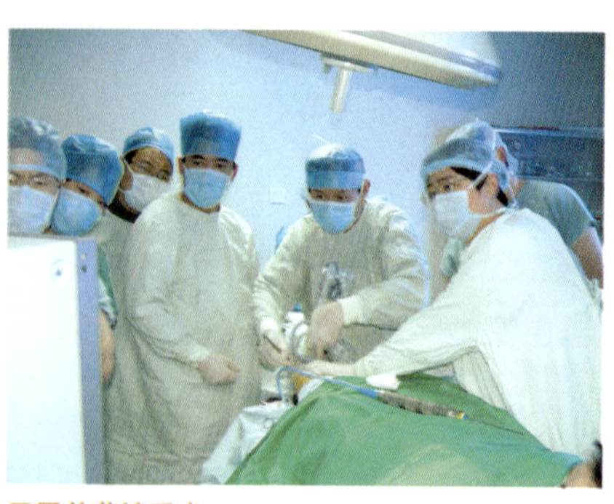
开展关节镜手术

医院坚持"科技兴医、科教兴院"，加大科技创新和人才培养，加强与国内先进大医院的技术协作，现已成功开展了肝脏移植、肾移植、心脏冠脉搭桥术、体外循环心脏直视手术心血管病介入治疗技术、内镜微创技术等一大批高精尖技术项目，达到国内同级医院领先水平。同时还开展了大脑、小脑肿瘤切除术、断肢（指）再植、角膜移植、关节置换、冠状动脉造影、冠状动脉腔内支架植入术、射频消融术、起搏器安装等，其中许多项目达到国内同级医院领先水平；另外，医院在高血压性脑出血治疗、严重复合胸外伤抢救、尿石症的治疗、肿瘤的介入、放射治疗等方面，也达到较高水平；各种内窥镜微创技术如腹腔镜、电子胃镜、电子结肠镜、鼻内窥镜、关节镜、宫腔镜等也正被广泛应用于临床。医院耳鼻喉科"喉重建"、神经外科"三叉神经疾病治疗"是青岛市特色医疗项目。

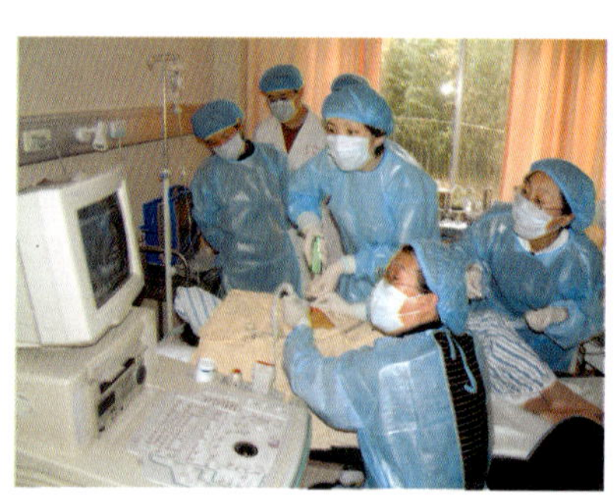
开展微波治疗肝癌

医院坚持以人为本的服务理念，加强医德医风建设，推行人性化服务，加强医患沟通，提高患者满意度，建设和谐医患关系。医院积极开展惠民医疗活动，2006年启动实施了"百万基金社区医疗帮扶工程"和"百万基金医疗扶贫救助工程"，继续开展"爱心行动"、"光明行动"等公益活动，关爱弱势群体，减轻病人经济负担，树立了良好的社会形象，受到了社会各界的广泛赞誉。

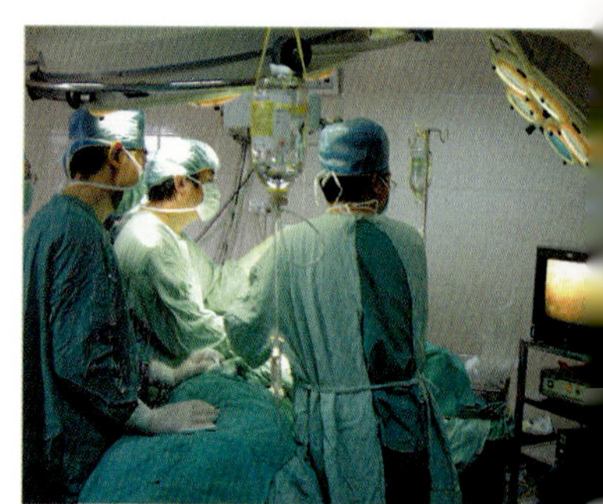
腹腔镜手术

青州市人民医院

医院病房大楼

青州市人民医院成立于1948年，医院科室设置齐全、技术力量雄厚、医疗设备先进，是一家集医疗、教学、科研、预防、保健、康复为一体的综合性、非营利性二级甲等医院。青州市急救中心、青州市肿瘤防治中心、青州市牙病防治中心、青州市健康查体中心、潍坊青州法医司法鉴定所均设在该院。本院是青州市红十字会医院、泰山医学院教学医院。

医院建筑面积56 000m^2，固定资产1.5亿元。设有大华、北城分院两处。现开放病床700张，年门诊量20余万人次，出院病人2.1万人次。拥有美国GE核磁共振、德国西门子16层螺旋CT、日本东芝螺旋CT、美国产DR、CR数字摄片系统、DSA、直线加速器、全自动生化分析仪、彩色多普勒、血液透析机、体外冲击波碎石机、高压氧舱、德国蛇牌关节镜、日本产电子胃镜、腹腔镜、宫腔镜、颈颅多普勒、全套心电监护系统等大型设备550余台（件）。

医院现有专业技术人员558人，其中副主任医师以上职称58人。各专业科室技术力量雄厚，对各种常见病及疑难病症的救治均具有较高的诊治水平。其中心脏病的介入治疗、肿瘤的综合治疗、关节镜治疗各种关节疾病、断肢（指）再植术、乳腺病治疗、创伤外科技术均达到省内先进水平。与北京医科大学肿瘤医院联合开展了胃癌的防治研究项目；作为全省唯一的县市级医疗单位承担着全国糖尿病防治普查任务；并承担卫生部课题《微创术治疗脑出血的效果与效益再评价研究》的协作任务；与北京中日友好医院建立了长期的业务合作关系。近年来有57项科研项目获得省市级科技进步奖，3项获国家专利，编写医学著作5部。

医院非常重视行风建设，严格把好用药关、检查关、治疗关，赢得了社会的信任。据统计，出院病人对该院的综合满意度达98.6%，每门诊人次费用、住院病人人均费用在同级医院中均处最低水平。医院被健康中国万里行组委会评为“全国健康诚信医院”，并先后荣获全省卫生工作先进集体、省级青年文明号、省级文明单位、山东省十佳诚信医院、潍坊市消费者满意单位、潍坊市优质服务星级医院、青州市“十佳单位”等荣誉称号。

医院将奉行“以病人为中心、以质量为核心”的服务宗旨，以创新意识发展先进独特的医疗技术，以“星级服务”创造和谐温馨的医疗环境，竭诚为广大人民群众提供全程、全方位的满意服务。

团结奋进的领导班子

枣庄市妇幼保健院

全新的妇幼保健院

枣庄市妇幼保健院始建于1953年，系政府举办的以妇科、产科、儿科、新生儿科、生殖医学、妇幼保健为特色，内科、外科、感染性疾病科、眼耳鼻喉科、理疗针灸科、中医科、口腔科等多学科齐头并进的综合医院。医院现有职工509名，其中正高级职称7名，副高职称28名，中级职称141名。设有临床医技科室23个，其中生理产科、病理产科、儿科、新生儿科、保健科、生殖医学为苏北鲁南地区优势科室。小儿脑瘫康复中心、乳腺病治疗、遗传实验室、产前诊断、产前筛查、听力筛查、新生儿疾病筛查、"两病"筛查为枣庄市重点设置学科。医院现拥有宫腔镜、腹腔镜、德国西门子螺旋CT、美国GE四维彩超、CR、乳腺钼钯X线机、全数字遥控X线机、准分子激光、德国MORA—Super过敏源检测治疗仪、日立全自动生化分析仪、PCR、婴儿高压氧舱、婴儿呼吸机、动态心电图机、心电监护仪等大型先进医疗设备100余台（件）。医院历经50多年沧桑，经几代人全力打造，已经获得了苏北鲁南地区广大人民群众的普遍认可，先后被山东省卫生厅表彰为先进集体，荣获"儿童少年工作"先进集体、"妇幼卫生工作"先进集体、枣庄市"文明单位"光荣称号，是枣庄市纠风办、市文明委、市卫生局命名的"百姓满意医院"，连年被枣庄市物价局、市技术质量监督局、市工商局、市消费者协会评选为"诚信单位"，是枣庄市总工会命名的"三星级劳动关系和谐单位"并荣获"振兴枣庄"立功奖状。

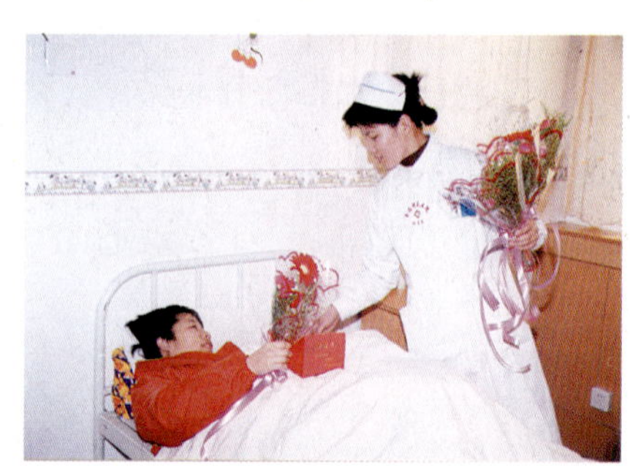
为产妇送鲜花和祝福卡

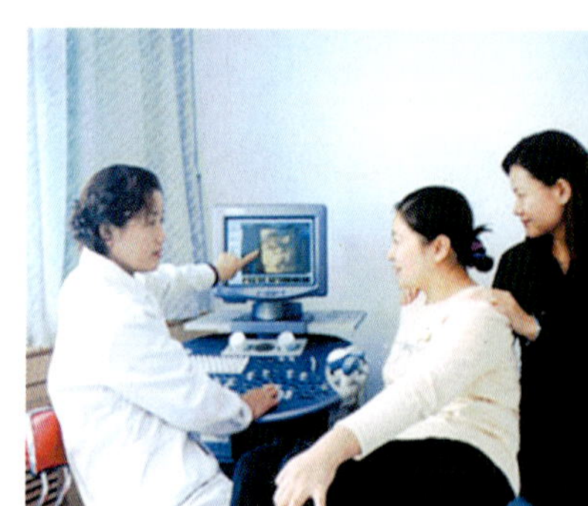
枣庄市第一台实时四维彩超落户枣庄市妇幼保健院

医院率先开通就诊便捷通道

团结协作的专家队伍

枣庄市妇幼保健院　市立三院

文明单位

枣庄市 诚信单位

枣庄市 百姓满意医院

文明单位、诚信单位、百姓满意医院

山东省益都卫生学校

校长、党委书记郑树平（右二）陪同省部领导视察学校

山东省益都卫生学校的前身是建于1885年的青州医学堂，具有120多年的办学历史。学校是教育部首批命名的国家级重点学校、卫生部确定的职业技能鉴定培训基地、山东省教育厅批准设立的“三·二连读”大专招生学校和全省骨干示范性学校，通过了ISO9001：2000质量管理体系认证，2006年学校党委被山东省委表彰为先进基层党组织，已连续十几年保持潍坊市文明单位荣誉称号。

学校座落在风景秀丽的历史文化名城青州市，校园内绿树成荫、花草飘香、环境幽雅，位于云门山风景区内占地1 130亩的新校区正在规划建设中。学校教学实验设备先进，有现代化的综合楼、实验大楼及图书馆，设有多个高标准医学实验室、示教室、电教室、语音室、多功能报告厅、电子阅览室、多媒体教室等。学校师资力量雄厚，有专兼职教师300多人，在职教职工80%以上具有中高级专业技术职称，专任教师全部达到本科以上学历。近年来，学校实施“名师兴校”工程，聘请了以中国工程院院士樊代明教授、日本昭和大学栗原稔教授为代表的79名知名专家学者担任学校兼职教授，并常年聘用外教授课。

学校专业门类齐全，集高教、中教、成教于一体，开设高等护理、口腔医学、康复医学、药学、军护等近20个大、中专专业，生源遍及全国各地，全日制在校生15 000多人，是全国同类学校中规模最大的学校。

学校领导与赴新加坡就业的毕业生合影

在长期的办学实践中，学校形成了“笃志博学、医精德诚”的校训，确定了“办好中专保稳定，争上高职促发展”的办学定位和“成人、成才、成功”的教育理念。学校重视毕业生就业工作，提出了“小城市培养、大都市就业”的工作思路，在北京、上海、天津、深圳等大都市建立稳固的实习就业基地近百家，其中仅部队医院就达60家。近年来，已推荐3 000多人到京、津、沪以及济南、青岛等大中城市成功就业，并开辟了出国培训、留学和就业的新渠道。2006年10月，学校成立了京、津就业学生联谊会，设立固定办公场所，派出专门工作人员常驻京、津地区，及时为毕业生提供后续服务。

教育部职成教司黄尧司长（右）来校视察

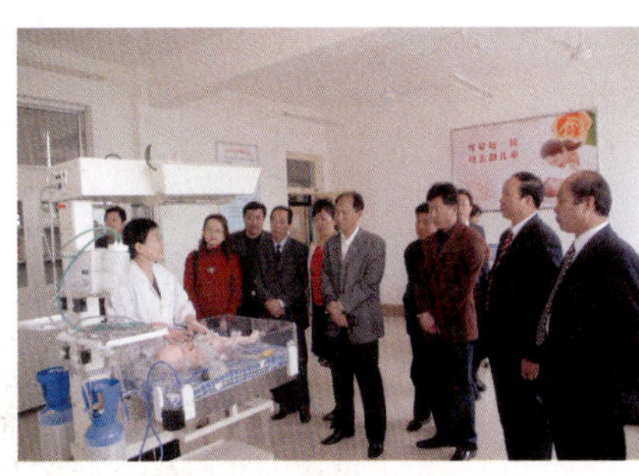

宁夏、山西职教考察团来校考察办学

目前，学校牢固树立和落实科学发展观，努力实施2006～2008年事业发展规划，积极争创全国职业教育示范校和高职学院，努力推动学校实现又好又快发展。

中国工程院院士、第四军医大学副校长、益都卫校兼职教授樊代明少将来校讲学，并为学生签名

山东省胸科医院

医院全貌

山东省胸科医院诞生于20世纪中叶，50多年来，医院为山东省的医疗卫生事业做出了积极的贡献，并逐步发展成为今天一所集医疗、教学、科研、预防、保健为一体的新型专科医院。

山东省胸科医院是以诊治心肺疾病为重点的唯一一家省级专科医院。医院始终坚持把发展放在首位，围绕大专科、小综合的办院方向，形成了以结核病防治为基础，以肺部疾病诊治为重点，以心血管疾病诊治为龙头，多学科协调发展的专业技术格局。医院设备精良，拥有美国GE公司生产的八层螺旋CT扫描机、Innova2000全数字血管造影机、vivid-7、vivid-4彩色超声、自动生化分析仪、肺功能机、全自动数字化X光机、人工心肺机、全数字胃肠X光机、全自动微生物分析系统、电子纤维支气管镜、WOLF牌胸腔镜以及净化手术室、高标准监护室等。

为提高该院心血管疾病诊治水平，北京阜外心血管病医院派出医术精湛的专家团前来指导工作，为山东省的心血管病患者提供了一流的医疗预防、诊治和康复服务，该院原有的心肺疾病诊治的专科功能得到了进一步加强。医院还投入大量资金购置了原武警医院旧址，又整体接收了中铁十四局中心医院，医院规模不断扩大，为以后的长远发展创造了更为广阔的空间。

2006年，医院被山东省省直机关精神文明建设委员会评为"省直文明单位"，被省卫生厅评为"全省卫生系统四五普法工作先进集体"、"2001～2005年山东省卫生系统法制宣传教育先进单位"、"全省医德医风示范医院"等荣誉称号。

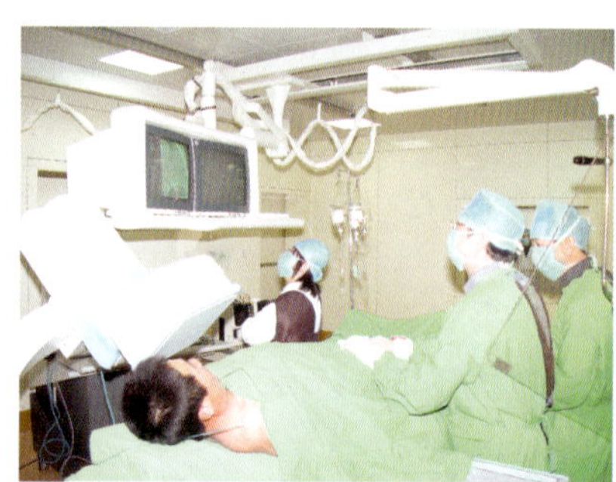
心内科的医生正在用全数字血管造影机为患者作介入治疗

团结奋进的领导班子

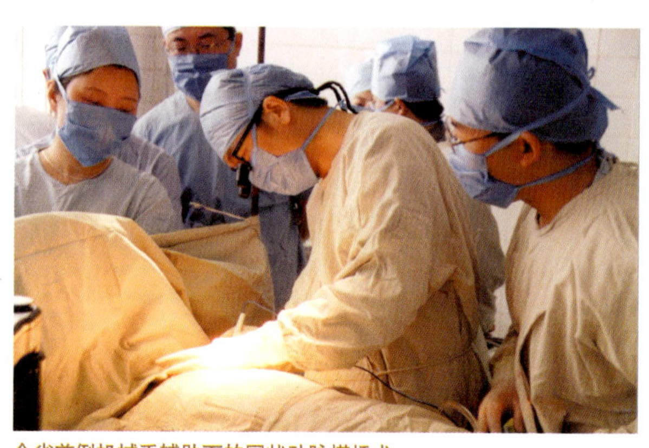
全省首例机械手辅助下的冠状动脉搭桥术

山东省地方病防治研究所

山东省地方病防治研究所始建于1963年，是全省地方病防治研究和技术指导中心，承担着山东省碘缺乏病、高碘甲状腺肿、地方性氟中毒、克山病、大骨节病和地方性砷中毒等地方病的病情调查、防治研究、监督监测、技术指导、宣传教育以及对基层防治人员进行培训等工作任务。

目前，全所占地19 500m²，有办公和实验用房6 200m²，附设用房1 900m²。设有5个职能科室和7个业务科室。现有在职职工96人，各类专业技术人员83人，其中，中级以上业务技术人员56人。有国家卫生部地方病专家咨询委员会委员2人，中华预防医学会地方病专业委员会委员1人，全国氟砷专业委员会委员1人，卫生部防治地方病跨世纪优秀人才2人。

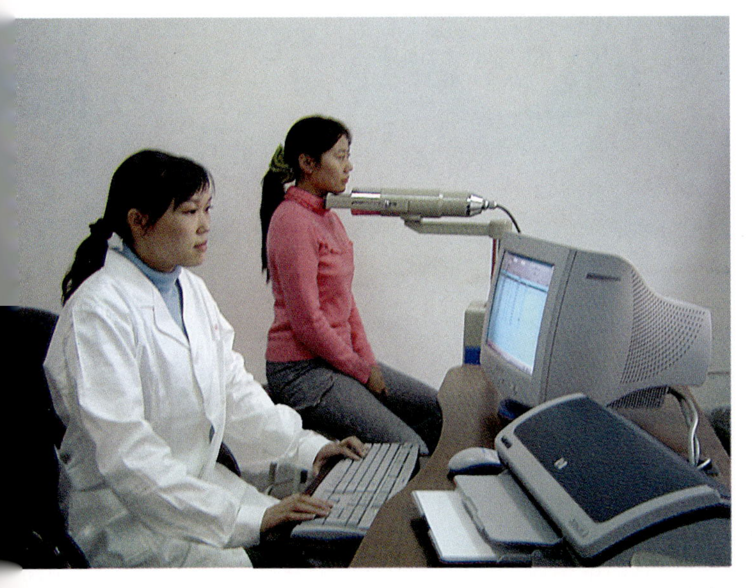

多年来，在省卫生厅的领导下，始终坚持以邓小平理论和"三个代表"重要思想为指导，坚持科学发展观，按照新时期卫生工作方针，深化改革，强化管理，突出重点，整体推进，单位自身建设与发展、地方病防治工作及科研培训、健康教育宣传工作取得了显著成绩，为保护全省病区群众健康、促进全省社会经济发展做出了重要贡献。近年来先后获得"全国省级地方病专业所文明单位"、"全国地方病防治工作先进集体"、"山东省省直文明单位"、"山东省卫生行业文明单位"、"全省卫生系统先进集体"、"全省地方病防治先进集体"和"山东省卫生科技管理工作先进集体"等30多项荣誉称号。

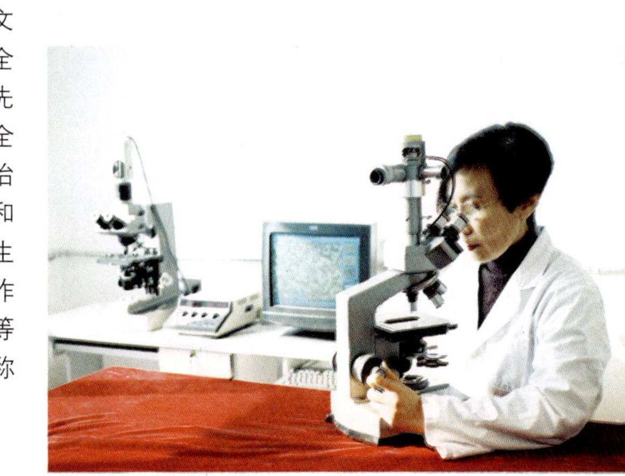

潍坊市人民医院

温馨优美的医院环境

潍坊市人民医院是一所功能齐全、技术雄厚，集医疗、教学、科研、急救和预防保健于一体的现代化大型综合性三级甲等医院，前身是美国北美长老会于1881年所建乐道院，承担着潍坊市860万人的医疗保健任务，是卫生部制定的国际紧急救援网络医院和潍坊医学院非直属附属医院。

省长韩寓群来院视察

医院占地14.7万m^2，建筑面积18.8万m^2，固定资产5.3亿元，总资产6.8亿元。医院开放病床1 300张，年门诊量92万人次，出院病人3.2万人次。医院现有副高级以上专家294名，博士、硕士研究生139名，享受国务院政府特殊津贴者13名，山东省有突出贡献的中青年专家2名，潍坊市市级专业技术拔尖人才19名，市跨世纪学术技术带头人19人，市跨世纪科技人才21人。

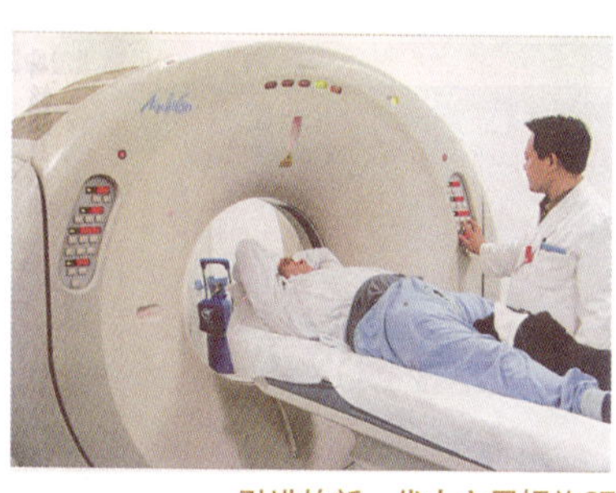
引进的新一代十六层螺旋CT

医院荣誉

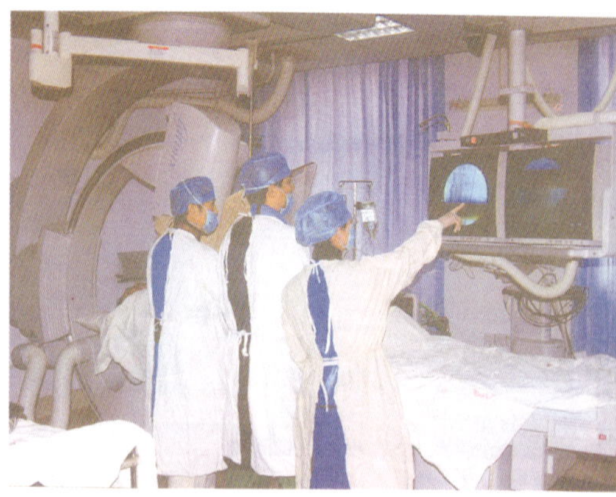
新一代数字减影血管造影机（DSA）

医院设有46个临床科室，15个医技科室，其中耳鼻喉科、神经外科、肝胆外科为“山东省医药卫生特色专科”，消化内科、心内科、放射科、骨外科为潍坊市首批A级重点学科，泌尿外科、神经内科、妇科、核医学科、内分泌科、传染科为潍坊市首批B级重点学科。潍坊市肝病防治研究中心、潍坊市肿瘤病防治研究中心、潍坊市器官移植中心、潍坊市医学生物遗传工程研究所以及与加拿大UBC大学合作建立的国内最先进、配置设备最全的中心实验室等多个研究所、研究中心均设在院内。拥有国际先进水平的大中型医疗设备254台（套）。

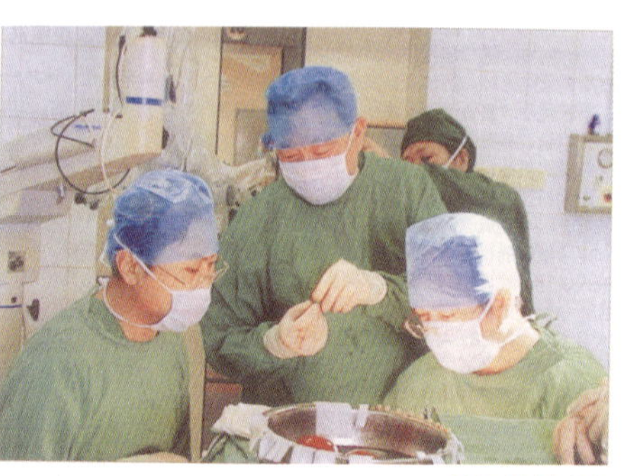
神经外科手术

医院注重精神文明建设，荣获“全国卫生系统先进集体”、“全国卫生系统护理专业巾帼文明岗”、共青团中央及卫生部共同颁发的“青年文明号”、国家级“爱婴医院”、“山东省文明医院”、“山东省百佳医院”、“山东省卫生系统先进集体”、“潍坊市文明单位”、“文明诚信示范单位”等荣誉。

团结奋进的领导班子

聊城市人民医院

聊城市人民医院医疗保健中心大楼

聊城市人民医院始建于1949年9月，历经半个多世纪的发展，已成为鲁西及周边地区规模最大的三级综合性医院，肩负着医疗、教学、科研、预防、保健任务。泰山医学院聊城临床学院、聊城市急救中心、聊城市紧急救援中心设在该院。医院现有职工1 500余人，其中博士、硕士363人，研究生及同等学历人员占临床专业技术人员70%以上。医院院配有核磁共振、64排64层螺旋 CT、PET、ECT、血管造影机、医用直线加速器、X刀等万元以上大型医疗设备1 150余台（件）。

聘任诺贝尔奖获得者 Gajdusek 教授为本院客座教授

郭春杰书记（左二）在全国推荐百姓放心医院颁奖大会上

“强基础，重服务，育名医，创名院”是医院一贯坚持的办院理念。目前设有54个临床科室，40个病区，附设5所分院，开放床位1 300张，年门诊量95余万人次，年出院病人5万余人次。有10个市级以上特色专科和重点学科，9个市级医学研究机构，5个临床实验室，10个硕士研究生培养点，能提供良好的研究设备与研究环境。

聊城市人民医院院长　张彬

近年来，医院相继开展了一大批代表国内先进水平的技术项目，陆续填补了省内技术空白。先后完成205项科研成果鉴定，其中3项获得山东省科技进步奖，4项获得山东省医学科技进步奖，同时承担着国家“九五攻关课题”、“863计划”、国家自然科学基金项目等课题20余项。

医院在与国内著名医院建立密切联系的同时，还先后与新加坡中央医院、韩国延世大学校原州医科大学、美国Tulane大学、日本爱媛大学、英国伦敦大学圣乔治医学院等建立了技术协作关系，以撷得先进国家医疗进展与知识。

医院先后获得“全国卫生系统先进集体”、“全国百姓放心示范医院”、国家级“巾帼文明示范岗”、“全国临床教学工作先进单位”、“山东省文明单位”、“山东省医德医风示范医院”、“山东省科研教学先进集体”等30余项省级以上荣誉称号。

中共中央政治局常委、中央纪委书记吴官正到医院视察工作

德州市中心血站

血站业务大楼

德州市中心血站始建于1992年7月，是德州市唯一的集采、供、管于一体的输血专业机构。年组织血源20 000余人次，年采供血量700万ml，承担全市十一个县市区50余处医疗机构的临床用血和输血业务技术指导。现有员工59人，其中卫生专业技术人员47人。拥有采供血等万元以上设备90余台件，以及3辆流动采血车、4辆送血车。血站占地10亩，采血综合楼主体五层，建筑面积4 000m²，拥有一流的标准化大型实验室。固定资产2 200万元。血站重视精神文明建设，先后被评为“全市安全生产先进单位”、“全市卫生系统先进集体”、“市级文明窗口服务单位”、“无偿献血先进单位”、“德州市职业道德建设先进单位”、“全省卫生系统工会工作先进单位”、省级“青年文明号”、“省级卫生先进单位”、“全市劳动关系和谐单位”，血站检验科被命名为“艾滋病筛查实验室”。今年在社会各界的共同努力下，德州市荣获“全国无偿献血先进城市”这一至高荣誉。

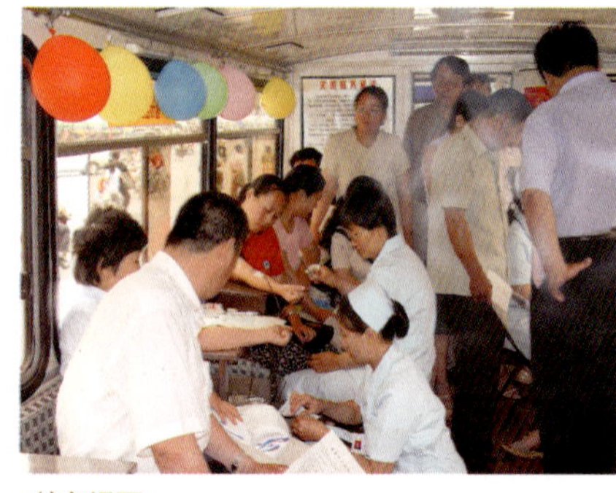
献血场面

陈福祯副市长（右三）同献血者亲切交谈

站长、书记　崔玉洪

1998年《中华人民共和国献血法》实施后，中心通过多种形式的宣传发动，创造了一个献血有益健康、献血无尚光荣的社会氛围，并实现了临床用血全部来自于自愿无偿。建立了稀有血型队伍、机采成分血队伍、应急献血队伍，为保证临床供血打下了坚实的基础。在重点学科建设上，成立了输血研究诊疗中心，开展了多项生化检测、中西医药诊疗、输血、输液业务，特别注重加强亚健康群体的血液疾病的研究与治疗。全站业务工作实现了微机联网，使用了经卫生部鉴定的现代血站标准化管理系统。多年来，血站坚持“以献血者为中心，以质量为核心”的宗旨，大力实施质量建站战略，引进ISO9000质量管理体系，各项工作处于井然有序的良性运转中，为临床及献血者提供了合格的血液和优质的服务。

崔玉洪获得德州市劳动模范称号

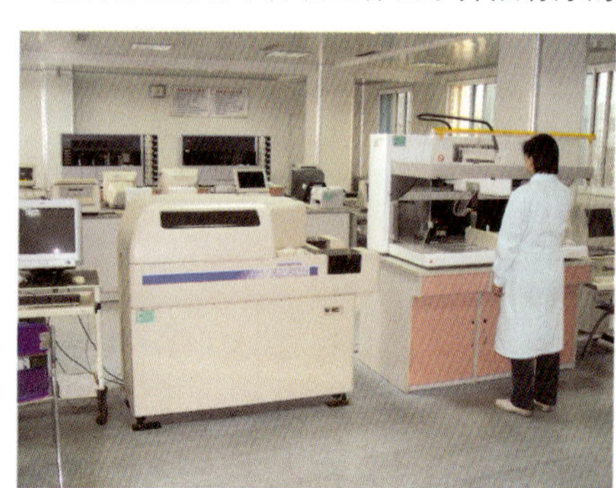
血液检测

淄博市120急救指挥中心

淄博市医疗急救指挥中心主任　张瑜

张建国市长2002年春节视察120急救指挥中心

淄博市120急救网络建设是淄博市委、市政府2000年为全市人民办的十件实事之一，于2001年4月18日正式开通。现有一个指挥中心和36家急救站，共有90多辆救护车和800多名急救人员。五年来，"120"累计接警107.9万个，出动救护车16.7万次，重大急救1 322起，救治急危重病人13.98万人次。2005年度日均接警641个，日均出车117次，日均抢救急危重病人110人次。同比：接警上升了19%，出动救护车上升了7%，救治种类病人上升了30%，空车下降了1.8%。"120"以人为本，反应速度明显加快，应急能力明显提高，现场救治能力明显增强，社会群众综合满意率达98%以上。

淄博市120急救网络开通以来，发扬"救死扶伤，保障人民健康"的服务宗旨，坚持"快捷、高效、安全"的急救理念，努力打造一流的急救服务网络，各项工作取得显著成就。淄博市委书记、市人大常委会主任张建国同志在视察急救指挥中心时指出："120是热线也是生命线，一头连着党委政府，一头连着人民群众，是联系千家万户的桥梁和纽带。希望你们受理好、记录好、处理好、反馈好每一个求救信息。"市委副书记、市长刘慧晏同志多次视察120指挥中心并要求："一要提高技术含量，二要加强内涵建设，三要确保快捷、有效、安全。"市人大视察团、市政协视察团也都分别视察了120指挥中心和急救站，并给予了充分肯定、鼓励和鞭策。

中心监控室

市政府、市卫生局领导2003年春节视察120急救指挥中心

菏泽市疾病预防控制中心

新启用的疾控中心综合检验楼

菏泽市疾病预防控制中心（菏泽市卫生检测检验中心）成立于2003年11月。现有在职职工113人，其中专业人员109人，正高级专业技术人员10人，副高级31人，中级52人，初级16人。大学文化程度41人，大专43人，中专20人。设有12个科室，肩负着全市疾病预防技术指导任务。近年来，菏泽市疾控中心以加强疾控体系建设和应急体系建设为主线，以能力建设和规范化建设为突破口，紧紧围绕一个确保目标，全面提升疾控工作实力，为保障人民健康做出了积极贡献。

一是切实做好重大传染病防控工作，实现一个确保目标。每年开展适龄儿童预防接种达300万人次，其中新生儿乙肝免疫接种率达95%以上；连续三年开展了每年两轮的脊灰疫苗强化免疫工作，脊灰监测工作各项指标均达到卫生部和WHO要求；在艾滋病防治方面，狠抓了艾滋病感染者、艾滋病人的管理，目前，全市"艾滋病防治知识1、2、3、4、5宣传活动"已正式启动。

疾控中心医务人员为儿童义诊

二是加强疾控体系建设，逐步完善配套设施。总投资600万元的菏泽市疾控中心综合检验大楼已建成投入使用。2005年省市两级拨付设备款200多万元，购置了大型精密仪器设备，进一步提高了全市检测检验能力。

三是强化内部管理，增强单位活力。近年来，全中心实施了综合目标管理，对各科室各项工作实行千分考核制度，做到周安排、月调度、季考核。

四是加强人才培养和科研培训。几年来共有100余名职工参加了全国、全省专业技术培训班，中心还设立了科研成果、论文专项基金，分别给以专项科研补助经费，进一步激发了大家进行科学研究的创作热情，仅2005年中心就开展科学研究18项，其中5项获市级以上成果；在省级以上发表专业论文60余篇，出版论著3部。

近年来，菏泽市疾病预防控制中心由于工作成绩突出，多次受到上级的表彰与奖励。"非典"期间有20名同志分别获得省市三等功和二等功，2004～2005年，中心被省人事厅、省卫生厅授予全省艾滋病防治工作先进集体、全省结防工作先进集体，菏泽市疾控中心党总支被菏泽市直机关工委评为先进基层党组织。30多名同志被国家卫生部、省卫生厅、省疾控中心分别评为先进个人，50多名同志受到市中心、市卫生局等有关部门的表彰。

世界无烟日举行"拒抽第一支烟"签名活动

日照市精神卫生中心

市领导在世界精神卫生日期间就如何加强精神卫生工作进行座谈

日照市精神卫生中心始建于1994年，是日照市唯一的市级精神卫生防治机构，担负着全市精神疾病的预防、康复任务。医院占地面积70亩，建筑面积$10\ 000m^2$，总固定资产达800万元。开设床位150张，专业技术人员73人，拥有MECT、大型彩超、经颅多普勒、脑电地形图仪、日本产全自动生化分析仪、心电工作站、心理CT等一批较为先进的诊疗设备。利用药物配合心理疗法治疗各种类型的精神障碍，同时采用中西医结合选择性地治疗精神分裂症、抑郁症及其他心身疾病，取得了满意的效果。以精神病科为龙头发展了心理康复、老年儿童精神病、酒瘾及毒瘾戒断等特色专科，医院在大力加强专科建设的同时，积极增强综合服务能力，开展了糖尿病科、中医科等业务。建院十余年来，累计治疗门诊精神病患者10 000余例，收治住院病人5 000余例，治愈好转率达96.7%，4 500余患者解除疾患，重返社会，为全市两个文明建设做出了积极贡献。先后被授予“省级巾帼文明示范岗”、“市级先进基层党组织”、“五一劳动奖状”荣誉等称号。

1994年进行了全市精神病流行病学抽样调查，比较全面地掌握了全市精神疾病的流行特点和发展趋势。1997年在全市试点区域内开展了精神病防治康复试点工作，覆盖人口达200万，完善了三级防治网，并结合全市实际，创立了工（农）疗指导站康复模式，引导病人参与家庭和社会生活，此举成为全国首创，得到了省残联的好评，并作为经验在全省推广。中心被授予“全国残疾人康复工作先进集体”、“全市精神病防治康复试点工作先进单位”及“全市扶残助残先进集体”等称号。

举办护理技术大赛

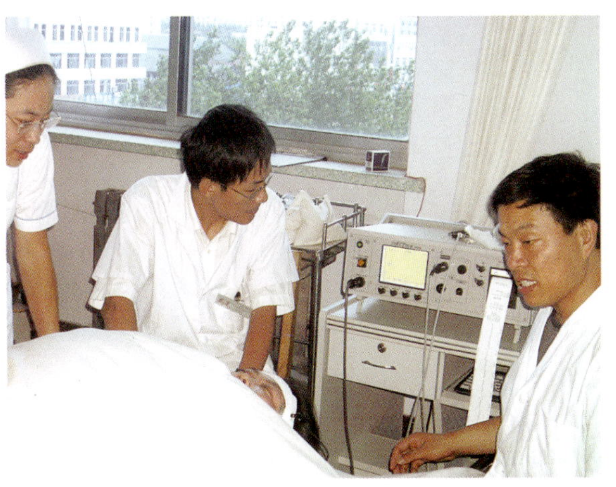

引进美国进口的MECT机

山东协和职业技术学院

正在筹建中的教学楼

山东协和职业技术学院创办于1993年，是经山东省人民政府批准、国家教育部备案的全日制普通高校，招生纳入国家统招计划，具有独立颁发毕业证书资格。

学院现有东、西两个校区，共占地500余亩，校舍建筑面积14.8万m^2，在校生1万余人。学院师资力量雄厚，现有专、兼任教师523名，其中，硕士以上学历者187人，占教师总数的35.7%，具有高级职称者316人，占教师总数的60.4%，形成了一支高学历、高职称、高水平的教师队伍。并且，各学科均有专家、教授作为学科带头人，配有3名或3名以上具有副高级专业技术职称的骨干教师。学院专业设置涉及工、文、经、管、医等学科，现有医学系、护理系、计算机系、外语系、经贸系及基础部等6个系部。开设临床医学、中西医结合、护理、康复治疗技术、口腔医学技术、商务英语、计算机应用技术、计算机信息管理、旅游管理、电子商务、物业管理等26个统招专业。

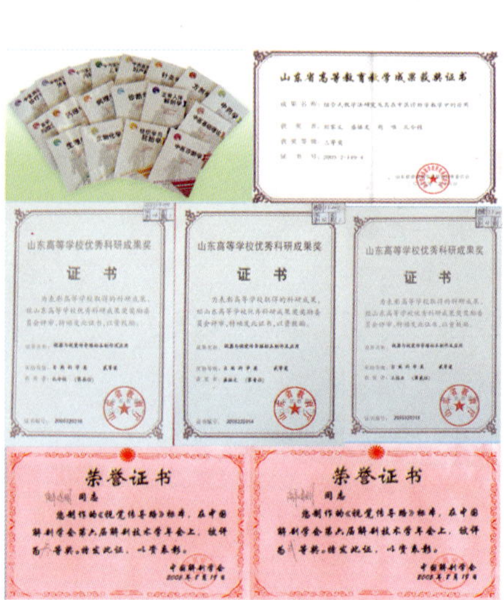

荣誉

学院教学设施比较齐全，设有实验教学中心（有高标准的实验室56个）、网络中心、语音室、多媒体教室等教学配套设施。现有教学仪器设备总值已达3 160万元，其中，人体解剖陈列室、中药标本陈列室的规模、质量均居我省同类院校之首。学院图书馆藏书近50万册，并设有精品图书室和电子阅览室。

学院现有三所附属医院——齐河人民医院、济阳县中医院、济阳县人民医院，有包括济南市第一人民医院、济钢总医院在内的37家实习教学医院，另有包括黄台企业集团在内的29家企事业单位供其他类专业的学生实习。近年来，学院先后与山东大学、泰山医学院、滨州医学院、韩国韩瑞大学、延世大学等高等院校建立友好合作关系，进行联合办学。

学院一贯坚持“名家治校”的指导思想，形成了一支以邹积隆教授（原山东中医药大学校长）、周申教授（原山东大学副校长）为首的懂教育、会管理、富有开拓精神的领导班子。学院主要行政领导均是在高校从事管理工作多年的专家教授，他们中有三位省高教指导委员会的成员，有两位知名高校的校长，有四位高校的教务处长。

目前，山东协和职业技术学院已经发展成为万人大学，为提高人才培养质量和办学效益，提升办学层次，学院发展规划确定：近期内以专科教育为主，积极创造条件，稳步拓展本科教育，力争3～5年，达到千亩校园，成为我省高职院校中的名牌学校。

济南艾迪康医学检验中心

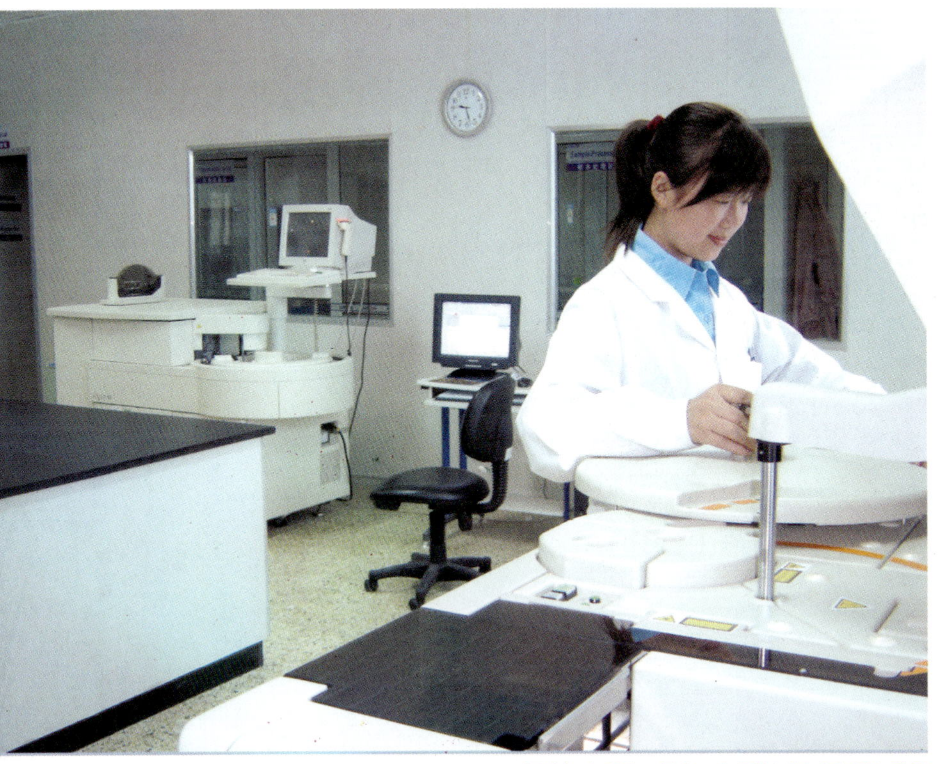

规范标本采集、保存，确保检测活动和服务质量

济南艾迪康医学检验中心由留美博士回国投资创办，采用欧美独立实验室的管理体系，以国际先进的理念，整合优势资源，为山东各级医疗单位以及济南社区医疗服务中心提供专业化和相对特殊的临床检验服务、科研与开发、临床实验的医学实体。济南艾迪康为艾迪康医学检验中心旗下的分支机构之一，艾迪康中心旗下现有上海艾迪康、杭州艾迪康、济南艾迪康、合肥艾迪康，并正在关注和进入其他省份的检验行业，为国内所有医疗机构和相关行业提供专业的检测服务。

中心自2006年4月经济南市卫生局批准成立，按照国家实验室认可委员会标准建设，拥有一批具备丰富临床经验的医学检验人员。中心设有生化、免疫、分子生物学、微生物、微量元素、自身免疫、病理、遗传等实验室，拥有专业化的技术人员和先进的检验设备。目前开展600多项检测项目，艾迪康秉承"以技术为基础、以质量为生命、以服务为核心"的宗旨，经国家实验室认可委依据ISO/IEC：17025《检测和校准实验室能力的通用要求》认可和计量认证为实验室的基础要求。通过从检测前与客户沟通，提供专业培训，规范标本采集、保存、运输，到检测过程中对检验人员、检测仪器、实验方法、检测环境等因素的管理和控制，再到检测后及时发送报告、提供专业化咨询服务，中心从全程对所有与检测和服务有关的环节进行控制和管理，为各临床医生和医疗机构提供卓越的检验服务。在人才、技术和硬件设备上都处于业界前列，同时向国外实验室看齐。

艾迪康与美国著名的实验室ACONLAB实验室和约翰·霍普金斯医学中心保持着密切的协作关系，而且定期对技术人员实施培训，从而确保了艾迪康临床检验和检验研发水平处于行业前沿。另外，世界最大的美国独立医学实验室Quest，也于2007年对ADICON进行了全面考察和审核，确定了合作伙伴关系，并由ADICON承担其在中国大陆的医学检验任务。

中心采用欧美独立实验室管理体系

整洁清新的工作环境

山东东岳健康中心

健康中心健身部

山东东岳健康中心位于济南高新区齐鲁软件园F座，是省内首家面向健康和亚健康人群，以体检、理疗、康复及健身服务为主营业务的新型健康服务机构。中心下设体检部与健身部，本着"以人为本、精益求精；服务健康，创造财富"的经营理念，以专业的体检服务及科学的健身指导为社会各阶层提供专业的健康服务。

中心体检部设有内科、外科、耳鼻喉科、眼科、口腔科、妇科、心电图室、X光室、B超室、乳透室、检验室等，常年聘请省内各科著名专家教授临床诊断，引进日本日立X光机、美国LOGID500彩色B超、日本TOPCON眼科综合诊疗台等国外先进设备，以精湛的技术，精良的设备，精致的环境，精心的服务，为政府机构、企事业单位、家庭和个人提供全方位、高品质的健康咨询及体检服务。

中心健身部（东岳英派斯健身俱乐部）是高档会员制健身会所，全套引进当前国际流行的健身理念和管理模式，配有英派斯专业健身器械，秉承"健康力、生命力"的理念，致力于时尚运动和健康运动的推广普及，为大众提供全面、科学、专业的健身服务。

幸福源于健康，健康就是财富。山东东岳健康中心将继续以倡导健康文明、强化预防保健意识、提高生命质量为己任，服务于健康，奉献于社会。

体检优势：

1.一流的环境：远离市区，环境幽雅，空气清新，避免与病人交叉感染。

2.一流的水平：常年聘请省内外知名专家教授，具有丰富的临床及体检经验。

3.一流的设备：全部引进国外先进设备，确保检测结果的精确性。

4.一流的服务：全程导医，高效服务，使您在最短的时间内完成体检，节省您的宝贵时间。

服务承诺：

1.免费提供营养早餐。

2.免费建立健康档案。

3.免费提供健康咨询及健康讲座。

4.检测结果及时准确。

5.单位体检专车接送，也可上门服务。

6.提供注射疫苗、健康指导等延伸服务。

健康中心检验室

枣庄市中心血站

王亚副市长多次无偿献血

枣庄市的无偿献血工作从1996年开始，历经十年的深入宣传和艰苦不懈的努力，走上了科学化、制度化、规范化的轨道。自1997年来，连续九年被评为枣庄市级文明单位，1997年荣获国家无偿献血银质奖称号，2000年实现临床用血全部来自无偿献血的目标；2003年全面实现无偿献血工作的“三个转变”和“一个延伸”。2004年10月又荣获“全国无偿献血先进市”，2005年获山东省“无偿献血先进集体”殊荣，标志着全市无偿献血工作又上了一个新台阶。

枣庄市已累计18余万人次参加无偿献血，累计献血量达4 478万ml。2004年采集造血干细胞5 200余人，使该市进入中国造血干细胞库的人数达7 399余人(其中初配成功已40人)，居全省第二位，全国前列。截至2006年6月累计献血量1 000ml以上的已有4 239人，2 000ml以上619人之多，其中个人献血量最多已达17 200ml。临床用血100%来自街头无偿献血，一次献血400ml比例已超过90%，成分输血的比例达99.73%。同时血站严把血液质量关，几年来，累计向临床提供血液36吨多，未发生一例因输血导致的传染病。

在非典时期，血站动员全市人民，积极踊跃捐献热血，夜以继日地工作，两次为北京供血总量达173 600ml，受到了北京市血液中心、省卫生厅、省血液中心和枣庄市委、市政府、市卫生局领导的高度赞扬。2003年“七一”前夕中心血站党支部被中共枣庄市委授予“全市防治非典型肺炎工作先进基层党组织”。

为保障无偿献血事业的健康发展，全市在无偿献血工作中认真贯彻《中华人民共和国献血法》和上级关于血液管理的有关法规，并结合实际制定了《枣庄市无偿献血表彰奖励办法》，坚持定期召开表彰会，枣庄市人事局对全市无偿献血金银铜质奖获得者予以嘉奖。截止到2006年6月底，全市已有5 200人次享受了免费用血104万ml，累计返还血款103万元。从另一个侧面扩大了无偿献血的积极影响。

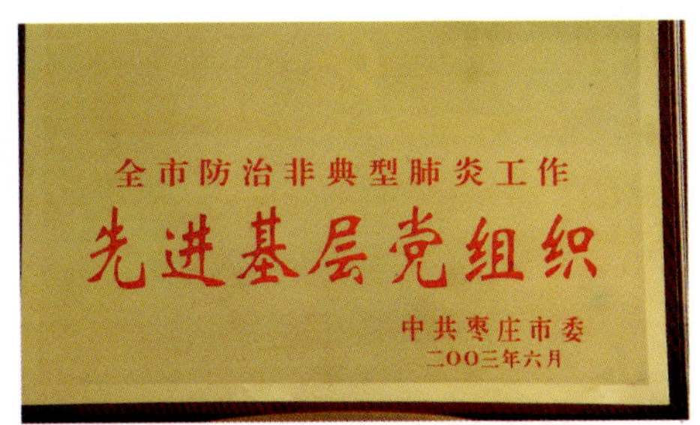

荣誉

滨州市疾病预防控制中心

滨州市市长安世银视察疾控中心建设

滨州市疾病预防控制中心和卫生监督所坚持以加快卫生监督和疾病控制体系建设为动力，抓行风、树形象，疾病预防控制能力和卫生监督水平显著提高。疾控中心和卫生监督所占地50亩，现已建成4 600m²的业务办公楼，实验楼正在立项设计中，并配有各种仪器设备130万台。

市疾病预防控制中心加强对全市435个公共卫生综合监测点的管理。加强网络直报的管理工作，全市乡镇卫生院以上医疗卫生机构网络直报率100%，市疾控中心被省疾控中心授予“2005年山东省网络直报先进集体”。贯彻落实卫生部、爱卫会、农业部等七部委“全国亿万农民健康促进行动”规划，受益人群达30余万人。强化计划免疫规范化管理，全市常规免疫接种率均在98%以上。加强艾滋病宣传工作和艾滋病实验室的建设，举办艾滋病防治大型宣传活动并在全市建立艾滋病筛查实验室20个，每个县综合医院和县疾控机构以及市直各医院都建成了合格艾滋病实验室。

滨州市卫生局卫生监督所大力实施食品放心工程，积极推行食品卫生量化分级管理制度。认真落实《突发公共卫生事件应急处理条例》，强化经常性食品卫生监督和监督稽查工作。对全市集中式供水单位推行了HACCP管理，对供水过程及涉水产品卫生安全等关键环节和危害因素控制点进行积极干预，全市饮水质量明显提高。开展《职业病防治法》系列宣传活动，对全市医疗市场进行了整顿，取缔非法医疗机构5家，行政处罚4家。对全市放射工作人员进行放射防护知识培训，并对33个射线装置使用单位进行许可证年度审核，对全市30家射线装置使用单位进行放射防护监测。对35家医疗卫生机构的消毒质量进行了检测，合格率85%。对17家托幼机构进行了消毒效果监测，合格率94.2%。

几年来，市疾病预防控制中心和卫生监督所先后获省卫生厅“全省防病工作先进单位”、“全省疾病控制工作先进单位”、“全省农村卫生工作先进集体”、“全省职业卫生先进单位”、“全省地方病防治工作先进单位”等荣誉，市总工会授予“富民兴滨劳动奖状”，被市委、市政府表彰为“巩固发展国家卫生城市工作先进集体”，省委、省政府给予了“全省防治非典型肺炎工作集体一等功”。

济宁医学院领导在市局领导的陪同下参观

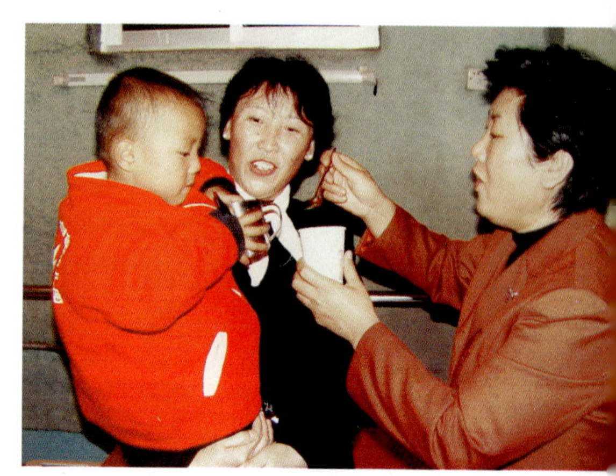
齐维华副市长为儿童服糖丸

山东省中山心理治疗与咨询研究中心

山东省中山心理治疗与咨询研究中心主任　宋微涛

宋微涛教授与德国老师合影

山东省中山心理治疗与咨询研究中心创建于2005年1月，为山东省第一所临床心理学心理治疗与咨询省级科研机构。现有教授、研究员5人，中级职称2人，其中硕士生导师3人，并特聘2位美国临床心理学家为客座教授。

研究中心主要工作范围：

1.科学研究：开展以临床心理治疗与咨询为研究主体的科学研究工作。研究正常人的心理结构与心理机制；心理障碍的病因、病理机制和临床表现；心理治疗与咨询的操作理论和技术；研究发展心理测验技术。

2.人才培养：为省内定期培训心理治疗与心理咨询中、高级以上专业人才。

3.临床心理门诊与团体心理咨询：应用临床心理学的理论与技术，面向全社会开展针对各类心理问题与疾病人群及个体的心理治疗与咨询工作。参与政府相关部门政策决策咨询以及企事业单位、学校、军队等各类社会团体的人力资源开发和企业心理顾问等。

进行学术交流活动

研究中心成立近两年来开展了大量科研和临床工作。研究中心目前与美国University of Central Arkansas、德国University of Edinberlg、香港大学和国内多家大学、科研院所展开了多项科研课题研究工作。同时，研究中心还与山东省电视台、齐鲁电视台、山东有线电视台、《大众日报》、《齐鲁晚报》、《山东商报》、《济南日报》、《都市女报》、《城市信报》、《济南时报》等多家传媒心理健康栏目联合开展了大量民众心理健康科普宣传工作。

临床心理学与其工作范围：临床心理学其实质是关于大脑器官高级机能从神经网络结构问题到机能障碍等进行深入研究探讨，并给予治疗干预的一门非常复杂的应用性心理科学。它依据心理学理论原理和技术，通过探究各类心理疾病和问题发生的大脑深层次病理性基础，实现对脑结构与机能的修复性重建，最终达到大脑器官工作机能的基本健康水平。

心理咨询和团体咨询方面：工作竞争压力过大、人际关系不良、各类适应困难、学习困难、网络成瘾、缺乏愉快体验、乏力、无动力和目标感、就业指导、自我潜能开发与能力拓展、恋爱婚姻家庭问题、子女沟通不良与后代教育问题、中老年心理问题、婚前婚后等适应性培训及特定人群的团体心理咨询与人力资源开发等。

进行心理治疗与咨询师培训

山东省职业卫生与职业病防治研究院

山东省职业病医院门诊楼

山东省职业卫生与职业病防治研究院是全省唯一的省级职业病防治研究专业机构，是山东省职业卫生与职业病防治技术指导和业务培训中心。拥有省医药卫生重点学科1个、硕士生导师9人、博士生导师1人，是国务院学位委员会首批批准的具有硕士研究生培养资格的省级科研机构。其主要职责是：承担职业卫生与职业病的防治研究、医疗、研究生教育及专业技术培训等工作。山东省职防院先后获全国职业卫生工作先进集体、全省卫生防疫防治工作先进单位等荣誉。有109项科研成果获国家级、省（部）级、厅局级奖励。

本院设有职业卫生检测评价中心、化学品毒性鉴定评价中心、山东省职业病医院及所属临床各专业科室。拥有原子吸收分光光度仪、气相色谱—质谱联用仪、高效液相气相色谱仪等先进检测分析仪器和高压氧舱、CT、中毒急救设备等大型医疗设备100余台（套）。具备建设项目职业病危害评价（甲级）资质、国家级化学品毒性鉴定资质和省级职业病危害因素检测与评价、职业健康监护、职业病诊断、健康相关产品毒性及理化检验、职业病司法鉴定机构等资质或资格，是原化工部批准的全国八个化学中毒救治中心之一，是山东省职业病诊断鉴定委员会办公室、山东预防医学会劳动卫生职业病专业委员会、卫生毒理专业委员会挂靠单位，是济南市企业职工职业病医疗定点医院、职业病患者劳动能力鉴定机构。

山东省职防院始终遵循以人为本的宗旨，坚持人文管理的理念，努力营造良好的人文环境和人文氛围。院长刘毅愿携全院干部职工，以一流的人才、一流的技术、一流的管理和一流的质量，竭诚为社会各界提供一流的服务。

菏泽市卫生局卫生监督所

现场指导个人卫生

菏泽市卫生局卫生监督所认真落实全省、全市卫生工作会议精神，抓住群众关注的突出问题，积极开展各项卫生监督业务工作，努力推进卫生监督体制改革和发展，着力塑造良好的品牌形象，为保障人民健康，促进经济发展，构建和谐社会做出了积极贡献。

2006年全市卫生监督工作集中开展了4次大型专项执法行动，取得明显成效，形成了全市卫生监督协调运转、配套联动的局面。在"卫监1号行动"中，以食品生产经营企业卫生许可专项治理整顿为重点，监督所共出动卫生监督员980人次，出动监督车辆300余辆次，检查食品生产经营企业1 350户。在"卫监2号行动"中对280家工矿企业进行了职业卫生督导检查。先后出动监督车辆300余辆次，监督人员2 000余人次，出具监督文书600余份，提出相应整改意见300余条，建立职业卫生档案600余份。在"卫监3号行动"中，以加强餐饮业、集体食堂食品卫生监督检查为重点，会同市教育局，对学校食堂及周边食品摊点进行了专项检查。出动卫生监督员1 689人次，车辆260辆次，检查餐饮业、集体食堂1 325户，培训从业人员6 900余人次。在"卫监4号行动"中，以"打击非法行医为重点"，在全市范围内开展了一场打击非法行医专项整治的艰巨战。行动中先后出动宣传车132辆次，散发各种宣传材料2万余份，办宣传栏20余期，同时在菏泽电视台、菏泽日报、牡丹晚报设立了专题栏目，多次报道这次行动的成果。

全市卫生监督体制改革稳步推进，八县一区已基本完成了卫生监督体制改革任务。各县区在加强卫生监督体系建设的同时，积极探索卫生监督执法新模式。2006年全市卫生监督机构在理顺市区关系、规范运行机制、加大执法力度、扩大社会宣传等方面做了大量的开拓性工作，积累了有益的经验。

4号行动现场调查

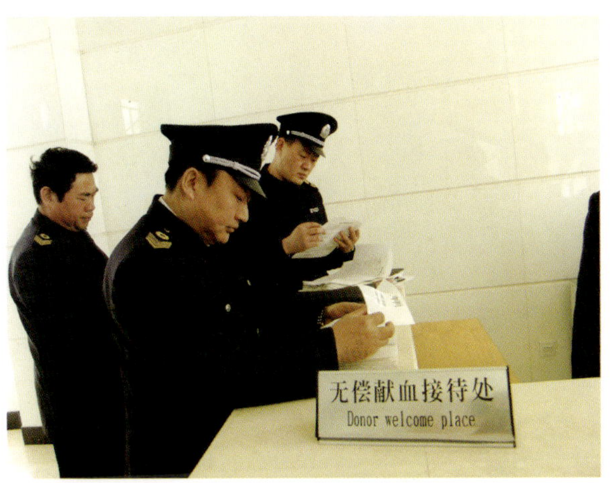

3号行动现场检查

枣庄市疾病预防控制中心

团结奋进的领导班子

疾控中心主任 曹国钢

枣庄市疾病预防控制中心成立于2003年12月，是全市突发公共卫生事件应急处置、疾病预防控制、卫生检测检验、健康教育、卫生技术指导中心。内设10个业务科室和5个职能科室。现有职工117名，其中专业技术人员108人，高级技术职称23人，中级技术职称44人。中心占地约5 000m²，建筑面积6 670m²，其中检验用房2 700m²，业务办公用房3 970m²。中心紧紧抓住机遇，已完成200万元的实验楼和业务用房改、扩建任务，新建1 463m²四层检验楼一处；投资200万元购置了部分检测检验设备，建有局部百级、万级净化实验室2个，配备万元以上设备近百台件。中心制定一系列的措施加强质量管理，对工作进行全过程监控，定期考核、量化管理。

中心党总支一班人始终坚持"与时俱进、求真务实、科学防制、促进健康"的疾病控制工作思路，不断加大疾病防控力度，传染病总发病率控制在历史最低水平，实现了省厅提出的"一个确保"的目标；慢性非传染性疾病防治以开展门诊诊治为突破、以实验社区为重点，逐步开展"慢病防治"示范区建设。卫生监测工作为八家新建单位开展了建设项目职业病危害评价，开创了枣庄市职业病危害评价的先河。

通过全中心干部职工的辛勤努力，赢得了业务上级和地方政府的高度评价。中心主任、党总支书记曹国钢同志被授予"枣庄市优秀共产党员"，中心党总支被市委、市政府授予"基层先进党组织"称号，中心并荣获"全省救灾防病先进集体"、"全省传染病防治先进单位"、"巾帼建功先进集体"、"枣庄市消费者满意单位"、"文明窗口单位"等多项荣誉；中心还顺利通过了省质量技术监督局计量认证评审、省卫生厅职业危害检测评价、职业技术服务及职业病诊断、消毒产品检测等资质认定。

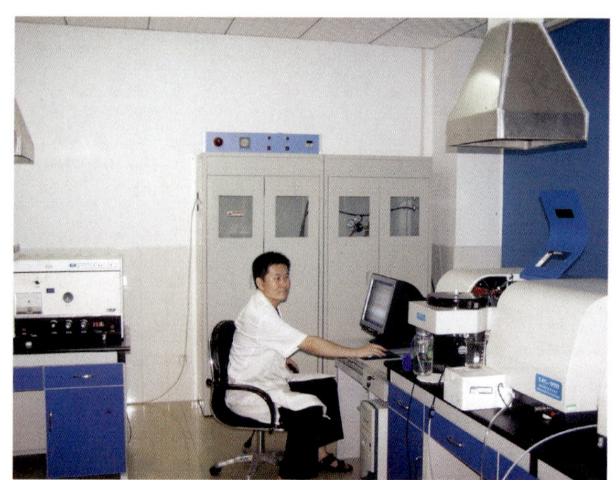
李士永同志荣获山东省卫生检验技能比赛第一名

开展丰富多彩的艾滋病宣传教育活动

淄博市中心血站

在首个“6·14”血站开放日有近30位市民到血站参观

淄博市中心血站创建于1988年9月，固定资产3 718万元，现有职工109人，其中高级卫生技术人员13人，中级卫生技术人员44人。下设职能科室6个，业务科室9个，年采供血量达12吨。2006年以来，淄博市中心血站重点在推行“规范化”服务上下功夫，加强血站内涵建设。坚持一切从用血单位和用血者利益出发，推行首问负责制，对全站员工进行礼仪服务培训，制定出工作人员的行为规范，落实到各个岗位。献血过程中的服务，做到“四个一”和“三心”服务，通过文明优质的服务，使献血者感到称心；献血后的服务，重点是献血后的跟踪反馈，电话随访、短信沟通、生日卡片、短信祝福等方式，拉近与献血者的距离。为了全面加强血站质量管理，市中心血站自2006年3月起开始了对ISO9001：2000质量体系的认证工作。通过引入ISO9000质量管理体系，确保淄博市的血液安全并提供优质服务，发展输血高新技术，保障献血者和用血者的健康。

市中心血站自2004年以来已三次组织献血8 000ml以上的献血者赴港澳、厦门参观考察；开通800免费咨询热线，无偿献血者可随时向市中心血站询问自己的献血量、血型和化验结果。在“6.14”世界献血者日期间，为感谢广大无偿献血者多年来对无偿献血事业的支持，淄博市为献血4 000ml以上的无偿献血者进行了健康查体；召开无偿献血者代表座谈会，倾听他们对血站的建议和意见。

多年来，淄博市中心血站始终坚持以采供血工作为中心；以血液质量为核心；以提供优质服务为宗旨；以献血者和用血单位满意为方向；以科技进步为先导；以良好的职工素质为基础；以质量管理体系的有效运行为保障；以确保临床用血安全、及时、有效为目的。争创血站一流的业绩；一流的质量；一流的服务；一流的水平；一流的环境。确保临床用血安全、及时、有效，让政府放心，让人民满意。

19位献血明星在赴厦门前合影留念

山东铝业公司的9名工人来到中心血站参加献血

山东省济南卫生学校

山东省济南卫生学校大门

山东省济南卫生学校隶属济南市卫生局，始建于1953年，学校师资力量雄厚，教学设施先进，是教育部首批确定为国家级的重点普通中专学校。

学校现有三个校区，总占地面积为174亩，建筑面积8万余m²，固定资产总值6 400余万元。教职工356人，专、兼任教师179人，高级以上职称90人，中级职称95人，研究生以上学历79人。

近三年来，教师主编、参编的专著和规划教材、教参120余部，发表论、译文336余篇，9项科研成果获奖。40余名教师被国家卫生部聘为全国中等医学教育规划教材的主编、主审和编者；有14名教师分别担任全国和山东省专业学会或研究会的负责人；学校实施了“434名师培养”工程，先后录用12名硕士毕业生，计划再引进5名博士生和一批高学历、高层次的专门人才，为造就适应高职院校教学的“双师型”教师队伍储备人才。

学校“三二连读”五年制专科开设有10个专业；普通中专开设有11个专业。在校生7 000余人。设施齐全的实验室47个，多媒体教室15个，电子阅览室3个。图书馆藏书17.57万册，征订有中外报刊303种。拥有80余所教学实习医院和基地，与1 000余家用人单位建立良好信誉。

学校与英国三所学校结为友好学校，外国专家多次来校讲学交流。学校与中国置业公司、澳大利亚语言联合学校签署了合作办学框架性协议，成为济南向海外输送人才的桥头堡。

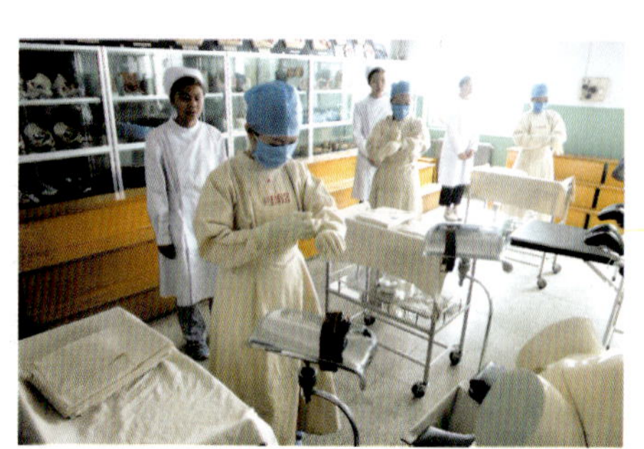
助产专业实验室

2007年，教育部批准了学校在全国31个省市自治区及新疆生产建设兵团共计900名的招生计划，首次实现了中专各专业的全国招生；“山东大学网络教育学习中心”成立，标志着学校本科层次学历教育实现了零的突破；学校为适应人才市场需求，积极探索订单式特色教育培训，目前，学校毕业生就业率达到98.3%，畜牧兽医和园林花卉专业毕业生就业率达到100%，基本实现招生就业无缝隙对接。学校还与我国包括西安、陕西省、甘肃省、河南省、辽宁省、新疆呼图壁市、内蒙古、山西省等在内的东西部地区职业院校签署了联合招生、合作办学协议，共同打造“职教航母”。

与澳大利亚联合语言学校签订交流合作意向

成立以该校为主体的全国12个省市31所学校参与的“职教集团”

学校连续11年被评为济南市精神文明建设先进单位，并先后被授予“山东省医学教育管理工作先进单位”、“省级卫生先进单位”。学校被确定为“山东省全科医学培训济南基地”、“十五”规划教育部重点课题实验学校；被教育部和卫生部等确定为护理专业“技能型紧缺人才培养培训工程”学校；被教育部确定为“西部教育顾问”学校；被山东省教育厅授予“省级教育教学示范学校”和“省级职业教育骨干示范学校”；被济南市教育局授予“济南市教书育人先进单位”。

校领导讨论新校区规划设计

菏泽市中医医院

菏泽市中医医院大门

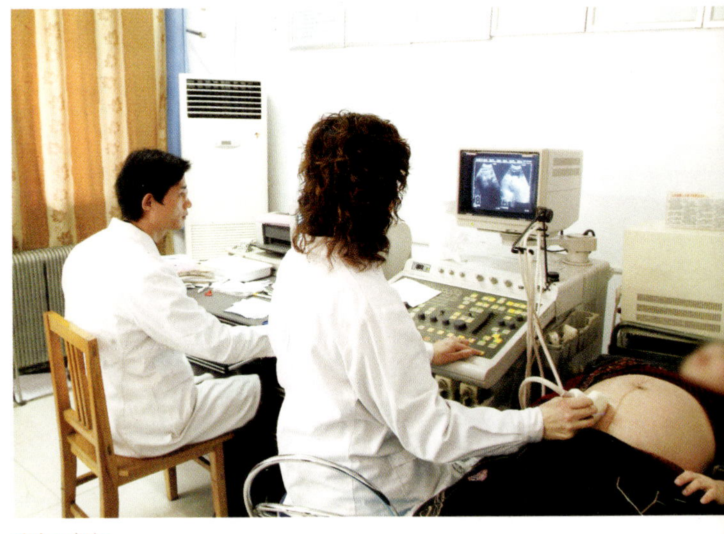

彩色B超机

菏泽市中医医院始建于1975年，现是一所全民所有制三级甲等综合性中医医院，是全市中医药教学、科研、康复中心；是山东中医药大学、菏泽医专、曲阜中医药学校、莱阳中医药学校、菏泽卫校的教学医院。现有职工357人，其中高级技术人员52人，中级技术人员120人，开放病床300张，固定资产3 000万元，年均业务收入2 000多万元，年均门诊量3万人次；设有30多个科室，开展诊疗50多个项目；医院拥有一大批先进的医疗设备，如全身螺旋CT、数字电视胃肠机、脑多普勒、彩色超声诊断仪、全自动生化分析仪、体外震波碎石机、三维多功能牵引床等，担负着全市800多万人民及周边地区人民群众的防病治病重任。现为菏泽市开发区新农合定点医院，曾被省卫生厅、市卫生局评定为职业道德建设先进单位。

医院坚持“以病人为中心、以质量为核心”的办院理念，重视医德医风建设，坚持“病人至上”的服务宗旨，始终把减轻病人负担，建立和谐医患关系为切入点，站在患者的角度上考虑问题。急救中心对急症患者实行先抢救、先检查、先治疗、后缴费的“三先一后”措施，把抢救病人放在第一位。医院还开展了“六个一”、“三个转”优质服务工程，收到很好效果。在今后的工作中，该院以“三个代表”重要思想和科学发展观为指导，与时俱进、继往开来，坚持以人为本、科技兴院，坚持走中西医结合的医院发展路子，搞好专科专病建设。内强素质、外塑形象，努力把该院打造成具有中国特色的老百姓最信赖的医院，为维护群众健康，构建社会主义和谐社会做出应有贡献。

菏泽市中医医院院长陈允望偕全体职工愿以一流的技术、一流的服务、优美的医疗环境吸纳广大患者前来就诊，为患者提供最满意的医疗服务。

菏泽市中医医院代表队参加市卫生局组织的拔河比赛

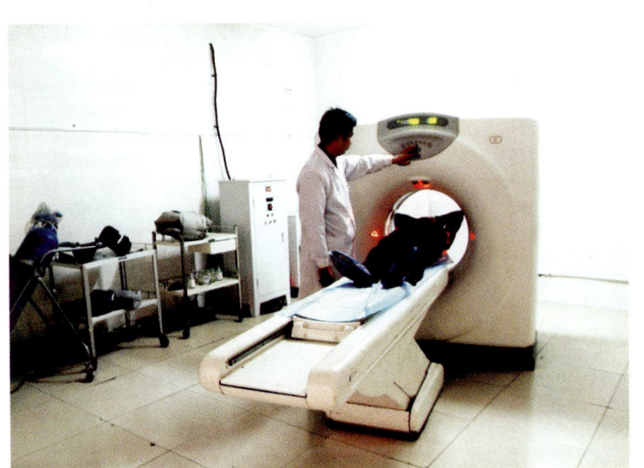

大型数字胃肠机

山东省寄生虫病防治研究所

澳大利亚外宾访问省寄防所同科研人员座谈

山东省寄生虫病防治研究所座落于"孔孟之乡、礼仪之邦"的济宁市，是山东省唯一的集寄生虫病防治、科研、临床医疗、人才培养于一体的省属专业机构，是世界卫生组织（WHO）淋巴丝虫病和绦／囊虫病合作中心，山东囊虫病治疗中心，医学昆虫学科为省医药卫生重点学科。出版发行了《中国病原生物学杂志》，附设有山东省医学科学院第三附属医院。

目前，拥有职工123人，其中专业技术人员112人，高级职称专业技术人员65人；博士6人，硕士8人，硕士生导师8人。拥有业务用房近20 000m²，固定资产2 700余万元。具有较强的科研、防治、临床医疗、研究生培养和专业技术人员培训等综合能力。

2006年，在山东省周边省份疟疾发病普遍上升、几近出现暴发流行的情况下，有效地遏制了疟疾疫情的回升；针对国家南水北调工程的开工实施，开展"南水北调工程生态环境改变对寄生虫病流行影响的监测"取得了进展，为迎接世界卫生组织对我国消除丝虫病的国际认证做好了迎接考核准备工作。全年共承担院级以上科研课题10项，通过评审立项课题省级2项、院级4项，获省科技进步三等奖1项，市局级一等奖3项，院级三等奖2项，申报发明专利2项，实用新型专利1项，鉴定科研成果1项，发表论文35篇。

山东省寄研所作为山东省寄生虫病防治工作的业务指导机构，坚持防、治、研相结合的，先后获国家科技进步一、二、三等奖5项，被国家卫生部、省卫生厅授予"全国卫生先进集体"、"全省卫生先进集体"的光荣称号，并保持着济宁市"市级文明单位"和山东省"省级文明单位"的光荣称号。

省寄防所举办庆祝建党85周年歌咏大会

省寄防所科研人员到防治现场进行蚊虫密度调查

济南市精神卫生中心

济南市精神卫生中心是济南市唯一一家由市卫生局和市残联批准成立的非营利性医疗机构，是一所集精神疾病临床、科研、防治、康复为一体的现代化、区域性精神疾病专业康复机构，主要承担全市精神疾病预防、诊疗、康复、心理卫生指导、社会困难精神病人的救助等职能。中心是"济南市城镇职工医疗保险定点医疗机构"、"济南市残疾人八大康复中心"之一，成立了以孟广彦院长为带头人的中医治疗精神疾病课题小组，擅长治疗各种精神疾病、神经症、心理障碍。中心的"中医治疗慢性精神分裂症的研究"已通过省级科研鉴定，获"山东省科技进步二等奖"，达到国内领先水平。

中心设有济南市首家医学心理咨询中心，针对儿童、青少年、妇女及中老年心理行为问题，进行心理健康教育、咨询，心理危机干预，为他们提供最大的支持和帮助。中心拥有集康复理疗、介入治疗、医疗保健于一体的特色科室——康复理疗科，特别是在颈、腰椎病以及股骨头坏死的介入治疗方面拥有美国低温等离子体治疗系统、意大利臭氧治疗系统、电动式经皮穿刺椎间盘摘除系统等国内外先进设备，其临床治疗技术在国内处于领先水平。

新世纪，济南市精神卫生中心在"为患者解除痛苦，为家庭和社会分担忧愁"办院宗旨指引下，将进一步深化改革，不断提高医院综合实力，为济南市人民群众的身心健康提供最优质的服务。

临沂市妇幼保健院

临沂市妇幼保健院是由市妇幼保健站、市儿童医院合并成立的一所既有专科特色，又有综合服务功能的高级非营利性医疗保健机构，担负着全市700多万妇女儿童医疗、保健、科研、教学和基层保健培训、指导等任务。医院开放床位300张，现有职工552人，其中高级职称70人，中级职称124人。设妇科、产科、儿科、新生儿科、儿童康复、皮肤科等临床科室；设妇女保健、儿童保健、生殖保健、婚前保健、新生儿疾病筛查中心、新生儿听力筛查中心、母婴健康促进中心等保健科室；特检、影像等医技科室设置齐全，有16排螺旋CT、DR拍片机、C型臂、高档彩超、数字化X线机、钼靶乳腺机、骨密度仪、腹腔镜、宫腔镜等万元以上大型医疗设备330台（件）。年门诊20万人次，出院病人1.6万人次，手术5 000台次，妇幼保健20万人次，住院分娩6 000人次，新生儿疾病筛查12万人次。

医院以保健为中心，坚持保健与临床相结合，实行孕产妇、儿童健康系统化管理，开展各项社会保健工作和以妇女儿童医疗为专科特色的临床业务。产科设施设备温馨高档，技术先进，分娩量全市领先；妇科开展宫、腹腔镜和自凝刀手术等微创手术，是鲁南苏北地区最大的腔镜中心；儿科设儿内科、儿外科、新生儿科和儿童康复中心，儿童先心病诊疗中心，拥有市内一流的技术队伍和设备，对诊治儿科各种疾病有丰富的经验，在突出专科特色的同时，医院还注重综合发展，全面提高。

医院坚持"关爱母婴、情洒沂蒙"的办院方针，"慈爱、严谨、和谐、创新"的医院精神和"一切为妇女儿童健康"的服务宗旨，以病人为中心，以质量为核心，推行人性化服务，团结奋进，求真务实，强化管理，诚信服务，以人为本，科学发展，努力为病人营造环境优美、服务优良、路径便捷、质量一流的就医条件。曾先后荣获省、市卫生系统先进单位、妇女儿童工作先进集体、妇女儿童维权先进集体、省市巾帼文明示范岗等荣誉称号。

泰山医学院附属医院

泰山医学院附属医院坐落在风景秀丽的泰山脚下，始建于1974年，其前身为山东医学院楼德分院附属医院，经过三十年的发展，现在医院专业设置齐全，技术力量雄厚，医疗设备先进，服务设施完备，是一所集医疗、教学、科研、急救、预防、保健、康复于一体的省级综合性医院。

医院开放床位660张。共设31个临床科室、16个医技科室，21个硕士研究生培养点，骨外科、医学影像科、老年病科为省级重点学科。目前医院在职职工812人，其中正副教授203人，博士、硕士研究生导师40人，具有博士、硕士学位者91人。

中国医学科学院协和医科大学微循环研究所泰山临床基地、中国烧伤创疡科技中心泰安医院、卫生部国际救援网络中心医院、山东省急诊医学培训基地、山东省康复医学培训中心、泰安市交通急救站、泰安市糖尿病防治协会以及与“北京眼科专家组”全面合作的协和眼科中心均设在这里，并通过因特网与国内外的各著名医院进行远程会诊。

医院承担着泰山医学院的教学任务，为社会输送了大批高质量人才。医院学术气氛浓厚，科技成果显著，重视对外交流，先后与日本、韩国、瑞典、美国和新加坡等发达国家的著名医疗机构建立友好关系。

医院坚持“以人为本，病人至上”的服务理念，做到为人民服务，让病人满意，努力构建和谐医院。采取了多种便民措施，受到社会的普遍赞誉。近年来，被省政府授予抗击“非典先进集体”，被省卫生厅授予“三学三创”优胜单位、山东省卫生系统文明单位、“全省职工最满意的医保定点医院”等荣誉称号，被泰安市委、市政府评为最佳服务单位、文明单位、放心药房、质量信得过医院、行风民主评议活动先进集体、市文明行业先进集体。

泗水县卫生局

泗水县卫生系统共有县直医疗单位8所，现有从业人员1 580名，其中卫生技术人员1 350名。在所有从业人员中，有高级职称人员52人，中级384人，初级945人。卫生技术人员中有执业医生610人，注册护士420人，执业药师80人。

截止2005年底，全系统拥有资产总额11 494万元，同2000年相比，资产和收入总额增幅分别在30%和60%以上。

近几年来，泗水县卫生系统广大干部职工在县委、县政府的领导和上级业务主管部门的指导下，团结奋斗，开拓进取，深入扎实地开展城乡卫生工作，全县卫生事业呈现出持续健康发展的良好局面。

1.加强卫生行业作风建设，树立“以病人为中心，以医疗质量为核心”的思想，将“带着感情进病房，想着农民开处方”的服务理念落到实处。

2.精心部署，周密组织，认真开展新型农村合作医疗制度试点及大病救助工作。

3.狠抓“360工程”建设，深入扎实地开展卫生系统“建设年”活动。

4.充分发挥卫生行政管理职能，强化对基层单位的监管职责，加强基层班子建设。

在加强基层班子建设方面，严格坚持“德才兼备”的原则和干部“四好”方针，注重工作业绩，积极探索各种用人方式，真正把优秀人才选拔到领导岗位上来。2006年上半年又根据需要先后调整了3个中心卫生院的负责人和9个县直医院及乡镇卫生院的副院长、防保站长等基层班子成员，基层领导班子状况有了极大改观。

蓬勃发展的泗水县卫生事业，为全县人民的身体健康提供了强有力的保障，并在发展当地经济和建设和谐社会中发挥着越来越大的作用。

曲阜市姚村中心医院

曲阜市姚村中心医院位于曲阜市西北，曲阜、兖州、宁阳三市县交界处。医院始建于1956年，历经五十多年的发展，现已成为一所技术精良、设备先进、功能齐全、环境优美、服务优良、管理规范，集医疗、预防、保健、康复为一体的综合性一级甲等医院。

医院现有在职职工48人，中级以上职称12人，大专以上职称20人。医院占地面积1.3万m^2，建筑面积7 000m^2，业务用房面积5 000m^2，开放病床50张，设临床、医技科室16个，拥有日产东芝CT机、奥林巴斯纤维胃镜、日产东芝彩超机、韩国产B超机、血流变仪、肛肠治疗仪、激光量子治疗仪、微量元素分析仪等先进的医疗设备。2005年6月对多年的部分危病房更新，投资200万元建设了2 400m^2的病房楼，楼内有设施先进的手术室、产房及高中低档病房，满足了不同层次病人的需要。

近五年来，不断加强医院内部管理，医院实现了社会、经济、技术三大效益持续、同步增长。同时，以农村初级卫生保健工作为龙头，加强了乡村卫生组织一体管理，积极稳妥地推进新型农村合作医疗，全面提高了农村卫生工作水平。

医院内部管理得到加强。积极走"名医、名科、名院"发展之路，注重人才培养和科技投入，积极与泰山医学院附院联合成立了消化病、中医、妇产科疾病、心脑血管疾病、眼科等专科，均有省内及当地著名专家坐诊，在当地及周围县市享有较高的声誉。大胆推行人事分配制度改革、综合目标责任制管理、科室成本核算、量化管理等，形成了科学严谨的医院管理新格局。

乡村卫生组织一体化管理工作取得了良好的工作成效。1998年，医院对原来按行政村设置的49处卫生室进行合理重组，重新设置为18处农村卫生所。按照"四室一房、面积80m^2"标准要求，新建、改建了18处标准化卫生所。经过考试、考核等程序，择优聘用乡医72人。卫生所由医院实施了"三制五统一"管理，即对乡村医生实行了聘任制、工资制、养老保险制，对卫生所实行了人员统一调配、药品统一调配拨、行政统一管理、业务统一管理及财务统一核算，逐步实现了村卫生所管理的标准化、规范化。一体化管理工作的成功实施，使本镇的卫生事业呈现出前所未有的良好局面，各村卫生所实行了24小时值诊，极大地方便了群众就医；进一步提高了农村卫生服务水平。

新型农村合作医疗工作持续健康发展。医院在实施新型农村合作医疗过程中，加强了对新型农村合作医疗的宣传，强化了群众对这项工作的认识。抓好了资金管理，建立健全了各项规章制度，在帐目设置上独立建帐，专户储存，做到专款专用，确保了农民群众真正受益。抓医疗服务，简化工作程序，提高服务质量。自2003年8月开始实施新型农村合作医疗以来，已有6.2万人次享受了合作医疗报销补偿，累计报销补偿参合农民医药费用达147.5万元。近年来，医院门诊人次平均每年以16%的速度递增，住院人次平均每年以20%的速度递增，病人的满意率达98%以上。医院先后被授予"山东省农村卫生工作先进集体"、"济宁市最佳质量效益医院"、"济宁示范卫生院"、"济宁市卫生先进单位"等荣誉称号，连年被评为"曲阜市卫生工作先进单位"。

济宁市任城区廿里铺镇卫生院

济宁市任城区廿里铺镇卫生院位于济宁市北效8公里处，地势平坦，交通便利，是一所集基本医疗、预防保健、健康教育、计划生育技术指导为一体的综合性卫生院，被省卫生厅评为一级甲等医院及爱婴医院。

山东高密彩虹分析仪器有限公司

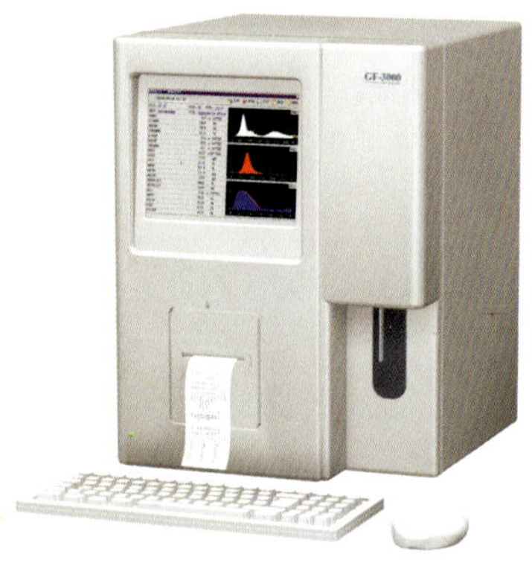
GF-3000型全自动血液细胞分析仪

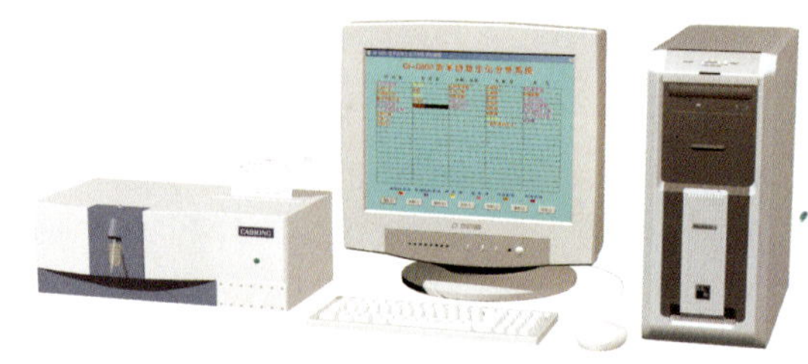
GF-D800型半自动生化分析仪

山东高密彩虹分析仪器有限公司是在山东高密分析仪器厂的基础上组建的股份制公司。公司专业生产各类临床检验仪器和分析仪器，设备先进，科技力量雄厚。属国家中型企业，国家重点科技扶持企业，高新技术企业，省级先进企业，省级重合同、守信用企业，银行"AAA级信用企业"，银行"信用最佳"企业，A级纳税信誉企业，中国仪器仪表行业协会分析仪器专业协会副会长单位。产品商标"彩虹"，获得"山东省著名商标"，并荣膺"中国消费者（用户）质量服务满意度十佳品牌"。GF-D系列半自动生化分析仪获得"山东省名牌产品"称号，同时公司是国内生产生化分析仪器的龙头企业，在中国分析仪器制造业中享有较高声誉。

公司自1976年起生产分析仪器，并逐步发展成为集科研、生产、销售为一体的现代化高科技企业。公司主要生产全自动生化分析仪、半自动生化分析仪、酶标仪、洗板机、血凝仪、血液细胞分析仪、尿液分析仪等仪器，年生产各种分析仪器20 000台(套)。是全国最大的生化仪器制造企业，同类产品在全国市场占有率达47%。因其优良的产品品质和周到的售后服务而深受广大用户的赞誉。

山东高密彩虹分析仪器有限公司坚持长期遵循"质量第一、信誉至上"，"创知名品牌、发展民族工业"的信念。并在同行业中率先通过ISO9001质量体系认证及中国医疗器械质量体系（CMD）认证，按照标准要求编制了整套《质量手册》和《程序文件》，对产品的设计、原材物料的进货、产品的生产组装过程、出厂检验、产品的销售、售后培训、服务等各个环节进行严密监控，同时严格按国家标准制定自已的企业标准，严格按照企业标准的规定进行加工生产、整机组装和试验检验。企业连续多年出厂产品合格率达到100%，2003年国家药品食品监督管理局对生化分析仪器生产厂家进行了质量监督抽检，在抽查的18家重点生产企业中，只有4家质量合格，我们彩虹公司为4家质量合格企业之一，被授予"国家质量检测合格产品"光荣称号。公司优质的产品质量、完善的售后服务体系，赢得了广大用户的信赖，分别被授予"全国质量服务消费者满意企业"、"质量、信誉双保障示范单位"。

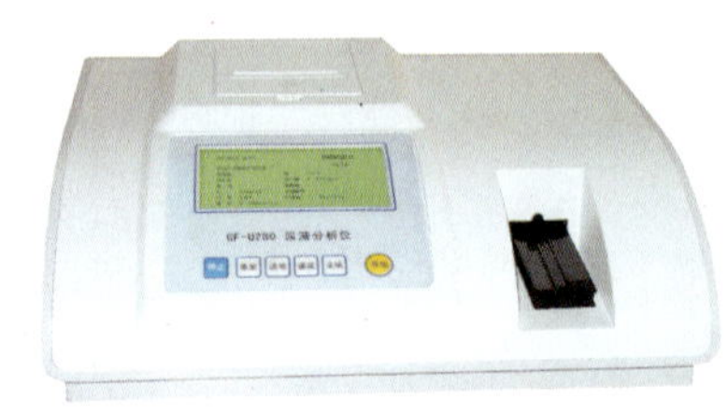
GF-U280型尿液分析仪

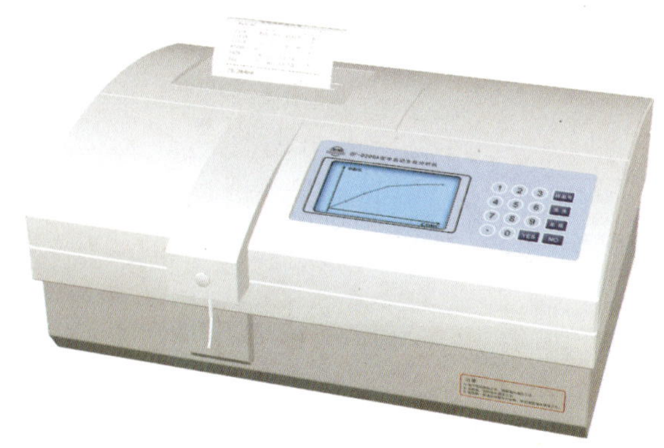
GF-D200A型半自动生化分析仪

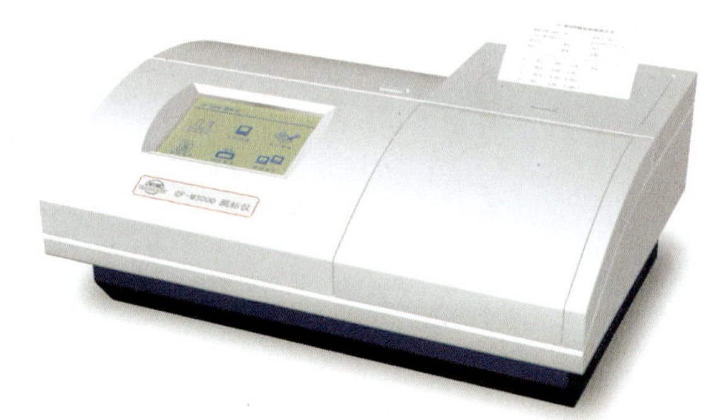
GF-M3000型酶标仪

安徽江淮汽车股份有限公司

安徽江淮汽车股份有限公司1999年9月30日成立，前身为合肥江淮汽车制造厂，始建于1964年。公司是安徽省高新技术企业、国家火炬计划重点高新技术企业。自1990年至今公司已实现了连续17年的高速增长，公司主导产品在各细分市场中均占据着行业前三甲的重要地位。公司主导产品包括6～12米客车专用底盘、0.5～50吨系列载货汽车、7～12座瑞风商务车、瑞鹰越野型轿车以及汽车变速箱、发动机等零部件产品。2007年JAC将进入前景广阔的轿车市场，公司的发展从此跨入全新战略领域。公司将继续致力于中国民族汽车工业的进步，坚持以商用车为基础，巩固和发展在商用车细分市场的领先地位，成功拓展乘用车业务，争取在"十一五"期间发展成为具有一定国际竞争力的中国汽车业主力厂商。

济南金万通汽车贸易有限责任公司是东风悦达起亚汽车有限公司授权的集新车销售、特约维修、零件供应、信息反馈为一体的标准4S店；江淮汽车公司瑞风商务车A级代理4S店。

公司拥有一支高素质的专业经营和汽车维护修理队伍。自成立以来，以完善的服务设施、科学的管理手段、全新的经营理念、丰富的文化内涵，树立了良好的企业形象。赢得顾客满意和社会信赖是企业的经营目标，为此我们以通过汽车创造人类美好生活为经营理念，勤奋学习、诚信经营、努力进取、持续发展，不断提高金万通公司的服务水平。

企业宗旨：

1.为用户提供全面的信息咨询和服务体系，追求客户最高满意度。

购置新车能够提供详细的产品信息，包括齐全的产品说明书，试乘试驾以及全面的知识讲座。

2.以开放的商业氛围，自由的发展空间，为客户提供新车导购、汽车美容装潢、代办保险、分期付款、代办上牌照等超值服务。

3.以可靠完善的售后服务，正宗的原厂配件，温馨的客户休息室，贴心为客户服务；以及每年推出的免费换季大检查服务、24小时救援服务，真正实现以客户利益为本，推动本公司往更高层次发展。

4.以真诚的奉献、一流的经营，用真心换忠诚。

瑞风救护车是江淮汽车公司在商务车基础上，根据卫生部规定的转运型救护车设计要求改装而成的，是新一代转运型救护车，其转运稳定性、安全性远胜于传统轻型客车改装成的救护车。

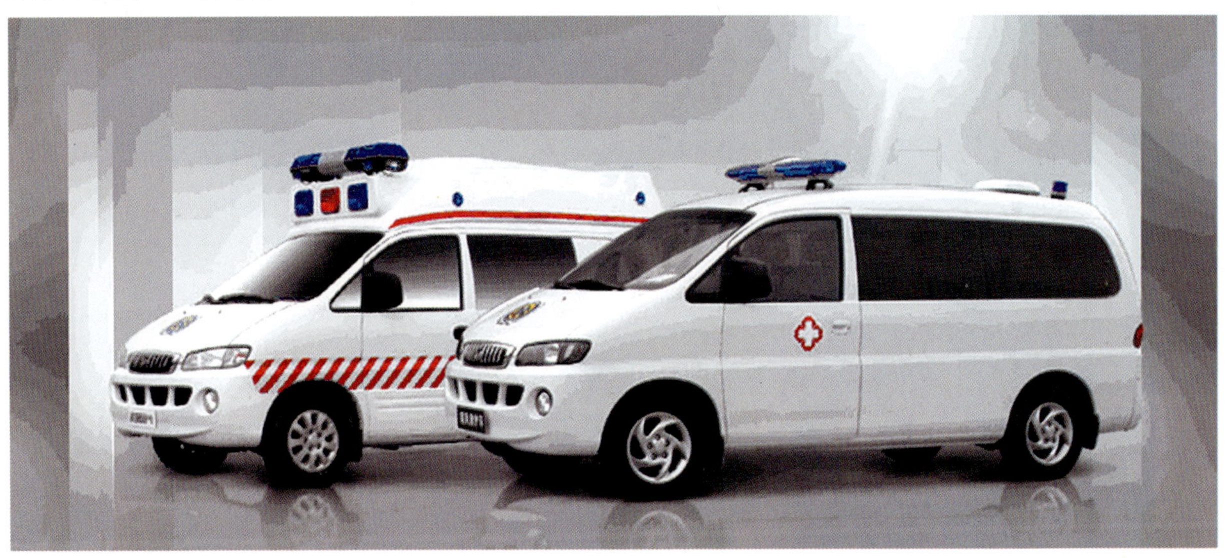

瑞风救护车

浪潮公司

inspur 浪潮

双核 | IFA+
均衡高效更出色！

定变化于从容

环境快速变幻，想从容应对？

浪潮英信NF280 D基于全新智能弹性架构IFA+，拥有卓越的双核处理性能，采用了多层保护技术为您的业务稳定发展提供有力保障——创新的增强型应变散热系统及二合一定向导风通路，确保系统良好散热和提高系统可靠性，有效延长部件的寿命并降低成本；关键部件支持热插拔冗余技术，大大提高系统的可用性；集成SATA、SAS、SCSI RAID 0、1，并可选RAID5、6，为您提供多种数据保护方案，无需再担心重要数据的意外丢失。

层层“护驾”，让您处事从容。

浪潮英信NF280 D

- 采用双核英特尔®至强®处理器3.0GHz以上
- FB-DIMM支持内存热备与内存镜像技术，让系统更加稳定可靠
- 增强型应变散热系统，全面提升双核平台的稳定性

浪潮服务器全线进入高效双核时代

浪潮英信服务器 NF190 D

- 支持性能强劲的双核英特尔®至强®处理器
- 增强型应变散热系统，免除高密度部署带来的散热隐患
- 关键部件热插拔冗余设计，全面规避意外宕机风险
- 芯片集成双PCI-E千兆网络控制器，配合I/O加速技术，全面提升系统性能

浪潮英信NP370 D

- 采用双核英特尔®至强®处理器3.0GHz以上
- FB-DIMM支持双路交叉存取，4个内存槽最大可扩展至8GB
- 最大6个热插拔硬盘槽位，支持SAS、SATA或SCSI硬盘
- 增强型RAID等多种高性价比数据保护方案

浪潮英信NF520 D

- 支持双核英特尔®至强®处理器，提供强大计算处理能力
- 包括热插拔、镜像、热备、内存RAID高级内存容错功能，有效规避宕机风险
- 高级光路诊断，增强系统可用性；实现计算单元、存储单元、I/O单元智能扩展，提高IT设备投资回报率

浪潮英信服务器 NP120 D

- 支持超线程技术的双核英特尔®至强®处理器，有效提升多线程多任务环境下的系统性能。
- 全新的38°散热机箱，有效化解了系统散热难题。
- 集成SATA RAID0，1，10，不仅提高了数据的读写速度 同时也提高了数据的安全性，避免数据灾难带来的业务损失。

浪潮集团服务器事业部　咨询热线：800-860-6708　www.inspur.com

浪潮集团山东大区　地址：济南市山大路224号　电话：0531-85106329　传真：0531-86133506　邮编：250013

山东铝业公司医院

山东铝业公司医院院长 曲 勇

山东铝业公司医院始建于1949年，是一所集医疗、教学、科研、预防保健、康复为一体的综合性"二级甲等"医院。医院现有员工462人，副高级以上职称人员72人，开放床位320张，设有临床科室21个，医技科室14个。其中神经内科为淄博市首批特色专科，心内科、妇产科、肿瘤科、介入治疗中心为院内重点专科。医院承担着潍坊医学院、滨州医学院、滨州职业学院、万杰医学院、淄博科技职业学院的教学任务；并正在筹建为淄博科技职业学院附属医院。与山东大学齐鲁医院、山东省立医院、山东省肿瘤医院、山东省千佛山医院、解放军第89医院等多家省级知名医院保持着长期的业务协作关系。

医院拥有集中心供氧、中心吸引、中央空调为一体的、环境优雅的现代化宾馆式病房；配备了核磁共振、美国GE16层螺旋CT、西门子大型C型臂X光机(DSA)、数字拍片机（DR)、意大利多功能数字胃肠机、血液透析机、各类

聘任美国南卡罗纳大学神经系主任马可教授为医院名誉教授

拥有先进的高标准流净化系统的现代化手术部

山东铝业公司医院

电子内镜等先进的大型医疗设备100余台套，为医疗、科研提供了先进的诊疗手段。

神经内科作为淄博市首批特色专科，通过引进国际先进的康复治疗、训练设备，建立了市内领先水平的卒中单元，以欧美、日本及中国脑卒中治疗指南为指导，开展了早期溶栓、脑保护治疗及早期综合康复训练；其他科室相继开展了冠状动脉造影、球囊扩张、支架植入术、经皮输尿管双极管植入术、急性肺动脉溶栓术、全膝关节置换术、游离皮瓣移植术、J型管代输尿管术、经内镜胆道取石（ERCP）术、肝脏恶性肿瘤的双介入治疗等新技术、新业务22项，均达到省内同级医院领先水平。

2006年医院先后被授予山东省卫生系统“诚信建设先进单位”、淄博市“医德医风示范医院”、淄博市“十五”科教兴医先进集体等荣誉称号。

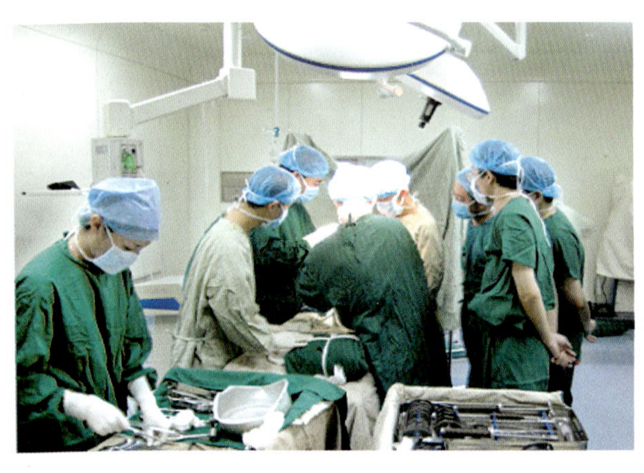

成功开展全膝关节置换术，为广大膝关节骨性关节炎患者送去了新的希望

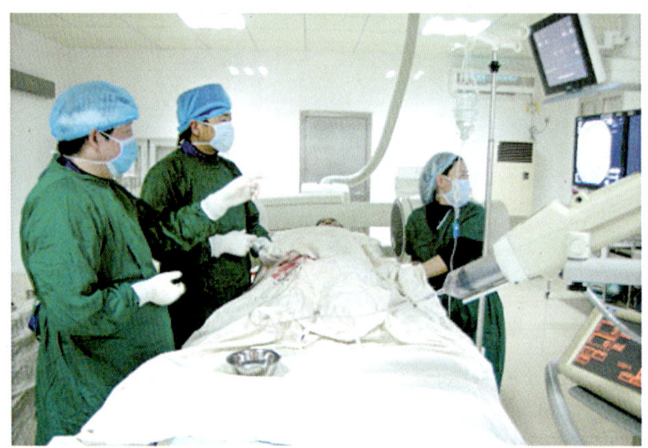

引进先进的大型C型臂X线机（DSA），成功开展介入治疗手术600余台次

江苏恒瑞医药股份有限公司

董事长 孙飘扬

江苏恒瑞目前是国内最大的抗肿瘤药物生产基地，国家定点麻醉药品生产厂家，卫生部、国家医药管理局确定为参加国际麻管组织交流的窗口。1999年公司被国家科委认定为国家级重点高新技术企业，2001年公司建立了国家级企业技术中心和博士后科研工作站，2003年公司被列入国家"863"计划产业化基地。公司现有注册资本25 507.2万元，员工3 000人，各类技术人员1 500余人，其中博士、硕士近百名。

公司目前主要产品有：抗肿瘤药、心血管药、麻醉镇痛药、内分泌药、抗生素等。公司的固体制剂、冻干粉针、无菌分装粉针、水针、原料药、大输液等剂型均已通过了国家GMP认证，异环磷酰胺、足叶乙甙、美司那、噻替哌通过了美国FDA认证。

多年来，公司始终坚持以"科研为本，致力于人类健康"的宗旨，不断致力于新药研制创新。2004年公司投资2亿多元在上海闵行开发区建设上海恒瑞医药有限公司，投资300万美元在连云港市大浦化工区新建原料药生产工厂，其设计与建设将参照美国FDA标准进行，生产设施要求通过美国FDA认证，产品在满足自身生产的同时，出口欧美市场。公司在加强自身科研的同时，还与中国医学科学院药物研究所、中国医学科学院生物技术研究所、中科院上海药物所、中国药科大学、美国第四大生物制药企业CHIRON公司、瑞典Medivir公司（欧洲最大的生物制药公司）等国内外多家科研所共建创新实验室。

2006年恒瑞医药实现销售收入15亿元，同比增长2.98%；实现净利润1.62亿元，同比增长32.30%。目前，按销售排名恒瑞医药跃居全国化学制剂制造行业第六名。

恒瑞连云港新浦区生产基地

恒瑞开发区制药厂区

上海恒瑞研发中心和生产基地

华晨金杯

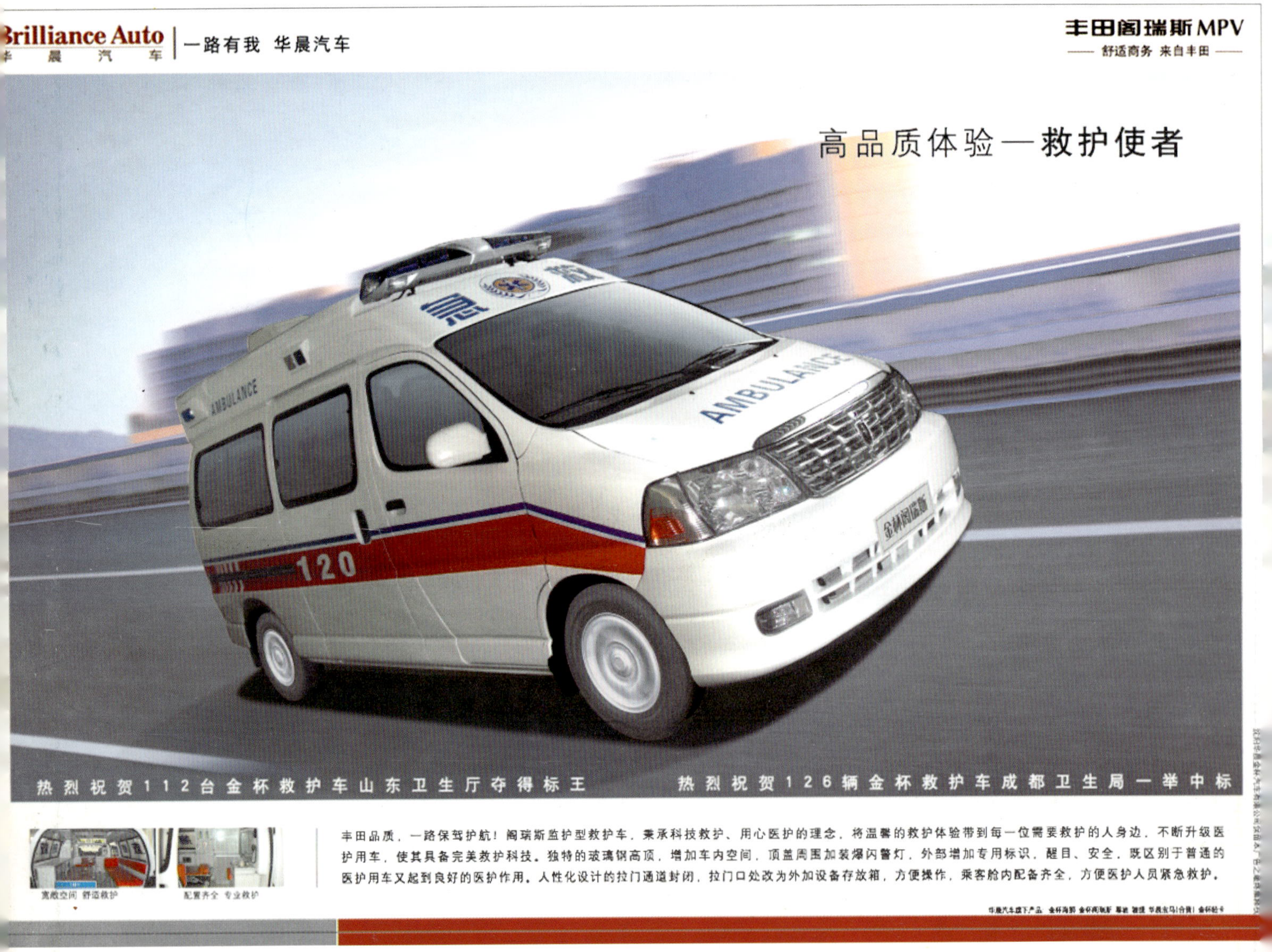

主标：质·量决定一切

副标：金杯海狮救护车以质取胜，荣膺“山东省卫生厅指定用车”

日前，在山东省卫生厅“360度工程”救护车采购中，华晨汽车有限公司生产的金杯海狮救护车一举中标，成为“山东省卫生厅指定用车”。

华晨汽车有限公司是由华晨中国汽车控股有限公司与沈阳金杯汽车股份有限公司投资组建的合资企业，成立于1991年7月22日。华晨公司拥有“中华”和“金杯”系列两个整车品牌；以及中华轿车、金杯海狮轻型客车、瑞斯多功能商务车三大整车产品。

这次中标的华晨金杯海狮救护车原型车销售已经突破7万辆，目前已经拥有五大系列、近二十个品种，可以满足不同层次的消费需求，占据着轻型客车市场的半壁江山，稳居中国轻客市场头把交椅。作为国内唯一采用丰田技术、模具和丰田管理